Heinrich Beltz sen.
Heinrich Beltz jun.
Hans Heinrich Möller

BdB-Ausbildungsbuch

Fachrichtung Baumschule

avBUCH

Inhalt

Vorwort

Als mein Vater Heinrich Beltz sen. in den 1980er-Jahren das BdB-Ausbildungsbuch schrieb und mit viel Akribie die Zeichnungen dazu anfertigte, fasste er darin seine langjährigen Berufserfahrungen als Baumschulmeister zusammen und ergänzte sie durch Informationen vieler anderer Praktiker. Daraus entstand 1986 ein Buch, das einfach und klar die Arbeitshandgriffe und technischen Möglichkeiten der damaligen Zeit in den Baumschulen beschrieb. Nachdem mein Vater 2001 gestorben war, übernahm dankenswerterweise Hans-Heinrich Möller die Aufgabe, das BdB-Ausbildungsbuch zu aktualisieren und zu ergänzen. Wieder ein Baumschulmeister und Praktiker, der im Sinne meines Vaters das BdB-Ausbildungsbuch praxisnah auf den aktuellen Stand brachte.

Nun geht die Aufgabe an mich über, und ich versuche, das BdB-Ausbildungsbuch mit der Unterstützung von Fachleuten aus den Betrieben im Sinne meines Vaters und von Herrn Möller weiter praxisnah und leicht verständlich zu aktualisieren und zu ergänzen. Denn die Produktionsweisen verändern sich rasant. Laufend werden neue Produktionsverfahren und Techniken entwickelt, damit die Betriebe konkurrenzfähig bleiben. Dabei werden viele Arbeiten eingespart, aber auch erleichtert, damit der Beruf nicht mehr der „Knochenjob" ist, der er früher einmal war, sondern den jungen Menschen, die Freude an Natur und Gehölzen haben, weiterhin eine gute Zukunftsperspektive bietet, aber mit deutlich weniger körperlicher Belastung. Schließlich ist unser „Produkt Pflanze" ein Lebewesen, das zu den schönsten der Erzeugnissen gehört, die es gibt, und das vielen Menschen eine gute berufliche Existenz sichert. Besonderes Augenmerk wurde bei dieser Neubearbeitung auf die Erweiterung des Kapitels „Containerkultur" gelegt.

Das BdB-Ausbildungsbuch spiegelt die gute Zusammenarbeit im Berufsstand wider, in dem Fachleute aus Baumschulen in den verschiedensten Regionen, organisiert durch den Berufsverband BdB, aus Beratungsringen, Forschung und Baumschulbedarfshandel eng zusammenarbeiten und sich vertrauensvoll austauschen.

Zu guter Letzt kann ich nur den Wunsch von Herrn Möller wiederholen, dass dieses Buch vielen jungen Menschen eine wertvolle Hilfe im Erlernen ihres Berufs sowie in ihrer späteren Ausübung sein möge!

Bad Zwischenahn, im Frühjahr 2024,
Heinrich Beltz jun.

Arbeiten in der Baumschule

Weltweit werden in den Baumschulen Gehölze nach den unterschiedlichsten Arten und Methoden vermehrt und weiterkultiviert, um anschließend an die Abnehmer der verschiedenen Kundenbereiche weitergegeben zu werden. Die Spezialisierung der Betriebe ist aus Kostengründen besonders in den Baumschulzentren in der jüngeren Vergangenheit stark fortgeschritten. Ob in der Jungpflanzenanzucht, der Kultur von Rosen, Wild- und Ziersträuchern, Alleebäumen und Obstgehölzen, überall wird ein hohes Maß an Fachwissen, aber auch eine moderne Betriebstechnik verlangt. Die Voraussetzungen, was die geografische Lage, Qualität der Böden, die klimatischen Verhältnisse sowie die Ausstattung mit Geräten, Maschinen und Kultureinrichtungen betreffen, sind häufig sehr unterschiedlich. Oft wechselnde Wünsche der Kunden zwingen zu Flexibilität, hohem Fachwissen und wirtschaftlichen Kulturmethoden. Die Qualitätsanforderungen müssen auf dem höchsten Stand gehalten werden. Sorgfältige und pflegliche Behandlung aller Pflanzen ist zu jeder Zeit geboten. Von großer Bedeutung ist, dass alle Arbeiten, die Bodenbearbeitung und -behandlung, die Vermehrungsprozesse, die Weiterkultur mit allen erforderlichen Arbeiten an der Pflanze zum richtigen Zeitpunkt erfolgen. Notwendige Düngemaßnahmen und eventuell erforderliche Pflanzenschutzmaßnahmen müssen rechtzeitig und ausgewogen erfolgen. Dabei sind die vom Gesetzgeber geforderten Aufzeichnungen durchzuführen!

Wetter und momentaner Zustand der Pflanzen bestimmen häufig den Arbeitsablauf.

Merke:
Alle Arbeit, zur rechten Zeit getan, ist für den Baumschuler ein Schlüssel zum Erfolg.

Da alle Arbeiten erfolgreich zu erledigen sind und aus wirtschaftlichen Gründen ein hohes Leistungsniveau erreicht werden muss, heißt es für den Auszubildenden immer wieder **beobachten** und Arbeitsvorgänge **üben.**

Abb. 1 und 2: Moderne Versand- und Rodetechnik erleichtern die Arbeiten in den Betrieben erheblich. Der Maschinenbesatz muss auf die Betriebsstruktur abgestimmt sein. Fotos: Droeppelmann.de

ABSCHNITT A: DIE BAUMSCHULMÄSSIGE VERMEHRUNG

Vermehren in der Baumschule heisst ganz einfach: die Pflanzen einer bestimmten Gattung, Art und Sorte mit den unterschiedlichsten, dafür infrage kommenden gärtnerischen Mitteln und Methoden vervielfachen. Aus Samen oder Pflanzenteilen, durch Stecklinge, Veredlungen oder andere Vermehrungsarten werden neue Pflanzen herangezogen. Mutterpflanzen liefern generatives sowie vegetatives Vermehrungsmaterial.

> Alle Mutterpflanzen müssen sortenecht, gesund und wüchsig sein.

Samen sind generatives Vermehrungsmaterial, die nur von arttypischen Pflanzen geerntet werden dürfen. Vielfach werden sie von besonders dafür angepflanzten Samenträgerplantagen geerntet. Im forstlichen Bereich gilt nach wie vor das Forstvermehrungsgutgesetz mit den Herkunftsgebieten der Samen der einzelnen Gehölzarten, den Aufzeichnungspflichten während der Anzucht der Pflanzen bis zur Verbringung an den endgültigen Standort. Neuerdings ist auch die Verwendung von gebietsheimischem Gehölzen in der freien Natur durch das Bundesnaturschutzgesetz geregelt. Hier greifen häufig noch zusätzlich Verordnungen der einzelnen Bundesländer, die zu beachten sind.

> **Information:**
> Für Forstpflanzen und auch für Pflanzen, die in der „freien" Natur Verwendung finden, ist in Deutschland ein Herkunftsnachweis erforderlich.

> Zur vegetativen Vermehrung zählen alle ungeschlechtlichen Vermehrungsarten.

Auch hier ist die lückenlose Aufzeichnung der vorgeschriebenen Gehölzarten von der Samenernte bis zur Pflanzung an den endgültigen Standort zwingend notwendig.
Triebe, Triebteile, Wurzelstücke oder Pflanzen als Unterlagen (Wildlinge) dienen als Vermehrungsmaterial. Aus diesen **werden in unterschiedlichen** Zeitabläufen zuerst Jungpflanzen und dann in vorgeschriebenen Verpflanzrhythmen fertige Gehölze aller Art bis hin zu großen Solitärpflanzen herangezogen, um sie den Pflanzenverwendern zur Erfüllung unterschiedlichster Kundenwünsche anzubieten.
Die Vermehrung auf den unterschiedlichsten Wegen und die erfolgreiche Weiterkultur in der Baumschule werden hier beschrieben.

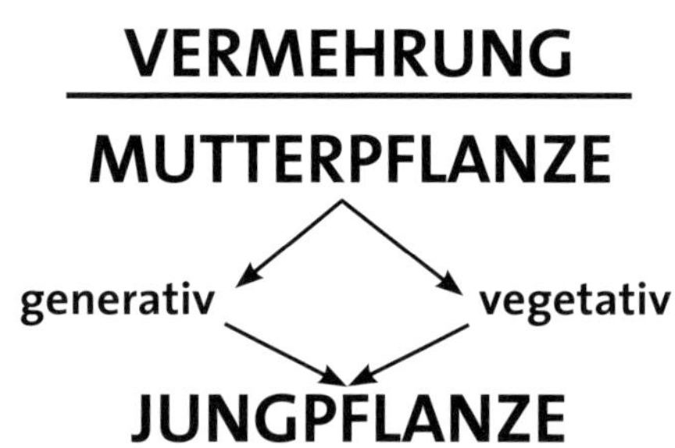

Abb. 3

1 Mutterpflanzen

Mutterpflanzen werden in der Baumschule benötigt, um Folgendes davon zu ernten:

I.I **Saatgut**, allgemein
I.II **Saatgut**, für muttersortenreine Saat
II.I **Pflanzenteile** für die **vegetative Vermehrung auf eigener Wurzel**
II.II Stecklingsmaterial
II.III Steckholzruten
II.IV für Ableger, Absenker, Ausläufer, Teilung
II.V für die Meristemvermehrung (Gewebevermehrung, Mikrovermehrung, In-vitro-Kultur)
III.I **Pflanzenteile für die vegetative Vermehrung auf fremder Wurzel** für Edelreiser von Rosen, Obstgehölzen, besondere Formen von Laub- und Nadelgehölzen

Gleichzeitig dienen Mutterpflanzen oft als Schaupflanzen und für immer wieder aufzufrischende Pflanzenkenntnisse, obwohl die Exemplare vielfach durch den intensiven Schnitt ihren typischen Habitus eingebüßt haben. Strenge Maßstäbe für ihre Eigenschaften müssen angelegt werden.

Eigenschaften der Mutterpflanzen:

1. **Äußere Eigenschaften:** Gesund, wüchsig und gut gepflegt
2. **Innere Eigenschaften:** Unter inneren Eigenschaften versteht man:

Abb. 4
2.1 Stecklinge
JP = junge Pflanze
St = Steckling
KR = Beete Kulturräume

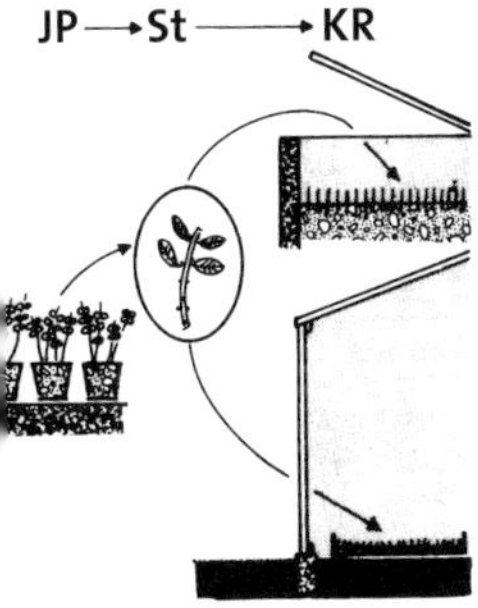

Abb. 5
2.2 Steckholz
MB = Mutterpflanze Beerenobst
MS = Schaubeetpflanze oder im Quartier
Sth = Steckholz
Q = Quartier

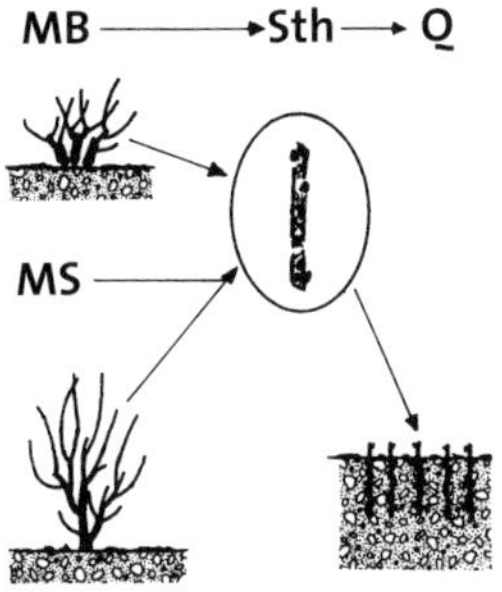

- Sortenechtheit
- Optimale Ertragsfähigkeit bei Obstgehölzen
- Gute Blühwilligkeit bei Blütengehölzen (es gibt blühfaule *Wisteria* u. a.)
- Typisches Wachstum bei Nadelhölzern
- Arten und Sorten, die ohne viel Schnittmaßnahmen ihren natürlichen Habitus entwickeln und erhalten

Herkunft: Für die Anlage von Mutterpflanzenquartieren nur bestes und sortenechtes Pflanzenmaterial auswählen.
Die Ertragsdauer der Mutterpflanzen kann sehr unterschiedlich sein, daher müssen die Anlagen ständig kontrolliert und rechtzeitig ersetzt werden.

Saatgut: Für die Samenentnahme von Mutterbäumen gelten gleiche Voraussetzungen. Bei vielen Pflanzenarten wie Eichen, Buchen usw. sind die Bestimmungen des **Forstvermehrungsgutgesetzes** zu beachten. Ebenso müssen die Anforderungen bei der Anzucht von gebietsheimischen Gehölzen erfüllt werden!

Muttersortenreine Saat ist erforderlich, um wüchsige, gleichmäßige Unterlagenquartiere für Äpfel und Birnen zu bekommen, so sind z. B. Apfelsämlinge der Sorten 'Bittenfelder' oder 'Grahams Jubiläum' wertvoller als Sämlinge aus Mischsaat.
Birnensämlinge sollten auch aus reinen Herkünften sein, wie z. B. *Pyrus communis* 'Kirchensaller Mostbirne'.

Stecklinge müssen von jungen, wüchsigen Pflanzen geschnitten werden. Sie können daher oft besser aus dem Verschulbeet oder dem Anzuchtquartier als von alten, vergreisten Mutterpflanzen genommen werden. Ein Rückschnitt der Mutterquartiere von Laubgehölzen im Frühjahr ist zwingend notwendig. Dadurch wird die Wüchsigkeit des Materials und somit die Bewurzelungsfähigkeit der Stecklinge verbessert. Bei Nadelgehölzen ist ebenfalls wüchsiges und vitales Vermehrungsmaterial erforderlich.

Steckholz: Es ist ratsam, ein Mutterquartier mit einer dem Bedarf angepassten Anzahl von Mutterpflanzen in Vorrat zu haben. Die Sortenmerkmale sind dort eindeutiger ausgeprägt als im Quartier. Im Übrigen werden sehr viele Steckhölzer beim Rückschnitt von Gehölzen nach dem ersten Standjahr im Anzuchtquartier geschnitten.

Ableger, Absenker, Abrisse, Ausläufer, Teilung: Hierbei werden jährlich von gut gepflegten Mutterpflanzen Jungpflanzen entnommen. Unter günstigen Bedingungen können die Mutterpflanzen über 20 Jahre alt werden.

Bei der Meristemvermehrung werden kleinste Gewebeteile der Mutterpflanze verwendet. Diese Art der Vermehrung wird auch Mikrovermehrung genannt. In Laboren werden Mikrostecklinge gewonnen, in steriler Umgebung wie Kulturgläsern, sterilen Kulturräumen auf besonderen Nährlösungen **(daher auch „In-vitro-Kultur")**, bewurzelt, langsam an das Freiland gewöhnt. Dieses geschieht zunächst meist in Multiplatten und dann in kleinen Töpfen, später werden sie dann meist in Containern oder auch im Freiland zu Fertigpflanzen herangezogen.

Veredlungsreiser werden aus Quartieren oder von Mutterpflanzen entnommen (Rosen, Obst, Ziergehölze aller Art, Koniferen). Aus staatlich überwachten Reisermuttergärten (Reiserschnittgärten) können auf Grundlage der **Anbaumaterialverordnung** Obstgehölzreiser käuflich erworben werden (Anbaumaterialverordnung AGOZ beachten).
Ziergehölzreiser entnimmt man aus speziellen Mutterquartieren oder aus Schauanlagen.

Die Teilung erfordert keine eigentlichen Mutterpflanzen. Ältere Pflanzen werden geteilt und dann zu Fertigpflanzen weiterkultiviert. Beispiel für Jungpflanzen: *Vinca* (Immergrün), *Rheum* (Rhabarber).

Wurzelstücke von Mutterpflanzen: Bei Winterhandveredlungen wird sowohl auf Jungpflanzen als auch gelegentlich auf Wurzelstücke veredelt (s. „Handveredlungen"). In diesem Fall werden von gerodeten Pflanzen – man kann sie als Mutterpflanzen bezeichnen – kräftige Wurzeln abgeschnitten, die etwa die Stärke der Edelreiser haben sollten. Solche Handveredlungen können bei der Vermehrung neuer Sorten hilfreich sein, wenn Jungpflanzen fehlen. Beispiel: *Wisteria floribunda*- und *Wisteria sinensis*-Sorten.

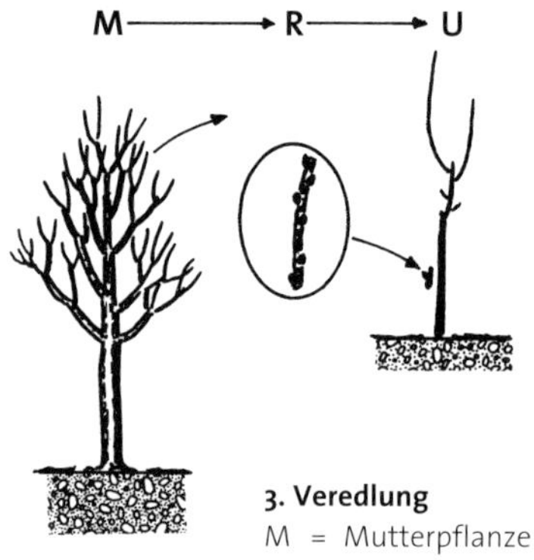

Abb. 7

3. Veredlung
M = Mutterpflanze
R = Reis, Edelreis
U = Unterlage, aufgeschult

Arbeiten: Grundsätzlich müssen alle Mutterpflanzen genügend weit aufgepflanzt werden, um gut ausgereiftes Material schneiden zu können. Ferner ist eine maschinelle Bodenlockerung und Unkrautbekämpfung notwendig. Sollte Befall von tierischen oder pilzlichen Schadorganismen vorkommen, müssen rechtzeitig sachgemäße und umweltschonende Pflanzenschutzmaßnahmen durchgeführt werden. Düngemaßnahmen sollten nur gezielt nach vorheriger Bodenanalyse erfolgen. Im zeitigen Frühjahr schneidet man bei Laubhölzern die Mutterpflanzen kurz zurück, um junges und wüchsiges Material für die kommende Vermehrungssaison zu haben.

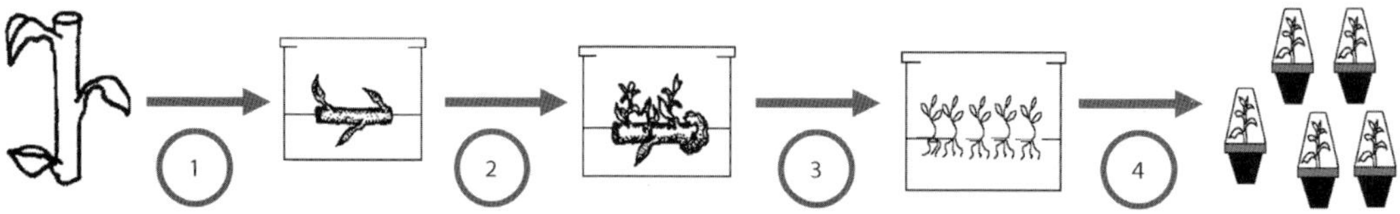

Abb. 6: Schematischer Ablauf der Meristemvermehrung. (Foto: piccoplant)
1 Desinfektion + Induktion, 2 Sprossbildung, 3 Wurzelbildung, 4 Akklimatisierung

2 Generative Vermehrung

Die generative Vermehrung beginnt – nach Bildung der Geschlechtszellen in den Blüten – mit der Bestäubung und anschließender Befruchtung. Die weiblichen und männlichen Zellen verschmelzen und es entstehen die Samen. Das geschieht auf natürlichem Weg durch Selbst-, Wind- oder Insektenbestäubung.

Nur bei der Züchtung greift der Mensch ein, indem er gezielt bei der Bestäubung hilft. Das geschieht bei der Obst-, Rosen- und Gehölzzüchtung.

Der Vorgang kann sich auf Pflanzen in zwittrigen Blüten (Rosaceae, Sapindaceae (früher Aceraceae)) oder auf solchen mit getrenntgeschlechtlichen Blüten auf einer Pflanze (einhäusig, wie Betulaceae, Birken, Haselnuss) oder auf geschlechtsverschiedenen Pflanzen (zweihäusig, wie *Araucaria, Celastrus, Hippophae, Populus, Salix* u. a.) abspielen.

Die generative Vermehrung wird vor allem für die Massenvermehrung eingesetzt, sofern die Samen „echt" fallen. Der Samen reift, wird geerntet und bis zur Aussaat fachgerecht gelagert und behandelt. Mit dem Säen und der Keimung ist die eigentliche Vermehrung beendet.

2.1 Die Züchtung von Gehölzen

GRUNDSÄTZLICHES: Die Züchtung ist eine Form der generativen (geschlechtlichen) Vermehrung. Gezielt kreuzt der Mensch bestimmte Gattungen, Arten und Sorten, um solche Nachkommen zu erzielen, die seinen Wünschen möglichst genau entsprechen. Das ist mit hohen Kosten und manchem Rückschlag verbunden. Nur Beharrlichkeit und Stetigkeit führen zum Erfolg.

Abb. 8

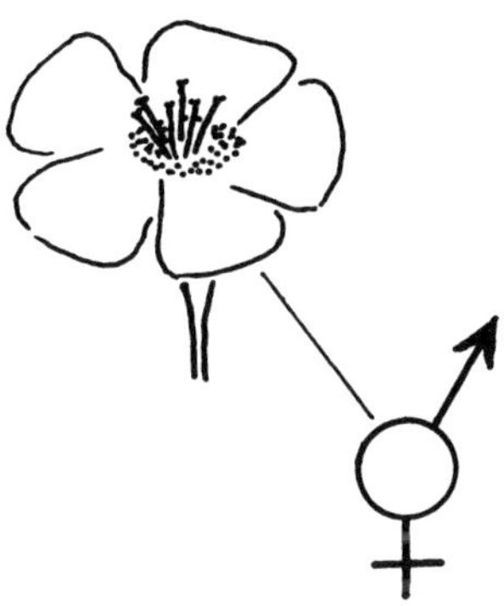

Zwittrige Blüte, *Rosaceae*

Abb. 9

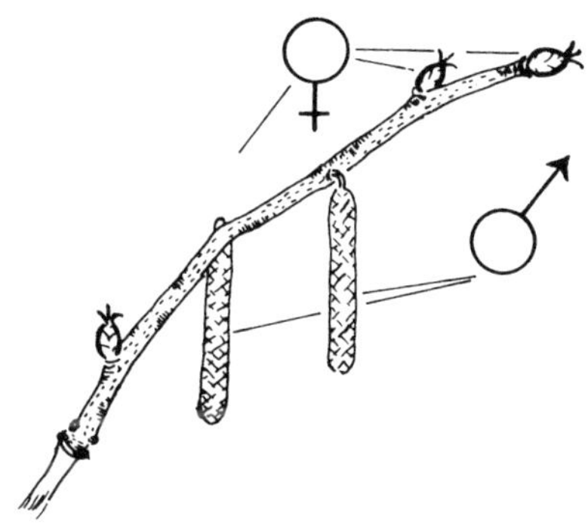

Einhäusig, *Corylus avellana*

Abb. 10

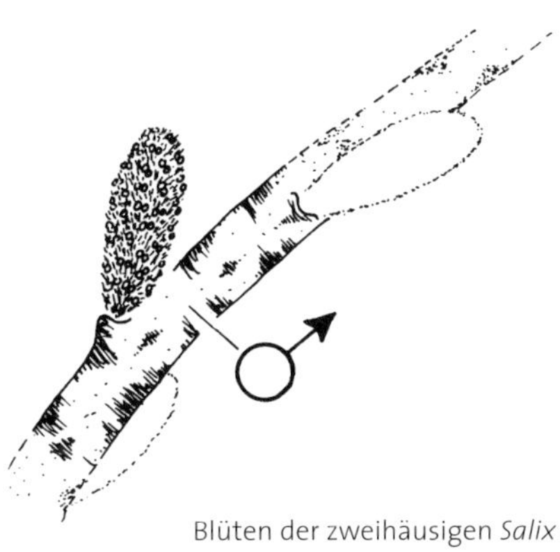

Abb. 11

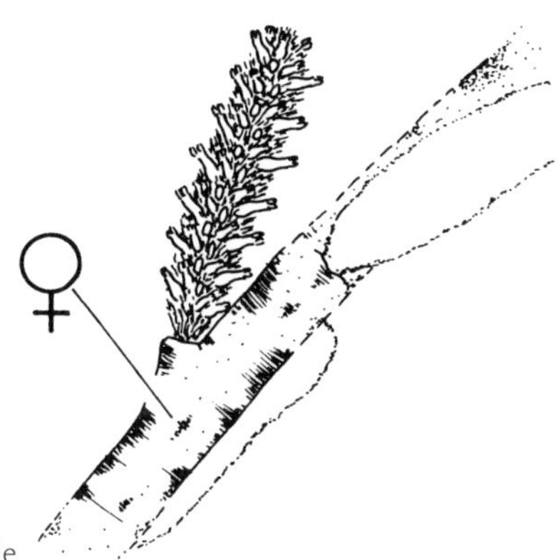

Blüten der zweihäusigen *Salix caprea*, Salweide

links: männliche Pflanze

rechts: weibliche Pflanze

Sorgfalt ist notwendig, um Neues und wirklich Besseres als das Bestehende zu schaffen. Neuheiten sollen das bisherige Sortiment bereichern und weiterentwickeln.
Viele Jahre nach erfolgter Züchtung und Prüfung gehen dahin, bis die neue Sorte vermehrt werden kann. Bei Rosen sind es mindestens 7–10 Jahre, bei Beerenobst 4–7 Jahre, bei Kern- und Steinobst selten unter 20 Jahre, bis die Neuheit der Öffentlichkeit vorgestellt und die Marktreife erreicht worden ist.
Deutsche und ausländische Züchterfirmen, Forschungsinstitute und Hobbyzüchter arbeiten an der Erweiterung eines interessanten Sortiments.

Die Voraussetzungen der Züchterarbeit: Bevor mit der handwerklichen, gärtnerischen *Kreuzungsarbeit* begonnen werden kann, sollte das gewünschte **Zuchtziel** feststehen.
Die geforderten Eigenschaften der zu züchtenden Sorte müssen erkannt sein. Der Wunsch der späteren Abnehmer spielt eine große Rolle.

Bei Rosen sucht man bewusst nach Gesundheit und Robustheit, interessanten Farben und Düften, Blütenfülle (auch ungefüllte Blüten können begehrt sein) und nach bestimmten Wuchseigenschaften (überhängend, Höhe und Breite, bodendeckend u. Ä.).

Seit über 70 Jahren besteht die ADR-Testung (Allgemeine Deutsche Rosenneuheitenprüfung). Deutsche und ausländische Züchter (Letztere müssen einen Vertriebspartner in Deutschland haben) schicken ihre Neuheiten an zwölf Prüfgärten in Deutschland ein. Hier werden diese drei Jahre ohne Pflanzenschutzmittel getestet. Nach einem vorgegebenen Punkteschlüssel ergibt sich, welche Sorten das **ADR-Prädikat** erhalten.

Bei Obst bestimmen u. a. folgende Eigenschaften den Wert der Neuheit: Fruchtgeschmack und -farbe, früher Ertragsbeginn und reicher Ertrag, Gesundheit von Pflanze und Frucht sowie deren Lagerfähigkeit.

Neue Obstunterlagen sollen die Reichfrüchtigkeit, Fruchtentwicklung, Standfestigkeit, Gesundheit und die Kleinkronigkeit der darauf veredelten Sorten fördern.

Zuchtziele bei *Abies koreana* und anderen Koniferen sind interessante Zapfen- und Nadelfarben sowie deren Formen; ein schöner Habitus und vor allem Winterhärte sind wünschenswert.

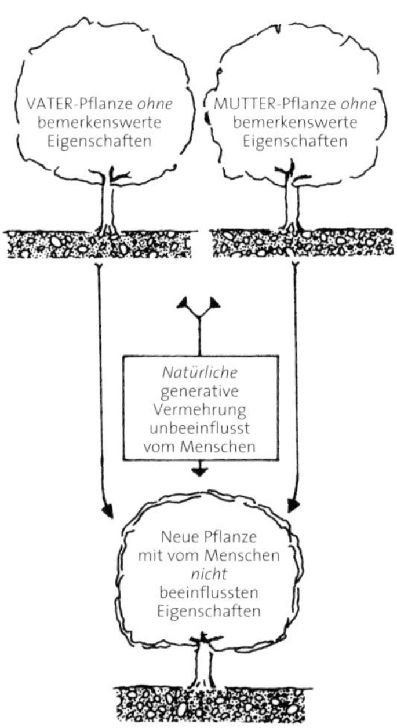

Abb. 12

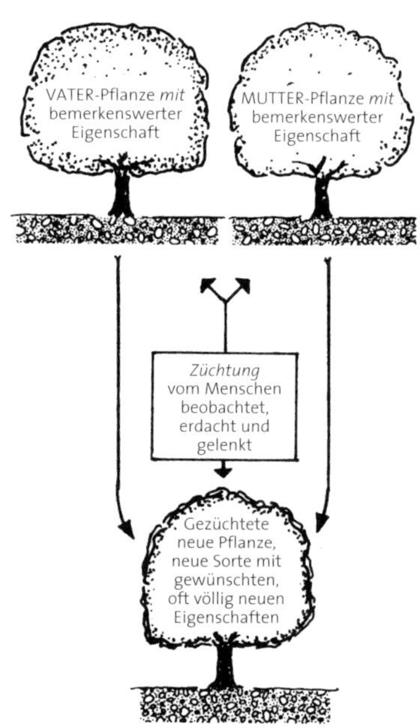

Abb. 13

Gegensätzliches Schema: natürliche generative Vermehrung

Rhododendron-Yakushimanum-Hybriden sind winterharte, gedrungene Sorten, die wegen ihrer Schwachwüchsigkeit in vielen kleinen Gärten ihren Platz finden. Durch Kreuzungen mit der japanischen Wildart *R. yakushimanum* sind wertvolle, sonnenverträgliche Neuzüchtungen entstanden.

Die Arbeitsweise – die Kreuzung am Beispiel der Rose: Zunächst werden die Sorten festgelegt, die miteinander gekreuzt werden sollen. Dabei werden gewünschte Zuchtziele berücksichtigt.

Sind alle Vorarbeiten erledigt und sind die Blüten der für die Züchtung ausgewählten Elternpflanzen genügend entwickelt, kann begonnen werden. Um einer *Selbstbestäubung* bei den *zwittrigen* Rosenblüten *vorzubeugen* oder um einer *zufälligen Fremdbestäubung* zu begegnen, werden die Blüten – einige Tage vor der Reife der männlichen Staubgefäße – von den in ihnen befindlichen Pollen befreit und auch der weibliche Stempel zur Kreuzung vorbereitet.

Bei der auf der Mutterpflanze stehenden Blüte werden die Staubgefäße entfernt („kastriert", Bild Nr. 2), die Blütenblätter werden bis auf zwei entfernt. Diese werden erst nach dem Übertragen des Pollens abgenommen. So kann man erkennen, welche Blüten bestäubt sind und welche nicht. Die verbleibenden Stempel müssen bei Züchtungen im Freiland umgehend vor Insektenbesuch durch Eintüten geschützt werden. Da meist in insektenfreien Gewächshäusern gekreuzt wird, ist das Eintüten hier nicht notwendig. Häufig sind Pollen und Narbe der zu kreuzenden Sorten nicht gleichzeitig reif, daher können Pollen schon früher geerntet und einige Wochen im Kühlschrank gelagert werden. Nach einigen Tagen – wenn die Narbe reif ist (das ist an der klebrigen Flüssigkeit auf dieser zu erkennen) – wird von einer dafür vorgesehenen Vatersorte Pollen auf die Narbe (den Stempel) übertragen. Der in einer durchsichtigen Schale aufbewahrte Pollen wird mit dem Daumen, der mit einem Fingerling überzogen ist, auf den vorbestimmten Stempel gebracht.

Pinsel werden heute kaum noch genützt, da die Reinigung von zuvor verwendeten Pollen sehr aufwendig ist.

Die nun fertig bestäubte Blüte wird mit einer Kreuzungsnummer versehen und in das Zuchtbuch eingetragen. Hier sind auch die Elternteile vermerkt, so können später Verwandtschaftsverhältnisse nachvollzogen werden. Sofern es sich um Kreuzungen im Freiland handelt, wird sofort wieder eingetütet, um sie nochmals vor Insektenflug oder anderer unerwünschter Bestäubung zu sichern.

Wird im insektenfreien Gewächshaus gekreuzt, erübrigt sich das Eintüten vor und nach der Bestäubung.

Die eigentliche Kreuzungsarbeit ist beendet. Jetzt muss darauf gewartet werden, dass die Bestäubung geglückt ist und die Samen sich im Fruchtknoten entwickeln (s. Abb. 15).

Die Hagebutten werden im Herbst reif geerntet und die Samenkörner mit einem Löffel herausgeholt. Einige Firmen säen die Samenkörner direkt nach der Ernte in ein Gewächshaus, andere stratifizieren sie vor der Aussaat. Nach der Aussaat folgt

Abb. 14: Vorbereitete Blüte zur Bestäubung.
Foto: Möller

Abb. 15: Befruchtete Hagebutten mit Kreuzungsnummer.
Foto: Möller

ständige Kontrolle und Pflege. Die aufgelaufenen und sich entwickelnden Sämlinge werden gemäß den Züchtungszielen nach verschiedenen Gesichtspunkten beobachtet und ausgelesen (selektiert). Schon auf dem Saatbeet erfolgen erste Selektionen, wenig Erfolg versprechende Sämlinge werden sofort vernichtet. Nur optimales Material wird weiter selektiert. Jeder Sämling ist ein Unikat, daher ist hohe Fachkenntnis erforderlich. Ein einmal vernichteter Sämling ist unwiederbringlich verloren!

Abb. 16: Blühende Rosensämlinge im Gewächshaus.
Foto: Möller

Weitere Tests erfolgen im Freiland über mehrere Jahre, dabei werden Gesundheit, Blüte, Blütenfarbe und Duft sowie Winterhärte getestet. Unterschiedliche Vermehrungsmethoden werden ausprobiert, z. B. ob sich eine Sorte auch durch Stecklinge vermehren lässt. Viele Rosenzüchter senden ihre Neuzüchtungen zur **ADR-Prüfung** ein, das Prädikat ist sehr begehrt. Elternteile werden ungern bekannt gegeben. Erst wenn erwiesen ist, dass die Kreuzung eine wertvolle und gesunde Neuheit ergeben hat, kommt sie nach sieben bis zehn Jahren auf den Markt und muss sich dort bewähren. In die Züchtung werden nur wenige der jungen Baumschuler direkt Einblick erhalten, deshalb soll dieser Einblick in die Kreuzungstätigkeit genügen.

ZUFALLSSÄMLINGE

1. Bastarde aus Rosenwildformen, in der freien Landschaft vorkommend
2. Mutationen und Sports von Rosen-, Obst-, Ziergehölzen usw., z. B. in Baumschulquartieren

Beispiele von Züchtungen über viele Jahrzehnte:

Pflanzenart	Sorte	Jahr der Züchtung od. Einführung	Kreuzungspartner/Eltern	Züchter, Institut, Land
Apfel	'Elstar'	1955	'Golden Delicious' × 'Ingrid Marie'	Wageningen/NL
Apfel	'Geheimrat Dr. Oldenburg'	1897	'Minister von Hammerstein' × 'Baumanns Renette'	Geisenheim
Apfel	'Gloster'	1951	'Glockenapfel' × 'Richard Delicious'	OVA Jork, Altes Land
Birne	'Highland'	1974	'Williams' × 'Vereinsdechants Birne'	USA
Süßkirsche	'Annabella'	1953	'Rube' × 'Allers Späte'	OVA Jork, Altes Land
Johannisbeere	'Rotet'	1963	'Jonkher van Tets' × 'Heinemanns Rote Spätlese'	Wageningen/NL
Neue Fruchtart	'Josta'	Neu	Schwarze Johannisbeere × Stachelbeere	R. Bauer Deutschland
Rose	'Aprikola'	2000	Die Rosenzüchter gaben in den letzten Jahren ungern die Kreuzungspartner ihrer Züchtungen preis, da sie auch mit Elternsorten aus aller Welt kreuzen!	W. Kordes Söhne Klein-Offenseth-Sparrieshoop
Rose	'Sweet Haze'	2003		Rosen Tantau, Uetersen
Abies koreana	'Magic Blue'	1990	Sämlingsauslese aus *A. koreana* 'Blauer Pfiff'	Wittbold-Müller Verden-Eitze

Sicher gibt es im Bereich der Obstgehölze neuere Züchtungen; es braucht oft viel Zeit, bis erwiesen ist, ob sich die Sorten mit wenig Pflanzenschutz für unser Klima eignen. Ferner bestimmt der Verbraucher, welche Sorten er in puncto Geschmack, Farbe und Umweltverträglichkeit beim Einkauf bevorzugt.

3. Mutationen von Obstsorten, an tragenden Obstbäumen erkannt. Sie können ausgezeichnete neue Sorten ergeben, sind aber keine Züchtungen im eigentlichen Sinn

Selektion – auf Deutsch „Auslese" oder „Auswahl" – wird betrieben, wenn bei gezielten und gewollten Kreuzungen durch Aussaat besonders positiv wirkende Pflanzen entstanden sind. Auch können bei bereits bestehenden Sorten Einzelexemplare mit besonders wertvollen Eigenschaften, z. B. besondere Frosthärte, gefunden werden, die dann zur Weitervermehrung Verwendung finden.
Ferner werden Bastarde aus Rosenwildformen, die natürlich vorkommen und durch Insektenbestäubung entstanden sind, Mutationen von gezüchteten Rosensorten, von Obst, Ziergehölzen, die in Baumschulquartieren oder andernorts gefunden wurden, selektiert.
Reihenfolge der Bonituren: Beobachten, Bewerten, Aussortieren positiver Sorten und mit der Vermehrung beginnen, danach beginnt meist Jahre später die Markteinführung.

Pflanzensichtung
wird seit etwa 1955 bei Gartenrosen und seit etlichen Jahren bei diversen Gehölzgattungen und -arten betrieben.

ADR-Testung bedeutet „Allgemeine deutsche Rosenneuheitenprüfung". Jährlich werden an zwölf Standorten, über die Bundesrepublik verteilt, von überwiegend deutschen Züchtern Rosen aufgepflanzt; es sind aber auch Zuchtbetriebe aus dem Ausland dabei, die in Deutschland eine Vertretung haben. Ohne Einsatz von Fungiziden (Pilzmitteln) müssen die neuen Sorten ihre inneren und äußeren Qualitäten unter Beweis stellen.
Zu den wichtigsten Kriterien zählen u. a. Pflanzengesundheit, Winterhärte, Wüchsigkeit, Blütenform und -farbe, Duft, Blühdauer und Selbstreinigung der Blüten. Pro Bewertungsdurchgang müssen bis zu neun Werte ermittelt und in eine Boniturliste eingetragen werden. Bis zu acht Durchgänge erfolgen jährlich.
Eine Expertenrunde kommt jährlich an einem anderen Standort zusammen, um über die Ergebnisse der Sichtungen zu beraten.
Nach 3-jähriger Testung wird über die Ergebnisse der **ADR-Testung** beraten und nach einem vorgegebenen Punkteschlüssel das **ADR-Prädikat** vergeben. Es erhalten nur Sorten, die die erforderliche Mehrheit erzielen, das begehrte Prädikat.
Der **BdB** und das **Bundessortenamt** sind die Koordinatoren dieser Sichtungen. Es handelt sich um die Auswahl **der besten und gesündesten Sorten für die Verwendung im Garten, in Parks**

Beispiele für Zufallssämlinge:

Pflanzenart	Sorte	Jahr der Einführung	Kreuzungspartner	Herkunft/Züchter
Apfel	'Holsteiner Cox'	1942	Nicht bekannt	Gefunden durch Vahldiek in Schleswig-Holstein
Süßkirsche	'Büttners rote Knorpelkirsche'	Ca. 1800	Zufallssämling	Findling von Büttner Halle/Saale
Himbeere	'Gigant'	Unbekannt	Zufallssämling	Pecht, Königsberg/Bamberg
Walnuss	'Klon 120'	Unbekannt	Zufallssämling	Selektion in Geisenheim
Kletterrose/ Strauchrose	'Uetersener Rosenkönigin'	2009	Muttersorte: Rosarium Uetersen (Kordes 1977)	W. Kordes Söhne, Klein-Offenseth-Sparrieshoop
Kletterrose/ Strauchrose	'Uetersener Rosenprinzessin'	2009	Muttersorte: Rosarium Uetersen (Kordes 1977)	W. Kordes Söhne, Klein-Offenseth-Sparrieshoop
Wildrose/ Strauchrose	*Rosa rugosa* 'Pierette'	1987	Kreuzung aus *Rosa rugosa*	Uhl/Tantau
Abies koreana	'Silberlocke'	Unbekannt	Findling	Fa. Horstmann, Schneverdingen

und im öffentlichen Grün. Dieses Verfahren wird mit Recht als die härteste Rosenprüfung der Welt bezeichnet.

ADR

Die Bundesgehölzsichtung

Ebenfalls werden bei Gehölzen seit 1980 viele wichtige Gattungen gesichtet, die für mehrere Jahre an 16 verschiedenen Standorten aufgepflanzt sind; hier werden von einem Verantwortlichen sechs bis acht Bonituren pro Jahr durchgeführt. Diese Ergebnisse werden umgehend in Boniturlisten eingetragen. Nach Abschluss der jeweiligen Sichtung beraten die Mitglieder des Arbeitskreises Bundesgehölzsichtung über den Zier- und Nutzwert der einzelnen Gattungen und ordnen diese in die Kategorien **ausgezeichnete Sorte (Gütezeichen Premiumgehölz), sehr gute Sorte, gute Sorte, Liebhabersorte** und **entbehrliche Sorte** ein.

Premiumgehölz der Bundesgehölzsichtung

Viele Gehölzgattungen wurden bereits gesichtet, z. B. *Buddleja, Cotoneaster, Fargesia, Hydrangea, Potentilla, Pyracantha* und viele mehr. Die Listen sind unter **www.gehoelzsichtung.de** erhältlich.

Wie bei der Züchtung werden auch hier gezielt die folgenden Pflanzeneigenschaften beobachtet und bewertet:

Wuchsmerkmale wie Höhe, Breite und Dichte

Zierwert wie Blühbeginn und -dauer, Blütenfarbe, -leuchtkraft und -größe, Fruchtansatz und -farbe, Laubform und -farbe

Gesundheit wie Resistenzen gegen pilzliche und tierische Schaderreger, Winterhärte

Bei Bäumen spielen Windfestigkeit, Kronenbreite und -dichte, Totholzbildung und Fruchtansatz (Nutzung an Parkplätzen und Verkehrswegen) eine besondere Rolle. Seit einiger Zeit werden Untersuchungen zu klimaverträglichen Bäumen und Gehölzen durchgeführt. Veränderungen im Klima verlangen eine Prüfung und Überarbeitung der bisherigen Sortimente besonders im innerstädtischen Bereich. Es laufen zurzeit viele Versuche mit unterschiedlichen Bäumen und sonstigen Gehölzen an verschiedenen Standorten. Der Berufsstand und das Versuchswesen haben diese wichtige Aufgabe angepackt!

Beurteilt wurden z. B. im Jahr 2022 Sorten von *Prunus laurocerasus* mit den Noten:

- „ausgezeichnet" (Gütezeichen Premiumgehölz): 'Etna' ('Anbri'), 'Mari', 'Mecki', 'Obelisk' und 'Winterstar' ('Kojuplw')
- „sehr gut": 'Caucasica', 'Gajo', 'Herbergii', 'Otto Luyken', 'Reynvaanii', 'Rotundifolia' und 11 andere Sorten
- „gut": 'Mano', 'Novita', 'Schipkaensis Macrophylla', 'Prusap' und 'Zabeliana'
- Als „entbehrlich" oder „Liebhabersorte" wurde keine eingestuft.

EUROTRIAL

Auf europäischer Ebene werden unter der Bezeichnung **EUROTRIAL** zurzeit in folgenden Ländern Gehölze international getestet: Frankreich, Niederlande, Großbritannien, Österreich und Deutschland. **Standorte in Deutschland: Weihenstephan, Hannover (Bundessortenamt) und Ellerhoop – Thiensen (Gartenbauzentrum).**

Folgende Ziergehölze befanden sich schon in der Sichtung in Ellerhoop: *Hibiscus, Physocarpus, Spiraea, Hydrangea paniculata, Weigela* schwach wachsend, *Vinca* und *Buddleja.*

2.2 Saatgut und Aussaat

2.2.1 Herkünfte des Saatguts

Durch die immer größere Spezialisierung in den Betrieben werden in vielen kleineren Baumschulen keine Aussaaten mehr vorgenommen. Besonders spezialisierte Betriebe haben im Wesentlichen diese Aufgabe übernommen, hier werden häufig Lohnanzuchten vorgenommen.

In Gebieten mit einer vielschichtigen Baumschulstruktur haben Auszubildende häufig die Möglichkeit, auch in Zusammenarbeit mit der Berufsschule, durch Besuche der spezialisierten Betriebe Grundkenntnisse von der Aussaat zu bekommen. **Nachfolgende Aufzeichnungen sollen den Auszubildenden Grundkenntnisse über den Bereich der Aussaatvermehrung vermitteln.**

Saatgut wird teilweise in den Betrieben von ausgelesenen Saatträgern geerntet, z. B. Hagebutten von Rosenunterlagen, *Berberis thunbergii* in Sorten, *Hamamelis japonica*, *Mahonia auquifolium* und viele andere mehr. Große Mengen Samen kommen aus der gesamten Bundesrepublik; sie werden von qualifizierten Sammlern geerntet; dazu sind besondere Sammelerlaubnisse die Voraussetzung. Bei der Beerntung von gebietsheimischen Arten und Sorten sind besondere Vorschriften zu beachten! Bei Erntegebieten in Deutschland oder bei Importen aus der ganzen Welt müssen für die Anzucht alle unserem Klima entsprechenden Gebiete und Höhenlagen berücksichtigt werden. Herkünfte der Saat haben erheblichen Einfluss auf die spätere Frosthärte der Pflanzen. So sind Pflanzen von *Araucaria araucana* von Saatherkünften aus den Hochlagen der Anden erheblich winterhärter als Samen aus der Mittelmeerregion.
Ähnlich verhält es sich bei *Abies nordmanniana*. So treiben Herkünfte aus bestimmten Höhenlagen des Großen Kaukasus erst nach dem 20. Mai aus. Dadurch ist die Gefahr von Spätfrostschäden erheblich reduziert.
Für forstliche Zwecke werden Samen aus durch das **Forstvermehrungsgutgesetz** anerkannten Gebieten und Herkünften vorgeschrieben. Solche Zonen sind je nach Gattung und Art z. B. Niederdeutsches Tiefland, Schwäbische Alb, Bayerischer Wald und andere. Für einige Forstgehölze aus ausländischen Herkünften gibt es Sondergenehmigungen; so gelangt *Pseudotsuga menziesii* aus einigen Zonen Nordamerikas und aus verschiedenen deutschen Gebieten in die forstliche Anzucht.

Saatkauf ist Vertrauenssache. Sortenechtheit, auch Echtheit der Herkünfte, Reinheit und Keimfähigkeit sind entscheidende Faktoren für eine erfolgreiche Weiterkultur.

Für die meisten Ziergehölzsamen gibt es keine Einschränkungen. Sie kommen z. B. aus:
- Deutschland: z. B. *Acer ginnala, Amelanchier ovalis, Amelanchier lamarckii*, Rosenunterlagen, Wildrosen in Sorten
- Russland: z. B. *Lonicera tatarica, Abies nordmanniana* (Kaukasus)
- Japan: z. B. *Cryptomeria japonica, Acer palmatum*
- Nordamerika: z. B. *Liriodendron tulipifera, Sequiadendron giganteum, Picea pungens* 'Glauca' (Staat Colorado)
- Argentinien/Chile: z. B. *Araucaria araucana*
- Europa: z. B. *Rhododendron ferruguineum* (Alpen), *Clematis vitalba, Gleditsia triacanthos* (Italien), *Pinus cembra* (Südtirol), *Pinus peuce* (Balkan)

Hier konnten nur einige Beispiele genannt werden. Manche Samen werden aus aller Welt herbeigeschafft.

2.2.2 Samengewinnung

Die Ernte

Nur in wenigen Fällen werden junge Baumschuler Gelegenheit bekommen, Gehölzsaaten selbst zu ernten. Sich Samen selbst zu beschaffen, kann für Spezialbetriebe und bei kleineren Erntemengen interessant sein. Fruchtende Hecken und Sträucher von *Berberis thunbergii, Berberis thunbergii* 'Atropurpurea', *Sambucus nigra* u. Ä. stehen oft in der Nähe. Man kann Baumschulquartiere mit Hecken von sortenechten Ziergehölzen und Rosenunterlagen zur Samengewinnung einfassen, jedoch müssen zwischen den Sorten größere Abstände eingehalten werden, um ungewollte Kreuzungen zu vermeiden. In voller Gesundheit stehende Muttersträucher und -bäume mit guten inneren Eigenschaften sind fast immer als Saatgutlieferanten geeignet und über viele Jahre nutzbar.
Bei der großen Vielfalt der Gehölze ist eine gute **Beobachtung des richtigen Zeitpunkts** der Samenreife vonnöten.

Ein paar Tage früher geerntet schadet nicht, kann aber den Samen retten:

1. vor dem Zugriff der Vögel und anderen Tieren *(Amelanchier lamarckii, Quercus* in Sorten, *Fagus* in Sorten, *Sambucus, Prunus avium, Picea abies)*
2. vor den Menschen *(Prunus spinosa, Corylus avellana, Hippophae rhamnoides, Juglans regia, Sambucus nigra)*
3. vor dem natürlichen, vorzeitigen Fruchtfall *(Carpinus betulus, Prunus avium* und *Prunus mahaleb, Amelanchier* in Sorten, *Abies* in Sorten)
4. vor Wind oder Überreife *(Acer, Populus, Salix, Abies)*

Verschiedene Samen haften lange Zeit an der Pflanze. Dazu gehören *Rosa, Berberis thunbergii*-Formen, *Prunus spinosa*.

Einige Samen sammelt man unter den Mutterpflanzen auf, wie z. B. *Juglans, Acer pseudoplatanus*.

Die Keimdauer spielt bei *Populus* und *Salix* eine große Rolle, deren Samen besitzt nur eine sehr kurze Keimfähigkeit. Diese müssen kurz nach der Ernte frisch ausgesät werden.

Fleischige Früchte wie *Prunus, Sorbus, Rosa, Berberis, Cornus mas* u. a. müssen bald nach der Ernte gereinigt werden, damit Schimmelbildung und Fäulnis die Keimfähigkeit der Samen nicht beeinträchtigen.

Eine Besonderheit

Die Eignung der Mutterpflanzen sollte wohlbedacht werden, nicht allein Gesundheit u. a. (s. Mutterpflanzen) entscheiden, sondern auch Wuchseigenschaften. So erntet man Samen von ***Carpinus betulus***, die oft als Heckenpflanzen und kleine Straßenbäume kultiviert werden, bevorzugt von aufrecht wachsenden Exemplaren. Wenn auch die erzielten Sämlinge später immer noch variieren, gibt es einen erheblich höheren Anteil an aufrecht wachsenden Typen, die sich dann auch leichter zu geraden Heckenpflanzen kultivieren lassen. Stäben der Mitteltriebe ist zeitaufwendig und verteuert die Produktionskosten. Mitte Juni sollten die Seitentriebe mit der Heckenschere pyramidal eingekürzt werden, die Pflanzen erreichen eine dichte und kompakte Qualität. Die Zeichnungen Abb. 17 und 18 sollen dies verdeutlichen.

Um Qualitätsjungpflanzen mit höherem Wert anziehen zu können, besorgen sich Baumschulen Saatgut von aufrecht wachsendem Ausgangsmaterial. Verlässliche Saatlieferanten ernten immer nur von den gleichen aufrechten, entsprechend ausgewählten Mutterbäumen.

Abkömmlinge (rechts) von breit wachsenden Hainbuchen sind oft krumm.

Abb. 17

Von aufrechten Mutterpflanzen stammende Hainbuchen sind für Heckenware meist besser geeignet und leichter gerade zu formen.

Abb. 18

2.2.3 Reinigung, Behandlung und Lagerung von Saatgut

Diese Schritte werden hier zusammengefasst. Die verschiedenen Methoden sind nicht zu trennen, da sie oft ineinandergreifen. Von der Güte des Saatguts, der Ernte, Behandlung und Lagerung hängt es ab, ob der Samen gut keimt und die Aussaat erfolgreich verläuft. Um die erforderlichen Zusammenhänge verständlich erklären zu können, werden hier nur die wichtigsten Verfahren vorgestellt.

Die Reinigung der Samen folgt unmittelbar nach der Ernte, wobei wir zwei Gruppen unterscheiden müssen:

1. **Trockene Früchte**
   Kapseln *(Rhododendron, Syringa)*, Abb. 19
   Hülsen *(Laburnum, Robinia)*
   Zäpfchen *(Alnus)*
   Zapfen (Koniferen)
   Flügelsaat *(Acer, Fraxinus, Ailanthus)*, Abb. 21

Durch Reiben oder vorsichtiges Klopfen werden die Samen von ihren Hüllen getrennt und mechanisch durch Sieben oder Ausblasen von ihnen befreit.

2. **Mit Fruchtfleisch umhüllte Früchte**
   Beerenfrüchte *(Amelanchier, Berberis, Crataegus, Cotoneaster, Sorbus)*, Abb. 22
   Steinfrüchte *(Prunus)*
   Apfelfrüchte *(Malus, Pyrus* und *Chaenomeles)*, Abb. 23
   Nussfrüchte *(Carya, Corylus, Juglans)*, Abb. 20

Abb. 19

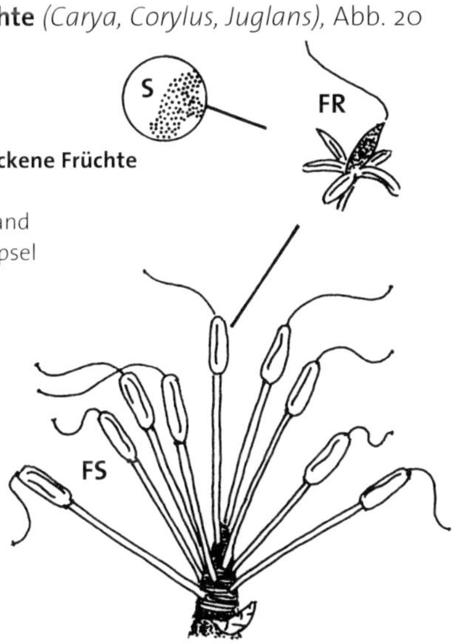

Beispiel für trockene Früchte
Rhododendron
FS = Fruchtstand
FR = Fruchtkapsel
S = Samen

Mit Ausnahme der Kernobstunterlagen, die auch von Hand entkernt werden, lässt man fast alle von Fruchtfleisch umhüllten Samen nach der Ernte kurze Zeit „rotten" oder „gären", d. h., das Fruchtfleisch wird leicht zerdrückt und beginnt sich zu zersetzen, bis sich die Samen leicht vom Fruchtfleisch trennen lassen.

3. **Klengen oder Darren.** Zapfen von z. B. Kiefern oder Fichten und Douglasien werden kurze Zeit erhitzt, damit sich die bei der Ernte noch geschlossenen Schuppen öffnen und dabei die Samen herausfallen.

4. ***Abies*-Zapfen** erntet man nicht vollreif. Sie zerfallen beim Lagern. Der Samen wird dann von den Schuppen getrennt.

Lagerung

Von den unterschiedlichen Möglichkeiten und Methoden, Saatgut zu lagern, können hier nur die wichtigsten genannt werden. Abgesehen davon, dass einige Samen wie *Populus tremula* und *Salix*-Sorten sofort nach der Ernte gesät werden müssen, ist die artgerechte Lagerung von großer Bedeutung. Viele Samenarten werden gleich nach der Reinigung mehr oder weniger lang getrocknet, damit sie gesund und sauber weiterbehandelt werden können.

Abb. 20

Beispiel für trockene Frucht
Corylus avellana
links: Samen in Hülle
rechts: Samen (S)

Abb. 21

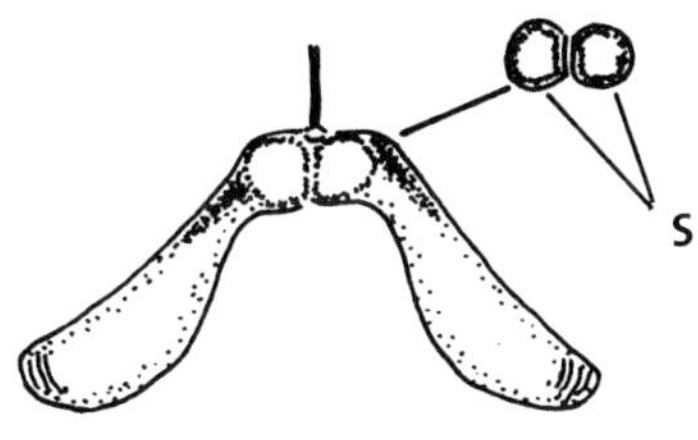

Doppelfrucht mit Flügeln
S = Samen
Acer pseudoplatanus

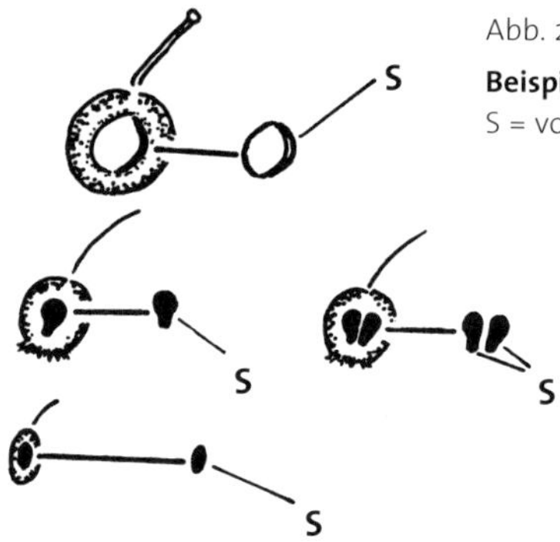

Abb. 22
Fleischige Früchte
oben: *Prunus avium*
Mitte links: *Crataegus monogyna*
Mitte rechts: *Crataegus oxycantha*
unten: *Berberis thunbergii*
S = vom Fruchtmark gereinigter Samen

Abb. 23
Beispiel für Kernobst – Apfel
S = vom Fruchtfleisch befreite Kerne

Die Trockenlagerung ist eine der oben erwähnten Methoden. Das bedeutet, dass die Samen, nachdem sie vom Fruchtfleisch befreit wurden, eine Zeit lang trocken auf Haufen, in luftigen Säcken, Behältern oder luftdicht in Gläsern aufbewahrt werden. Kontrollen auf Schimmel- oder Fäulnisbildung müssen ständig erfolgen. Bei einigen Samenarten können zusätzlich Feuchtigkeit, Nässe, Wärme, Kälte oder chemische Behandlung, auch Ritzen der harten Samenschale nützlich oder sogar notwendig sein. Gelagert werden Samen im Haus, in der Halle oder im Kühlraum. Viele Samen werden eine Weile trocken aufgehoben, um je nach Gattung oder Art anschließend wochen- oder monatelang bis zur Aussaat stratifiziert zu werden.

Stratifizieren, d. h. „in Sand einschichten", ist die zweite und neben der Trockenlagerung wichtigste Behandlungsmethode. Die Lagerung des stratifizierten Saatguts erfolgt im Freien. Für größere Mengen gibt es aus porösen Ziegelsteinen gemauerte Behälter, die Luft und Wasser durchlassen; kleinere Mengen werden in engmaschigen Kunststoffkisten aufbewahrt. Vor Vogel- oder Mäusefraß schützt ein Käfig aus feinem Maschendraht. Durch die Stratifikation wird die Samenhülle durch Feuchtigkeit, Sauerstoff, Bakterientätigkeit, Wärme und die für viele Samen zur Keimung erforderliche Frosteinwirkung für Wasser durchlässig gemacht. Diese Kräfte müssen je nach Samenart **unterschiedlich** lange Zeit auf die Samenschale einwirken (s. Abb. 24).

> Alle Methoden, den Samen nach der Ernte zu lagern und zu behandeln, dienen nur dem einen Zweck: die Saatkörner bis zur Aussaat keimfähig zu halten, sie nicht zu früh, sondern erst nach der Aussaat gesund und mit hoher Keimkraft zum Auflaufen anzuregen. Ein guter und gleichmäßiger Bestand auf den Saatbeeten muss später vorhanden sein.

Auch wenn man von „einschichten" spricht, der Samen wird fast immer von vornherein mit nicht zu feinem Sand (0,4 bis 0,8 mm) vermischt. Feiner Sand verschlämmt leicht, die Samen können durch zu viel Feuchtigkeit verfaulen. Auch Torfzusätze können richtig sein; die **Huminsäuren** im Torf greifen die Samenschale an und fördern die Keimung. Während der Stratifikation muss das Saatgut etliche Male umgerührt oder umgeschaufelt werden, damit die Wirkung auf alle Samen gleichmäßig bleibt, die Schimmelbildung unterbunden wird und die Samen immer gleichmäßigen Einflüssen ausgesetzt sind. Dabei ist ständig auf gleichmäßige Feuchtigkeit des Saatguts und den Fortgang der Keimung zu achten. Feuchtigkeit und Frosteinwirkung fördern die Keimung besonders bei hartschaligen Samen. Wegen der Kälte ist im Winter Schimmel so gut wie ausgeschlossen, im Sommer ist besonders auf Befall zu achten (s. Abb. 25 und 26).

Aufbewahren unter Luftabschluss in Gläsern und Flaschen kann besonders bei Nadelholzsamen die Keimfähigkeit verlängern. Da es auch von Zeit zu Zeit Fehlernten bei Nadelhölzern gibt, legen sich viele Baumschulen einen Samenvorrat von gewissen Gehölzarten an, um stets keimfähiges Saatgut zur Verfügung zu haben.

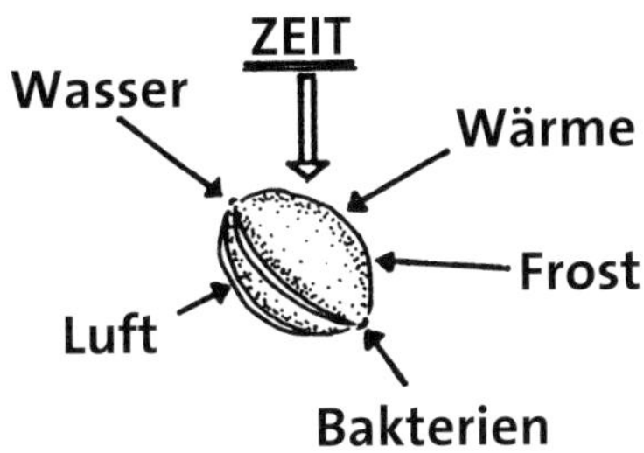

Dies alles wirkt auf die Samenschale **während der Stratifikation** ein.

Abb. 24

Abb. 25

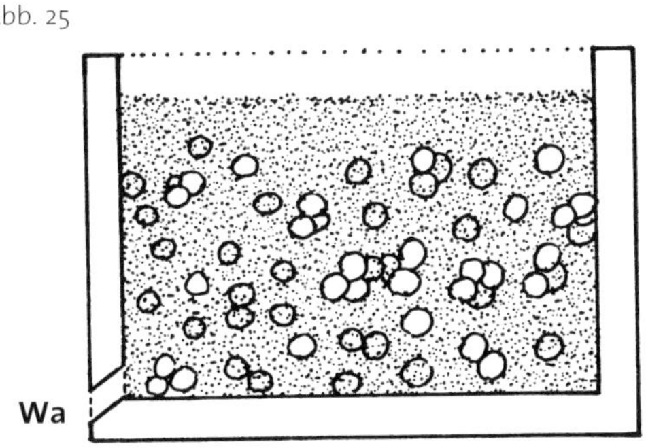

Zweimal Stratifikation
Samen oder Steine sofort gemischt

Abb. 26

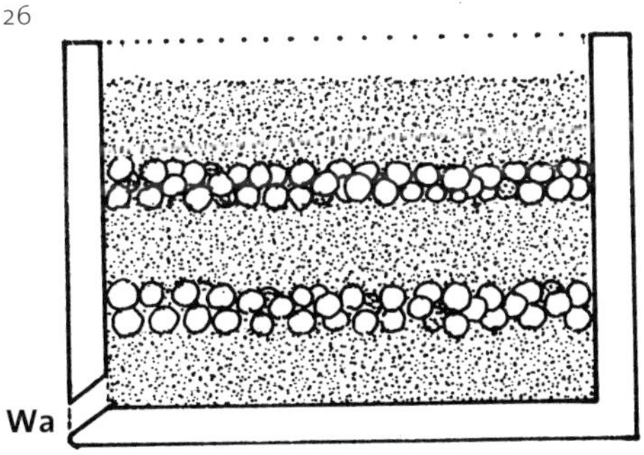

Zu Beginn schichtweise, später wird gemischt.
Wa = der notwendige Wasserabzug

KÜHLLAGER:
In milden Wintern kann stratifiziertes Saatgut zu früh keimen, dann muss die Keimung hinausgezögert werden. Rechtzeitig muss das eingeschichtete Gut in einem Kühlraum bis –2 °C eingefroren werden. Erfolgt die Lagerung zu warm, schreitet die Keimung fort und die Sämlinge haben später krumme Wurzeln. Soll die Keimung verzögert werden, ist es vorteilhaft, die Saat für kurze Zeit in ein Kühllager mit niedrigen Temperaturen um den Gefrierpunkt zu bringen. Auf diese Weise kann man dafür sorgen, dass das Saatgut erst nach den Maifrösten aufläuft *(Quercus* und *Fagus).* Jahrelange Lagerung, z. B. von Buche *(Fagus)* und Eiche *(Quercus)*, im Gefrierhaus ist gut möglich. Während der gesamten Behandlung und Lagerung müssen die Samen vor Mäusen und Vögeln geschützt werden, u. a. mit mäusesicherem Drahtgeflecht.

2.2.4 Von der Ernte zur Aussaat

Da die Maßnahmen von der Ernte bis zur Aussaat sehr unterschiedlich sein können, sind nachfolgend die verschiedenen Wege dargestellt.

Beispiele für die verschiedenen Möglichkeiten:

1. **Sofortaussaat:** *Populus tremula, Salix* in Sorten, *Fraxinus excelsior*
2. **Herbstaussaat:** *Aesculus hippocastanum, Quercus* in Sorten
3. **Ernte, Lagerung, Behandlung, danach Frühjahrsaussaat:** *Acer pseudoplatanus* und *A. platanoides, Amelanchier, Berberis thunbergii*-Formen, *Carpinus betulus, Cornus sanguinea, Corylus* in Sorten, *Juglans, Malus, Prunus* in Sorten, *Rosa* in Sorten, z. B. *Rosa rugosa, Sambucus, Sorbus* in Sorten, *Abies* in Sorten, *Picea* in Sorten, *Pinus* in Sorten, *Larix* in Sorten, *Thuja* in Sorten
4. **Behandlung, Lagerung, Überliegen,** danach **Herbst- oder Frühjahrsaussaat 1 ½–2 Jahre nach der Ernte:** *Cornus mas,* viele Rosenunterlagen, *Taxus baccata*

Um einen Einblick in die vielen voneinander abweichenden Abläufe zwischen Samenernte und Aussaat zu geben, sind diese anschließend bei einigen Pflanzenarten aufgezeichnet.

Ernte	**Lagerung**	**Aussaat**	
Ernte	–	Sofortaussaat	
Ernte	–	Herbstaussaat	
Ernte	Behandeln, lagern	Frühjahrsaussaat	
Ernte	Behandeln, lagern	Frühjahrsaussaat	Frühjahrs-aussaat
2024	**2024–2025**	**2025**	**2026 und später**

Natürlich sind es nicht die einzigen Möglichkeiten, die in der Praxis anzutreffen sind.
Viele nützliche Methoden der Verkürzung der Lagerungszeit und der Verbesserung der Keimfähigkeit werden in Betrieben, die durch Aussaat vermehren, angewendet. So z. B. das Ritzen der hartschaligen Samen, die Stratifikation durch Einwirkung von Wärme, Kälte und Wasser.

Hier kann nur ein Überblick über die wichtigsten Methoden gegeben werden, die das Saatgut von der Ernte bis zur Aussaat durchläuft.

Die nachfolgende Aufstellung entspricht den zuvor genannten Beispielen.

1. **Sofortaussaat**, gleich nach der Ernte
2. **Herbstaussaat**

Schutz vor Vogel- und Mäusefraß und vor Spätfrost ist sehr wichtig!

Acer saccharinum	Ernte	Juni
	Behandlung	Entflügeln
	Aussaat	In Reihen sofort ins Freiland
	Auflaufen	Noch im gleichen Sommer
Populus tremula und *Salix* in Sorten	Ernte	Mai/Juni
	Behandlung	Von Samenwolle trennen
	Aussaat	Sofort ins Freiland in Reihen
	Auflaufen	Ab einer Woche danach
Quercus robur	Ernte/ Sammeln	Oktober
Quercus rubra	Behandlung	Trocknen, alle 8 Tage umrühren, dann auf Haufen lagern
Quercus petraea	Aussaat	November ins Freiland, reihenweise
	Auflaufen	Im Frühjahr
	Schutz vor Vogelfraß, z. B. Wildtauben, Frostschutz im Frühjahr durch Abdecken, vielfach wird die Frühjahrsaussaat vorgezogen	

Abb. 27: Reihensaat im Herbst, mit Sägespänen abgedeckt. Foto: Möller

Temperaturschwankungen könnten die Keimung erheblich beeinflussen, daher ist ständige Kontrolle des Saatguts absolut wichtig! Heute werden viele Baumschulsaaten, die nicht überliegen müssen, direkt nach der Ernte und Reinigung ausgesät. Dafür ist trockener und gut durchlässiger Boden notwendig, damit die Samen im Winter nicht verfaulen. Die Abdeckung der Saat erfolgt besonders im Herbst mit durchlässigem Sand oder Sägespänen. Wenn die Samen mit Erde abgedeckt werden, haben die Keimblätter oft Schwierigkeiten, den Boden zu durchstoßen. Die kleinen Pflanzen bleiben dann im Boden stecken und sterben ab. Auch die Gefahr, dass Saat verkeimt, wird durch die Herbstaussaat verringert.
Dadurch werden aufwendige Kontrollen während der Stratifikation gespart.

2.2.5 Aussaat

Nach Ernte, Reinigung und Lagerung werden die Samen, je nach Art, trocken, durch Stratifikation und andere Behandlungsmethoden vorbereitet, in die Erde gebracht.

Ins Freiland werden Massensaaten, meist in **Reihen**, auf genormte Beete gesät. Die Aussaat erfolgt fast ausschließlich mit Maschinen. Heute werden schon vielfach in Baumschulen, wie im Zierpflanzenbau, Einzelkornsämaschinen, die sich auf jede Saatgröße und Aussaatdichte und -tiefe einstellen lassen, eingesetzt. Häufig werden die Samen mit

3. **Frühjahrsaussaat** nach Behandlung und Lagerung

Quercus robur	Ernte	Oktober
Quercus rubra	Behandlung	Nicht austrocknen lassen, alle 8 Tage umrühren, in kleinen Mieten kühl lagern, den Aussaattermin wegen der Spätfröste hinausschieben.
Quercus petraea		
	Aussaat	April/Anfang Mai, spätes Säen vorteilhaft, um Maifrösten (Eisheilige etwa Mitte Mai) zu entgehen, jedoch ist Eiche nicht so empfindlich wie Buche.
	Auflaufen	Ab Mitte Mai
Rhododendron, auch für Unterlagen	Ernte	Oktober/November, kurz vor Vollreife
	Behandlung	Samenkapseln trocknen und luftig lagern, bis sie sich öffnen und die feinen Samen herausfallen; reinigen, dann trocken und luftig aufbewahren.
	Aussaat	In Schalen, Kästen, im Freiland auf Torfsubstrat, bedecken mit Schattiermaterial, z. B. Vlies oder Sphagnummoos, ca. Februar/März/April.
	Auflaufen	Nach ca. 4–6 Wochen, auf Frostschutz achten!
Prunus avium, auch Obstunterlagen	Ernte	Anfang Juli, unregelmäßig reifend, rot- bis schwarzfrüchtige Typen
	Behandlung	Fruchtfleisch verrotten lassen, auswaschen, bis September trocknen, luftig und schattig auf Haufen lagern, dann stratifizieren und öfter umschaufeln.
	Aussaat	März
	Auflaufen	Mai
Abies koreana	Ernte	Oktober, bevor sie von Vögeln und Eichhörnchen geräubert werden; Zapfen sind dann noch nicht ganz reif, aber noch fest.
	Behandlung	Trocken, kühl und luftig im Zapfen lagern, durch Rütteln und Reiben Samen trennen. Von Schuppen reinigen und trennen. In Leinenbeuteln luftig lagern.
	Aussaat	Ab Mai vor der Aussaat bis 24 Stunden ins Wasser legen, damit Feuchtigkeitsverluste ausgeglichen werden, dann ins Freiland oder auch in Frühbeetkästen aussäen. Substrat: humoser Sand, etwa 1 cm mit Sand überdecken, sodass kein Samen mehr zu sehen ist.
	Auflaufen	In 3–4 Wochen

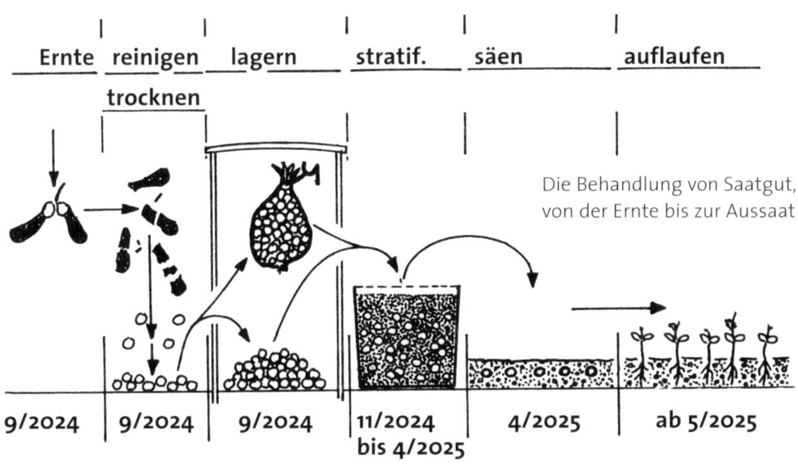

Die Behandlung von Saatgut, hier *Acer pseudoplantatus*, von der Ernte bis zur Aussaat

Abb. 28

4. Überliegendes Saatgut, Samen, die frühestens 1 ½ Jahre nach der Ernte keimen

Rosa canina und die Edelcanina für Rosenunterlagen	Ernte	September/Oktober, bei Vollreife
	Behandlung	Hagebutten zerstoßen und rotten lassen, auswaschen, abschwemmen, dabei Saat vom Fruchtfleisch trennen; danach stratifizieren, bis zur Aussaat regelmäßig umschaufeln und Keimvorgang beobachten.
	Aussaat	März, 1 ½ Jahre nach der Ernte
	Auflaufen	Ab Mai
Taxus baccata	Ernte	August bis Oktober, sobald Fruchtfleisch rot ist (Achtung, Vogelfraß!)
	Behandlung	Rote Hülle abwaschen, leicht trocknen, sofort stratifizieren, 1 ½ Jahre im feuchten Sand überliegen lassen. **Achtung: Samenkörner sind giftig, die Hülle jedoch nicht!**
	Aussaat	Danach Herbst- oder Frühjahrsaussaat im Kasten (Achtung, Mäusefraß!)
	Auflaufen	Ab Mai, Sonnenschutz ist wichtig.
Cornus mas	Ernte	September mit Fruchtfleisch
	Behandlung	Waschen, säubern, stratifizieren bis zum folgenden Herbst (Überliegen!) oder darauffolgenden Frühjahr.
	Aussaat	Herbst oder Frühjahr, also 1–1 ½ Jahre nach Ernte
	Auflaufen	Mai

körnigem Sand oder Sägespänen abgedeckt, da die Keimlinge diese Schicht leichter durchdringen und eine Verschlämmung ausgeschlossen wird. Bei kleineren Saatmengen wird noch von Hand ausgesät, da die Reinigung der Maschinen aufwendig ist.

Breitsaat wird hauptsächlich bei Nadelgehölzen angewendet. Die Beete werden geebnet und aufgeraut, die Samen gleichmäßig ausgebracht und dann angedrückt. Zum Schluss wird mit einer der Samenstärke entsprechenden Sandschicht abgedeckt.

Im geschützten Kulturraum – so im Gewächshaus – werden feine oder empfindliche Saaten in Kisten, Schalen oder Töpfen ausgesät. Hier lässt sich das Kleinklima besser als im Freiland steuern und die Kontrolle der Saat ist einfacher.

Boden: Die Bodenqualität spielt für die Aussaat eine wichtige Rolle. Besonders geeignet sind leichte, sandige Böden, deren Oberfläche durch Niederschläge, Sonneneinwirkung und durch Trockenheit nicht verkrusten, d.h. nicht verhärten kann. Die zarten jungen Spitzen der Keimlinge müssen das Erdreich ungehindert durchdringen können.

Wasserbedarf: Während der Keimung der Samen muss genügende und gleichmäßige Feuchtigkeit in den Böden vorhanden sein. Trockenphasen während des Keimvorgangs können zu Einbußen führen.

Eventueller Wassermangel muss durch gezieltes Beregnen oder Bewässern behoben werden.

Luft und Wärme:
Das Saatbeet muss locker sein, sodass reichlich Luft und damit genügend Wärme in ausreichender Menge verfügbar sind. Bei Reihensaaten kann notfalls vorsichtig gelockert werden.

Aussaatzeit: Der überwiegende Teil der Aussaaten erfolgt im Frühjahr. Hierüber und über andere Aussaattermine ist beim Thema „Von der Ernte zur Aussaat" nachzulesen. Um empfindlichere Saaten nicht den Spätfrösten auszusetzen, kann die Keimung stratifizierter Saat durch Lagerung im Kühlraum verzögert werden. Keimverzögerung ist auch angebracht, wenn der Boden noch nicht für die Aussaat geeignet ist. Aussaatflächen müssen sich gut bearbeiten lassen und der Boden darf nicht an den Maschinen und Geräten kleben. Daher werden immer mehr Saaten, sofern es möglich ist, im

Herbst ausgesät. Manche Gattungen, wie *Abies, Chamaecyparis, Larix, Picea, Pinus* und *Thuja* brauchen zur Keimung eine höhere Bodentemperatur. Für sie ist die Aussaat im Herbst oder zeitigen Frühjahr nicht möglich.

Die Saattiefe richtet sich nach der Pflanzenart, dem Zustand des Bodens und nach dem Aussaattermin. Im Herbst wird etwas tiefer gesät, und auch in leichten Böden verfährt man so. Aussaaten im Haus können flacher als im Freiland gesät werden. Man hat sie so besser unter Kontrolle. Auch das Feuchthalten fällt leichter.

Allgemein gilt, dass größere, dickere Samen tiefer eingebracht werden als kleinere.

Die bekannte Regel, wonach die Abdeckung nur zweimal so stark sein darf wie das Samenkorn, stimmt nur bedingt. Selbst feinere Saaten können etwas tiefer eingebracht werden. Entscheidend ist, dass die Abdeckung locker ist und der Keimling sie leicht durchdringen kann. Einige Saattiefen sollen hier genannt werden:

1. **Aussaat auf das Substrat**, abgedeckt mit Sphagnum-Moos oder Vlies, feucht halten bis über das Keimen hinaus: *Rhododendron* – unter Glas.
2. **Aussaat auf das Substrat**, leicht mit Sand oder feinem Torf abgedeckt. Feucht halten bis über das Keimen hinaus; *Salix caprea* u. a., *Populus tremula*.
3. **Saattiefe bis ca. 1 cm, feinere Saaten in Breitsaat, Abdeckung mit Sand oder Sägespänen:**
   - *Abies koreana* und andere Sorten
   - *Alnus*
   - *Betula*
   - *Chamaecyparis*
   - *Daphne mezereum*
   - *Larix*
4. **Reihensaat Saattiefe ca. 1,5 cm, Abdeckung mit Sand oder Sägespänen:**
   - *Berberis thunbergii* und *B. thunbergii* 'Atropurpurea'
   - *Hippophae rhamnoides*
   - *Mahonia aquifolium*
   - *Rosa* in Sorten
5. **Saattiefe etwa 2–3 cm, Abdeckung mit Sand oder Sägespänen:**
   - *Carpinus betulus*
   - *Chaenomeles japonica* u. a.
   - *Corylus avellana*
   - *Malus* in Sorten (einschl. Apfelunterlagen)
   - *Pyrus communis* (Birnenunterlagen)
   - *Sorbus* in Sorten
   - *Syringa vulgaris*-Veredlungsunterlagen
   - *Tilia* in Sorten
6. **Saattiefen 3–5 cm**, etwas tiefer ist möglich, Abdeckung mit Sand oder Sägespänen:
   - *Acer campestre, A. platanoides* und
   - *A. pseudoplatanus*
   - *Aesculus* in Sorten
   - *Fagus sylvatica*
   - *Juglans* in Sorten
   - *Quercus* in Sorten
   - Pfirsich- und Aprikosen-(Marillen-)Unterlagen
   - *Robinia pseudoacacia*

Auf der Abb. 31 werden die durchschnittlichen Saattiefen einiger Gehölzsamen schematisch dargestellt. Deutlich ist zu erkennen, dass gröbere Samen tiefer gesät werden, dass man aber aus der Dicke des Samens die Saattiefe nicht errechnen kann.

Breitsaat auf Beeten wird heute noch bei feineren Saaten wie *Abies, Larix, Picea, Thuja* und *Betula* angewendet. Dabei sollte der Boden möglichst unkrautfrei sein, das Jäten ist arbeitsaufwendig und teuer. Abdecken der feinen Saaten erfolgt mit weißem Sand oder Sägespänen. Die Keimlinge können diesen leichter durchstoßen und ferner schützt die Schicht vor Verbrennungen der jungen Sämlinge.

Reihensaat erfolgt auf genormte Beete mit meistens fünf Reihen je Beet. Aussaat erfolgt fast ausschließlich per Sämaschine, daher ist späterer Maschineneinsatz für alle Pflege- und Rodearbeiten möglich.

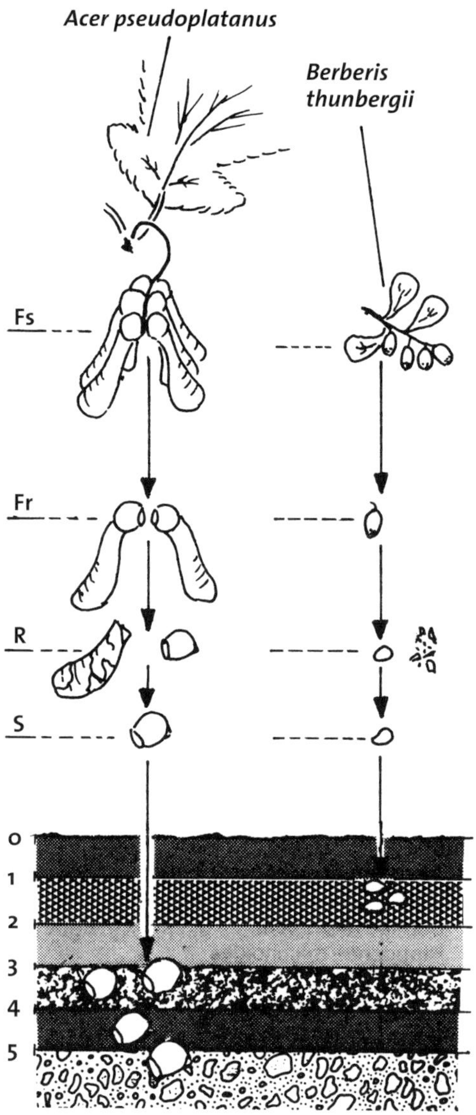

Von der Ernte bis zum Säen
(links: *Acer pseudoplatanus*,
rechts: *Berberis thunbergii*)
Fs = Fruchtstand am Zweig
Fr = Doppelfrucht, Frucht
R = Reinigung von Flügel und Fruchtfleisch
S = gereinigter Samen
O = Saatbeetoberfläche
2-3-5 = Saattiefe für *Acer*
2-3 = Saattiefe für *Berberis* in cm
1-2 = Sandabdeckung

Abb. 29

Keimungsvorgang: Je nach Gattung oder Art kann das Auflaufen Tage, Wochen oder Monate nach der Aussaat dauern. Bei überliegenden Saaten kann der Vorgang über ein Jahr dauern. Zunächst quellen die Samen durch Wasseraufnahme. Der keimende Samen sprengt die Samenhülle, danach entwickelt sich die Wurzel und dringt in den Boden ein. Bei *Corylus, Juglans* und *Quercus* verbleiben die Keimblätter unter der Bodenoberfläche. Der Spross durchdringt die Erdoberfläche und entwickelt dann Blätter. Bei vielen Gattungen, z. B. *Acer, Fagus*, Rosen, durchwachsen die Keimblätter die Erdoberfläche und entfalten sich dort. Dann entwickelt sich der Spross mit den Blättern und wächst weiter (s. Abb. 32 und 33).

Schutz gegen Sonnenbrand bzw. gegen Erhitzen der Erdoberfläche, aber auch Spätfrost muss bei einigen Saaten (z. B. *Abies, Larix, Picea abies, Thuja* usw.) durch Überbauen der Beete mit Federstahlstäben und Schattengewebe erfolgen (Abb. 30).

Andere Sorten wie *Picea omorika, Quercus* und Vogelkirschen sind unempfindlich gegen Sonneneinstrahlung.

Frostschutz (Spätfrost im Mai): Hier muss bei einigen Pflanzenarten für die im Keimstadium noch empfindlichen jungen Pflanzen gesorgt werden.

Abb. 30
Schutzabdeckung mit Federstahlstäben und Schattiergewebe, mit einer Schattierwirkung von 25–65 % erhältlich. Gleichzeitig schützt das Gewebe gegen Frost.
Foto: Meyer KG

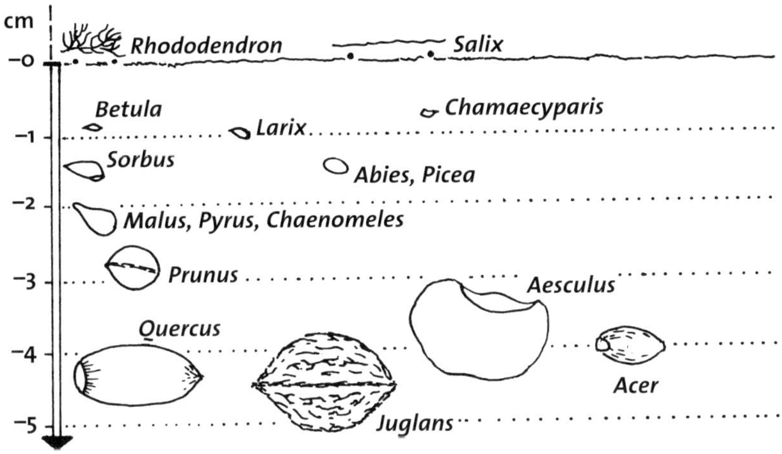

Abb. 31

Entwicklung in den ersten drei Wochen nach der Aussaat am Beispiel von *Acer pseudoplatanus.*

a) Säen des entflügelten Samens.

b) Samen, in die Rille gesät (Reihensaat), die Keimung beginnt. Die Wurzel dringt durch die Samenschale.

c) Beginnendes Wurzelwachstum nach unten.

d) Keimblätter, noch gefaltet, schieben sich aus der Erde. Sie entfalten sich. „Die Saat läuft auf."

e) Die Keimblätter der aufgelaufenen Saat haben sich entfaltet.

f) Der Spross strebt nach oben. Oberhalb der Keimblätter entwickeln sich Primärblätter, die den Blättern des *Acer pseudoplatanus* noch wenig ähneln. Die weiteren Laubblätter folgen. Die Wurzeln dringen tiefer in den Boden und verzweigen sich stärker, jedoch dominiert die Hauptwurzel.

A) Andeutung der bei manchen Samenarten üblichen Abdeckung mit Sand.

S) Das „Saatbeet". Durchlässiger, leichter Boden.

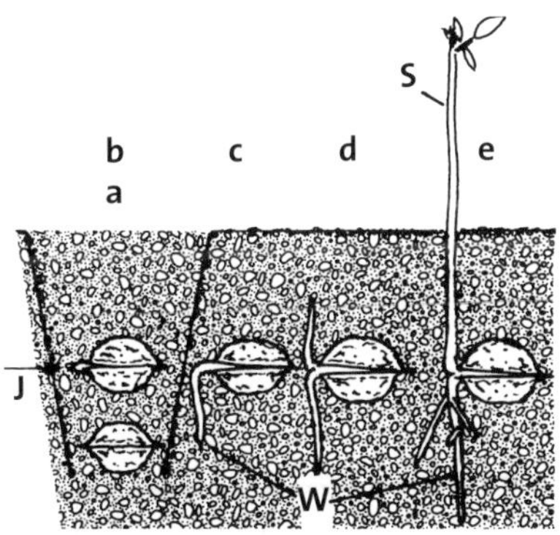

Keimblätter, die sich unter der Oberfläche entwickeln, hier *Juglans regia*

a. Säen in Rillen 3–6 cm tief
b. Keimen, „Spitzen"
c. Wurzel wächst
d. Spross beginnt zu treiben
e. Saat ist „aufgelaufen"
S = Spross
W = Wurzel wächst
J = Juglanssamen spitzt

Abb. 32

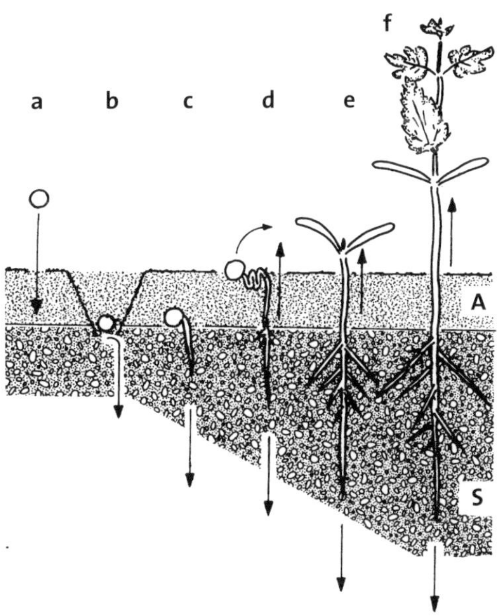

Abb. 33

3 Vegetative (ungeschlechtliche) Vermehrung

Sie steht im Gegensatz zur generativen Vermehrung. Um neue Pflanzen zu erzielen, werden Pflanzenteile sowohl vom Spross als auch von der Wurzel verwendet. Sie werden zu eigenständigen Exemplaren, die den Pflanzen, denen sie entnommen wurden, genetisch entsprechen (Klon).

Zwei Hauptgruppen in der ungeschlechtlichen Vermehrung werden unterschieden:

- **Vermehrung auf eigener Wurzel** (autovegetativ), s. Abb. 34 und 35
- **Vermehrung auf fremder Wurzel** (xenovegetativ), s. Abb. 36

Bei Ersterer entwickelt sich der der Mutterpflanze entnommene Teil zur selbstständigen Pflanze.
Bei der zweiten Methode wird das abgeschnittene Stück (Edelreis) auf eine Unterlage veredelt, steht dann also auf fremder Wurzel.

Die in Abb. 38 aufgeführte Übersicht beinhaltet die wichtigsten vegetativen Vermehrungsmethoden und nennt deren Zusammenhänge untereinander.

Die Erläuterung der einzelnen Begriffe geschieht jeweils unter dem besonderen Thema, das auf dem Rasterschema zu finden ist.

3.1 Stecklingsvermehrung

Sie ist die rationellste und ergiebigste der vegetativen Vermehrungsmethoden. Von der Mutterpflanze abgetrennte Sprossteile werden mit gärtnerischen Mitteln zum Bewurzeln gebracht. Bei vielen Gattungen und Arten lassen sich häufig mehrere Stecklinge aus einem Trieb gewinnen. Die daraus hervorgegangenen Pflanzen stehen somit auf eigenen Wurzeln. Man bezeichnet das als autovegetativ.
Von der Aussaat abgesehen, ist die Vermehrung durch Stecklinge von allen anderen Methoden die wirtschaftlichste, sofern sich die Gattungen, Arten und Sorten durch Stecklinge vermehren lassen.

Abb. 34

E = auf eigener Wurzel
Himbeerpflanze
Wurzelschnittling

Abb. 35

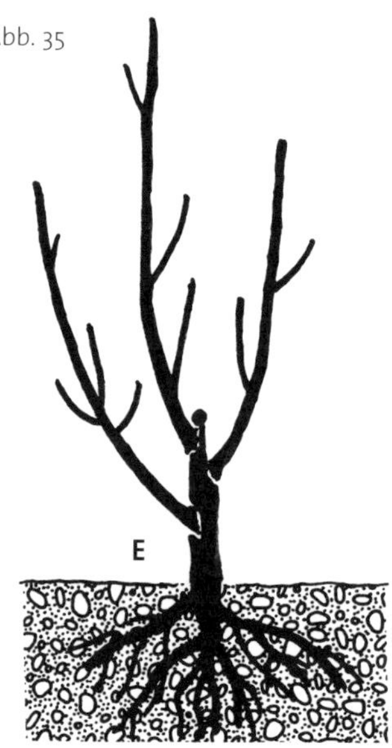

E = auf eigener Wurzel
durch Steckholz vermehrt,
Philadelphus virginalis

Abb. 36

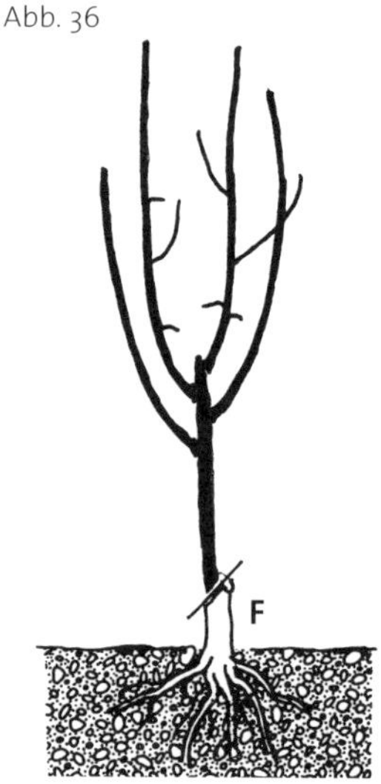

F = auf fremder Wurzel,
veredelt, 2-jähriger Obstbusch

Vorteile dieser Vermehrungsart sind: Sie liefert schnell große Mengen, ist also zur Massenvermehrung geeignet. Daraus entstandene Pflanzen sind oft früher verkaufsfertig als die aus anderen Methoden. In Jahren, in denen Saatgut fehlt, kann es die alternative Vermehrungsart sein. Die Sortenechtheit ist gewahrt, die inneren Eigenschaften gleichen denen der Mutterpflanzen.

Nachteile dieser Vermehrungsart: Erheblich höherer Aufwand als bei der generativen Vermehrung, da entsprechende Kultureinrichtungen wie Gewächshäuser oder Folientunnel mit besonderen Bewässerungseinrichtungen vorhanden sein müssen. Bei der Pflege während und nach der Bewurzelung muss besondere Sorgfalt erfolgen. Anpassung an die unterschiedlichen Ansprüche der Pflanzenarten ist erforderlich. Daher müssen Vermehrungszeitpunkte, Holzreife, Substrate, Art der Kulturräume, Wärme, Luftfeuchtigkeit, Schattierung, Beginn der Abhärtung und die Weiterbehandlung auf die Eigenschaften der Pflanzen abgestimmt werden. Erfahrung, Fachwissen, Fingerspitzengefühl und Sorgfalt sowie eine gute Beobachtungsgabe entscheiden über den Kulturerfolg.

Abb. 37

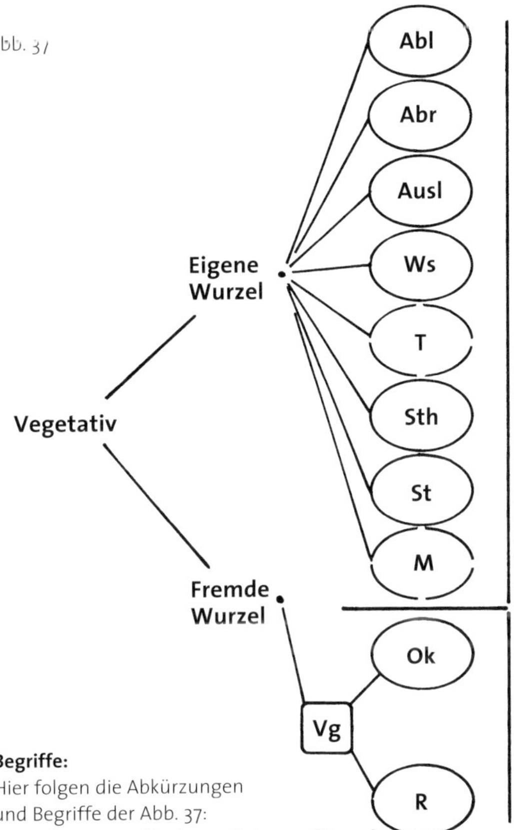

Begriffe:
Hier folgen die Abkürzungen und Begriffe der Abb. 37:
Vermehrungsmethoden auf eigener Wurzel

Abl = Ableger und Absenker
Abr = Abriss
Ausl = Ausläufer
Ws = Wurzelschnittling
T = Teilung
Sth = Steckholz (= Hartholzsteckling)
St = Steckling
M = Meristemvermehrung (Gewebevermehrung)
Ok = Okulation
Vg = Veredlung
R = Reiserveredlungsarten

Ausgangsmaterial: Die Triebe für die Stecklingsvermehrung werden meist aus gesondert aufgepflanzten und gut gepflegten Mutterpflanzenquartieren entnommen. Sie können allerdings auch im Anzucht- oder Verkaufsquartier geschnitten werden, ohne dass die Pflanzenqualität leidet. Mutterpflanzen sollten wüchsig, aber nie zu stark gedüngt sein, weiches Material bewurzelt sich schlechter und fault leicht.
Die Pflanzen, von denen Material geschnitten wird, müssen wie folgt beschaffen sein:

1. Einwandfreie innere Eigenschaften
2. Gutes, kräftiges Triebwachstum
3. Frei von Krankheiten und Schädlingen
4. Brauchbar sind nur Triebe, die während ihrer Entwicklung voll dem Licht ausgesetzt waren.

Beim Schnitt sollen die Triebe weder gequetscht noch gedrückt werden.

Reife – Holzreife des Ausgangsmaterials: Für Laubgehölze verwendet man in der Regel diesjährige (seltener vorjährige) Triebstücke (Sprossteile). Die besten stammen meist von jungen Pflanzen, unbrauchbar sind oft zu alte Mutterpflanzen. Die Nutzungsdauer der Mutterquartiere kann sehr unterschiedlich sein. So lässt die Ergiebigkeit bei *Potentilla* häufig schon nach 4–5 Jahren nach, während *Prunus laurocerasus* durchaus 15 Jahre gutes Material liefert. Wichtig ist, dass im zeitigen Frühjahr die Mutterpflanzen zurückgeschnitten werden, um in der kommenden Saison wüchsiges Stecklingsmaterial zu liefern.

Man unterscheidet folgende Reifegrade:

1. **Grün: krautartig** vom oberen Teil des Triebes, selten von der Triebspitze, Trieb ist noch weich und unausgereift (z. B. *Spiraea* und *Potentilla*).
2. **Halbreif: krautartig** vom oberen Teil des Triebes, Rinde beginnt sich zu bräunen oder ist noch grün (gültig für die Masse der Pflanzenarten und -sorten).
3. **Reif: bereits verholzend** bzw. verholzt, Trieb ist schon fest und hat die sorteneigene Rindenfarbe (z. B. *Cotoneaster dammeri, Hedera helix, Chamaecyparis lawsoniana* in Sorten, *Juniperus* in Sorten, *Picea abies* in Sorten, *Taxus* in Sorten und viele mehr).

Grundsätzlich sollten Blütenknospen und Fruchtansätze beim Stecklingsschnitt abgetrennt werden. Sie entziehen den Stecklingen unnötig Kraft. Außerdem kommt es hier auch leicht zur Fäulnisbildung. Zu weiche Stecklinge bewurzeln sich schlecht und faulen leicht.

Für Nadelhölzer werden reife, leicht verholzte diesjährige Triebe genommen, die einen 1-jährigen (letztjährigen) Fuß haben.

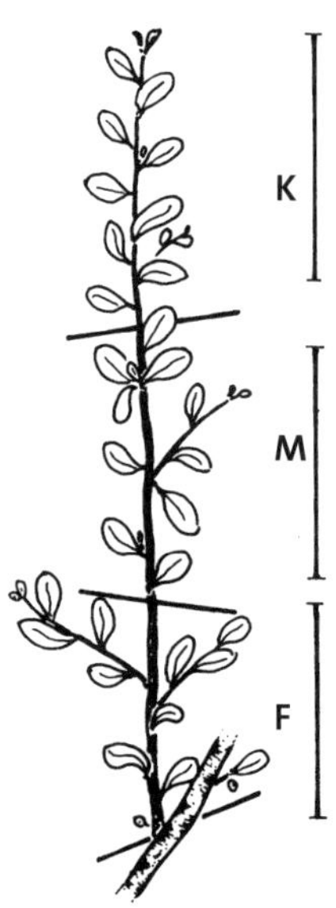

Bezeichnung der Stecklinge (s. Zeichnung rechts):

1. Kopfstecklinge – von der Triebspitze
2. Stecklinge aus dem Mittelteil
3. Fußstecklinge
4. Stecklinge mit Astring; das ist ein Fußsteckling, an dem der Astring belassen wurde.

Abb. 38

Zeitpunkt: Die Hauptvermehrungsmonate für Laubgehölze sind die Monate Mai bis September, für Nadelgehölze September bis März.

Die künstlich erzeugten Klimaverhältnisse, gezielte Wärme durch Boden- oder Oberheizung und gut dosierte Feuchtigkeit im Vermehrungshaus erlauben es, manche Arten während des ganzen Jahres zu vermehren. Mit zusätzlichen Folientunneln im Gewächshaus lässt sich ein besonderes Kleinklima schaffen. Dadurch lassen sich dann sehr gut Gehölze mit unterschiedlicher Bewurzelungsdauer parallel im gleichen Kulturraum vermehren.
Jedoch sind viele Arten an bestimmte Steckzeiten gebunden.
Auch die Jahreszeit hat Einfluss auf das Bewurzeln und das Gedeihen der Stecklinge (z. B. bewurzeln *Calluna* bei Hitze schlechter).

Der Schnitt: Das Stecklingsmaterial wird nach der Abnahme von der Mutterpflanze baldigst verarbeitet. Notfalls kann es auch kurzfristig im Kühlraum zwischengelagert werden.

Unbedingt zu beachten
Ob beim Schneiden von der Mutterpflanze, ob auf dem Transport, bei der Verarbeitung, ob beim Stecken in Kisten, Platten oder direkt in Beete oder am endgültigen Standort im Kulturraum – Stecklinge immer frisch und feucht halten. Nach dem Stecken gut angießen, aber nie vernässen!

Die Schnittmethoden reichen vom sorgfältigen Messerschnitt dicht unter einem Auge bei dicktriebigen Sorten mit großen Internodien und schwieriger wurzelnden Arten wie *Hydrangea aspera*-Sorten und *Magnolia* bis zum Schnitt mit der Rosenschere oder der einfachen Stecklingsschere bei leicht bewurzelnden Arten und Sorten wie *Cotoneaster dammeri* oder *Potentilla*, ohne Rücksicht auf Augen und Internodien.
Eine Verletzung mit dem Messer seitlich am Fußende (z. B. bei *Rhododendron* u. a.) kann bewurzelungsfördernd wirken (s. Abb. 39).

Die Länge der Stecklinge beträgt je nach Art zwischen 4 und 10 cm. Ist das Material knapp, können sie auch kürzer sein. **Der Stecklingsfuß** wird meistenteils einige cm lang von Blättern und Nebentrieben befreit. Die Stecklinge lassen sich dann leichter und schneller stecken, auch die Gefahr von Fäulnis ist geringer.

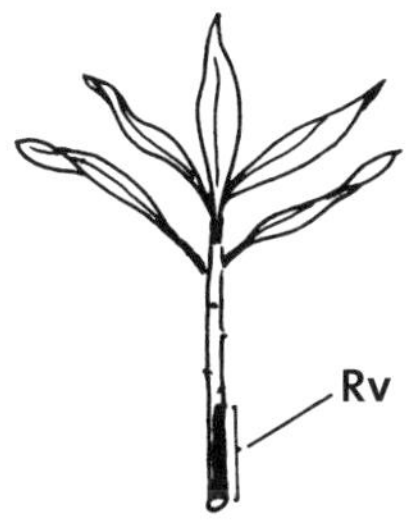

***Rhododendron*-Steckling**
mit Rindenverletzung (Rv)

Abb. 39

Gesteckt wird je nach Art und Sorte in Multitopfplatten, Quick-Pot-Platten, Torftöpfen und Stecklingsschalen, gelegentlich auch flächig direkt in Beete. Bei feineren Stecklingen sollte der Abstand etwa 3 × 2 cm betragen, stärkere Stecklinge werden entsprechend weiter gesteckt. Bei leicht wurzelnden Gehölzen wie *Hedera* in Sorten können 5 Stecklinge direkt in Töpfe 11 × 11 cm gesteckt werden, sie sind schon nach wenigen Monaten verkaufsfähig.

Um besonders gute Wurzelbildung zu erreichen, haben sich außerdem bewährt:

1. Töpfe aus Kunststoff
2. Presstöpfe oder -strips aus Torf
3. Topfplatten in verschiedenen Formaten (Abb. 40)
4. Sterile Würfel aus mineralischen Stoffen (Abb. 41)

Steckt man die Stecklinge direkt hinein, kann man sich das Pikieren ersparen.

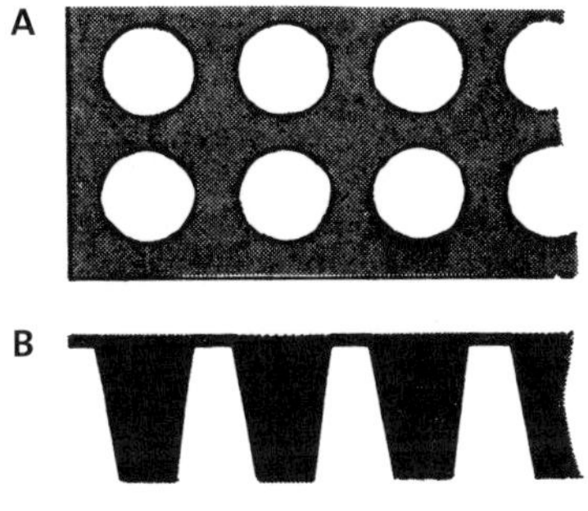

Abb. 40 **Topfplatte aus Kunststoff**
A = von oben gesehen
B = von der Seite

Beim Stecken selbst sollten die Stecklinge leicht angedrückt werden, damit sie beim Gießen nicht umkippen.

Als Schneidewerkzeuge werden heute aus Rentabilitätsgründen überwiegend Stecklingsscheren eingesetzt. Die Arbeitsleistung ist wesentlich höher, als wenn einzeln mit dem Messer geschnitten wird. Viele Stecklinge lassen sich bündelweise schneiden, ohne dass man auf Augen und Internodien zu achten hätte, z. B. *Cotoneaster dammeri* 'Skogholm'.
Das gut geschärfte Stecklingsmesser wird bei schwieriger wurzelnden Stecklingen bevorzugt, z. B. *Rhododendron, Hydrangea aspera*-Sorten, *Magnolia* usw.

Die Substrate sollen leicht und luftig sein, damit das Gießwasser abziehen kann und keine Staunässe entsteht. Meist werden Fertigsubstrate verwendet. Bodenschädlinge und Unkrautsamen dürfen in den Ausgangsstoffen nicht vorhanden sein. Der pH-Wert sollte bei Gehölzen um 5,5 liegen, bei *Rhododendron* bei etwa 4,5, hohe Salzgehalte sind zu vermeiden. Meist werden ungedüngte Substrate bevorzugt, bei sehr schnell wurzelnden und salzunempfindlichen kann eine Depotdüngung verabreicht werden.

Als Ausgangsstoffe dienen:

1. Grober gewaschener Kies, Korngröße 3–7 mm für besonders durchlässige Substrate
2. Gewaschener Sand, Korngröße 0–3 mm
3. Torf (z. B. für *Rhododendron*)

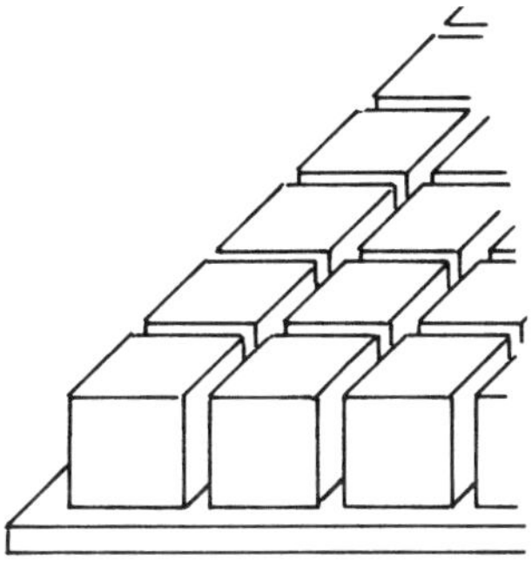

Abb. 41 **Kunststoffplatte**
in Würfelform, Substrat und Topf in einem

4. Selbst hergestellte Mischungen aus den oben genannten, z. B. 80 % Sand und 20 % Torf für fast alle Gehölze. Bei Moorbeetpflanzen kann der Anteil Torf bis 50 % betragen. Um den Torfanteil zu verringern, wird bis zu 20 % Perlite hinzugesetzt.
5. Zuschlagstoffe wie Perlite, Kokosfasern, Bimskies u. Ä. zum Lockern und Mischen mit anderen Substraten.
6. Soll auf Torf verzichtet werden, ist Kokosmark eine gute Alternative.

Alle Substrate müssen beim Stecken und auch später gut feucht sein, dürfen aber nicht nass sein und verschlämmen.

Kulturräume

Stecklinge brauchen zum Bewurzeln und zur Weiterentwicklung besondere Voraussetzungen. Hohe Luftfeuchtigkeit erzeugt **„gespannte Luft“**, diese ist zum Überleben und zum Gedeihen unbedingt erforderlich. Bei höheren Lufttemperaturen würde es bei zu wenig Luftfeuchtigkeit zu Verbrennungen der Stecklinge kommen. Gegebenenfalls muss zur Kühlung zusätzlich schattiert oder kurzfristig gelüftet werden. In kühleren Monaten sind besonders bei Nadelgehölzen auch gesteigerte Bodentemperaturen notwendig. Durch entsprechende Bodenheizung können diese Voraussetzungen geschaffen werden. Die gegenüber dem Außenbereich verbesserten Bedingungen können nur in Kulturräumen erzielt werden.

Hierzu gehören:
1. Vermehrungshaus aus Glas, Stegdoppelplatten oder Folie
2. Folientunnel mit ähnlicher Wirkung
3. In das Vermehrungshaus zusätzlich eingebaute Folientunnel, in ihnen werden schwerer bewurzelnde Arten kultiviert (z. B. *Magnolia*).
4. Fog-System. Offenes, nicht mit Folie abgedecktes Stecklingsbeet in einem Gewächshaus wird durch sehr feinen Sprühnebel (Fog) feucht gehalten.

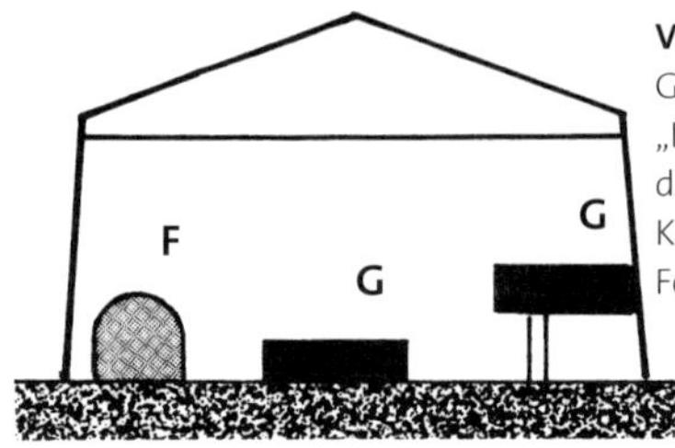

Vermehrungshaus – Glas/Folie „Doppelglas“-Wirkung durch eingebaute Kästen (G) oder Folientunnel (F)

Abb. 42

5. Frühbeetkästen finden heute in der Stecklingsvermehrung keine Verwendung mehr. Der Arbeits- und Pflegeaufwand ist einfach zu hoch und unrentabel.

Vorhandene Kästen werden gelegentlich zur Aussaat wertvoller Gehölze genutzt und zum Aufstellen hochwertiger Jungpflanzen genutzt.

Bewässern, Befeuchten geschieht mit ...
- Schlauchgießgeräten mit unterschiedlichen Düsen für spezielle Verwendungen.
- Sprühnebeleinrichtungen – deren Anforderungen und Ausführungen können sehr unterschiedlich sein.
- Fog-Nebelsystem, Vernebelung von Wasser unter hohem Druck. In seltenen Fällen noch mit Gießkannen in unterschiedlichen Ausführungen.

Kannen werden noch begrenzt eingesetzt – zum Feuchthalten von frisch geschnittenem Stecklingsmaterial, Angießen nach dem Stecken in Schalen oder Beeten, Bewässern von Saatschalen.

Schlauchgießgeräte erfüllen ähnliche Aufgaben wie Kannen.

Im Sprühnebelverfahren wird der Wasserbedarf zur Befeuchtung der Pflanzen durch computergesteuerte Sprühdüsen gesteuert und je nach Düsen entsprechend versprüht oder vernebelt. Messung der Bedarfsmengen erfolgt durch moderne Fühler.

Das Fog-Nebelsystem wird in vielen Betrieben eingesetzt. Durch den hohen Druck von 40 bis zu 80 bar wird das Gießwasser über Spezialdüsen vernebelt. Dadurch sind die benötigten Wassermengen gering, es entsteht keine Vernässung im Substrat. Die Gießwasserqualität ist oft entscheidend für den Erfolg der Vermehrung. Daher sind Wasserhärte (Kalkgehalt) und Eisen im Gießwasser vorher zu prüfen! Hohe Kalkanteile können den pH-Wert verändern, Eisen verstopft Bewässerungsdüsen und verursacht Rückstände auf Vermehrungseinrichtungen und Pflanzen.

Die notwendige Wärme wird im Sommer durch geschlossene Kulturräume erzeugt. Sonnenenergie ist der preiswerteste und natürlichste Faktor, wenn er entsprechend genutzt wird. Eindeckungen wie Stegdoppelplatten aus Acrylglas; die unterschiedlichen Glassorten und Folien bieten den jeweiligen Bedürfnissen entsprechende Möglichkeiten. In den übrigen Jahreszeiten erfolgt die Gewächshausheizung durch unterschiedliche Energieträger, wie Sonnenenergie, Erdgas, Öl, Abwärme aus Industrieanlagen, Biogasanlagen, Erdwärme und fossile Brennstoffe. Ob durch Bodenheizung oder Oberwärme, mit teurer Energie muss heute sparsam umgegangen werden. Automatisch gesteuerte Klimaschirme reduzieren die Energiekosten.

Produkte zur Förderung der Bewurzelung müssen eine Zulassung als Pflanzenschutzmittel (Wachstumsregler) besitzen. Aktuell sind z. B. verschiedene Rhizopon-Produkte zugelassen. Die Anwendungsbestimmungen müssen wie bei anderen Pflanzenschutzmitteln genau befolgt werden.

Kontrolle und Pflege nach dem Stecken

Außerordentlich wichtig sind das Überwachen und die Kontrolle der sehr empfindlichen Stecklinge im Anschluss an die eigentliche Steckarbeit. Laufend müssen überprüft werden:

1. **Luftfeuchtigkeit.** Ist die Luftfeuchtigkeit ausreichend? Funktioniert die automatische Sprühnebeleinrichtung?
2. **Temperatur.** Stimmt das Kleinklima? Muss gelüftet oder Wärme zugeführt werden? Schattieren gegen Verbrennungen?
3. **Gesundheit.** Sind die Stecklinge gesund? Sind Schadorganismen vorhanden und was muss gegebenenfalls unternommen werden? Wenn ja, durch Hygienemaßnahmen oder sonst mit welchem zugelassenen Mittel?
4. **Wachstumsstand.** Ab wann muss ich abhärten? Wie erfolgt die weitere Behandlung und Lagerung der Stecklinge? Ab wann muss ich die bewurzelten Stecklinge düngen? Düngung in fester Form oder mit Flüssigdünger?

Kallusbildung und Bewurzelung kann man je nach Art frühestens nach 10 Tagen beobachten, manche Arten, besonders Nadelgehölze, brauchen dazu oft mehrere Monate.

Abgehärtet wird, wenn die Bewurzelung aller Stecklinge erfolgt ist und die jungen Pflanzen sich über die eigenen Wurzeln ernähren können. Durch Abhärtung werden sie an die Freilandbedingungen gewöhnt. Man kann damit frühestens 4 Wochen nach dem Stecken beginnen. Das geschieht durch Lüften und Schattieren im Wechsel, durch weniger Feuchtigkeit und durch Verringern der Wärmezufuhr.

Pikieren und Umtopfen:

Besonders im Frühjahr leiden die Stecklinge in den Schalen an Nährstoffmangel. Etwa 3–4 Wochen vor dem Umtopfen 2- bis 3-mal mit einem schnell wirkenden Dünger stimulieren, um ein zügiges Weiterwachsen danach zu erwirken. Frühestens nach ausreichender Bewurzelung können in Kisten oder Beeten vermehrte Stecklinge pikiert oder umgetopft werden. Das ist ein Weg, um schneller

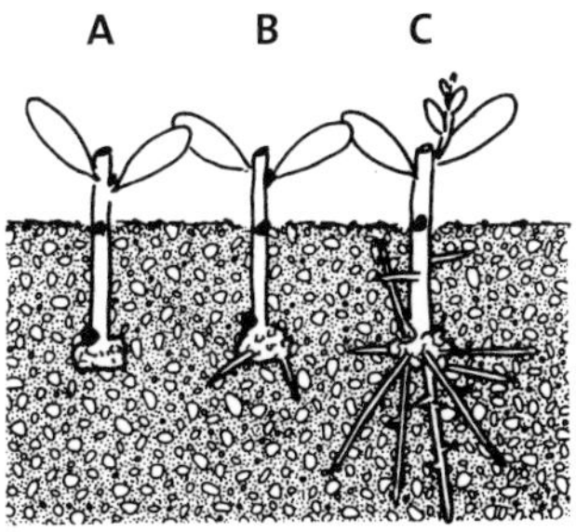

Wurzelbildung
A = Kallusbildung
B = Kallus + erste Wurzeln
C = In diesem Stadium kann pikiert werden.

Abb. 43

kräftige Pflanzen zu erhalten, wegen des Arbeitsaufwandes aber kaum noch üblich, sondern die Jungpflanzen werden meist aus Multiplatten direkt umgetopft.

WINTERSCHUTZ BEI BEWURZELTEN STECKLINGEN:
Im Sommer bewurzelte Stecklinge müssen im nachfolgenden Winter gegen Wind, Sonne und Frost geschützt in entsprechenden Kulturräumen stehen. Dabei dürfen die Stecklinge nicht austrocknen, aber sie müssen auch möglichst den Außentemperaturen angepasst sein, um spätere Frostschäden zu vermeiden. Im Frühjahr reichen oft Eindeckungen mit Vlies oder Schattengewebe.

VEREINFACHTER ZEITPLAN für stecklingsvermehrte Gehölze.
Genannt werden nur einige wichtige Pflanzenarten. Die Abhängigkeit von der Holzreife für die betreffende Art bedingt die Kenntnis der Vermehrungszeiten. Der Zeitraum kann ausgeweitet werden, wenn von im Gewächshaus angetriebenen Mutterpflanzen geschnitten wird.
Angeführt wurden nur die Hauptvermehrungsmonate, Abweichungen sind selbstverständlich möglich. Die Monate sind mit römischen Zahlen bezeichnet.
In den einzelnen Betrieben können die Vermehrungsmethoden und Zeiträume sehr unterschiedlich sein, interne Betriebsabläufe spielen oft eine erhebliche Rolle.

3.2 Steckholzvermehrung

EINFACHE VEGETATIVE VERMEHRUNGSART
Die Steckholzvermehrung ist eine relativ problemlose Massenvermehrung überwiegend für leicht bewurzelnde Laubgehölze.

ENTNAHME DER STECKHOLZRUTEN
Sortenechte, gesunde und wüchsige Ruten von Mutterpflanzen oder aus Anzuchtquartieren, die nach dem ersten Kulturjahr zurückgeschnitten werden müssen. Es sollte möglichst immer 1-jähriges Holz sein. Bei *Salix* und *Populus* ist auch mehrjähriges Holz möglich, die Verarbeitung ist jedoch aufwendiger. Triebe aus dem Inneren von Pflanzen sind oft zu dünn, daher zu wenig ausgereift und somit unbrauchbar. Sie werden

	Vermehrungsmonate											
Laubgehölze	**I**	**II**	**III**	**IV**	**V**	**VI**	**VII**	**VIII**	**IX**	**X**	**XI**	**XII**
Buddleja	×	–	×	×	×	–	×	×	–	–	×	×
Calluna-Sorten, *Erica*-Sorten	–	–	–	–	–	×	×	×	×	×	–	–
Chaenomeles, Deutzia	–	–	–	–	–	×	×	×	–	–	–	–
Clematis	–	–	×	×	×	×	–	×	×	–	–	–
Cotoneaster dammeri-Sorten	–	–	×	×	×	×	×	×	×	–	–	–
Euonymus-Arten, *Spiraea*	–	–	–	–	×	×	×	–	–	–	–	–
Ilex-Arten und -Sorten	–	–	–	–	–	–	×	×	×	–	–	–
Pachysandra	–	–	–	–	–	–	×	×	×	–	–	–
Potentilla, Viburnum-Formen	–	–	–	–	×	×	×	×	×	–	–	–
Prunus laurocerasus-Sorten	–	–	–	–	–	–	×	×	×	×	–	–
Pyracantha-Formen	–	–	–	–	–	×	×	×	×	×	–	–
Nadelgehölze												
Chamaecyparis	×	×	×	–	–	–	×	×	×	×	×	×
Juniperus	–	–	×	×	–	–	–	–	×	×	–	–
Picea Zwergfichten	–	–	–	–	–	×	×	–	–	–	–	–
Taxus baccata u. a.	×	×	×	–	–	–	–	×	×	×	×	×
Thuja-Formen	–	–	–	–	–	–	–	×	×	×	×	×

Vermehrungsmonate: ×; Monate, die weniger geeignet sind: –

möglichst sofort ausgesondert. Lockeres Laub schüttelt man heraus, dadurch werden Schimmel und Fäulnis reduziert. Geschnittene Ruten werden gerade aufeinandergelegt und gebündelt. Durch mehrmaliges Aufstampfen der Bunde erreicht man unten eine gerade Fläche, die dann auf feuchten Sand oder Torf gestellt wird. Die Ruten dürfen während ihrer Lagerung nicht austrocknen.

Steckholz *Forsythia*

Abb. 44

Steckholz
Platanus mit Astring (Ar)

Abb. 45

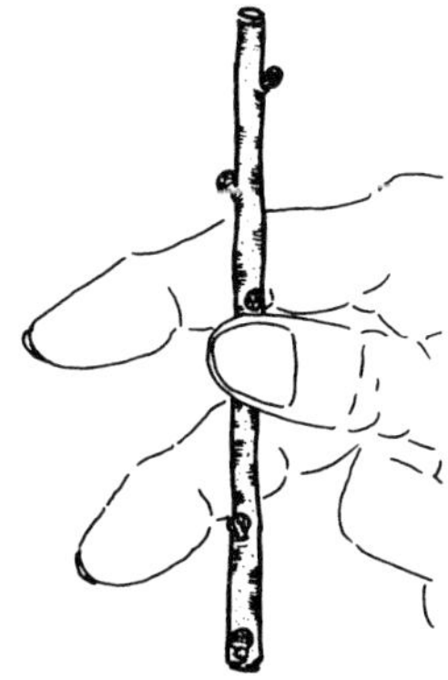

Prüfung
durch Biegedruck

Abb. 46

Zeitpunkt des Schneidens: Sobald das Holz völlig ausgereift ist, wird das Material nach dem Laubfall ab November geschnitten. Johannisbeersteckholz kann früh geschnitten werden, falls es sofort gesteckt werden soll. In diesem Fall muss entblättert werden (ab Ende August des Jahres). Früh gestecktes Holz bewurzelt sich besser und ergibt im Folgejahr bessere Qualitäten. Allerdings muss der Boden trocken sein, da sonst das Steckholz leicht hochfrieren kann. Übriges Steckholzmaterial wird ab November, jedoch meist ab Dezember in arbeitsärmerer Zeit abgenommen. Grundsätzlich sollten Steckholzruten vor Beginn der Frostperiode abgenommen und eingelagert werden. Dabei ist immer auf eine sorgfältige Kennzeichnung zu achten!

Eignung: Sortenbedingt sollten nur kräftige Ruten genommen werden, je nach Art etwa **bleistiftstark**. Schwächere Ruten, z. B. *Spiraea*-Arten, *Tamarix*, *Ligustrum*-Arten, *Symphoricarpos* × *chenaultii* 'Hancock' usw., sind durchaus üblich.
Stark wachsende *Salix*- und *Populus*-Arten sind oft erheblich stärker.
Spitzen der Triebe sind fast immer ungeeignet, weil sie zu weich und unausgereift sind. Allerdings werden bei Schwarzen Johannisbeersorten auch gern **Kopftriebe** genommen.
Allgemein verwendet werden meist die unteren Enden der Ruten. Diese sind besonders wertvoll. Sie sind gut ausgereift und haben im Holz viele Reservestoffe eingelagert, die die Wurzelbildung fördern. Mittelteile sind ebenfalls gut zu verwenden, sofern sie ausgereift sind.

Platanen sollten möglichst mit Astring geschnitten werden. Allerdings bewurzeln sich Mittelteile nach vorliegenden Erfahrungen ebenfalls. Die Ergebnisse haben eine nicht immer befriedigende Quote (s. Abb. 45).

Prüfen der Ruten beim Schneiden, ob sie ausgereift, d. h. brauchbar sind. Die Triebe werden gebogen, wie auf der Zeichnung dargestellt. Bricht das Holz beim Biegen, ist es brauchbar. Lässt es sich leicht biegen, sollte man es nicht verwenden und vernichten (s. Abb. 46).

Aufbewahren der Ruten bis zum Schnitt: im frostfreien Einschlag oder Kühlraum, falls nicht baldigst geschnitten werden soll. Immer darauf achten, dass Sortenechtheit gewahrt bleibt. Es muss immer ausreichende Feuchtigkeit vorhanden sein, damit das Material nicht austrocknet.

Schneiden des Steckholzes: Bei der Massenvermehrung von Gehölzen muss in jedem Fall rationell gearbeitet werden.
Die angewandten Methoden sind in den Betrieben oft sehr unterschiedlich.
Die Arbeiten werden meist in den Wintermonaten im Arbeitsraum durchgeführt.

Arbeitswerkzeuge: Je nach Gattung und Art können fast nur noch leistungsstarke Arbeitsmethoden eingesetzt werden.
Hauptsächlich wird heute mit der Bandsäge geschnitten. Bei Gehölzen mit kürzeren Internodien kommt es nicht so auf den genauen Schnitt an (z. B. *Forsythia, Ligustrum, Ribes, Spiraea, Tamarix* u. Ä.). Die Steckhölzer bewurzeln sich allgemein zufriedenstellend.
Vorher müssen eventuelle Seitentriebe möglichst mit der Schere entfernt werden. Dann wird bundweise mit der Bandsäge geschnitten. Die Länge der Steckhölzer sollte 18–22 cm betragen.
Da heute sehr viele Gattungen und Arten auch im Container weiterkultiviert werden, sollten die Steckhölzer nicht zu lang sein, damit die Wurzeln später nicht aus dem Topf ragen.

> **Hinweis zum Umgang mit der Bandsäge:**
> Aus Gründen der Unfallverhütung sollte bei der Arbeit mit der Bandsäge besondere Sorgfalt gelten (s. Abb. 47 und 48).

Gehölze mit größeren Internodien müssen mit der gut geschärften Schere geschnitten werden. Dazu gehören z. B. *Platanus, Cornus alba* in Sorten, Großfrüchtiger Holunder, eventuell *Weigela* in Sorten.
Unter dem unteren Auge/Augenpaar bleibt etwa 1 cm stehen, hier ist das Gewebe besonders teilungsfähig und bildet hier am leichtesten Wurzeln. Über den oberen Augen oder Augenpaaren lässt man etwa 1 cm stehen, da diese sonst später austrocknen könnten.
Hohlmarkige Gehölze wie *Forsythia, Deutzia, Philadelphus* werden häufig mit der oberen Schnittfläche in bis auf 70 °C erwärmtes Rebwachs getaucht. Dadurch wird die Verdunstung aus dem Holz stark reduziert und die Austrocknung verhindert. Die oberen Augen können vom Wachs überzogen sein, die Knospen durchdringen später diese Schicht. Auch wird das Eindringen von Wasser verhindert und somit Fäulnis abgewendet.

> **Bitte beachten:**
> In der Abschlussprüfung sollten die unterschiedlichen Methoden beim Steckholzschnitt erklärt und gezeigt werden können.

Bündelung: Die fertig geschnittenen Steckhölzer werden handvollweise mit Gummibändern gebündelt, dabei spielt die Menge in den Bunden eine untergeordnete Rolle. Wichtig ist in jedem Fall die gleiche Polarität der Steckhölzer, sodass die Spitze nach oben zeigt.

Die Lagerung erfolgt frostfrei bis zum Stecken im zeitigen Frühjahr. Die Aufbewahrung erfolgt in gut verschlossenen Plastikbeuteln oder -säcken im Kühlraum bei 0 bis +2 °C und hat sich bewährt.

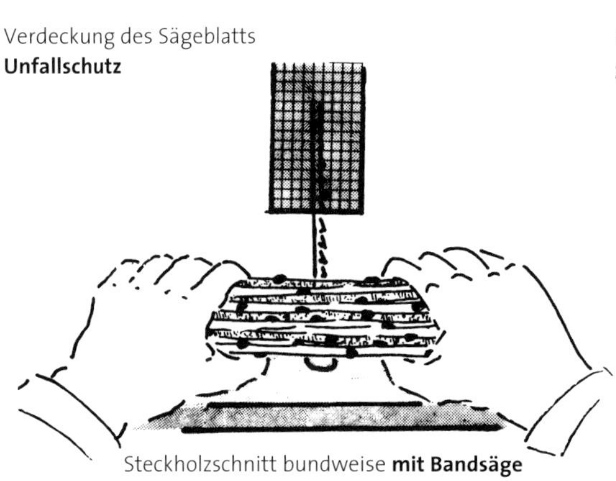

Abb. 47

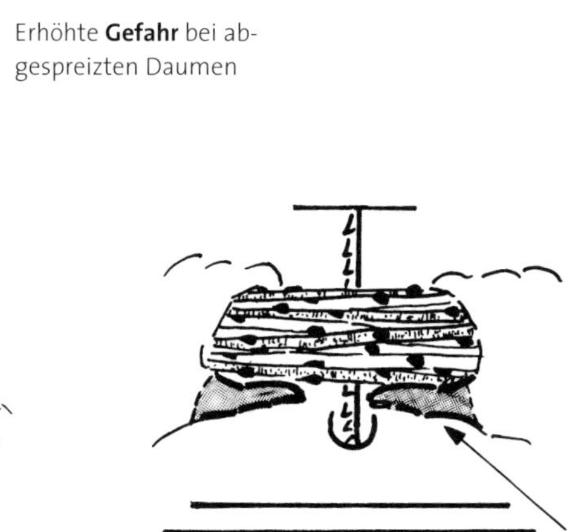

Abb. 48

Größere Mengen werden in Kisten oder Paletten verpackt und mit Folien umschlossen.
Luftdichte Beutel gewährleisten einen guten Verdunstungsschutz bis zum Stecken und beugen Sortenverwechslung vor. Ist kein Kühlraum vorhanden, können die gebündelten Steckhölzer auch an einem schattigen Platz tief eingeschlagen werden. Hier bilden die Hölzer dann oft schon Kallus.

Etikettiert werden die Lagerbehälter sortenweise unter Nennung von Gattung, Art und Sorte. Geschätzte Vermehrungsmengen und Herkunft des Materials müssen in ein Vermehrungsbuch eingetragen werden, so kann im Frühjahr die Reihenfolge des Steckens in das Freiland besser überwacht werden.

Das Stecken ins Freiland: Gehölze, die früh das Laub abwerfen, wie Johannisbeeren, können schon im Herbst geschnitten und gesteckt werden. Allerdings riskiert man das „Hochfrieren" des Steckholzes im Winter. Das geschieht, wenn im Winter bei Nässe und wechselndem Frost- und Tauwetter die Steckhölzer immer mehr aus dem Boden herausgedrückt werden. Wieder Hineindrücken im zeitigen Frühjahr bzw. erneutes Festtreten ist aufwendig, aber notwendig.
Die Masse der Steckhölzer wird im Frühjahr bei offenem und gut gelockertem Boden gesteckt. Der optimale Zeitpunkt ist ab Februar/März.

Beetnormen, Reihenabstände und Stecktiefen
Gesteckt wird in genormte Beete (Abstand von Spurmitte zu Spurmitte meist 150 cm) hinter der Rillenscheibe. Die Reihenabstände betragen somit 25 cm.

Allgemein sind Pflegegeräte und Beetrodepflüge auf diese Normen eingestellt.
Die unbewurzelten Steckhölzer werden so tief gesteckt, dass nur das oberste Auge (oder Augenpaar) aus der Erde ragt (s. Abb. 50).

Steckweite: Je nach Gattung und Art benötigen Pflanzen einen entsprechenden Platz zur Entwicklung. Der Mindestabstand sollte 4 cm von Steckholz zu Steckholz betragen. Viele Gattungen und Arten bewurzeln sich unterschiedlich gut, daher sollte immer auf Erfahrungswerte zurückgegriffen werden. Da heute vielfach Zier-, aber auch Wildgehölze zur Weiterkultur im Container in verzweigter Qualität verlangt werden, darf der Abstand nicht zu gering sein. Weitsichtige Betriebe stutzen daher die bewurzelten Steckhölzer bereits auf dem Steckholzbeet, um besonders kräftiges Material zu bekommen.

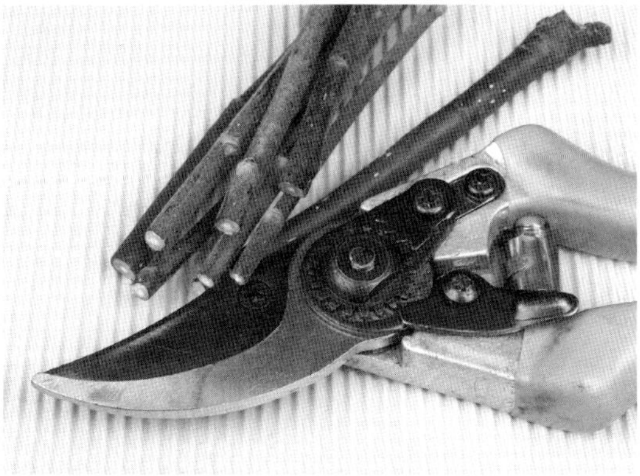

Abb. 49: Steckholzschnitt mit Baumschere.
Foto: awfoto/Fotolia.de

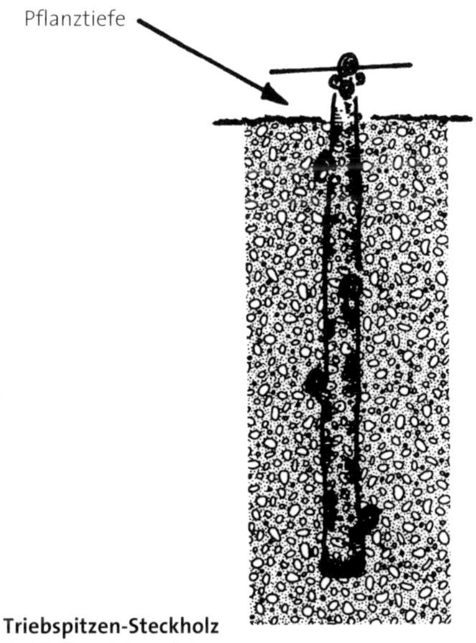

Triebspitzen-Steckholz
Geköpftes Johannisbeer-Steckholz treibt buschiger aus.
Abb. 50

Folgende Jungpflanzen können erzielt werden:

a) **Ziel – 1-jährig bewurzeltes Steckholz = 1j. b. Sth. = 0/1** (s. Abb. 51)
= Aufschulware für das Baumschulquartier
= Verzweigte Ware zur Topfung für die Containerkultur

Mindestpflanzweite (in cm)	Pflanzenarten, z. B.:
25 × 8–10	*Ribes sanguineum*-Sorten Johannisbeersorten Forsythiensorten *Salix*, schwach wachsend
25 × 6	*Ligustrum*-Sorten, schwach wachsend
25 × 10–15	*Populus*, stark wachsend *Salix*, stark wachsend *Sambucus* in Sorten

b) **Ziel – 2-jährig bewurzeltes Steckholz zur besonderen Verwendung = 2j. b. Sth. = 0/2**
Heckenpflanzen von *Ligustrum*, schwache Verkaufspflanzen oder kräftigere Ausgangspflanzen für die Containerkultur. Nach dem ersten Standjahr können die Reihen 2 und 4 mit einem Selektivroder herausgenommen und der Qualität entsprechend sortiert werden. Die im Beet verbliebenen Pflanzen schneidet man je Trieb kurz auf 2–3 Augen zurück. Nach einem weiteren Kulturjahr wird gerodet. Es ergibt dann mehrtriebige Pflanzen zur Weiterkultur in Containern ab 7,5 l.

Mindestpflanzweite (in cm)	Pflanzenarten
25 × 8–10	Alle Pflanzen, die zur Containerkultur gebraucht werden
25 × 8	*Ligustrum* in stark wachsenden Sorten

c) **Ziel – Fertigware = Rodung nach weiteren 2 Jahren** (s. Abb. 51)
Erreichbare Triebzahl bei Johannisbeeren, *Ribes alpinum*, *Hydrangea paniculata* 'Grandiflora', *Syringa vulgaris* in Sorten 3/4, 5/7, 8/12 Triebe.
Bei Zier- und Wildsträuchern gelten die von den Fachverbänden festgelegten Sortiervorschriften und Größenkennzeichnungen.

Pflanzweite (in cm) Beetsystem	Pflanzenarten, z. B.:
75 × 25 = 1 800 cm² je Pflanze	Johannisbeeren, stark wachsende Zier- und Wildsträucher
50 × 25 = 1 250 cm² je Pflanze	Schwach wachsende Ziersträucher

d. **Ziel – Gehölze für Straße und Landschaftsbau:**
Rodung und Lieferung nach 1- bis 2-j. Kultur (s. Abb. 53)

Pflanzarbeit: Gesteckt wird auf gut vorbereitete Beete, nachdem diese abgewalzt, d. h. eingeebnet wurden. Danach werden mit einer fünfreihigen Rillenscheibe entsprechend tiefe Rillen im Abstand von 25 cm gezogen. Gleichmäßiges tiefes Stecken der Hölzer ist damit gewährleistet.

Abb. 51

Ziel 1-jährig bewurzeltes Steckholz, z. B. *Tamarix*

Abb. 52

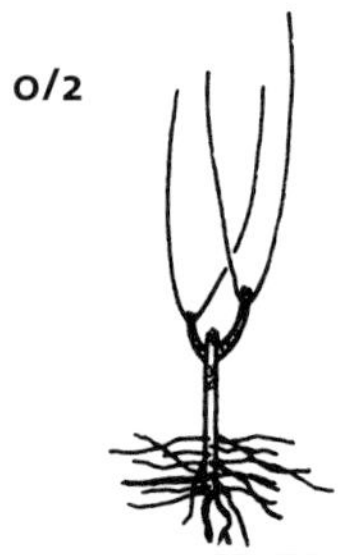

Ziel 2-jährig bewurzeltes Steckholz, z. B. *Ligustrum*

Abb. 53

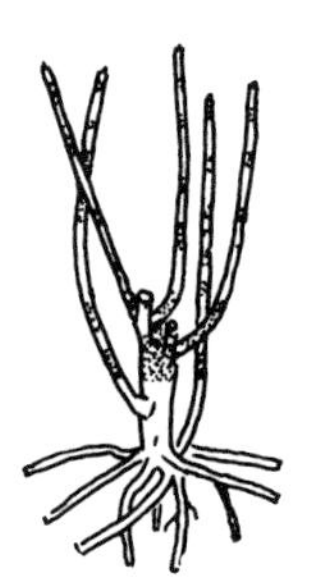

Ziel Sträucher ab 5 Triebe, z. B. Johannisbeere

Abb. 54

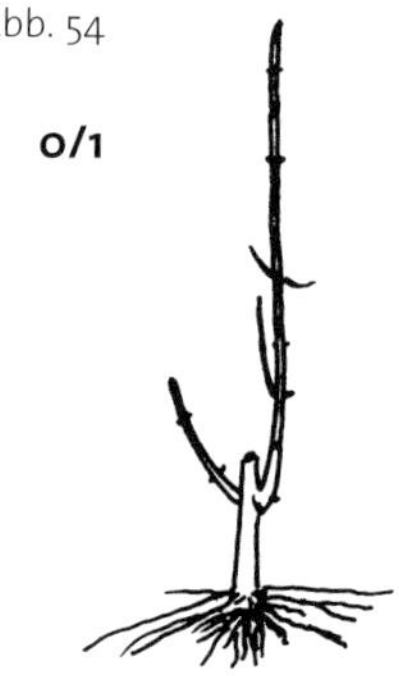

Ziel Gehölze für Straßen- und Landschaftsbau, z. B. *Lonicera tatarica*, hier 1-j. Sth.

Pflanzweiten (in cm) Mindestwuchsraum (in cm²)	Pflanzenarten, z. B.:
25 × 10 cm = 250 cm² je Pflanze	*Salix repens*-Arten *Ribes divaricatum* *Ribes alpinum* *Ligustrum*
25 × 14 cm = 350 cm² je Pflanze	*Populus canadensis* u. a. *Populus alba* 'Nivea' u. a. *Salix purpurea* *Salix smithiana* u. a.

Nach dem Stecken müssen die Steckhölzer fest angedrückt oder angetreten werden. Nur dann wächst Steckholz gut an.

Bitte beachten:
In den Wochen nach dem Stecken darf Steckholz nicht mechanisch bearbeitet werden. Die Hölzer werden aus ihrem „Lager“ gestoßen und die Wurzelbildung wird gestört. Um in extrem trockenen Jahren Anwachserfolg zu sichern, muss rechtzeitig gewässert werden.

Das Stecken im Freiland durch Folie: Der Einsatz von Folien in der Steckholzvermehrung ist in den letzten Jahren mit unterschiedlichen Materialien erprobt worden. Von PE-Folien über biologisch abbaubare Materialien aus Maisstärke-Polymeren können verschiedene Produkte eingesetzt werden. Ziel dieser Methode ist, erhöhte Aufwendungen für Folie durch Einsparungen bei Bodenbearbeitung und der späteren Unkrautbekämpfung auszugleichen. Gute Pflanzqualitäten bei geringeren Ausfällen und weniger Jätearbeiten können erzielt werden. Schwarze Folienbahnen werden per Hand verlegt oder mit einer Spezialwalze, die Löcher vorstanzt. Durch diese lassen sich die Steckhölzer hindurchstecken. In jedem Fall müssen Löcher vorgestanzt werden. Die Steckhölzer einfach durch die Folie zu drücken, ist schwierig, da dünne Hölzer leicht knicken oder abbrechen. Abschließend werden die Reihen fest angetreten. Bei Bedarf muss ebenfalls gewässert werden. Falls später Unkraut durch die kleinen vorgefertigten Löcher wächst, muss es umgehend entfernt werden. Wird es zu groß, zerreißt beim Jäten leicht die Folie.

Nachteil: Bei der Rodung per Rüttelpflug und anderen Rodegeräten bleiben häufig Folienreste an den Pflanzen hängen, diese müssen dann manuell entfernt werden.

Anzucht im Kulturhaus: Knappes und wertvolles Steckholzmaterial zieht man unter Glas oder Folie heran. Für eigenen Bedarf können die Abstände geringer sein, als in den FLL-Gütebestimmungen festgelegt ist. Unter Glas können bei Pflanzen mit kurzen Internodien, wie *Rosa nitida* oder *Cornus alba* in buntlaubigen Sorten, *Weigela* schwach wachsend und Ähnliche, auf 8–10 cm Länge geschnitten werden. Die Hölzer werden in flache Kisten gesteckt, nach der Bewurzelung in das Freiland verschult und dort weiterkultiviert. Es können aber auch z. B. bei Johannisbeeren ein oder mehrere Hölzer zur Bewurzelung in 9-×-9-cm-Töpfe gesteckt werden.

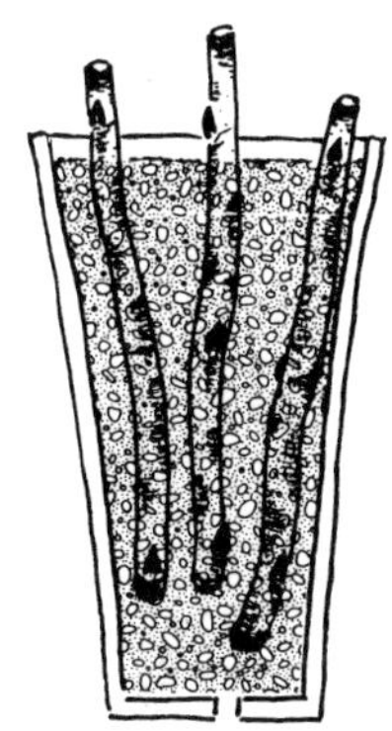

Stecken in den Topf,
z. B. *Polygonum*

Abb. 55

Gleich in den Topf steckt man Arten wie *Polygonum aubertii*, am besten 3–4 Hölzer in einen Topf und kultiviert sie zu Fertigpflanzen weiter. Üblich ist ein 1,5–2-l-Langtopf aus Kunststoff in runder oder eckiger Form. Anschließend werden sie unter Glas oder Folie zur Bewurzlung gebracht. Danach erfolgen das Abhärten und die Weiterkultur im Freien. Die Triebe werden mit ca. 120–150 cm langen Tonkinstäben gestäbt. Im Herbst ist der Topf ab 2 Trieben verkaufsfertig (s. Abb. 55).

Pflege der Steckholzbeete: Um gute, kräftige Pflanzen zu erzielen, sind beste Quartierpflege wie Düngen, Unkrautbekämpfung, Wässern und Bodenbearbeitung in den Monaten April bis September notwendig.

Abb. 56: Geschnittenes Johannisbeersteckholz vor dem Stecken. Foto: Möller

Abb. 58: Bewurzelte Johannisbeersteckhölzer in Töpfen. Foto: Möller

Abb. 57: Schlepper mit Rillenscheibe – 5 Reihen. Foto: Möller

Abb. 59: Bodenvorbereitung und Stecken laufen parallel. Foto: Möller

Das Roden: Die meisten Arten dürfen nicht zu früh gerodet werden, sie müssen gut ausgereift sein. Möglichst sollten die Steckhölzer, außer Johannisbeeren, nicht vor Anfang November, nachdem das meiste Laub abgefallen ist, herausgenommen werden. Gerodet wird in den Betrieben je nach Pflanzenmenge mit dem Beetrüttelpflug, dem Klemmbandroder, einem Unterschneidpflug oder bei kleinen Mengen mit dem Spaten. Anschließend wird das 1-jährig bewurzelte Steckholz sortiert, gebündelt, etikettiert und kühl gelagert oder eingeschlagen.

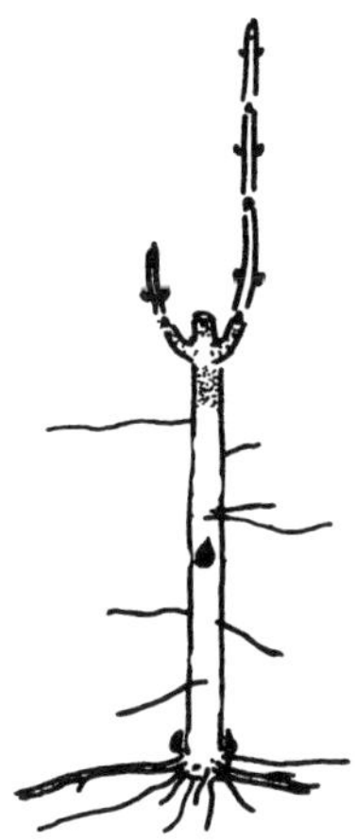

1-j. bewurzeltes Steckholz **vor** dem Rückschnitt

Abb. 60

Liste der durch Steckholz vermehrbaren Gehölze (die wichtigsten Gattungen und Arten):

- *Cornus alba* u. ä. Arten
- *Deutzia*, stark wachsend
- *Forsythia*, stark wachsend
- *Ligustrum*, fast alle
- *Lonicera*, stark wachsend
- *Parthenocissus quinquefolia*
- *Philadelphus*, hoch wachsend
- *Platanus* (möglichst mit Astring)
- *Polygonum* (Syn. *Fallopia*)
- *Populus*, fast alle
- *Ribes*, Zier- und Fruchtsorten
- *Salix*, fast alle
- *Sambucus*, überwiegend großfrüchtige Sorten
- *Spiraea vanhouttei* u. a. Arten
- *Tamarix*
- *Weigela*, stark wachsend

3.3 Ableger, Absenker, Abrisse und Ausläufer

Diese vier vegetativen Vermehrungsarten haben gemeinsam, dass sich bei ihnen 1- oder mehrjährige Triebe in der Erde bewurzeln, dann von der Mutterpflanze abgetrennt werden und neue, selbstständige Pflanzen bilden.

3.3.1 Ableger (s. auch Abrisse)

Es gibt Pflanzenarten, deren junge Triebe sich nur bewurzeln, wenn sie längere Zeit von Erde umgeben sind. Dazu zählen neben Ablegern auch Absenker und Abrisse. Von den Abrissen unterscheiden sich die Ableger dadurch, dass sie niedergelegt werden, während Abrisse aus dem Mutterpflanzenkopf austreiben. Ableger- und Abrissvermehrung können bei vielen Pflanzenarten ausgetauscht werden. Während Abrisse bei der Vermehrung von Obstwildlingen verbreitet sind, werden Ableger und Absenker wegen des dafür nötigen hohen Arbeitsaufwands kaum noch gemacht.

Humoser Boden, der auch noch leicht und wasserdurchlässig sein sollte, fördert die Wurzelbildung.

Kultur von Obstunterlagen-Abrissen

Im zeitigen Frühjahr, Februar/März, werden gesunde, der Anbaumaterialverordnung entsprechenden, 1-jährige gut bewurzelte Abrisse (Basismaterial) aufgepflanzt. Der Reihenabstand beträgt je nach den im Betrieb vorhandenen Maschinen und Geräten etwa 150 cm. Der Abstand in der Reihe ungefähr 25 cm, dadurch werden später genügend Jungpflanzen pro laufenden Meter geerntet.

Die Vermehrung bei Obstunterlagen durch Ableger wird heute nur noch gelegentlich durchgeführt, da sie sehr arbeitsintensiv ist.

Angehäufelt wird ab Mai bis Juli in mehreren Arbeitsgängen, zuerst wenig, dann immer höher ein Gemisch aus lockerer Erde und Sägespänen aufgebracht. Die Basis der jungen Triebe muss recht früh abgedeckt sein, dadurch beginnt zeitige und gute Bewurzelung. Sandiger, lockerer Boden ist wichtig, er rieselt leicht zwischen die noch unausgereiften und weichen, aufstrebenden Jungtriebe. Durch das Vermischen von Erde und Nadelholzspänen ist die Bewurzelung noch besser.

Quartierpflege, d. h. Düngung nach Bedarfsanalyse, Bodenpflege, Unkrautbekämpfung und Pflanzenschutz, muss vorbildlich sein.

Abb. 61: Mutterbeete *Prunus avium* 'Colt'. Foto: Möller

Das Abnehmen, Abschneiden, Abwerfen, Schneiden geschieht im Spätherbst, wenn die jungen Ableger genügend ausgereift sind und der Blattfall abgeschlossen ist. Will man maschinell schneiden, ist das Abhäufeln überflüssig. Es wird in die Dämme hineingeschnitten. Schneidet man mit der Schere, kann man etwas schärfer an die Entstehungsstelle des Abrisses, also an den Astring, herangehen. Im anschließenden Winter sollen die Mutterpflanzen und die Schnittstellen mit einigen Zentimetern Erde als Frostschutz überdeckt bleiben. Die sich im Mai entwickelnden Neutriebe drücken ohne Schwierigkeiten durch. Nun wiederholen sich jährlich diese Arbeiten.

Welche Obstunterlagen/Klone vermehrt man so? Vor allem *Prunus avium* F 12/1, *Prunus* 'Colt', *Prunus* 'Gisela', *Malus*-Klone und -Typen und Quitten.

Die Unterlagen müssen der Anbaumaterialverordnung entsprechen!

Deutsche Bezeichnung	Deutsche Abkürzung	Internationale Abkürzung	Durchmesser am Wurzelhals in mm
1-jährige Ableger/Abrisse	1-j. Ableger	1/0	4/5, 5/7, 7/9, 9/12
2-jährig verpflanzter Ableger	2-j. v. Ableger	1/1	6/8, 8/10, 10/12

1-j. = 1-jährig; 2-j. v. = 2-jährig verschult

Sortierung und Bezeichnung

Die am häufigsten gebrachten Stärken sind:
1-j. Abrisse 5/7, 7/9 und 9/12,
2-j. v. Abrisse 6/8, 8/10 und 10/12.
Ungerade Zahlen gelten bei Obstwildlingen für 1-jährige, gerade Zahlen für 2-jährig verschulte Unterlagen.

3.3.2 Absenker

Die Absenkervermehrung ist umständlich und sehr zeitaufwendig, daher wird sie möglichst durch eine gängigere Methode ersetzt, z. B. bei *Magnolia*, *Rhododendron* und *Hamamelis* (Stecklinge oder Veredlung). Bei *Corylus* in großfrüchtigen und rotlaubigen Sorten ist diese Vermehrungsart noch gelegentlich zu finden.

Vorbedingungen für diese Vermehrung sind:

1. Humoser, nicht zu schwerer Boden, in dem sich abgesenkte Triebe leicht bewurzeln.
2. Sortenechte, wüchsige und gesunde Mutterpflanzen. Ein gut gepflegtes Mutterpflanzenquartier kann viele Jahre alt werden.

Ab März werden die vorjährigen Triebe heruntergebogen, s-förmig in einen Spalt gesteckt und festgetreten. Dabei kann das Holz leicht gedreht werden. Wenn es dabei etwas aufplatzt, schadet es nicht, eher wird die Wurzelbildung gefördert. Die Triebspitzen ragen danach noch aus dem Boden. Im Lauf des Sommers bewurzeln sich die Absenker und können im Spätherbst nach dem Laubfall abgenommen werden.

Erkennungszeichen: Das besondere äußerliche Erkennungszeichen für durch Absenker vermehrte Pflanzen ist der bogenförmige Wuchs des Wurzelbereichs, der auch noch Jahre später zu erkennen ist (s. Abb. 62).

Bezeichnung der Vermehrung/Alter	Deutsche Bezeichnung	Internationale Bezeichnung EDV-Kürzel
1-jähriger Absenker/Ableger	1-j. Ableger	–1/0
2-jähriger verpflanzter Absenker/Ableger	2-j. v. Ableger	–1/1

Kennzeichnung: Absenker rechnet man zu den Ablegern, sie haben deshalb die gleiche Bezeichnung.

3.3.3 Abrisse (siehe auch Ableger)

Grundlegendes: Die Gewinnung von Obstunterlagen durch Abrisse aus Mutterbeeten ist die heute gebräuchliche und rationellste Methode.

Abb. 62 Abb. 63

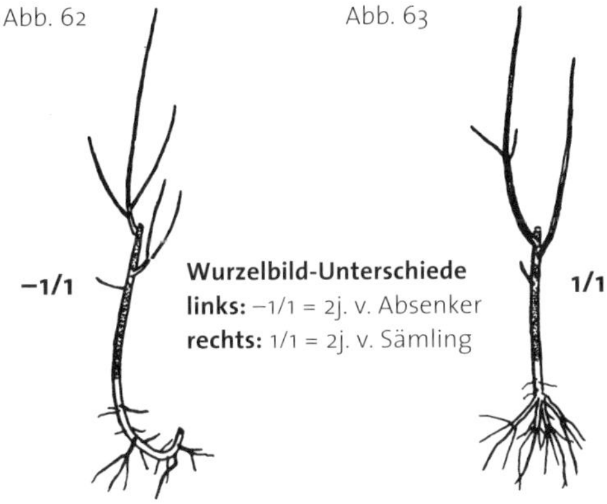

Abrisse sind von Mutterpflanzen abgeschnittene, 1-jährige, bewurzelte Triebe, die als Unterlagen (Jungpflanzen) vor allem in den Obstbaumschulen, aber auch für Winterhandveredlungen in der Containerkultur Verwendung finden.

Kultur der Abrisse (s. Abb. 64):
Die Abrisse von Basispflanzen werden nach der Anbaumaterialverordnung aufgeschult und gepflegt (wie bereits beschrieben). Dabei müssen die Reihenabstände so groß sein (mindestens 1,5 m), dass die Bearbeitung und Pflege mit den im Betrieb vorhandenen Schleppern und Anbaugeräten erfolgen kann.

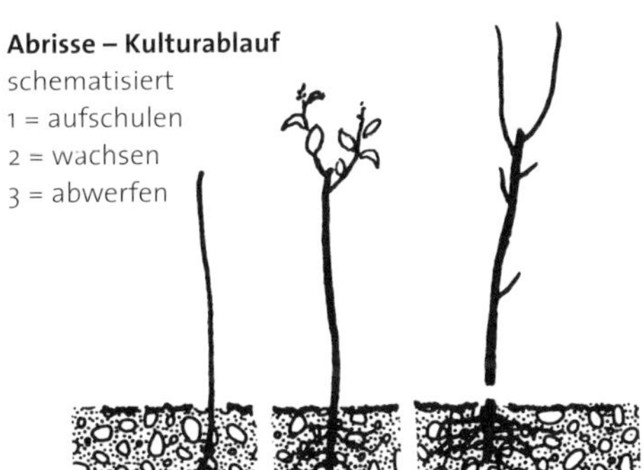

Abb. 64

Nach Ausreife der Pflanzen werden sie im Winter bis in die Erde abgeworfen. Im Frühjahr des zweiten Kulturjahrs treiben die Mutterpflanzen unterhalb der Schnittstelle mit mehreren Trieben aus. Sobald sie etwa 20 cm lang sind, werden sie mit Reihenhäuflern oder mit der Hand angehäufelt. Es werden Nadelholzsägespäne mit Erde gemischt zur besseren Bewurzelung zwischen die Ruten gestreut. Bei großflächig angelegten Mutterbeeten kann die Ausbringung der Späne mit speziell dafür gebauten Einachsanhängern erfolgen. Mit dem wachsenden Trieb häufelt man sie dann noch 1–3 immer höher nach.

Abb. 65: Gerät zum Anhäufeln von Mutterbeeten.
Foto: Droeppelmann.de

Im Spätherbst wird maschinell in den Damm hinein mit einer Spezialmaschine abgehäufelt und vertikal abgenommen. Selbstverständlich können die Abrisse auch mit der Schere auf Astring abgeworfen werden, aber das Absetzen mit einer Maschine ist rationeller und zeitsparender.

Abb. 66: Mutterbeete werden maschinell geerntet.
Foto: Möller

Aus wirtschaftlichen Gründen erfolgt die Vermehrung der Obstunterlagen fast ausschließlich durch Abrisse in maschinell zu bearbeitenden Mutterbeeten.

Nachfolgearbeiten ab den folgenden Jahren (s. Abb. 67)
Austreiben, mehrfach anhäufeln und Abwerfen unter gleichzeitiger Boden- und Pflanzenpflege. Die Arbeiten wechseln sich im Lauf des Jahres ab, bis das Quartier nach etlichen Jahren erschöpft ist und durch rechtzeitige Neuanlage der Mutterbeete ersetzt wird.

Abrisse – Kulturablauf
schematisiert
4 = austreiben aus den Wurzelköpfen
5 = anhäufeln
6 = angehäufelt und abgeworfen

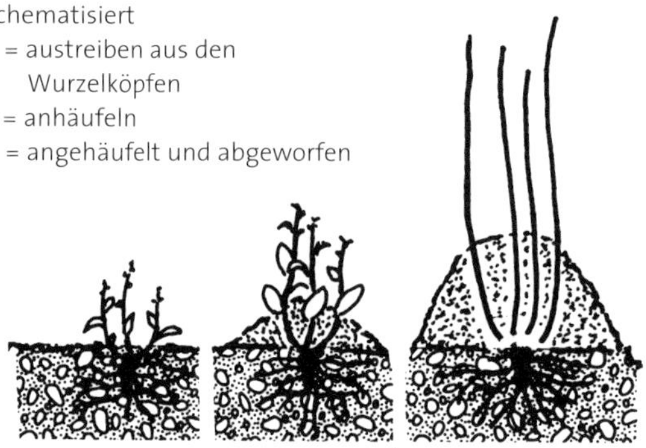

Abb. 67

Abb. 68

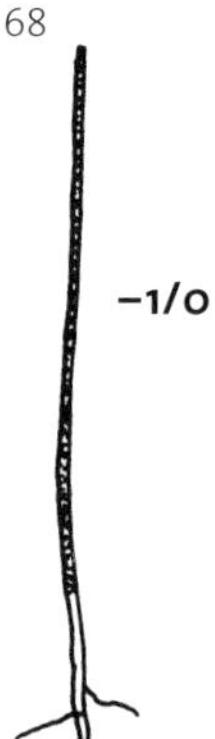

Abb. 69

Altersbezeichnungen
–1/0 1-jähriger Abriss
–1/1 2-jähriger verpflanzter Abriss

Für die Anlage von Mutterbeeten dürfen nur Basispflanzen genommen werden, diese haben verschiedene Kontrollen im Vorfeld durchlaufen. Gut gepflegte Quartiere können durchaus 15 bis 20 Jahre erfolgreich genutzt werden.

Verschulen in ein besonderes Quartier kann erfolgen, wenn 1-jährige Abrisse vorhanden sind, die sich nicht zum sofortigen Verkauf eignen und zu schwach sind. Sie dürfen dort aber nur ein Jahr im Verschulbeet stehen bleiben, um den Gütebestimmungen gerecht zu werden.

Bezeichnung: 1-jährig bewurzelte Abrisse werden in den Stärken 5/7, 7/9 und 9/12 mm sortiert und gehandelt.
2-jährige verpflanzte Abrisse werden in den Maßen 6/8, 8/10 und 10/12 mm sortiert und verkauft.

3.4 Wurzelschnittlinge

Viele Pflanzen sind fähig, aus abgeschnittenen Wurzelteilen Knospen (Adventivaugen) und später Triebe zu bilden; diese lassen sich sehr gut durch Wurzelschnittlinge vermehren. U.a. lassen sich folgende Gehölze durch Wurzelschnittlinge vermehren: *Rhus thyphina* in Sorten und einige Wildrosen in Sorten (*Rosa nitida*). Daher rechnet man sie zur vegetativen Vermehrung auf eigener Wurzel.
Das Ausgangsmaterial stammt aus Wurzeln von gerodeten Pflanzen und wird dort vorsichtig abgenommen, oder Wurzelteile werden im Herbst beim Auspflügen aufgesammelt.
Während der Vegetationsruhe schneidet man geeignete Wurzelstücke in passende Teile. Je nach Gattung und Art reicht die Länge der Stücke von 5 cm bis 10 cm und die Dicke (Stärke) von 0,4 cm bis zu 1,5 cm.
Dann legt man sie unter Glas oder Folie

Brombeerschnittling
Beginn von Austrieb und Wurzelbildung
Abb. 70

direkt in Töpfe, in Pikierkästen oder ins Freiland. Dort bewurzeln sie sich, treiben aus und wachsen zu Jungpflanzen heran. Später können sie zu Fertigware weiter kultiviert werden.

Es gibt weit mehr Arten, die auf diese Weise vermehrt werden können, die aber fast alle durch Stecklinge rationeller und ergiebiger kultiviert werden können.

Die wichtigsten durch Wurzelschnittlinge vermehrbaren Pflanzenarten

Art bzw. Sorte	Andere mögliche Vermehrungsmethoden
Aesculus parviflora	Ausläufer
Aralia	Auch durch Sämling
Campsis	Sorten werden meist veredelt.
Celastrus	Aussaat ist rationeller.
Rubus-Sorten und -Arten	Ausnahme: Sog. dornenlose Brombeeren nicht durch Wurzelschnittling, es würden stachelige Pflanzen entstehen.
Himbeersorten	Auch durch Aufpflanzen von Fertigpflanzen vermehrbar (Abrisse) oder durch Stecklinge
Rhus in Sorten	Auch Meristemvermehrung möglich
Rosa nitida	Oft auch durch Ausläufer
Sorbaria	Gut durch Steckling vermehrbar, vielfach durch Aussaat

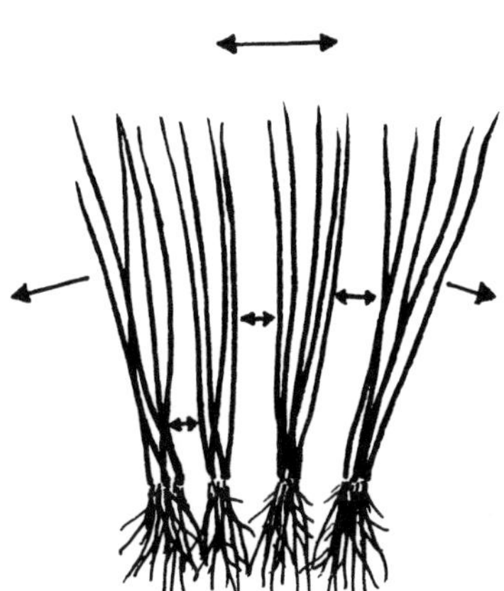

Festuca glauca – Sorte mit der Hand in 3–8 Teile gerissen

Abb. 71

3.5 Teilung

Sie ist ebenfalls eine vegetative Vermehrungsart; in der Baumschule hat sie keine Bedeutung und wird nur bei ganz wenigen Pflanzenarten durchgeführt.

Teilungsarten

In der Baumschule verfährt man wie folgt:

1. Man zerschneidet die alte Pflanze in Einzelstücke wie bei Rhabarber und bekommt dabei sog. Teilpflanzen, die dann eingetopft werden und schnell zu Fertigpflanzen heranwachsen. Bei Gehölzen wird kaum noch Teilung angewendet, da Stecklingsvermehrung meist rentabler ist.

2. Im Bereich der Stauden und Gräser ist diese Vermehrung gebräuchlicher: Die bisherige Pflanze wird in möglichst gleiche Teile zerrissen, seltener zerschnitten. Das Ergebnis sind Jungpflanzenteile, die eingetopft und nach einigen Monaten wieder Fertigpflanzen ergeben (Beispiele: *Molinia-*, *Festuca-*, *Avena*-Sorten und andere Gräser, *Rudbeckia* und viele mehr).

Kulturmethoden der gelegentlich praktizierten Teilungsarten (s. Abb. 71 und 72)

1. Rhabarber: Teilpflanzen werden in einem Mutterquartier mit einem Reihenabstand von ca. 100 × 100 cm aufgepflanzt. Die Wurzelstücke müssen tief gepflanzt werden, damit sie kräftiges Wurzelvolumen entwickeln können. Man kann sie unbedenklich mehrere Jahre stehen lassen, die Pflanzen lassen sich dann noch stärker teilen. Auseinandergeschnitten wird, wie auf der Zeichnung zu sehen. Darauf achten, dass an jeder Teilpflanze mindestens eine Knospe sitzt. Gelegentliches Faulen an den Schnittstellen kommt vor, braucht aber nicht beachtet zu werden, da es schnell überwachsen wird. Zum Verkauf werden die Teilpflanzen in 3-l-Container getopft, die Stiele treiben schnell aus. Ohne Container wird heute kaum noch Rhabarber verkauft, die Wurzelstücke vertrocknen sehr schnell!

2. Die Gräserteilung erfolgt gelegentlich in Gartenbaumschulen, wenn Ziergräser im Verkauf zu

groß geworden sind. Dann werden sie ausgetopft, auseinandergerissen und in 9-x-9-cm-Töpfen bis zum folgenden Herbst kultiviert.

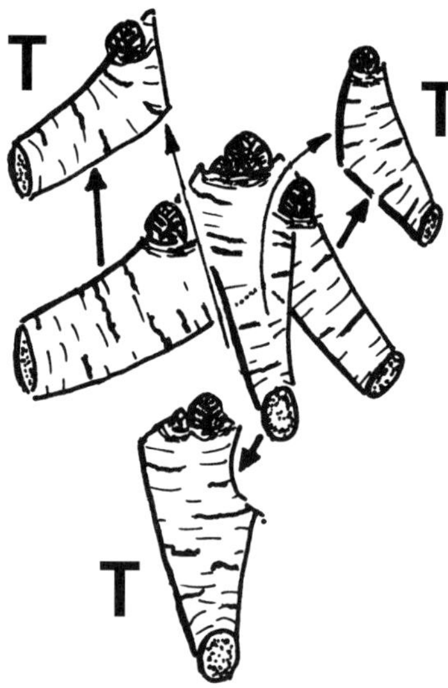

Rhabarber – Mutterpflanze
T – Fertig geschnittene Teilpflanzen mit Knospen
Abb. 72

von mangelnder „Verträglichkeit", mangelnder „Affinität" (s. Abb. 73–75).

Verwachsung: Beispiele von unvollkommener Verbindung.
Es brechen Veredlungen beim Roden und durch Wind an der Veredlungsstelle leicht ab: Edelquittensorten auf *Crataegus monogyna* (Weißdorn). Birnensorten auf *Sorbus* werden nur wenige Jahre alt.

Alter: Auf das Lebensalter und die Wuchsleistung von Gehölzen hat das Veredeln einen nicht unerheblichen Einfluss. Bei Obstgehölzen wird es durch Veredeln auf entsprechende Unterlagen bewusst verändert.
Bei richtiger Auswahl von Unterlagen und Edelreisern bei Gehölzen können Kombinationen entstehen, die über viele Jahrhunderte Bestand haben. Dabei ist oft die Veredlungsstelle zu erkennen, das Reis hebt sich von der Unterlage ab, es kann dicker oder dünner sein, oft ist es bei älteren Bäumen deutlich sichtbar (z. B. *Fagus sylvatica* 'Swat Magret') (s. Abb. 75).

3.6 Veredlung

Die Veredlung ist bei den vegetativen Vermehrungsarten die aufwendigste. Sie wird nur angewendet, wenn einfachere und rentablere Methoden nicht möglich sind. Nicht nur die Veredlung selbst erfordert relativ viel Zeit, das Gleiche gilt auch für die Folgearbeiten.
Bei der Veredlung werden zwei Pflanzenteile (Unterlage und Edelreis) zu einer Einheit zusammengefügt. Die Unterlage dient als Wurzelteil, das Reis gibt die gewünschten Eigenschaften der Pflanze weiter. Nur verwandtschaftlich nahestehende Gattungen und Arten können auf diese Weise vereinigt werden, d. h. zu einer Pflanze zusammenwachsen. Schwierigkeiten kann es aber trotzdem geben, selbst bei ähnlichen Sorten untereinander. Selbst wenn es nach der Veredlung zu „Anwachsergebnissen" kommt, können spätere Reaktionen erfolgen, z. B. Windbruch oder späteres Abstoßen der Unterlage. Man spricht dann

Was kann ich durch das Veredeln erreichen?

1. **Pflanzen vermehren, die durch Aussaat oder auf vegetative Weise nicht sortenecht vermehrt werden können** (*Acer platanoides*-Sorten, *Hamamelis intermedia*-Sorten u. v. a. m.).

Abb. 73

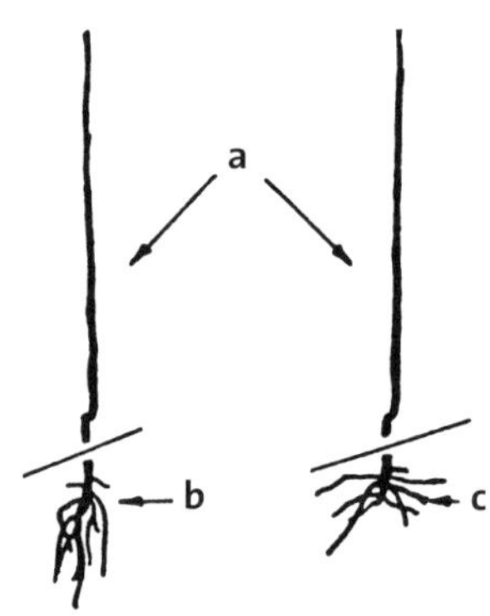

Veredelte Pflanzen
a) Aus Reis gezogen
b) Wurzel vom Sämling
c) Wurzel vegetativ vermehrt

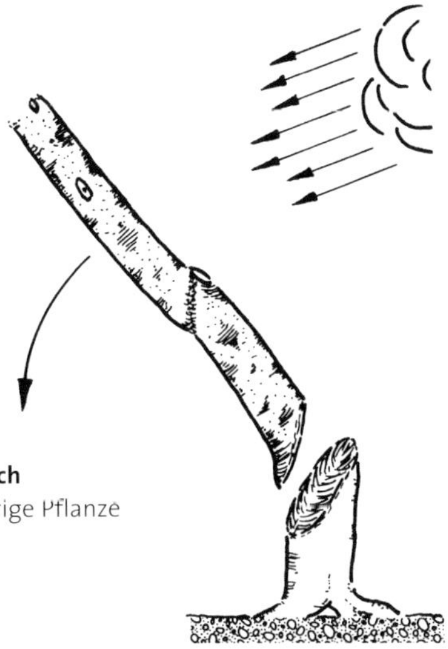

Windbruch
Mehrjährige Pflanze

Abb. 74

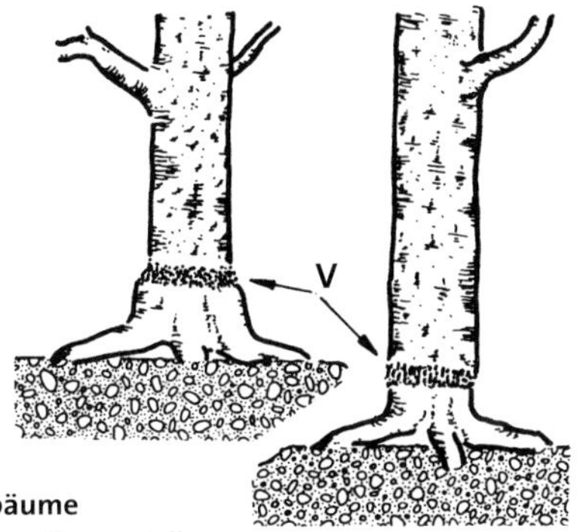

Parkbäume
V = Veredlungsstelle
Abb. 75

2. **Arten und Sorten vermehren, die bei Aussaat nicht „echt fallen"**, z. B. die meisten Obstgehölze und *Fagus sylvatica* ssp. *purpurea*, Blutbuche. Gesäte Blutbuchen variieren sehr stark, sie haben häufig grünliche Blätter, nur ca. 50 bis 70 % sind rot. Besonders dunkel gefärbte Typen wurden selektiert und werden durch Veredlungen weitervermehrt, z. B. *Fagus sylvatica* 'Swat Magret'.
3. **Beeinflussen von Eigenschaften durch Einschalten bestimmter Unterlagen**, z. B. Apfelunterlagen verändern das Wuchsverhalten der Edelsorten, die Baumgröße, den Ertragsbeginn, die Fruchtfarbe, -haltbarkeit und den Geschmack. Ansprüche der Pflanze an Klima, Lage und Boden können durch Veredlung verändert werden. Auch bei anderen Obstgehölzen wie Birne, Kirsche oder Pflaume haben spezielle Unterlagen Einfluss auf das weitere Wuchsverhalten der Bäume.
4. **Schaffen von besonderen Zierformen** wie Stämme von *Cotoneaster* in besonderen Sorten, *Prunus* in vielen Arten und Sorten, *Salix*-Zierformen und vieles mehr. Hier müssen die Wildstämme den Erfordernissen vorkultiviert werden.
5. **Erziehen von guten, geraden und frostharten Stämmen** durch Einschalten von Zwischenveredlungen. Es wird zweimal veredelt, am Wurzelhals und in Kronenhöhe. Z. B. folgende Kombinationen bei Obst: Unterlage-Stammbildnersorte wie 'Pomme d'Or' oder 'Jakob Fischer', Kronensorte 'Ontarioapfel' und Ähnliche oder Birnensämling 'Kirchensaller Mostbirne', Stammbildnersorte 'Gellerts Butterbirne', Kronensorte 'Madame Verté' u. Ä. (s. Abb. 78).
6. **Nachveredeln.** Okulationen, die im vergangenen Sommer nicht angewachsen sind, können im folgenden Winter nachveredelt werden. Heute wird dies nur bei sehr lückenhaften Quartieren durchgeführt, die Methode ist unwirtschaftlich.
7. **Handveredlungen** – Winterhandveredlungen werden in arbeitsärmerer Zeit ausgeführt. Diese Methode hat zwischenzeitlich eine große Bedeutung; die Veredlungen werden im zeitigen Frühjahr direkt in Container getopft und sind schon im Spätsommer verkaufsfähig. Besonders bei Zwerg- und Säulenobst ist diese Methode lukrativ. Ebenfalls werden Handveredlungen im Frühjahr in das Freiland ausgepflanzt und dort zu Jungpflanzen herangezogen oder bis zur Verkaufsware weiterkultiviert (s. Abb. 82).
8. **Mit Kopfveredlungen** bezeichnet man die mit Kopulation oder Geißfuß im Freiland oder in Töpfen veredelten Pflanzen (s. Abb. 77).
9. **Umveredelt** werden z. B. ältere Obstbäume.

C – 1-jährige Winterhandveredlung mit Topfballen
Abb. 76

A – Stamm einer Hängeart, Veredlung in Kronenhöhe
Abb. 77

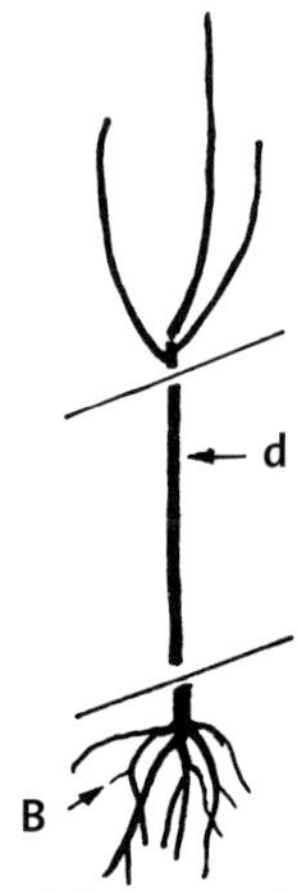

B – Obststamm mit Zwischenveredlung (d), am Wurzelhals und oben veredelt
Abb. 78

Veredlungsarten: Die häufigsten Methoden und auch Besonderheiten werden nachfolgend genannt und im Ausbildungsbuch einzeln beschrieben.
Unterlagen: Im Einzelnen werden die Kombinationen Unterlagen-Edelreis beim Thema „Unterlagen" erläutert.

Veredlungsart	Zeitpunkt
Okulation	Im Sommer hinter der Rinde
Chipveredlung (Spanveredlung)	Im Sommer Auge/Unterlage müssen nicht mehr lösen
Kopulation	Winterhandveredlung, auch im Freiland
Geißfuß	Winterhandveredlung, auch im Freiland
Anplatten/Einspitzen	Sommer wie Winter bei Laub- und Nadelgehölzen

Geräte und Material: Bisher wird überwiegend nur mit Messern verschiedener Form und Größe veredelt. Inzwischen gibt es auch kleinere Maschinen, die aber nur bei der Rebveredlung zufriedenstellende Ergebnisse bringen. Veredlungsmethoden sind sehr speziell, daher ist Automatisierung schwierig.

Zeitpunkt: Jede Veredlungsart ist an bestimmte Jahreszeiten gebunden.

3.6.1 Veredlungsunterlagen

Auf den folgenden Seiten folgen Angaben über Veredlungsunterlagen für Laubgehölze.

- Obst – Beerenobst
- Schling- und Kletterpflanzen
- Rosen
- Koniferen/Nadelgehölze

Für viele Pflanzenarten, wie für Obstgehölze, ist die Veredlung unumgänglich, wenn auch immer mehr bisher veredelte Gehölze durch Steckling vermehrt werden. Inzwischen sind dazu Wege und Möglichkeiten gefunden worden.

Laubgehölze

In dieser Liste sind nur die wichtigsten Kombinationen enthalten, bei einigen Gattungen und Arten gibt es weitere Möglichkeiten.

Laubgehölzunterlagen:

1 = *Acer negundo*
2 = *Acer palmatum*
3 = *Acer platanoides*
4 = *Acer pseudoplatanus*
5 = *Aesculus hippocastanum*
6 = *Betula pendula*
7 = *Caragana arborescens*
8 = *Carpinus betulus*
9 = *Cornus kousa*
10 = *Corylus avellana, C. colurna*
11 = *Cotoneaster bullatus*
12 = *Crataegus monogyna*
13 = *Euonymus europaeus*
14 = *Fagus sylvatica*
15 = *Gleditsia triacanthos*
16 = *Hamamelis virginiana*
17 = *Hibiscus syriacus*
18 = *Laburnum anagyroides*
19 = *Ligustrum ovalifolium*
20 = *Malus*-Sämlinge oder *Malus*-Typen
21 = *Prunus avium* und neue Kirschenunterlagen
22 = versch. Pflaumenunterlagen
23 = *Quercus robur*
24 = *Rhododendron luteum*
25 = *Rhododendron* 'Cunnighams White' oder INKARHO-Unterlagen
26 = *Robinia pseudoacacia*
27 = *Salix viminalis* und ähnliche Sorten

28 = *Sorbus aucuparia*
29 = *Sorbus intermedia*
30 = *Syringa vulgaris*
31 = *Tilia cordata*
32 = *Tilia platyphyllos*
33 = *Ulmus carpinifolia, U. glabra*
34 = *Viburnum lantana, V. opulus*

Obstveredlungsunterlagen sollen nachfolgende Eigenschaften günstig beeinflussen:

1. Hohe Fruchtbarkeit
2. Früher Ertragsbeginn der Bäume
3. Jährlich gleich bleibende, reiche Erträge, d. h., sortenbedingtes Aussetzen des Ertrags in aufeinanderfolgenden Jahren soll unterbunden werden (Alternanz).
4. Fruchtgröße, Fruchtfarbe, Geschmack
5. Gleichmäßige Fruchtreife
6. Lagerfähigkeit der Früchte
7. Baumgröße (Schwachwüchsigkeit), auch für Balkone und kleine Gärten geeignet
8. Standfestigkeit des Baums
9. Baumalter
10. Widerstandsfähigkeit der Bäume gegen Krankheiten, Frost und Trockenheit
11. Standorteignung (verschiedene Böden)
12. Das Wachstum während der Aufzucht in der Baumschule soll möglichst kräftig sein und wenig Schwierigkeiten bereiten.
13. Die Vermehrung soll einfach und kostengünstig sein.

Zwischenveredlungen müssen wegen der Unverträglichkeit (mangelnder Affinität) einiger Sorten erfolgen. Dazu müssen die notwendigen Unterlagen eingeschaltet werden. Damit werden zu schwaches Wachstum, vorzeitiges Vergreisen und hohe Bruchgefahr vermieden.
Zwischenveredelte Sorten sorgen auch für geraden, stabilen Stamm und sollen Gesundheit und Frosthärte der Bäume steigern.

Virusfreiheit ist erwünscht und wird nach **AGoZ** (Anbaumaterialverordnung für Gemüse, Obst und viele Zierpflanzen) gefordert.

Es sollten daher nur virusfreie, zertifizierte Unterlagen und Edelreiser bei der Anzucht von Obstgehölzen verwendet werden. Diese Anforderungen sind nur schwer zu erreichen, sie sind teuer. Fortlaufende Kontrollen, besonders auch in Mutterquartieren, durch die zuständigen Pflanzenschutzämter werden wegen der dauernden Ansteckungsgefahr in den Anzuchtbetrieben durchgeführt.

Abkürzungen für die nachfolgende Aufstellung. Die Obstunterlagen sind der Wuchsstärke nach geordnet, wobei mit den schwächsten begonnen wird.

F – Zu Formobst und schlanker Spindel geeignet
Sp – Zu Spindelbusch geeignet
B – Zu Busch und ähnlichen Formen geeignet
H – Zu Hoch-, Halb- und Niederstämmen geeignet

Beschrieben werden, soweit bekannt,

- Name,
- Baumschulleistung,
- Fruchtbildung,
- obstbaulicher Wert
- und Krankheitsanfälligkeit

der Unterlagen bzw. der auf den Obstbau übertragenen Eigenschaften. Die Bezeichnung „Abrissleistung" bedeutet die hohe oder geringere Anzahl der im Mutterbeet angefallenen Abrisse, die je nach Typ und Klon von 6–20 Stück je Kopf oder auch einige mehr oder weniger schwanken kann.

Da Obstbäume wegen ihrer Langlebigkeit und des großen Wertes für Erwerbsobstbauer, Gartenbesitzer und Baumschuler von Bedeutung sind, müssen sie mit der notwendigen Kenntnis und Sorgfalt aufgezogen und später gepflegt werden. Daher wurden hier die Obstunterlagen sehr ausführlich behandelt.

Laubgehölzgattungen und -arten, auf die veredelt wird

Name der Edelsorten	**Unterlagen**	**Stammform**	**Bemerkungen**
Acer negundo-Sorten	1	+	Stämme von unten
Acer palmatum-Sorten	2	+	Auch Stecklinge möglich
Acer platanoides 'Faassens Black'	3	+	Stämme von unten
und andere *Acer platanoides*-Sorten	3		Stämme von unten
Acer pseudoplatanus-Sorten	4	+	Stämme von unten
Aesculus	5	+	Außer *Aesculus parviflora*
Amelanchier laevis	11/28	+	
Betula-Arten und -Sorten	6	+	Auch Kronenveredlungen
Caragana arborescens-Sorten	7	+	Auch Kronenveredlungen
Carpinus betulus 'Fastigiata' und Ähnliche	8	+	Stämme von unten
Corylus avellana 'Contorta'	10	+	Büsche auf *C. avellana* Stämme auf *C. colurna*
Cornus kousa	9		
Cotoneaster salicifolius var. *floccosus*	11	+	Stecklinge üblicher
Kronenveredlungen in Sorten	11	+	
Euonymus, besondere Zierformen/Frucht	13		Besondere Fruchtfarben Blatt/Frucht
Zierstämme		+	Bei Stämmen Kronen- veredlungen
Fagus sylvatica-Sorten	14	+	Auch Kronenveredlungen
Hamamelis mollis u. a.	16		
Hibiscus syriacus	17	+	Stämme von unten
Laburnum watereri 'Vossii'	18	+	Auch Steckholz möglich
Malus, Zierapfelsorten	20	+	Auf Sämling = großkronig
Malus, Zierapfelsorten	20	+	Auf Klon = kleinkroniger
Malus, Zierapfelsorten/Stämme	20	+	Mit Stammbildner
Prunus, Zierkirschensorten	21		Auch Kronenveredlungen Unterlage als Stamm
Prunus, Zierkirschensorten/Stämme	21	+	Stämme mit oder ohne Stammbildner
Prunus, Zierpflaumen/Stämme	22	+	Stämme von unten
Quercus-Arten und -Formen	23	+	Üblich auch Steckling oder Meristem
Rhododendron – azaleenartige	24	+	Üblich auch Steckling oder Meristem
Rhododendron – großblumige Sorten	25	+	Stämme von unten
Robinia-Arten und -Sorten	26	+	
Salix caprea mas	27		
Salix caprea 'Pendula'	27	+	In Kronenhöhe veredelt
Sorbus aucuparia-Sorten	28	+	Oft *Sorbus auc.* 'Edulis' als Stammbildner
Sorbus intermedia-Sorten	29	+	Stämme von unten
Syringa chinensis und Sorten	19	+	Stämme von unten
Syringa vulgaris in Sorten	30	+	Stämme von unten

Name der Edelsorten	Unterlagen	Stammform	Bemerkungen
Tilia – kleinblättrige Sorten	31	+	Stämme von unten
Tilia – großblättrige Sorten	32	+	Stämme von unten, auch Kronenveredlungen
Ulmus in Sorten	33	+	
Viburnum-Arten	34		

In dieser Tabelle sind die häufigsten und wichtigsten Veredlungskombinationen aufgeführt.
Die Nummern nennen die dazu passenden Unterlagen aus der ersten Tabelle.
In der dritten Spalte zeigt ein Kreuz (+) an, wo Stammformen möglich sind.

Obstarten und -sorten

Apfelsorten auf vegetativ vermehrten Unterlagen:

Unterlagen	Baumformen	Eigenschaften, Bewertungen, Bemerkungen
M 27	F Sp	Bisher schwächste Unterlage, jedoch in der Baumschule oft stärker als M 9 wachsend, große Früchte, jedoch kleiner als auf M 9, nur für beste Böden, und triploide Sorten, später gute Standfestigkeit, benötigt kaum Baumpfähle!
M 9	F Sp B	Frühere Bezeichnung 'Gelber Metzer Paradies', heute mit vielen Auslesen (J 9 u. a.), wenige, oft gut bewurzelte Abrisse, ergibt schwache Baumschulware, virusfreie mit stärkerem Wachstum, früh veredeln, große Früchte, hohe Erträge, bedingt geeignet für schwach wachsende Sorten, da früh erschöpft, vorgezogene Fruchtreife, nur für gute Böden und Pflege, nicht sehr standfest, benötigt Baumpfähle, Lebensalter ca. 20 Jahre, wühlmausanfällig.
M B 9	F Sp B	Rotlaubige Unterlage aus Russland. Eigenschaften sonst wie M 9, jedoch frostresistenter. Etwas anfälliger gegen Schorf, benötigt Baumpfähle.
M 26	Sp B	Da etwas stärker wachsend, oft guter Einsatz für M 9; hat genügend Anzahl von Abrissen; nicht früh veredeln, da er noch spät dickt; nicht hoch veredeln, gute Fruchtgröße, Fruchtqualität und -farbe, nicht sehr standfest als Baum. Benötigt Baumpfähle.
MM 106	Sp B	Mittelstark wachsend, genügend Abrisse, gute Bewurzelung, gute Affinität, frühe und hohe Erträge, Qualitätsfrüchte, auch für leichtere Böden, standfest, etwas empfindlich gegen Kragenfäule. Benötigt Baumpfähle.
M 7	Sp B	Abrisszahl hoch, gut bewurzelt, mittelstark wachsend, gut gefärbte Früchte von guter Qualität, reich tragend, resistent gegen Kragenfäule. Sehr gute Unterlage für Hausgärten.
M 11	B H	Früher 'Grüner Doucin' wegen der grünen Rinde, viele sehr gut bewurzelte Abrisse, stark wachsend, lässt sich leicht okulieren, löst früh und lange, standfest, frosthart, für alle Böden geeignet, weniger gute Fruchtfärbung, später aber hoher Ertrag, Lagerfähigkeit der Früchte ist gut, zuweilen als Halbstamm und Hochstamm gezogen.
M 111	Sp B	Stärker wachsend als M 4 und M 7, standfest, frosthart, verträgt Trockenheit, unempfindlich gegen Kragenfäule.
A 2	B	Schwedischer *Malus*-Klon mit guter Bewurzelung, mittlere Abrisszahl, stark wachsend, gute Frosthärte, gute Fruchtausfärbung, höchste und beste Erträge aller stark wachsenden Typen und Klone, standfest, ersetzt gelegentlich M 11, verträgt Trockenheit.
D 2212		Mittelstark wachsend, resistent gegen Triebsucht

Apfelsorten, die auf generativ vermehrte Unterlagen veredelt werden und die zu Hochstamm, Halbstamm und Niederstamm hochgezogen werden:

Unterlage	Eigenschaften, Bewertung, Bemerkungen
Malus 'Grahams Jubiläumsapfel'	Aus muttersortenreiner Saat gezogene Sämlinge von verhältnismäßig großer Einheitlichkeit, trotzdem zeigt sich die durch die generative Vermehrung begründete Unregelmäßigkeit auch im Baumschulquartier, Bewurzelung ist sehr gut, leicht und lange zu veredeln, große Standfestigkeit, raschwüchsig, großkronig, oft erst nach Jahren einsetzender Ertrag, von Jahr zu Jahr wechselnder Ertrag, Früchte fast immer gut lagerfähig, verhältnismäßig große Anspruchslosigkeit an den Standort, frostharter Baum, von Natur aus virusfrei, **Virus ist nicht durch Samen übertragbar!** Verwendung als Hausbaum, für die Obstwiese und für naturnahe, freie Pflanzung sowie Wildfütterung. Ist gegen Fraßschäden durch Wühlmäuse unempfindlich.
Malus 'Bitterfelder Sämling'	Hat fast die gleichen Eigenschaften wie 'Grahams Jubiläumsapfel', Virus ist nicht durch Samen übertragbar! Ist gegen Fraßschäden durch Wühlmäuse unempfindlich.
Malus 'Antonowka'	Generative Unterlage mit ähnlichen Eigenschaften wie 'Grahams Jubiläumsapfel' und 'Bitterfelder Sämling'. Stammt aus Russland, daher sehr winterhart.

Birnensorten werden auf folgende Unterlagen veredelt:

Unterlage	Eigenschaften, Bewertung, Bemerkungen
'Kirchensaller Mostbirne'	Generative Unterlage aus muttersortenreiner Saat gezogene Sämlinge von verhältnismäßig großer Einheitlichkeit, alle weiteren Eigenschaften und Bewertungen wie bei Apfelsämling 'Grahams Jubiläumsapfel', Wintersorten gut lagerfähig, Verwendung als Stämme, Büsche und Formobst für viele Sorten an wärmeren, für Birnen günstigen Standorten, Beispiele von über 70-jährigem Formobst verschiedener Sorten sind zu finden, in warmen Lagen geringere Standortansprüche als Äpfel. Möglichst nur pikierte Unterlagen verwenden, da hier die Wurzelbildung besser ist.

Vegetative Birnenunterlagen
Alle Quittenunterlagen verlangen gute Standorte in warmen Lagen ohne Staunässe!

Unterlage	Eigenschaften, Bewertung, Bemerkungen
Quitte A	Zurzeit die am weitesten verbreitete vegetativ vermehrbare Quittenunterlage, viele gut bewurzelte Abrisse aus dem Mutterbeet, auch durch Steckholz mit Astring vermehrbar, in der Baumschule kräftig wachsend, mühelos zu veredeln, nur okulieren; Pfropfungen sind fragwürdig, da sie ungewöhnlich leicht abbrechen, unverträglich mit 'Williams Christ', 'Charneu', 'Gute Luise', 'Clapps Liebling' u. a., dann wird 'Gellerts Butterbirne' als Zwischenveredlung eingeschaltet; obstbaulich: Quitten eignen sich für wärmere Lagen, fördern die Fruchtqualität, wachsen schwächer und fruchten besser als Birnen auf Sämlingen, die Frosthärte ist nicht immer genügend. Baumformen: nur Spindelbüsche, Büsche und Formobst, gelegentlich Halbstamme. Nicht für kalkreiche Böden geeignet.
Quitte B A 29	Gleiche Eigenschaften wie Quitte A, aber standfester und kalktoleranter. Pflanzen vergreisen nicht so schnell wie Quitte A.
Quitte C	Frühe und reiche Erträge, wächst schwächer als Quitte A, frostanfällig. Ist nicht mit allen Sorten verträglich!
Pyrus Pyrodwarf (S) (aus Meristemvermehrung)	Mittelstark wachsend, besonders für Böden geeignet, wo Quitten sonst Schwierigkeiten haben. Gute Sortenverträglichkeit und Standfestigkeit. Unempfindlich gegen Kalkchlorosen, keine Zwischenveredlungen notwendig.
Refia[(R)] (ViruTherm[(S)]) 1 und 2	Mittelstark bis stark wachsende Unterlagen, die resistent gegen Birnenverfall sind.

Pflaumen, Zwetschen, Renekloden und Mirabellen haben Veredlungsunterlagen von sehr unterschiedlicher Herkunft, alle sind für Büsche und Stämme geeignet:

Unterlage	Eigenschaften, Bewertung, Bemerkungen
Prunus cerasifera aus Plantagensaat *(= Prunus myrabolana)*	Stark variierend, unterschiedlich verträglich mit einigen Sorten (mit 'Ruth Gerstetter' unverträglich), anspruchslos, im Quartier oft stark wachsend, hin und wieder Winterfrostschäden in der Baumschule und auch später im Quartier. Bilden häufig Wurzelschosser.
Prunus 'St-Julien', Inra2 (= Brompton × Orleans)	Französische, nicht ganz so stark wachsende Form aus Sämlingen, fruchten früher, sind einheitlicher und frosthärter als Myrobalanen, gut bewurzelt. Virusfreie Unterlagen aus anerkannten Samenplantagen.
'Brompton'	Standfest und stark wachsend, verträglich mit allen veredelten Sorten, sonst wie 'St-Julien', anspruchslos, frosthart, für alle Böden geeignet.
'St-Julien A'	Aus Steckholz zu vermehren, früher Ertrag, sonst wie 'St-Julien', auch für Pfirsich geeignet, weniger standfest, mittelstark wachsend, Standardunterlage.
INRA 655/2	Mittelstark wachsende Unterlage für schwere und feuchte Böden, aus Steckholz, sonst wie 'St-Julien', bildet häufig Wurzelschosser.
'Wavit' (S)	Neue, aus Meristemvermehrung, schwach wachsende Unterlage. Standfest, früher Ertrag. Für den gesamten Formenbereich der Pflaumen zu verwenden, Wuchsleistung ca. 25 % schwächer als 'St. Julien' A und 'INRA' 655/2. Für Pfirsiche geeignet!

Kirschensorten:

Unterlage	Eigenschaften, Bewertung, Bemerkungen
Vogelkirsch-Sämlinge	Brauchbar, doch heute vielfach durch besondere Herkünfte ersetzt, die oftmals gummiflussfreier sind; sie werden im Quartier stammecht hochgezogen und in Kronenhöhe gepfropft oder okuliert, für Büsche und Stämme von Süß- und Sauerkirschen, Winterfrostschäden bereiten beim Pfropfen im Februar gelegentlich Schwierigkeiten.
'Limburger Vogelkirsche' **'ALKAVO'** ('Altenwedding Kaukalische Vogelkirsche')	In Deutschland sehr verbreitete Vogelkirschherkunft, hellrindig, gummiflussarm; zeichnet sich durch guten Wuchs und gute Verträglichkeit mit allen Sorten aus, gleichmäßige Stämme im Quartier. Standfest, nicht für Sandböden, verträgt keine Staunässe. Ertragsbeginn nach etwa 5 Jahren. Herkünfte aus anerkannten, virusfreien Samenplantagen ergeben gleichmäßige Quartiere.
Prunus mahaleb	Steinweichselsämling, spät veredelt (bis September), kaltes Wetter beim Veredeln fördert Gummifluss, obstbaulich: nur für Sauerkirschenbüsche, mehr Ausfälle als auf Vogelkirschen, nur für mittlere, ärmere und trockene Böden; hat heute wenig Bedeutung. Virusfreie Unterlagen verwenden, sind stärker wachsend.
F/12/1	Vegetativ vermehrt, Mutterpflanzen bringen relativ wenig Ableger. Bewurzelung im Mutterbeet oft schwach, später einheitliches Quartier, stark wachsend, Verwendung sonst wie Vogelkirschsämling.
'Colt'	Aus *Prunus avium* × *Prunus pseudocerasus* stammende, durch Abrisse vermehrte Unterlage, sehr gut bewurzelt, gut zu pfropfen und zu okulieren, etwas schwächer wachsend als Vogelkirschen, Vorsicht bei Stickstoffdüngung im Quartier, da 'Colt' noch in den Herbst hinein wächst; fruchtet bei einigen Sorten früh. Gut für die Kultur im Container geeignet. Kaum Probleme mit Bodenmüdigkeit.
PIKU 1 (aus Meristemvermehrung)	Schwächer wachsende Unterlage, für trockene und leichte Böden geeignet. Spät einsetzende Wuchsminderung, kräftiger wachsend als PIKU 3.
PIKU 3 (aus Meristemvermehrung)	Gute Frosthärte, starker Wuchs, ähnlich wie 'Colt'. Für trockene, sandige Standorte geeignet.
PIKU 4 (aus Meristemvermehrung)	Etwas schwächer wachsend, für trockene und sandige Standorte gut geeignet. Später gute Erträge und Fruchtgrößen.
GieSel A-Klon 3 Gießener Züchtungen (aus Meristemvermehrung)	Hohe Ansprüche an Boden und Kulturführung. Keine Schosserbildung. Etwas schwächer wachsend als GieSel A 5.
GieSel A-Klon 5 Gießener Züchtungen (aus Meristemvermehrung)	Schwach wachsend. Frühe Erträge, keine Schosserbildung. Gute Böden und gemäßigtes Klima notwendig. Standardunterlage für die Containerkultur.
GieSel A-Klon 6	Gießener Züchtungen, Vermehrung durch Gewebekultur und Stecklinge, besonders schwach wachsend. Frühe Erträge, sehr gut für die Containerkultur geeignet, keine Wurzelschosser.

Aprikosen (Marillen):

Unterlage	Eigenschaften, Bewertung, Bemerkungen
Aprikosensämlinge	Unterlagen aller Sorten für alle Aprikosenstandorte, für Busch und Stamm, bei Halbstämmen wird Hauszwetsche als Zwischenveredlung eingeschaltet.
'Ackermann'	Aus Steckholz vermehrte Unterlage für alle Standorte. Besonders gut für Aprikosen geeignet.
'Wavit' (S)	Neue, aus Meristemvermehrung, schwach wachsende Unterlage. Standfest, früher Ertrag, auch sehr gut für Pflaumen geeignet. Diese Unterlage erweist sich gegen das Aprikosensterben recht robust. Wuchsleistung ca. 25 % schwächer als auf 'Ackermann' und St.-Julien A.

Pfirsiche:

Unterlage	Eigenschaften, Bewertung, Bemerkungen
Pfirsichsämlinge, *Prunus persica, Prunus persica* GF 305, *Prunus persica* 'Rubira' rotlaubig	Nur als 1-jährige aufschulen, Nachveredlung nicht möglich, spät (September) okulieren, meist nur 1-jährige Kultur, selten 2-jährig; obstbaulich: für trockene, leichte und warme Böden, Unterlage ist frosthärter als die Sorten.
'Brompton'	Früh bis mittelfrüh okulieren, Pfropfen unbekannt, verträglich mit allen Sorten, diese Pflaumenunterlage ist für bessere Böden empfehlenswert, nicht für kalte Böden, frosthart, für Büsche und Halbstämme geeignet; 'Brompton' wird auch als Stammbildner für Halbstämme genommen.
'St-Julien A'	Auch aus Steckholz zu vermehren, früher Ertrag, sonst wie 'St-Julien', auch für Pflaumen geeignet, weniger standfest.

Walnusssorten, Sämlinge werden unveredelt zu Stämmen aufgezogen:

Unterlage	Eigenschaften, Bewertung, Bemerkungen
Juglans regia	Veredelt wird mit Ring- und Plattenokulation sowie mit Chippen, mit gutem Erfolg im Haus, aber auch im Freiland. Obstbaulicher Vorteil der Veredlung: Einige Sorten blühen nach den schädlichen Maifrösten; sicheres Fruchten und reicher Ertrag sind fast immer gewährleistet.

Haselnusssorten, werden fast ausschließlich durch Absenker vermehrt:

Unterlage	Eigenschaften, Bewertung, Bemerkungen
Corylus colurna = Baumhasel	Kopulation von *Corylus avellana* 'Contorta', auch als Stamm. Vorteil gegenüber *Corylus avellana*: kaum Ausläufer.

Beerenobststämme, wie Stachel- und Johannisbeeren mit Nieder- und Hochstämmen:

Unterlage	Eigenschaften, Bewertung, Bemerkungen
Ribes aureum 'Brechts Erfolg'	Winterreiserveredlung auf Ribesruten, es sind (oft unbewurzelte) Abrisse, die kopuliert werden, Nachveredlungen mit Johannisbeeren im folgenden August sind möglich, Stämme sind für Haus- und Kleingarten gedacht. Eignung auch für leichtere, trockene Böden. *Ribes* 'Brechts Erfolg' ist die Hauptunterlage.
Ribes divaricatum	Kultur wie *Ribes aureum*, Eignung für nasse Böden, hat kaum noch Bedeutung.

Schling- und Kletterpflanzen, die veredelt werden:

Sorten und Formen	Unterlagen	Bemerkungen
Clematis-Arten und -Hybriden	*Clematis vitalba*	Stecklingsvermehrung vieler Sorten wird häufig praktiziert.
Parthenocissus tricuspidata 'Veitchii'	*Parthenocissus quinquefolia*	Auf Steckholz (auch auf Wurzelstücke)
Wisteria sinensis	*Wisteria sinensis*-Sämlinge oder Wurzelstücke	Gute, blühwillige Typen veredeln oder absenken, da Sämlinge oft blühfaul sind.

Unterlagen für Rosen

Bei Rosenunterlagen sind vordringlich folgende Eigenschaften zu beachten:

1. **Für die rentable Kultur in der Baumschule erwünschte Eigenschaften:**
a) Ein langer Wurzelhals erleichtert das Veredeln.
b) Lange lösende Unterlagen verlängern die Veredlungszeit. Das Lösen der Rinde ist für das Anwachsen entscheidend.
c) Geringe Bestachelung, um ungehindert veredeln zu können.

2. **Einfluss der Unterlagen auf die Edelsorten:**
a) Die Neigung zu Wildtriebbildung sollte gering sein (wenig Hang zu Adventivaugen).
b) Die Unterlagen sollen möglichst große Frosthärte übertragen, z. B. *Rosa canina* 'Inermis'.
c) Gesundheit der Unterlagen soll auf die Edelsorten übertragen werden.
d) Intensive Blütenfarben, gute Triebfreudigkeit und hohe Sortenverträglichkeit sind wünschenswert.
e) Gleichmäßiges Wachstum der Edelsorten ist zwingend notwendig.
f) Lange Blühdauer und guter Durchtrieb nach dem ersten Flor.

3. Die Eignungen der Unterlagen für die verschiedenen Rosengruppen müssen bekannt sein.

Botanischer Name der Unterlagen	**Anforderung an Böden** Stacheln	**Wurzelhalslänge**	**Veredlungstermin**	**Frosthärte**	**Neigung zu Wildtrieben**	**Eignung für Rosengruppen**
Rosa canina 'Heinsohns Rekord'	**Mittlere Böden** Stark	Mittel	Früh	Mittel	Gering bis mittel	Th, Be, Str
Rosa canina 'Inermis'	**Alle Böden** Kaum	Mittel	Mittel bis spät	Gut	Gering bis mittel	Th, Be, Str Kl, Bod, Zw, G-Schnitt
Rosa canina 'Pfänder'	**Alle Böden** Mittel bis stark	Lang	Mittel bis spät	Gut	Mittel	Th, Be, Str, Bod, Zw, Kl, H, G-Schnitt
Rosa canina 'Pollmer'	**Schwere Böden** Mittel bis stark	Lang	Früh	Gut	Gering bis mittel	Th, Be, H, G-Schnitt
Rosa corymbifera 'Laxa'	**Alle Böden** Wenig Stacheln	Lang	Früh bis mittel	Mittel bis gut	Kaum bis gering	Th, Be, Kl, Bod, Zw
Rosa multiflora-Formen	**Alle Böden** Schwach bis mittel	Kurz	Früh bis spät Gut	Z. T. weniger Veredlungen, brechen leichter aus!	Gering	Be, Kl, Str

Die hier aufgeführten Rosenunterlagen sind die am meisten verbreiteten, sie haben sich in der Praxis bewährt. Die Übergänge innerhalb der einzelnen Rosengruppen sind oft fließend, daher ist eine klare Abgrenzung nicht möglich. Unterschiedliche Bodenverhältnisse können sich erheblich auf das Wuchsverhalten von Sorten auswirken. Sorten, die auf leichten Böden nur 70–80 cm erreichen, können auf schweren Böden durchaus 120–140 cm hoch werden.

Die Abkürzungen in der Tabelle lauten:

Th = Teehybriden/Edelrose	Kl = Kletterrose	Be = Beetrose
Str = Strauchrose	Str Kl = Kleinstrauchrose	H = Stammrosen
Bod = Bodendeckerrose	Zw = Zwergrose	G-Schnitt = Gewächshaus-Schnittrosen

Unterlagen für Nadelhölzer:
Auch wenn immer mehr Koniferen in den Betrieben durch Stecklinge vermehrt werden, sind bei einigen Arten und Sorten Veredlungen unerlässlich. Die nachfolgende Liste gibt über die wichtigsten Kombinationen Auskunft. Die Unterlagen sollten eingetopft sein, dadurch ist sicheres Anwachsen gewährleistet. Der Durchmesser sollte je nach Art und Sorte 4–6 oder 6–8 mm an der Veredlungsstelle betragen.

Unterlagen	Darauf veredelte Arten, Sorten und Formen	Bemerkungen
Abies alba	*Abies concolor*-Sorten	Auch auf die Art möglich
	Abies koreana-Sorten	Auch auf die Art möglich
	Abies pinsapo-Sorten	
	Abies procera 'Glauca'	
Cedrus deodara	*Cedrus atlantica*-Sorten	
	Cedrus deodara-Sorten	
Chamaecyparis lawsoniana oder auch	*Chamaecyparis lawsoniana* 'Tr. von Boskoop'	Auch durch Stecklinge
aus Stecklingen vermehrte Sorten,	*Chamaecyparis nootkatensis* 'Pendula'	
die für den Verkauf zu kahl sind	*Chamaecyparis obtusa* 'Nana Gracilis'	Auch durch Stecklinge
Ginkgo biloba	*Ginkgo biloba* 'Fastigata', 'Mariken' und Ähnliche	
Juniperus virginiana	*Juniperus scopulorum* 'Blue Haven'	Auch durch Stecklinge
	Juniperus virginiana 'Canaertii'	Auch durch Stecklinge
	Juniperus virginiana 'Glauca'	Auch durch Stecklinge
Larix decidua	Beide für alle *Larix*-Sorten	Auch Kronenveredlung möglich
Larix kaempferi		
Picea abies	*Picea abies* 'Acrocona'	
	Picea abies 'Inversa' und *Picea breweriana*	
	Picea omorica-Sorten	
	Picea orientalis-Sorten	
	Picea pungens 'Glauca'-Sorten	
Pinus strobus (5-nadelig)	*Pinus cembra*-Sorten	
	Pinus parviflora 'Glauca'	
	Pinus strobus 'Radiata' u. a.	
Pinus mugo (2-nadelig)	*Pinus mugo*-Sorten	
Pinus nigra (2-nadelig)	*Pinus nigra*-Sorten	
Pinus sylvestris (2-nadelig)	*Pinus sylvestris*-Formen	
Taxus baccata	*Taxus baccata* 'Dovastoniana'-Formen u. a.	Fast nur noch durch Stecklinge
Thuja (Biota) orientalis	*Chamaecyparis nootkatensis*-Sorten	

Die 2-, 3-, 4-jährigen Veredlungsunterlagen
V = Veredlungsstelle muss frei sein
1. *Taxus baccata*
2. *Cedrus deodora*
3. *Chamaecyparis lawsoniana*
4. *Juniperus virginiana*
5. *Picea abies*
6. *Pinus sylvestris*
7. *Abies alba*

Abb. 79

3.6.2 Stammbildner

Etliche Pflanzengattungen, -arten oder -sorten werden in der Baumschule als Stammformen herangezogen.

Wie werden Stämme gebildet (s. Abb. 80)?

1. Aus Jungpflanzen werden gerade Stämme herangezogen, bei denen später in der gewünschten Höhe die Krone angeschnitten wird (z. B. *Acer platanoides, Tilia cordata*).
2. Auf dem aus der Jungpflanze entstandenen Wildstamm wird eine gewollte Sorte als Krone veredelt (z. B. Zierkirschenstämme, Kugelkronen (von *Robinia pseudoacacia* 'Umbraculifera', Zwergpfirsiche oder Hochstammrosen).
3. Viele Obstgehölze und einige Ziergehölzsorten werden stammecht auf dem Wurzelhals besonderer Unterlagen veredelt und bis zur Krone aufgezogen (z. B. die meisten Obstbäume, Edelflieder usw.). Je nach Wuchsstärke und Pflanze erfolgt der Kronenanschnitt in der gewünschten Höhe.
4. Sollen von schwächer wachsenden Obstgehölzen Hochstämme gezogen werden, sind oft Zwischenveredlungen notwendig. Auf die Unterlage wird eine Zwischenveredlung mit einem schnell wachsenden Stammbildner durchgeführt, auf den dann im Folgejahr die Edelsorte als Krone veredelt wird, z. B. Birne:
   Unterlage = Quitte A
   Zwischenveredlung = Birnensorte 'Gellerts Butterbirne'
   Kronenveredlung = Birnensorte 'Williams Christ'

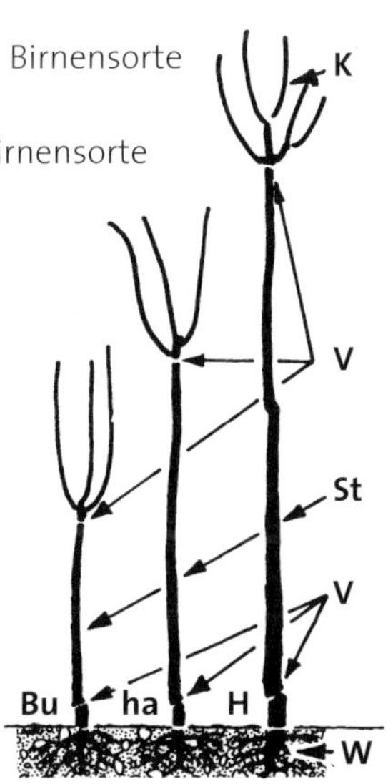

Zwischenveredlung
V = Veredlungsstelle
W = Wurzel
St = Stammbildner
K = Krone
Bu = Busch
ha = Halbstamm
H = Hochstamm

Abb. 80

Stammbildner werden als Zwischenveredlung von der Wurzel zur Krone eingesetzt, wenn die gewünschte Kronensorte einen ungeeigneten Stamm ergibt.

Gründe für mangelnde Eignung zum Stammbildner sind:

1. Es wird kein ausreichend gerader Stamm gebildet (z. B. Birnensorte 'Alexander Lukas', *Amelanchier lamarckii*).
2. Die Sorte erreicht nicht schnell genug die erforderliche Stammhöhe (Beerenobst).
3. Der Stamm würde zu schwach sein, er „dickt" ungenügend (*Cytisus*-Sorten).
4. Die betreffende Sorte bildet keinen gesunden Stamm (z. B. die Birnensorte 'Gute Luise' leidet in manchen Lagen unter Schorf, Pflanzen mit Stammschäden sind nicht marktfähig).
5. Die Frosthärte und Triebfreudigkeit sind mangelhaft (z. B. gewisse Rosenunterlagen für Stämme wie *Rosa corymbifera* 'Laxa').
6. Hängeformen und Kugelbäume sind mit Ausnahmen (z. B. *Fagus sylvatica* 'Pendula') für die Stammbildung ungeeignet (z. B. *Ulmus glabra* 'Pendula').
7. Die Verträglichkeit (Affinität) zwischen Unterlage und Sorte lässt zu wünschen übrig (z. B. Birnensorte 'Köstliche von Charneu' auf Quittenunterlage). An der Veredlungsstelle besteht Bruchgefahr über die gesamte Lebenszeit der Pflanze (s. Abb. 81).

Natürlich können bei einigen Pflanzenarten mehrere der aufgezählten Mängel zusammentreffen.

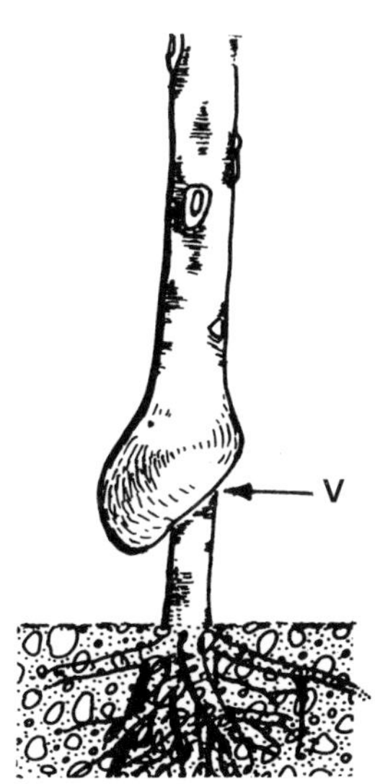

Veredlungswulst als Zeichen für **Unverträglichkeit**

Abb. 81

Anzuchtmethoden

Von den eingangs genannten zwei „stammechten" Aufzuchten,
a) vom Samenkorn bis zur Krone,
b) auf den Wurzelhals veredelte Stämme,
abgesehen, folgt hier eine Liste der wichtigsten Arten und Sorten für die Stammbildung durch „Zwischenveredlung".

Um das **Verhältnis Unterlage–Stammbildner–Kronensorte** zu zeigen, ist es in dieser Reihenfolge aufgeführt.

Stammbildnersorten, die wichtigsten für Obst- und Laubgehölze zu nennenden Kombinationen:

Unterlagen	Stammbildnersorte/-art Zwischenveredlung	Aufveredelte Art/Sorte/Form
1.0 Obstgehölze/Äpfel		
Apfelsämlinge	'Croncels'	Apfelsorten
Apfelsämlinge	'Jakob Fischer'	Apfelsorten
Apfelsämlinge	'Maunzenapfel'	Apfelsorten
Apfelsämlinge	'Pomme d'Or'	Apfelsorten
×............................	....	Betriebssorte
1.1 Obstgehölze/Birnen		
Birnensämlinge	'Augustbirne'	Birnensorte
Birnensämlinge	'Schweizer Wasserbirne'	Birnensorte
Birnensämlinge	'Grüne Jagdbirne'	Birnensorte
Birnensämlinge	'Gellerts Butterbirne'	Birnensorte
Birnensämlinge	'Neue Poitau'	Birnensorte
×............................	....	
1.2 Obstgehölze/Einige Birnen		
Quitte A	'Gellerts Butterbirne'	Birnensorten, die mit Quitte
Quitte A	'Pastorenbirne'	unverträglich sind
×............................	....	Betriebssorte
×............................	....	
1.3 Obstgehölze/Pflaumen usw.		
Pflaumenunterlagen	'Hauszwetsche', jedoch werden Pflaumen meist stammecht gezogen	Aller Art
×............................	....	Betriebssorte
×............................	....	
1.4 Obstgehölze/Aprikosen		
Pflaumenunterlagen	'Hauszwetsche'	Aprikosensorten
×............................	Langsteckholz von *Prunus* 'Brompton'	Betriebssorte
×............................	oder 'St.-Julien A'	
2.0 Ziergehölze – Stämme		
Apfelsämlinge und -typen	Stammbildner und Sorten	*Malus*-Zierformen
Sorbus aucuparia	*Sorbus aucuparia* 'Edulis'	*Amelanchier*-Arten
×............................	....	Im Betrieb
×............................	....	vermehrte Formen

Betriebssorte/im Betrieb vermehrte Formen
In der vorstehenden Aufstellung sind mit „x" versehene Leerzeilen eingeschoben, um dem Lernenden das Hinzufügen nicht erwähnter Zwischenveredlungssorten zu ermöglichen.

Stammbildner (s. Abb. 82)
Selbstverständlich gibt es auch außer den angegebenen Arten und Sorten weitere Kombinationen. Hier sind nur einige wichtige oder ausgefallene genannt. So gut wie alle Nadelgehölze werden „von unten“ gezogen. Daher werden Stammbildner nur für Kronenveredlungen verwendet, z. B. *Chamaecyparis lawsoniana* für *Chamaecyparis obtusa* 'Nana Gracilis'.

Stammbildner – Wildstämme
Aus Jungpflanzen/Unterlagen von unten gezogen. „Wild“ bis zur Kronen-Veredlungsstelle. Die Liste zeigt von links:

Unterlagen/Jungpflanzen	Aufveredelte Art/Sorte/Form
3.0 Obstgehölze/Kirschen	
Prunus avium	Süßkirschensorten
Prunus avium	Sauerkirschensorten
3.1 Obstgehölze/Beerenobst	
Ribes aureum-Sorte	Stachel- und Johannisbeersorten
Ribes divaricatum	Stachel- und Johannisbeersorten
4.0 Ziergehölzstämme, Laubholzhochstämme	
Acer platanoides	*Acer platanoides* 'Globosum'
Acer pseudoplatanus	*Acer pseudoplatanus*-Sorten
Aesculus hippocastanum	*Aesculus hippocastanum*- und *A. carnea*- Sorten
Betula pendula	*Betula pendula* 'Youngii' und andere Sorten
Euonymus europaeus	*Euonymus fortunei*-Sorten
Fagus sylvatica	*Fagus sylvatica*-Sorten
Laburnum anagyroides	*Cytisus*-Sorten
Prunus avium	Zierkirschensorte
Ulmus glabra	*Ulmus glabra* 'Pendula'
Salix viminalis	*Salix caprea* 'Pendula' und andere Sorten

Abb. 82

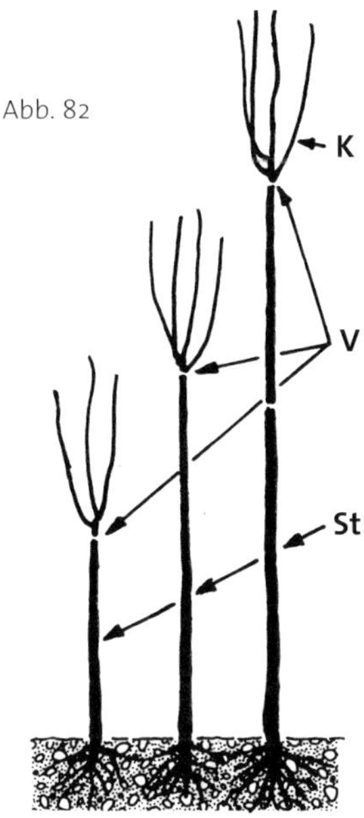

Wildstamm
V = Veredlungsstelle oben
St = Stammbildner aus der Unterlage gezogen
K = Krone

3.6.3 Okulieren
Dabei werden hohe Leistungen erzielt. Ein Auge der gewünschten Art, Sorte oder Hybride wird hinter der Rinde der Unterlage geschoben, wächst dort an und treibt später aus.

Das Okulieren ist die gebräuchlichste und schnellste Veredlungsmethode im Sommer.

Methoden und Zeitpunkt
Auf treibendes Auge – Mai – z. B. Birken
Auf schlafendes Auge – Juni – September – z. B. Rosen, Obst, diverse Ziergehölze
Auf treibendes Auge wird zu Beginn der Vegetation, wenn Reis und Unterlage bereits lösen, veredelt.
Auf schlafendes Auge okuliert man in vollem Trieb bzw. bevor dieser abschließt. **Reis und Unterlage müssen noch lösen.**

Die zeitliche Reihenfolge beim Okulieren:

Die Reihenfolge der Gattungen, Arten und Sorten bei der Okulation richtet sich vor allem nach der Unterlage und danach, wie lange deren Rinde löst. Die Reife der Reiser kann man gut steuern. Durch Vortreiben im Gewächshaus oder durch rechtzeitigen Rückschnitt und den Neuaustrieb von Mutterpflanzen lösen die Reiser fast immer. Da aber fast jedes Jahr in der klimatischen Entwicklung anders ist, variieren auch die Okulationstermine häufig.

Sorgfältiges Beobachten von Unterlagen und Reisern ist zwingend notwendig, daher sind nachfolgende Empfehlungen jährlich zu überprüfen. Die Reihenfolge der Okulationen kann stark variieren.

Begonnen wird meist mit:

1. Rosensorten
   mit vorgetriebenen Edelreisern aus dem Gewächshaus oder aus Freilandquartieren auf kräftige Freilandunterlagen, dabei sind die Unterlagen zu beachten (s. Tabelle).

2. Fliedersorten	auf *Syringa vulgaris*-Sämlinge
Pflaumensorten	auf 'Brompton' und andere vegetativ vermehrte Unterlagen
Kirschsorten	auf F/12/1 u. a. vegetativ vermehrte Kirschen-unterlagen
Pflaumen und Kirschen	auf ihre Sämlings-unterlagen
Apfelsorten	auf ihre vegetativ vermehrten M-Typen, MM-Typen
Birnensorten	auf Quitte A und andere vegetativ vermehrte Unterlagen
Ziergehölze	auf deren dafür geeignete Unterlage
3. Apfelsorten	auf Apfelsämlinge
Birnensorten	auf Birnensämlinge
4. Pfirsichsorten	auf Pfirsichsämlinge
Sauerkirschsorten	auf *Prunus mahaleb*-Sämlinge

Zu früh und auch zu spät darf aus folgenden Gründen nicht veredelt werden.

Folgen zu früher Okulation:

1. Eingesetzte Augen treiben bereits in den nächsten Wochen durch. Das kann vor allem bei Malustyp M 4 und bei Rosen geschehen (Abb. 83). Diese jungen Austriebe sind meist frostempfindlich und bei Obstgehölzen müssen diese im nächsten Frühjahr auf Beiaugen zurückgeschnitten werden. Bei Rosen ist eine Mehrtriebigkeit erwünscht.
2. Augen werden einige Wochen nach der Veredlung von der Seite her überwallt. Sind die Augen nicht flächig angewachsen, brechen sie im kommenden Frühjahr durch Winddruck leicht aus. Nach der Okulation kräftig weiterwachsende Unterlagen überwallen gelegentlich das Edelauge; dieses kann leicht bei *Acer platanoides*-Sorten geschehen. Zu beobachten bei im August stark weiterwachsenden Unterlagen wie *Acer platanoides* u. a. (Abb. 84).

Auch eine zu frühe Veredlung dieser Sorten kann problematisch sein, die Augen können „im eigenen Saft ertrinken".

Folge zu später Okulation:

1. Unterlage löst nicht mehr. Das passiert leicht bei vegetativen Pflaumenunterlagen. Ein „Hineinquälen" der Augen in den T-Schnitt ist sinnlos, „Chippen" als Alternative (s. dort) hat sich bei einigen Pflanzenarten bewährt.
2. Späte Okulation bei den Unterlagen *Prunus mahaleb* und Pfirsichsämlingen kann zu Harzfluss (Gummifluss) führen. Die Zellen des Kambiums hinter dem Auge lösen sich auf. Besonders dann, wenn kaltes Wetter hinzukommt. Das Auge wächst nicht an.
3. Bei Rosen sollte ebenfalls auf die Reihenfolge der Unterlagen bei der Okulation geachtet werden.

Unterlagenpflege

Bis zum Veredeln müssen die Unterlagen vorbildlich gepflegt werden. Rechtzeitiges und mehr-

> **Merke:**
> Sonnenschein und Wärme beim Veredeln fördern das Anwachsen der Augen.

Zu früh veredelt

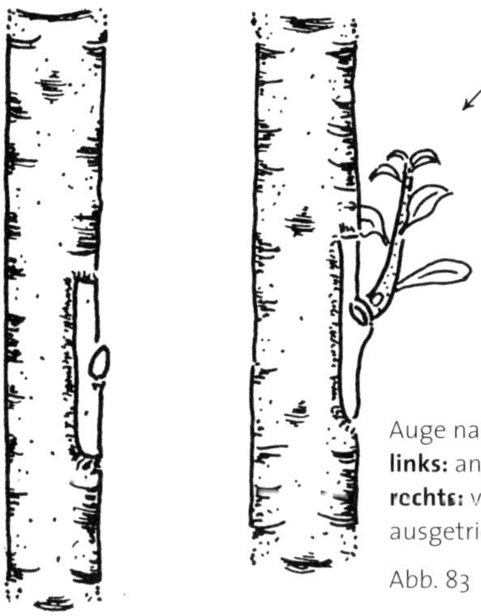

Auge nach 5 Wochen
links: angewachsen
rechts: vorzeitig ausgetrieben

Abb. 83

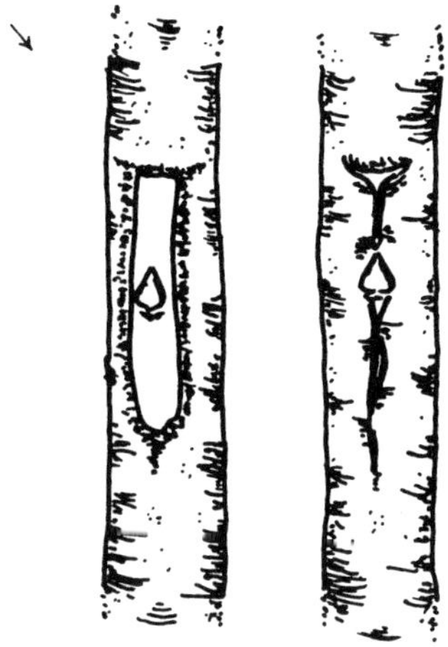

Auge nach 5 Wochen
links: angewachsen
rechts: von den Seiten überwallt, eingeklemmt

Abb. 84

maliges Bodenlockern garantieren Wachstum und gutes Lösen der Unterlage. In manchen Betrieben wird im Mai/Juni mit einer leichten Gabe von schnell wirkendem Kopfdünger oder mit Blattdüngung nachgeholfen. Längere Trockenperioden können ebenfalls zum „Abschließen" der Unterlagen führen. Die Folge ist häufig Befall mit Echtem Mehltau. Rechtzeitiges Bewässern hält die Unterlagen im Wachstum.

Edelreiserentnahme

Innere und äußere Eigenschaften müssen einwandfrei sein. Dazu gehören:

- Sortenechtheit
- Abstammung von gut fruchtenden Mutterbäumen bei Obstgehölzen
- Freiheit von unsichtbaren (z. B. Viren) und sichtbaren Krankheiten (pilzlichen Erkrankungen)
- Kein Befall durch tierische Schädlinge (Blattläuse, Spinnmilben)
- Gutes, kräftiges Wachstum der Mutterpflanzen

Die Reiser werden geschnitten:

1. Aus dem Anzuchtquartier: Dabei ist darauf zu achten, dass die Verkaufsqualität der Mutterpflanzen nicht leidet (z. B. Triebzahl bei Rosen).
2. Reiser geschützter Sorten (Rosen, Obst, Ziergehölze): Hier müssen mit den Züchtern oder Lizenzgebern die entsprechenden Vermehrungs- und Vertriebsverträge abgeschlossen werden. Erstmalig wird das Vermehrungsmaterial meist von den Lizenzgebern geliefert.
3. Bei vielen Gehölzen können Reiser auch von eigenen und vitalen Mutterbäumen geschnitten werden.
4. Obstbaumschulen sollten gemäß der Anbauverordnung (AGOZV) zertifiziertes (= anerkanntes) Vermehrungsmaterial aus Muttergärten verwenden, das dort regelmäßig auf Virusfreiheit geprüft wird. Alternativ darf auch sogenanntes „Standardmaterial" (CAC-Material) verwendet werden, das nicht aus Muttergärten kommen muss und einen deutlich geringeren Gesundheitsstatus besitzen kann.

Reifeprobe der Edelreiser

Vor dem Schnitt wird die Reife des Reises geprüft, indem man es über die Klinge oder zwischen den Fingern biegt. Die jungen Spitzen sind häufig zu weich, sie werden nicht verwendet.

Das untere Ende vom Reis wird nicht verwendet. Dort sind die Augen fast immer zu schwach ausgebildet oder schon zu hart. Spät austreibende Augen und schwacher Austrieb im nächsten Sommer sind die Folge (Abb. 85).

Rosenreiser sind reif, wenn sie am Aufblühen sind. Sollten bei Beetrosen die ganzen Dolden verblüht sein, sind die Reiser meist schon zu hart.

> **Allgemeinregel** für die Reife:
> Bricht das Reis – ist es reif.
> Biegt oder knickt das Reis – ist es oft unausgereift.

Entblättern:
Der verbleibende Mittelteil des Reises ist gut und wird entblättert (Abb. 86).

1. Man schneidet die Blätter mit einer scharfen Schere kurz über dem Auge ab. Dabei bleibt ein kurzes Stück vom Blattstiel stehen, dadurch wird das Auge vor Beschädigungen geschützt. Kurz vor der Veredlung kann dieses kleine Teil vorsichtig abgezupft werden. Dann kann das Auge mit OS-Verschlüssen verbunden werden, ohne Schaden zu nehmen.
2. Oder der Blattstiel bleibt etwa 1 cm lang. Beim Verbinden mit Veredlungsbändern ist diese Methode üblich. Das Edelauge mit dem Blattstiel bleibt sichtbar. Nach ca. 3 Wochen kann geprüft werden, ob das Auge angewachsen ist.
3. Oder der Blattstiel wird dicht vor dem Auge entfernt. Für OSV (Okulations-Schnellverschlüsse) wichtig, damit das Gummiplättchen keine Falten schlägt. OSV werden für unterschiedliche Gehölze in verschiedenen Stärken angeboten. Der große Vorteil ist, dass die OSV nach der Okulation mitwachsen und sich später auflösen.

Edelreis
Oberteil: unausgereift
Mittelteil: gut
Unterteil: mit zu schwachen Augen
Abb. 85

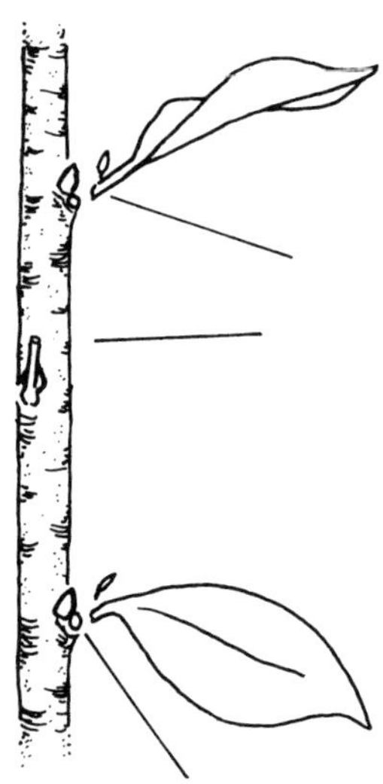

Entblättern
oben: Blatt und Nebenblätter ab
Mitte: 1 cm Blattstiel bleibt stehen
unten: dicht vor Auge ab
Abb. 86

Entstacheln der Rosenreiser (im allgemeinen Sprachgebrauch wird von „Abdornen" gesprochen). Die Stacheln werden von der Seite her weggedrückt oder auch einfach mit Lederhandschuhen abgestreift. Lassen sich die Stacheln leicht entfernen, ist das Reis in der Regel reif, also im richtigen Zustand.

Lagern: Kurzfristiges Lagern der Reiser bis zum Veredeln sollte in feuchten Lappen, feuchtem Zeitungspapier oder in Wassereimern geschehen. Im Kühlraum kann man die Reiser einige Tage lagern.

Vorbereiten der Unterlagen zum Veredeln:
Rosen sind nach der Pflanzung überwiegend angehäufelt, daher muss der Wurzelhals kurz vor der Veredlung freigelegt werden. In gepflegten und lockeren Böden geschieht das mit dem vom Schlepper angetriebenen „Zeilenräumgebläse". Es bläst die Erde weg und legt die Wurzelhälse frei. Sind die Böden verdichtet, sollten sie vor dem Abblasen gut aufgelockert werden (s. Abb. 87 und 88).

Freistellen der Veredlungsstellen: Beim Okulieren von Gehölzen und anschließendem Verbinden werden störende Wildtriebe an den Unterlagen vorher sorgfältig weggeschnitten.

Putzen und Säubern der Veredlungsstelle mit weichem Lappen:
Sauberkeit ist ein entscheidendes Kriterium für das Gelingen der Okulation. Unmittelbar vor der Veredlung muss der Teil, auf den das Auge eingesetzt werden soll, von Erde und Schmutz befreit werden. Dafür wird ein weicher Lappen genommen. Wird der Wurzelhals zu lange vor dem Veredeln gereinigt, trocknet die Rinde aus und löst nur noch schlecht.

Veredlungsmesser: Großteils werden die hier dargestellten Okuliermesser verwendet. Sie werden einseitig auf einem geeigneten Stein im Nassschliffverfahren geschärft und dann auf dem Leder abge-

Abb. 87

Zeilenräumgebläse für Schlepperzug. Abb. Meyer KG

Abb. 88

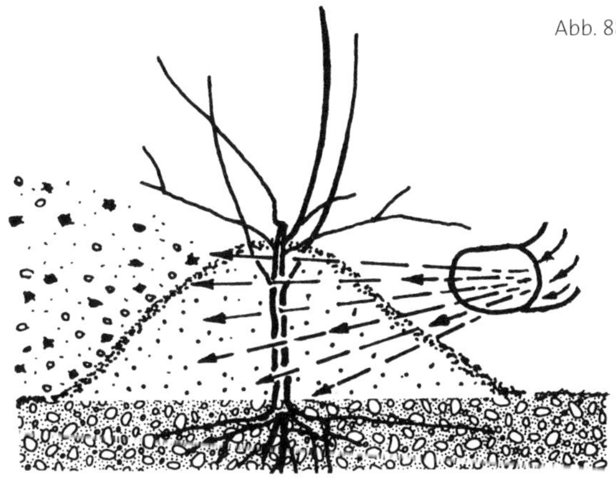

Arbeitsweise des Zeilenraumgebläses

zogen. Überwiegend werden Messer mit Rückenlöser (Typen 640–642) eingesetzt, es sind aber auch welche mit Heftlöser (Typen 645K–651) im Einsatz. Viele Messer werden für Rechts- oder Linkshänder angeboten.

Veredeln durch Okulieren:
Um Berufsanfängern die Okulationstechnik besser zu erläutern, ist der Vorgang in verschiedenen Phasen dargestellt. Grundvoraussetzungen für eine erfolgreiche Arbeit sind:

1. Größte Sauberkeit von Messern und Unterlagen
2. Nicht auf das Kambium des Auges fassen
3. Messer in Abständen, je nach Bedarf, schärfen und säubern
4. Nur frische und sortenechte Reiser verwenden, Material und Arbeitsaufwand sind teuer. Hohe Anwachsquoten steigern das Betriebsergebnis.
5. Arbeitsabläufe müssen rationell sein, Arbeitsabläufe gut organisieren.

Augen aus dem Edelreis schneiden:
Rechtshänder nehmen das Reis in die linke Hand, oberes Ende zum Körper. Das oberste (der Triebspitze am nächsten stehende) Auge wird zuerst herausgeschnitten, dann das nächstobere usw. Beginnt man am unteren Ende, werden die darüberliegenden Augen beim Heraustrennen zerstört. Länge des Augenschildes ca. 2–3 cm, bei Rosen je nach Sorte oft kürzer.

Okuliermesser 640

Okuliermesser 641

Okuliermesser 642

Okuliermesser 645 K

Okuliermesser 650 E

Okuliermesser 650 S

Okuliermesser 651

Abb. 89: Verschiedene Messerformen. Abb. Meyer KG

Veredeln:
Das Okuliermesser wird je nach Art und Sorte ½–1 cm unter dem obersten Auge angesetzt und bis unter das Auge durchgezogen. Ab hier wird dann das Schild gerissen, dabei bleibt oft Holz

Abb. 90: Auge aus dem Reis lösen. Foto: Möller

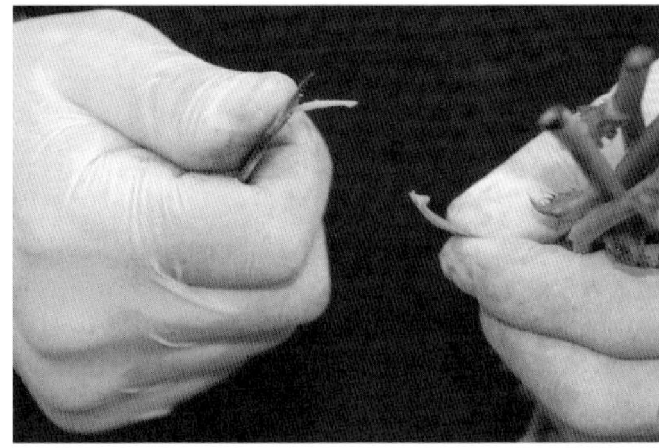

Abb. 91: Holz ist ausgelöst. Foto: Möller

Abb 92: Der T-Schnitt wird am Wurzelhals angesetzt. Foto: Möller

Abb. 93: Das Auge wird eingesetzt. Foto: Möller

unter dem Auge. Dieses muss jetzt herausgelöst werden, da das Auge sonst nachhaltig nicht gut verwächst und die Gefahr des späteren Ausbrechens besteht.
Geübte Veredler schneiden Augen ohne Holz heraus, die dann direkt in den T-Schnitt eingesetzt werden.

Der T-Schnitt wird bei Rosen auf den Wurzelhals, bei Obst und Ziergehölzen ca. 10 cm darüber gesetzt (lt. FLL-Gütebestimmungen). Bei Obst- und Ziergehölzen dürfen die Reiser später keine eigenen Wurzeln bilden.

Auf den Querschnitt oben folgt der Längsschnitt von unten nach oben. Dabei lösen die meisten Veredler gleichzeitig durch Bewegung der Klinge, ohne das Kambium zu verletzen, die Rindenlappen rechts und links des Schnittes. Dazu können alle Okuliermessermodelle verwendet werden.
Lassen sich die Rindenlappen nicht beim Ansetzen des senkrechten Schnitts lösen, muss das Lösen mit dem Rückenlöser (Messer 640–642) erfolgen. Ähnlich löst man mit den Modellen 645–651, jedoch muss der Löser am hinteren Heftende nach vorn gedreht werden.

Einsetzen des Auges:
Der geübte Veredler schiebt das Auge unmittelbar während des Lösens hinter die Rinde. Klappt das nicht ganz so gut, kann man mit dem Klingenrücken oder dem Heftlöser vorsichtig nachhelfen.

> ***Vorsicht!***
> **Das Auge beim Holzauslösen nicht von innen her ausbrechen.**

Jetzt erst wird das überstehende Rindenstück des Auges genau im Querschnitt sauber abgeschnitten. Die Rindenlappen werden kurz angedrückt, damit das Auge fixiert ist.

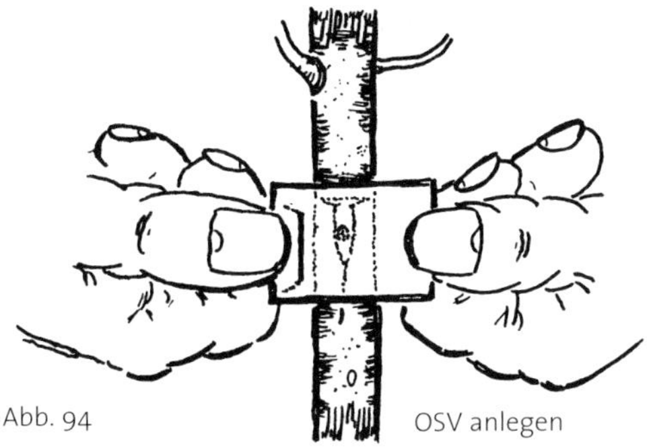

Abb. 94 OSV anlegen

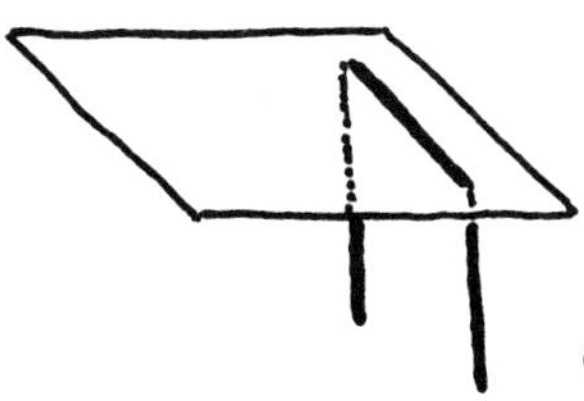

Abb. 95 OSV

Verbinden (s. Abb. 94–95):
Nur wenn die aktiv teilungsfähigen Zellen der Kambiumschichten von Auge und Unterlage nach der Okulation in den nächsten Wochen fest aufeinanderliegen, wachsen sie zusammen. Verbunden wird überwiegend mit OS-Verschlüssen, Gummiveredlungsbändern (Fleicoband), Folienstreifen und Folienbändern.

1. **OSV** (Okulations-Schnellverschluss-Fleischhauer), auch Okulette genannt, gibt es in fünf Größen:
   R/20 = für dünnere Rosenunterlagen
   R/21 = für stärkere Rosenunterlagen und Hochstammrosen
   O/30 = für Obstunterlagen und Gehölze
   O/40 = für starke Obstunterlagen und Gehölze
   O/45 = für besonders starke Obstunterlagen und Gehölze

Das Gummiplättchen ist ein kleines, von einem u-förmigen Drahtstift durchstochenes, weiches, rechteckiges Plättchen, das es in fünf verschiedenen Größen und Stärken gibt. Es lässt sich leicht und schnell auflegen und das Anwachsen darunter ist sehr gut.
OS-Verschlüsse haben mehrere Vorteile:

- Leichte und schnelle Verarbeitung
- Der Verschluss wächst anfangs mit.
- Schutz gegen Okuliermade
- Zersetzen des Verbands

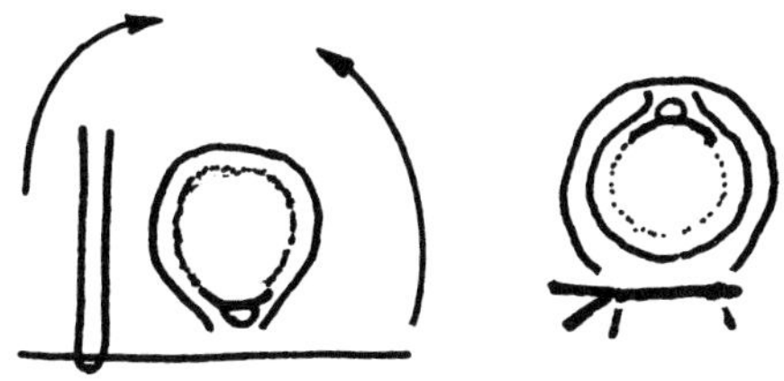

OSV anlegen schematisch, von oben

OSV fertig verbunden schematisch, von oben

Abb. 96

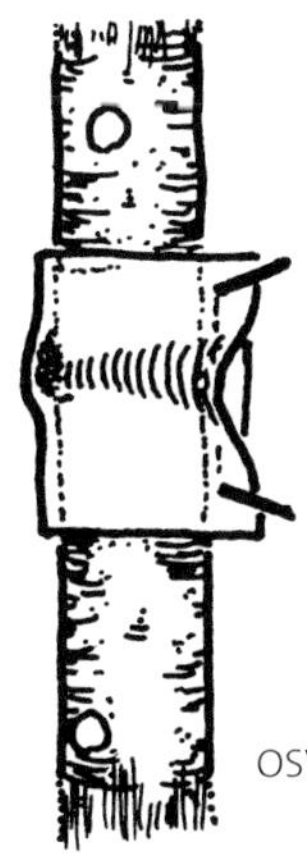

OSV, falsch angelegt, Falte am Auge

Abb. 97

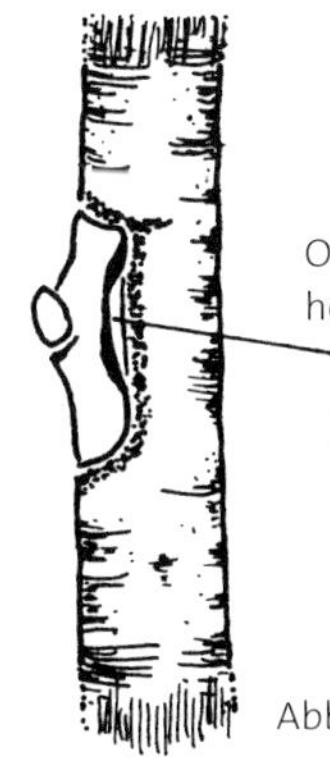

OSV, schief aufgelegt, hohl, nach 3 Wochen

Abb. 98

Für ein glattes Anliegen des Plättchens muss der Verbinder sorgen. Schlägt das Plättchen Falten, gibt es Ausfälle durch Austrocknen, da das Auge nicht fest anliegt (s. Abb. 97 und 98).
Das Faltenschlagen vermeidet man, indem man die Drahtenden beim Durchstechen der Gummis etwas zusammenbiegt. Ist das Plättchen schief aufgelegt, wird das Auge unzureichend angedrückt, es wächst nur auf einer Seite an. Auch hier gibt es dann Ausfälle.

2. **Gummiveredlungsbänder** (= Fleicobänder) oder Veredlungsbänder aus Kunststofffolie

In manchen Betrieben gebraucht man ausschließlich diese Bänder. Allgemein auch dort, wo die Unterlagen nach dem Veredeln noch kräftig „dicken", also an Umfang zunehmen. In diesem Fall platzen die OSV oft zu schnell und zu früh wieder ab und die Augen trocknen aus (z.B. bei *Acer*-Veredlungen). Auch bei den Gummibändern gibt es für jeden Bedarf unterschiedliche Längen und Stärken.

Abb. 99: Links, das Auge ist eingesetzt; rechts, mit OSV verbunden. Foto: Möller

Man legt das Band zum Schutz vor dem Austrocknen genau auf den Querschnitt, bindet einmal über den Anfang und windet das Gummi mindestens zweimal über und zweimal unter dem Auge um die Unterlage. Das Auge darf nicht zugebunden werden, es könnte dadurch schlecht austreiben (s. Abb. 100–102).

Damit das Fleicoband nicht zurückrollt und sich wieder löst, wird zum Abschluss das Ende einmal durch die Schlaufe gezogen.
Es wird immer von oben nach unten verbunden (Dachziegelprinzip).

Bei stark dickenden Unterlagen muss nach dem Veredeln kontrolliert werden, dass die Bänder nicht einwachsen, notfalls müssen sie gelöst werden.

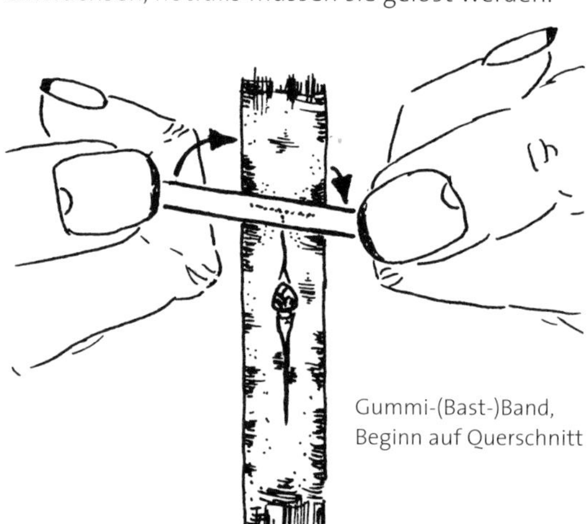

Gummi-(Bast-)Band, Beginn auf Querschnitt

Abb. 100

Abb. 101

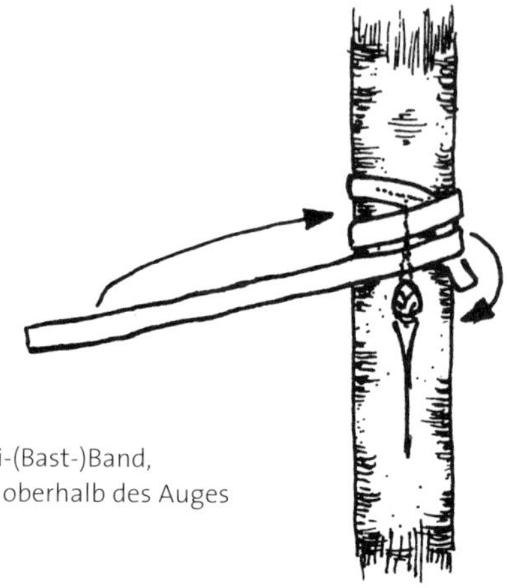

Gummi-(Bast-)Band, binden oberhalb des Auges

Abb. 102

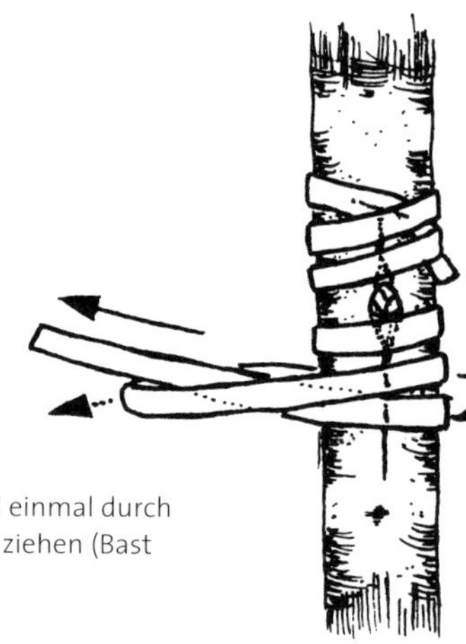

Gummiband einmal durch die Schlaufe ziehen (Bast zweimal)

3. Bast

Raffiabast hat heute beim Veredeln nur noch wenig Bedeutung. Diese Naturfäden müssen frisch verarbeitet werden, da das Material schnell altert und somit brüchig wird.

Nachbehandlung – Nacharbeiten in den Quartieren:
Sofort nach dem Okulieren werden die Reihen etikettiert. Unterlagen, Sortenname und deren Reihenzahl, Herkunft der Reiser, Name des Veredlers und Besonderheiten der Sorten werden in das Quartierbuch eingetragen.

Der beim Veredeln festgetretene Boden wird baldigst mit unterschiedlichen Methoden aufgelockert. Anwachskontrolle der Augen kann nach ca. 2–3 Wochen erfolgen, die Blattstiele fallen dann ab, die Augen sind von Kallus umgeben. Was jetzt angewachsen ist, treibt in der Regel im Frühjahr auch aus. Allerdings können Rosenaugen im folgenden Winter möglicherweise erfrieren. Daher werden die Rosen-Okulate im Spätherbst angehäufelt. Durch das Anhäufeln erfolgt Frostschutz, aber auch eine Bekämpfung von Unkräutern.

Mit Gummi- und Kunststoffbändern verbundene Okulationen müssen auf Einschnürung der Rinde nachgesehen werden. Man löst das Band mit leichtem Schnitt auf der Rückseite der Unterlage und durch den Knoten.

KREUZ-OKULATION ALS BESONDERHEIT:
Diese Veredlungsmethode bildet eher die Ausnahme. Haben Pflanzenarten sehr dicke Augen ausgebildet, z. B. *Aesculus*-Sorten, sind diese kaum in den normalen T-Schnitt hineinzuschieben. Man hilft sich durch Verlängerung des Längsschnitts, sodass ein Kreuzschnitt entsteht. Wenn man dann noch die unteren kleineren Augen vom Edelreis nimmt, gibt es keine Schwierigkeiten mit dem Einpassen. Das Verbinden muss mit Fleicobändern oder Kunststofffolien erfolgen (Abb. 103 und Abb. 104).

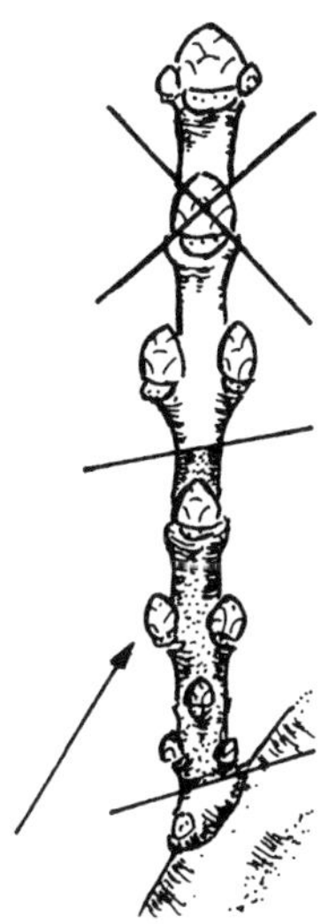

Kreuz-Veredlung
Edelreis *Aesculus*-Sorte
obere dicke Augen wegwerfen
untere Augen – brauchbar

Abb. 103

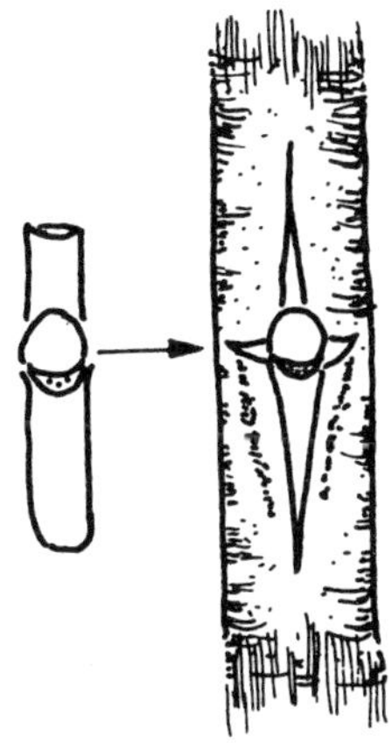

Kreuz-Veredlung
links: Auge
rechts: eingesetzt

Abb. 104

Abb. 105: Anhäufeln als Frostschutz. Foto: Möller

3.6.4 Chipveredlung

Man spricht auch von Chip-Budding, Chippen oder der Holzspan-Veredlung. Von einigen Baumschulen, die viel und mit Erfolg okulieren, wird diese neuere, aus England stammende Okuliermethode oft nur zögerlich anerkannt. Nach guten Erfahrungen, die in der Vergangenheit gemacht wurden, haben manche Baumschulen diese Methode eingeführt.

Vorteile dieser Methode gegenüber der Okulation:

1. Man kann Äpfel, Birnen und Kirschen mit bestem Erfolg veredeln, wenn die Okulationsunterlagen, aus welchen Gründen auch immer, nicht mehr lösen.
2. Bei einiger Übung ist das Anwachsen des Auges sicher.
3. Man kann veredeln, sofern Edelreiser mit guten, kräftigen Augen vorhanden sind.
4. Hat es beim Okulieren bei irgendeiner Sorte Ausfälle gegeben, kann mit gutem Erfolg sofort oder später durch Chippen nachveredelt werden, notfalls noch im folgenden Frühjahr.

Nachteile gegenüber dem altbewährten „Okulieren“:

1. Die Veredler müssen sich umgewöhnen.
2. Nur wenn der untere Einschnitt besonders tief geführt wird, kann der Veredler das Auge unten einklemmen, sodass das Verbinden durch eine zweite Arbeitskraft ausgeführt werden kann.
3. Die Tagesleistungen sind geringer als beim Okulieren.
4. Wer immer mit sehr gutem Erfolg okuliert hat, wird diese Methode sicher nur als Ergänzung anwenden.

Der Veredlungsablauf

Edelreiser. Wie bei der Okulation ist es ratsam, nur kräftige, gesunde und der Unterlage angepasste Reiser zu schneiden. Die verwendeten Augen sollen gut ausgebildet sein.

Das Reis muss nicht lösen.
Unterlagen sollen wie beim Okulieren wüchsig sein, brauchen nicht mehr im Trieb zu sein, müssen also nicht lösen.

Das Chippen. Es ähnelt entfernt dem Okulieren, jedoch wird das Auge nicht in einen T-Schnitt eingeschoben.

Wie auf den Zeichnungen a–d werden auf der Unterlage zwei Chipschnitte ausgeführt, sodass ein Holzspan herausfällt (s. Abb. 106–111).

Mit gleichen Schnitten wie auf der Unterlage wird das Auge aus dem Edelreis herausgeschnitten, auch hier wird der kurze Schnitt unter dem Auge zuerst durchgeführt (Zeichnung e).
Das gut passende Auge wird dem Reis entnommen, auf die Unterlage aufgesetzt (Zeichnung f) und verbunden (Zeichnung h).
Wie bereits erwähnt, sollte der untere Querschnitt (Abb. 108) etwas tiefer geführt werden, wenn eine Arbeitsgruppe Veredler + Verbinder eingesetzt werden soll.
Während der Verbinder weiter hinten verbindet, klemmt der Veredler das Auge so lange am unteren Ende des Schnitts ein.
Das Verbinden geschieht von oben nach unten, dabei wird der Augenspan fest gegen die untere Kante des Schnitts gedrückt. Nur so erhält er einen festen Sitz. Bei Reis und Unterlage muss ebenfalls Kambium auf Kambium liegen. Zum Verbinden sollten Kunststoffbänder genutzt werden. Beim Verbinden muss man auf dichten Verschluss achten, damit von den Seiten keine Luft eindringen kann. Verstreichen mit Wachs erübrigt sich.

Nacharbeiten. Die Kunststoffbänder müssen gelöst werden, sie platzen nicht beim Dicken der Unterlage. Da die Chipaugen immer obenauf sitzen, können sie niemals von der Seite her überwallen, wie das bei frühzeitiger Okulation und anschließendem Nachdicken der Unterlagen vorkommen kann (z. B. bei Pfirsich, Schattenmorelle auf *Prunus mahaleb*, *Acer*-Sorten auf *Acer pseudplatanus* und *Acer platanoides*).

Zu welcher Zeit wird gechippt?
Chipveredlungen können fast ganzjährig durchgeführt werden.

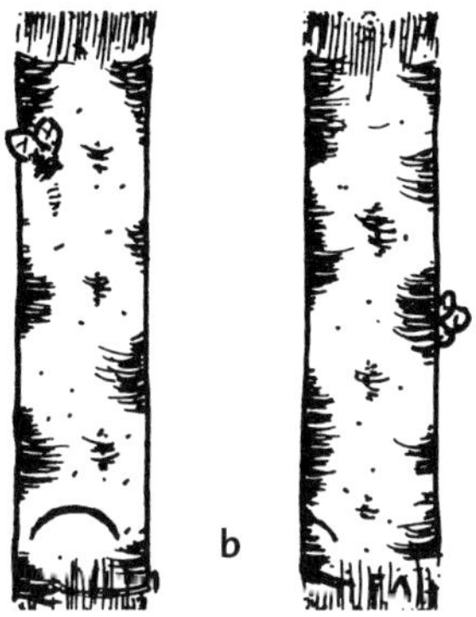

Abb. 106

Unterer Einschnitt
a) von vorn gesehen
b) von der Seite gesehen

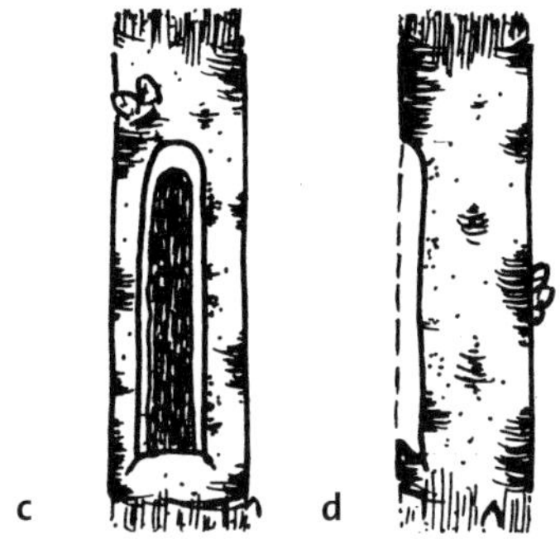

Abb. 107

Ausschneiden des Spans
c) von vorn gesehen
d) von der Seite gesehen

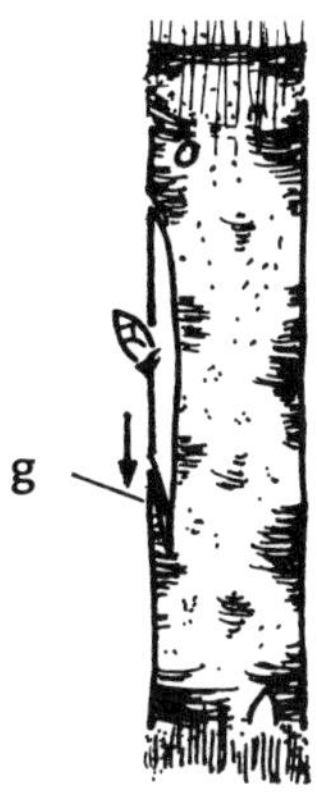

Abb. 108

Eingesetztes, noch nicht verbundenes Auge, unten eingeklemmt (g)

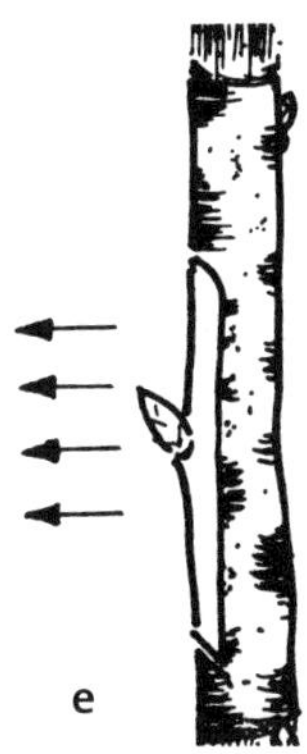

Abb. 109

e) **Das Auge** wird **aus dem Edelreis** mit Holz **herausgeschnitten.**

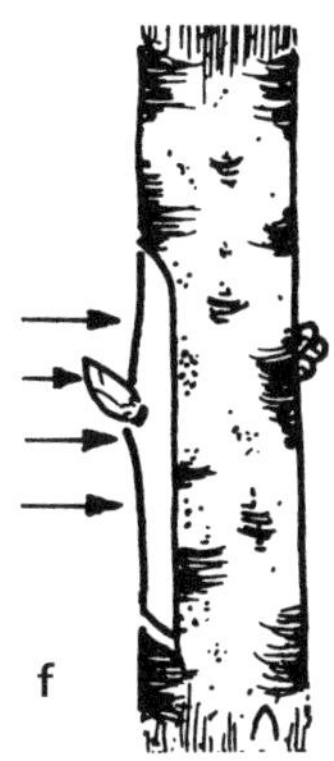

Abb. 110

f) **Das Auge wird auf den Ausschnitt** der Unterlage **gelegt.**

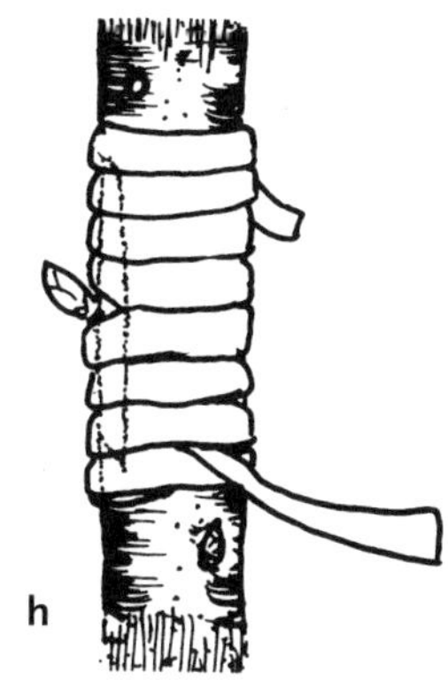

Abb. 111

h) **Das Auge ist fertig verbunden,** die Windungen liegen dicht an dicht.

Sowohl im März als auch in den Monaten August, September und Oktober ist das Chippen möglich. Trotzdem hat der Veredlungszeitpunkt Einfluss auf den Erfolg. So werden Süßkirschen erfolgreicher im März gechippt.

3.6.5 Reiserveredlung

Während beim Okulieren ein Auge des Edelreises auf das Kambium der Unterlage geschoben wird, wird bei den verschiedenen Arten der Reiserveredlung ein ganzes Edelreis auf die Unterlage aufgesetzt oder in die Seite „eingespitzt" oder eingesetzt. Auch werden Reiserveredlungen in der Zeit der Wachstumsruhe (je nach Veredlungsweise von August bis April) vorgenommen. Die Kopulation ist eine der häufigsten und wichtigsten Veredlungsmethoden.

1. Veredlungsart: Die Kopulation

Ihr Hauptmerkmal ist, dass Reis und Unterlage möglichst annähernd gleich stark sind, jedoch darf die Unterlage etwas dicker als das Reis sein.

Arbeitsweise: Vorbereitungen der Reiser
Reiser werden zur Zeit der vollen Wachstumsruhe geschnitten. Ab Mitte November nach dem Laubfall nimmt man sie von den Mutterpflanzen ab. Bevor starke Fröste einsetzen, sollte die Arbeit erledigt sein. Bei einigen Gehölzen, wie z.B. Kirschen in Zier- und Fruchtsorten, können leicht Frostschäden entstehen. Nur kräftige, gesunde und sortenechte Triebe schneiden, schwaches und krankes Material gleich aussondern und vernichten. Bei Obst nur auf Material zurückgreifen, das der Anbaumaterialverordung entspricht. Auch

Zierformen von *Prunus* und *Malus* sollten besonders auf Gesundheit geprüft werden (s. Abb. 112).

Sogenannte „Wasserreiser" aus dem Inneren von Standbäumen (Sorten-Mutterbäumen) sind wegen ihrer mangelnden Ausreife unbrauchbar. Es folgt sortenweises Bündeln, jedes Bund sorgfältig etikettieren und ins Kühlhaus einlagern. Ist kein Kühlhaus vorhanden, können die Reiser auch frostfrei in einem luftigen Raum eingeschlagen werden. Es ist immer darauf zu achten, dass sie ausreichend feucht gelagert werden und nicht vertrocknen. Unmittelbar vor dem Veredeln werden die Reiser in die der Art entsprechende Länge von 2–6 Augen/Augenpaare lange Stücke geschnitten. Die Edelreiser werden während des Veredelns in einem Kasten zur Verfügung gehalten. Dabei sollte immer auf die Polarität geachtet werden, damit der Veredler schnell das passende Reis greifen kann (Abb. 113). Meist sind nur die Mittelteile der 1-jährigen Ruten als Reiser verwendbar. Die Spitzen sind häufig zu weich, im unteren Teil sind die Augen oft zu schwach ausgebildet.

Abb. 112
Edelreis
Mittelteil ist brauchbar

a

Abb. 113
Kopulation
zugeschnittenes Edelreis

Unterlagen:
In den Wintermonaten werden im Arbeitsraum überwiegend **Handveredlungen** gemacht. Aber Kopulationen werden auch im Freiland auf dem Stand durchgeführt. Ob als Busch, Halbstamm, Hochstamm oder in Wurzelhalshöhe, die Unterlagen werden vor dem Veredeln auf einheitliche Höhe abgeworfen. Dabei sollte beachtet werden, dass durch den Kopulationsschnitt etwas an Länge verloren geht.

Veredeln: Beim Kopulationsschnitt an der Unterlage und auch am Reis sollte der Anfänger darauf achten, dass er das gut geschärfte Messer fast parallel zum Holz hält (Abb. 114). Dann bekommt er einen so glatten, langen und ebenen Schnitt, wie Abb. 115c zeigt. Hält man das Messer wie auf Abb. 115d schräg an das Holz, dann bekommt man leicht einen zu kurzen (Abb. 116e) oder einen gewellten (Abb. 117f) Schnitt. An der Rückseite des Schnitts sollte sich ein Zugauge befinden, die Veredlung wächst dann besser an (s. Abb. 116).
Es ist unerheblich, ob zuerst die Unterlage oder das Reis angeschnitten wird. Wichtig ist, dass im Vorweg einigermaßen zusammenpassendes Material herausgesucht wird. Die Reihenfolge wird von Betrieb zu Betrieb unterschiedlich gehandhabt.

Achtung!
Vor dem Veredeln ist eine Kontrolle des Kambiums bei Unterlagen und Reisern wegen eventueller Frostschäden nötig. In harten Wintern kann dieses durch Frost gelitten haben oder sogar abgestorben sein. Eine deutliche Braunfärbung ist dann sichtbar. Das kommt vor allem bei Kirschenunterlagen vor.

Ist das Reis so weit fertig, wird es, ohne das Auge zu verletzen, oben mit dem Messer schräg und glatt geschnitten (Abb. 118 g).
Abb. 119 h: Der Kopulierschnitt an der Unterlage (U) sollte die Form des Schnitts am Reis (R) haben, dabei darf er gern etwas länger sein. Das letzte Stück wird leicht schräg entfernt, dadurch wird der Schnitt am Edelreis etwas länger, wie auf Abb. 121 k zu sehen.
Nun werden Unterlage und Edelreis einander angepasst.
Abb. 121 k: Rechts und links je eine Kopulation, deren Schnitte nicht ganz gleich groß sind. Das genügt vollauf. Das Wichtigste ist, dass zumindest auf einer Längsseite und am unteren Ende Kambium auf Kambium liegt.

Abb. 114

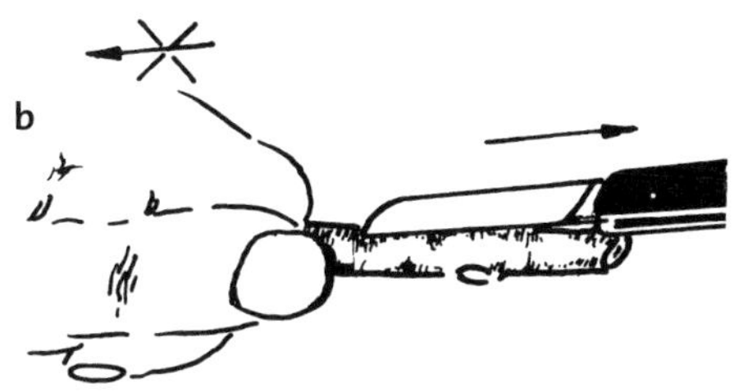

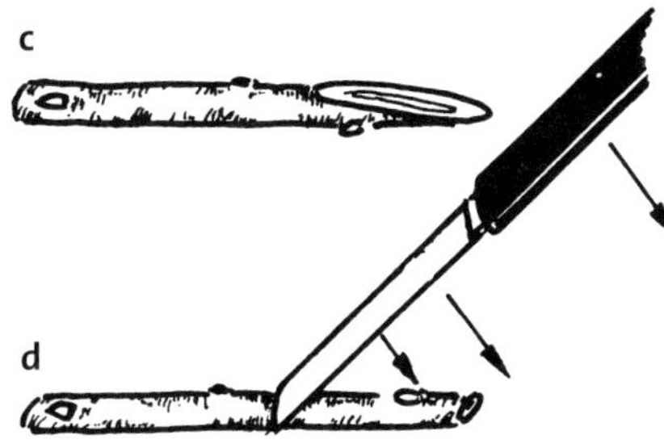

Abb. 115

Verbinden: Dazu nimmt man überwiegend Fleico-Veredlungsbänder.
Heute sind Gummi-Veredlungsbänder in verschiedenen Qualitäten für Innen- und Außenveredlungen erhältlich. Damit wird verbunden wie auf Abb. 122 l. Man beginnt oben, bindet einmal über das Ende und führt das Band ca. 4- bis 8-mal um die Veredlungsstelle. Dabei soll der Verband gut gleichmäßig nebeneinanderliegen. Das Auge darf nicht eingebunden werden, es würde dann beim Austreiben eingeschnürt und abbrechen.

Am unteren Ende, möglichst auf dem Holz der Unterlage, wird das Band durchgezogen, sodass ein fester Knoten entsteht. Das Gummiband wird einmal durchgezogen. Bei Bast geschieht das zweimal, andernfalls würde sich der Verband lockern.

Abb. 118

Abb. 116

Abb. 117

Verstreichen: Freilandveredlungen werden mit kaltflüssigem Baumwachs verschiedener Qualität verstrichen (z. B. Obstveredlungen, Laubgehölze). Handveredlungen verschließt man mit warmflüssigem Wachs, überwiegend wird Rebwachs oder Trigol eingesetzt. Das granulierte Material wird bis max. 70 °C im Wasserbad erwärmt. Es ist anzuraten, ein Thermometer einzusetzen, damit es keine Verbrennungen in der Rinde gibt.
Tipp: Ist kein Thermometer vorhanden, einen frischen Trieb in das flüssige Wachs halten. Steigen Blasen auf, ist die Temperatur zu hoch, zieht es Fäden, ist sie zu niedrig. Bei den fertigen Handveredlungen werden die Reiser bis über die Veredlungsstelle in das flüssige Wachs getaucht, dabei verschließen sich alle Wunden. Die Augen können gern vom Rebwachs überzogen werden, die jungen Austriebe aus den Augen durchdringen den Wundverschluss später ohne Probleme.

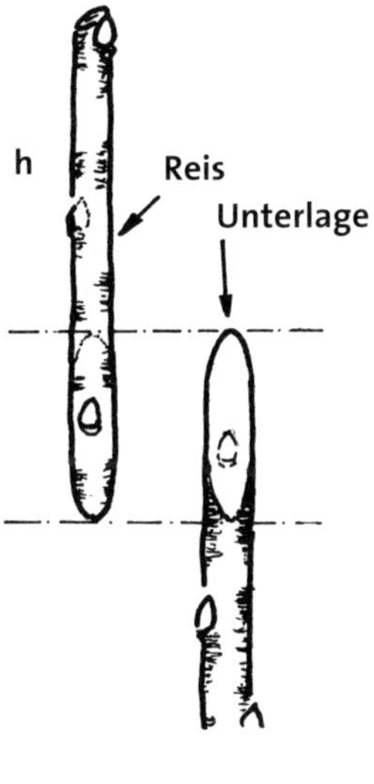

Abb. 119

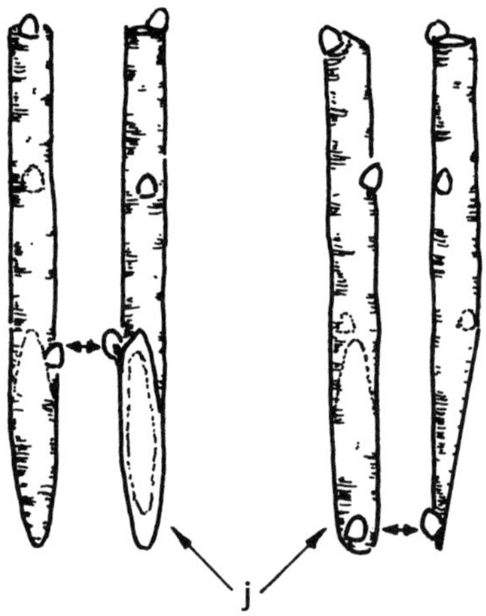

Abb. 120

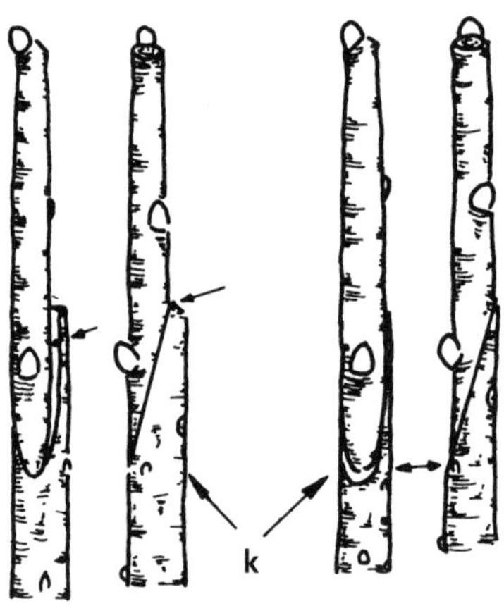

Abb. 121

Abb. 122

Verbinden und Band durchziehen

Abb. 123

Verstreichen. Wildauge unter der Veredlung ist geblendet.

Im Außenbereich wird das kalt streichbare Wachs mit Pinsel oder kleinem Spachtel aufgetragen, sodass alle Schnittstellen und Wunden absolut dicht verschlossen sind. Das obere Ende, den Kopf, nicht vergessen! **Die Augen dürfen hier nicht bedeckt sein.** Sie würden schlecht austreiben oder sogar „stecken bleiben", d.h., sie würden nicht austreiben (Abb. 123).

Nacharbeiten: Einschlagen in Kisten und Etikettieren unmittelbar nach dem Veredeln, vor dem Einräumen in das Kühlhaus. Eintragen in das Veredlungsbuch/Quartierbuch, Reiserherkunft, Herkunft der Unterlage, Sorte, Anzahl mit Tag der Veredlung.

Diese Aufzeichnungen sind für weitere betriebliche Entscheidungen wichtig und müssen gegebenenfalls bei betrieblichen Kontrollen vorgelegt werden.

Nach einigen Tagen Kontrolle der Veredlungen: Dass ordnungsgemäß verstrichen wurde, muss selbstverständlich sein.

Verschiedentlich werden sowohl bei der Kopulation als auch beim Geißfuß, vor allem bei kräftigen Unterlagen, die Augen dicht unter den „Veredlungen geblendet" = weggeschnitten. Das geschieht vor dem Veredeln und bewirkt ungestörtes, kräftiges Austreiben des Edelreises. Die Verbände müssen im Mai/Juni auf Einwachsungen geprüft werden. Bei starkem Dickenwachstum der Unterlagen müssen die Verbände gelöst werden, da sonst die Edelreiser abbrechen können. Fleicobänder lösen sich überwiegend selbst auf. Andere Verbände, wie Bast oder Kunststoffband, können Einschnürungen verursachen. Beim Lösen des Fadens wird der Knoten hinter dem Reis durchtrennt, dadurch ist das Dickenwachstum nicht behindert. Abb. 124 zeigt eine Kopfveredlung, deren Bast längst gelöst sein

müsste. Wundverschluss wurde der Deutlichkeit halber nicht dargestellt.
Die weiteren Pfeile zeigen auf einen entfernten Wildtrieb und auf einen eingekürzten „pinzierten", der allerdings auch bald entfernt werden sollte. Man nennt es „Freistellen der Krone". Es dient dazu, die Wildtriebe zurückzuhalten und damit die Kronentriebe zu fördern.
Alle weiteren Arbeiten an der Krone gehören zur allgemeinen Pflege. In windgefährdeten Regionen kann ein Stäben der jungen Kronen von Mai bis Juli notwendig sein (Abb. 125).

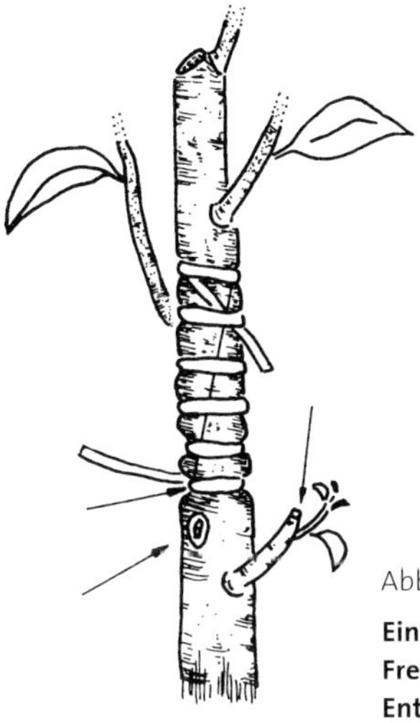

Abb. 124
Einschnürendes Band
Freistellen
Entspitzen

Abb. 125
Stäben

2. Vermehrungsart: der Geissfuss

Alles, was für die Kopulation gilt, von der Vorbereitung der Reiser und Unterlagen bis zu den Nacharbeiten, gilt auch hier. Der Unterschied besteht lediglich in der Schnittführung bei Reisern und Unterlagen und in deren Stärke. Beim Kopulieren werden Edelreiser verwendet, die ungefähr so stark, d. h. so dick sind wie die Unterlagen. Die Geißfußveredlung ermöglicht, auch dünnere Reiser auf kräftigere Unterlagen zu veredeln.

Veredeln: Die Abb. 126 a zeigt ein vorbereitetes Edelreis.
Der erste Schnitt entspricht dem der Kopulation (Zeichnung b), auch in der Länge. Zeichnung c zeigt die Drehung des Reises um etwa ein Viertel, Abb. 126 d den ausgeführten Schnitt. Es ist ein Keil entstanden. Die Zeichnungen e und f zeigen einen kurzen „unsicheren" und nicht geeigneten Schnitt.
In Abb. 128 g ist das fertige Reis zu sehen.
Es folgen die Schnitte h und j (Abb. 129) auf der vorher oben glatt geschnittenen Unterlage, sodass ein Keil-Einschnitt entsteht, in den das Reis in Länge und Breite passt. Wenn die Schnitte bei der Unterlage etwas tiefer in das Holz gehen, schadet es nicht, sie verwachsen wieder schnell. Wichtig ist, dass das Reis sauber in den Keil der Unterlage passt.
Die Zeichnungen k und l (Abb. 130) zeigen das richtig eingepasste Reis von vorn und hinten, Abbildungen m und n (Abb. 131) zeigen zu hoch oder zu tief sitzende Reiser. Sitzt das Reis zu hoch, verwächst es oft nicht fest genug. Sitzt es zu tief, dann kann die Unterlage unter Umständen etwas eintrocknen. Am besten sitzt das Reis, wenn es fest eingeklemmt ist und nicht herausfällt. Ob die Unterlage oben leicht angeschrägt ist, wird in Betrieben unterschiedlich gehandhabt. Allerdings muss man darauf achten, dass beim Verbinden die Fäden nicht nach oben wegrutschen. Bei der Geißfußveredlung kommt das Einschnüren von Verbandmaterial kaum vor.

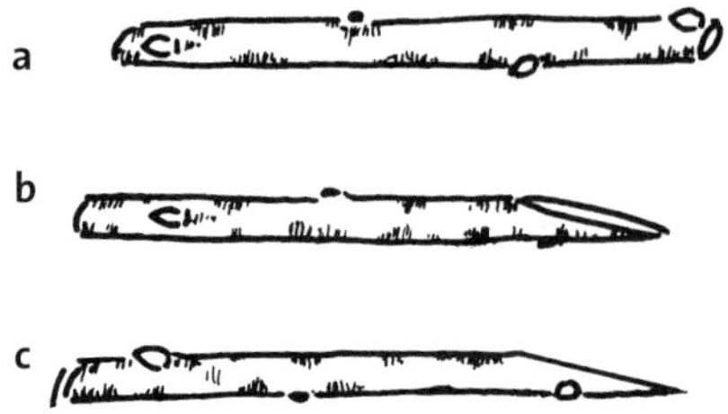

Abb. 126

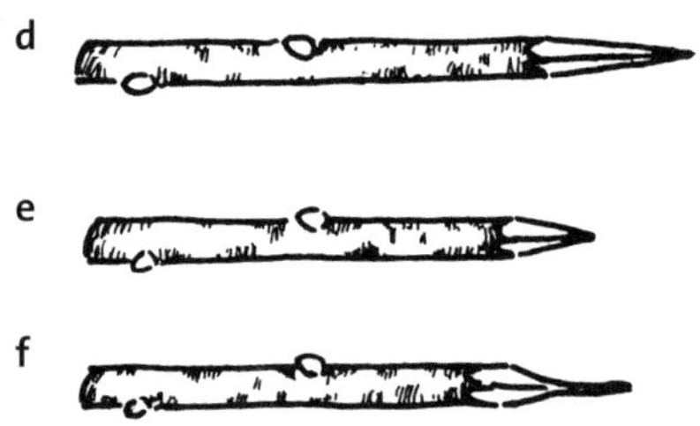

Abb. 127

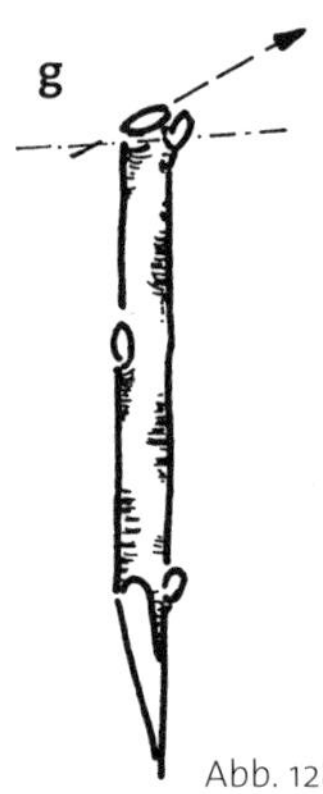

Abb. 128

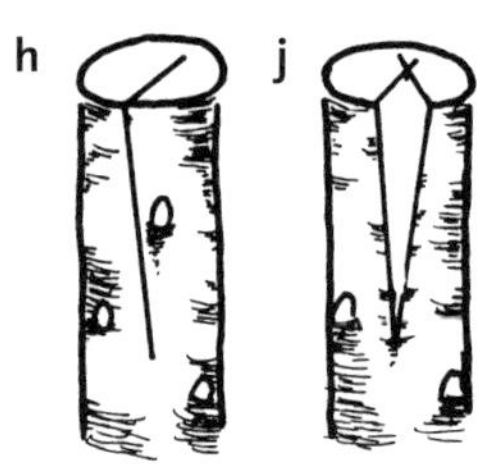

Abb. 129

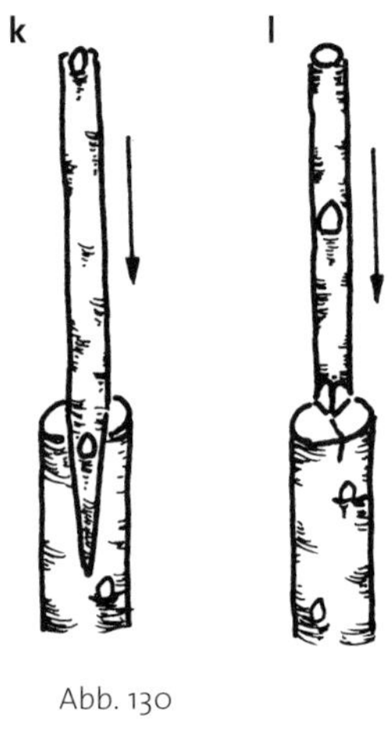

Abb. 130

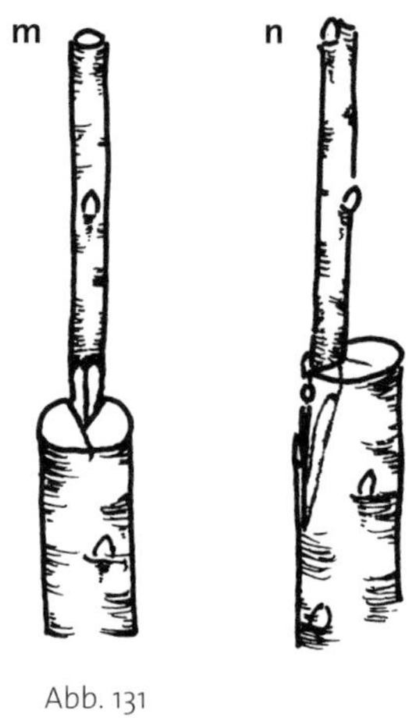

Abb. 131

Zusammenarbeit bei den Veredlungen: Üblich ist, dass beim Veredeln Teamarbeit herrscht.

1. Vorbereiten der Unterlagen und Reiser
2. Veredler, der überwiegend gleichzeitig verbindet
3. Verstreichen, Einschlagen und Etikettieren der Veredlungen

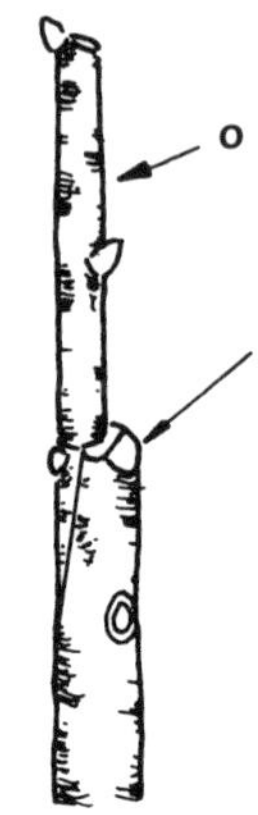

Leichtes Abschrägen der Schnittfläche an der Unterlage

Abb. 132

Arbeitsleistungen: Diese schwanken zwischen 50 und 90 Pflanzen in der Stunde. Beeinflusst werden sie von der Veredlungsart (Kopulation oder Geißfuß), dem Zustand von Unterlagen und Edelreisern. In beheizten Arbeitsräumen ist die Leistung höher als bei Veredlungen im Freien. Hier spielt das Wetter (sonnig, bedeckt oder Kälte) eine erhebliche Rolle. Fingerfertigkeit und gute Zusammenarbeit im Team beeinflussen die Leistung positiv.

Nacharbeiten entsprechen denen bei der Kopulation.

3.6.6 Hinter die Rinde veredeln

Es ist eine weniger ausgeübte Veredlungsart, weil sie in die Hauptversandzeit fällt und etwa Ende März bis Anfang Mai durchgeführt werden muss.

Zwei Dinge sind dabei zu beachten:

1. Die Edelreiser müssen möglichst vor dem Winter geschnitten und im Kühlraum aufbewahrt werden, um sie im Trieb zurückzuhalten.
2. Die Unterlagen müssen zwar bereits lösen, dürfen aber noch nicht zu weit ausgetrieben sein. Daher stehen nur etwa 2–3 Wochen Zeit für diese Veredlungsart zur Verfügung. Sie liegt je nach Wetter und Region Ende März bis Anfang Mai.

Welche Sorten? Hinter der Rinde veredelt werden vor allem Äpfel und Birnen, wenn Sorten umveredelt werden sollen.

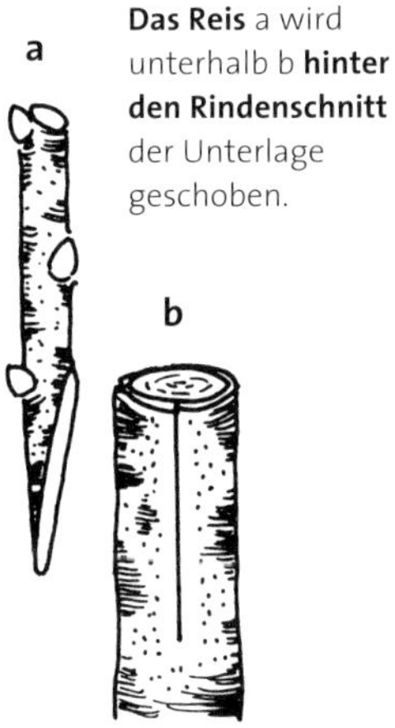

Abb. 133

Abb. 134

Das Veredeln: Wie die Zeichnungen zeigen, wird beim Reis ein Kopulierschnitt durchgeführt. Die Unterlage wirft man in der gewünschten Höhe ab, schneidet die Wunde glatt und führt mit einem scharfen Messer den senkrechten Schnitt bis aufs Kambium durch. Wegen der geringeren Windbruchgefahr ist die Windseite der Unterlage die bessere. Das Reis wird so in den Schnitt hinter die Rinde geschoben, dass die Kopulierwunde fast ganz verschwunden ist (Abb. 133 und 134).
Bei stärkeren Unterlagen können durchaus mehrere Reiser hinter die Rinde veredelt werden. Damit sich keine Vögel auf die frischen Reiser setzen, sollte ein längerer Stab parallel zur Unterlage angebracht werden.

Verbunden, verstrichen und gepflegt wird bei den Reiserveredlungen. Die Anwachsergebnisse sind fast immer gut. Diese Veredlungsart wird auch im Obstbau beim Umveredeln in noch jüngeren Quartieren angewendet.

3.6.7 Handveredlungen

(Abkürzung und Bezeichnung national = Hvg, international = X/1/0)
Sie werden so genannt, weil man beide Teile wie Unterlage und Reis für die Veredlung in die Hand nimmt. Fast alle für die Reiserveredlung üblichen Methoden können auf diese Weise durchgeführt werden. Diese Veredlungsabläufe wurden schon in vorigen Kapiteln beschrieben.

Eine besondere Form ist die Veredlung auf Wurzelstücke, diese wurde auch bereits angesprochen. Ein dem Durchmesser des Edelreises entsprechendes, 8–15 cm langes Wurzelstück ersetzt die Unterlage, wie das auf den Abb. 135 und 136 zu sehen ist.

Das Wurzelstück stammt von Wurzeln einer gerodeten Pflanze und wird mit dem Reis einer anderen oder sogar derselben Pflanze zusammengepasst, z. B. *Wisteria sinensis* in Sorten, das zeigt die Abb. 136. Alle restlichen Arbeiten bei dieser Veredlungsmethode gleichen denen der Reiserveredlungen. Kultiviert werden die Jungpflanzen im Freilandbeet, in Töpfen oder Containern sowie in Kulturräumen.

3.6.8 Anplatten und seitliches Einspitzen

Diese Veredlungsmethoden gewinnen immer mehr an Bedeutung. Bei Laubgehölzen fallen die Termine in die Sommermonate Juni bis September, während Nadelgehölze ab August bis zum April so veredelt werden können. Dafür sind eingetopfte Unterlagen unverzichtbar (s. Abb. 137).
Beide Methoden gehören zur Reiserveredlung und sind in der Praxis nur als Handveredlung üblich, im Freiland lassen sich diese Veredlungen nicht durchführen.
Als Kulturräume sind je nach Jahreszeit beheizbare, aber auch gut zu lüftende Gewächshäuser erforderlich. Die Veredlungen unterscheiden sich bei Laubgehölzen und Koniferen in der Ausführung kaum voneinander, sodass sie hier gemeinsam beschrieben werden können. Die Dokumentationen der Koniferenveredlungen durch die Bilder müssen nur auf Laubgehölze umgelegt werden.

Am Beispiel der Laubgehölzveredlung:
Im Gegensatz zu anderen Reiserveredlungen werden bei dieser Methode die Unterlagen **nicht** bis zur Veredlungsstelle zurückgeschnitten; falls sie zu lang sind, werden sie einige Wochen vor dem Veredeln im oberen Bereich etwas eingekürzt. Ebenfalls wird die spätere Veredlungsstelle freigestellt, d. h., eventuelle Nebentriebe und Laubwerk werden entfernt. Die Edelreiser werden unmittelbar vor dem Veredeln von gesunden, wüchsigen und sortenechten Mutterpflanzen ge-

Abb. 135

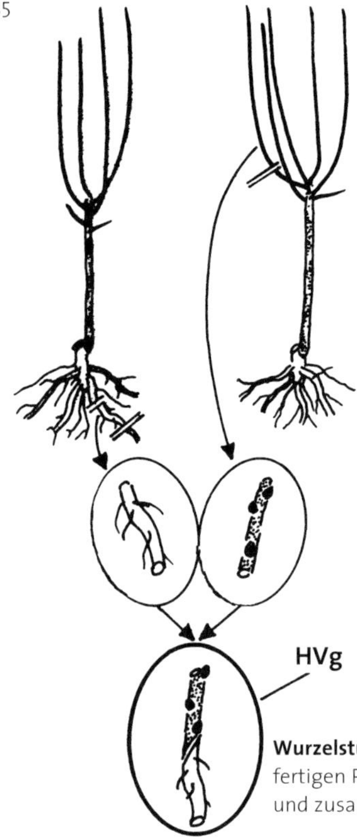

Wurzelstück und **Edelreis** werden fertigen Pflanzen entnommen und zusammengefügt (HVg)

Abb. 136

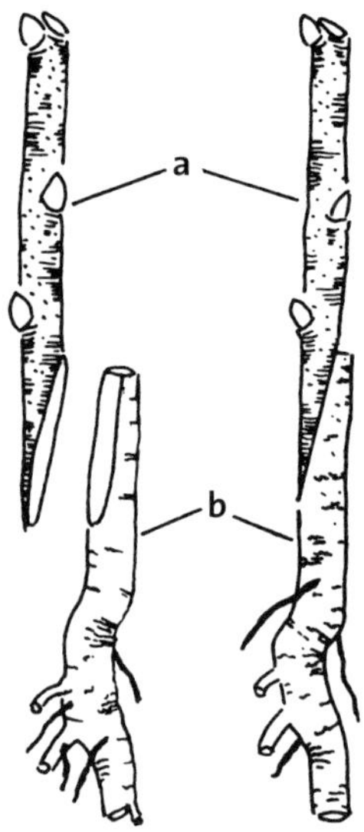

Edelreiser (a) werden auf die Wurzelstücke (b) gesetzt

schnitten. Sind Unterlagen nur mäßig dicker als die Reiser, wird **„angeplattet“**. Sind die Edelreiser erheblich schwächer, **„spitzt“** man ein.
Beim Anplatten wird ein etwa 3–5 cm langer Rindenstreifen bis auf das Kambium von der Unterlage gelöst. Dabei kann die Rindenzunge am

Getopfte Unterlage,
3-jährig
Wurzelhalsdurchmesser
4/6, 6/8, 8/10 cm
gerade gewachsene
Veredlungsstelle
Mindestlänge 5 cm
über Wurzelhals

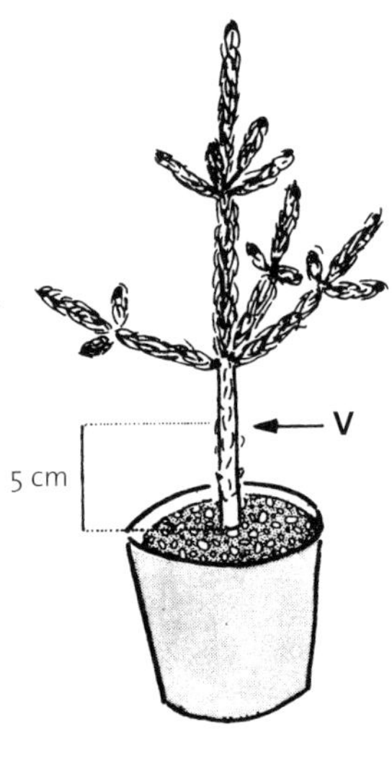

Abb. 137

unteren Ende mit einem sauberen Schnitt abgetrennt werden („kurze Gegenzunge“), dadurch ist gleich eine Auflage für das Reis entstanden. Die Zunge kann aber auch an der Unterlage verbleiben („lange Gegenzunge“), sie wird dann beim Verbinden mit eingebunden.
Der Schnitt sollte so dicht wie möglich über dem Topfrand angesetzt werden, es sollen keine **„hochbeinigen“** Pflanzen entstehen.
Ein passendes Reis wird herausgesucht und von der Rückseite in der gleichen Länge bis auf das Kambium angeschnitten. Unten erfolgt ein leichter Schrägschnitt, er dient als Auflagepunkt zwischen Unterlage und Reis. Evtl. wird bei „langer Gegenzunge“ auf der Vorderseite ein passender Schnitt durchgeführt. Die gut belichtete Seite vom Reis muss nach vorn zeigen, da sonst das Anwachsergebnis erheblich schlechter ist.
Reis und Unterlage werden so zusammengefügt, dass die Kambiumschichten zumindest an einer Seite gut aufeinanderliegen, besser wäre allerdings auf allen Schnittflächen.

Verbunden wird fast ausschließlich mit Fleicoband in der Version „Innenveredlung", hin und wieder werden noch Baumwollfäden eingesetzt. Da die Veredlungswunden im Sommer schnell Kallus bilden und miteinander verwachsen, brauchen sie nicht mit Wundverschlussmitteln verstrichen werden. Warmflüssiges Rebwachs würde die im Sommer besonders weichen Zellen beim Verstreichen zerstören.

Anplatten oder Einspitzen wird hauptsächlich bei folgenden Gattungen und Arten praktiziert:

- *Acer palmatum*-Sorten
- *Cornus kousa* und *C. florida*-Sorten
- *Hamamelis*-Sorten

Die gebräuchlichen Unterlagen sind unter Laubgehölzunterlagen erwähnt.

AM BEISPIEL DER KONIFERENVEREDLUNG – NADELHOLZVEREDLUNG (S. ABB. 138):

Edelreiser werden ebenfalls nur von wüchsigen, gut belichteten und somit einwandfrei ausgefärbten Mutterpflanzen frisch geschnitten. Man kann die Reiser zwar im Kühlraum einige Tage aufbewahren, ohne dass sie Schaden nehmen, frische Reiser lassen sich jedoch müheloser entnadeln und weiterverarbeiten.

Bei *Abies*- und *Picea*-Formen erhält man die wertvollsten Reiser von aufrecht wachsenden Trieben mit mindestens drei Endknospen. Daraus entwickeln sich später runde und gerade Pflanzen. Weil nicht immer genügend solcher Edelreiser vorhanden sind, wird oft auf Seitentriebe zurückgegriffen. Pflanzen aus Nebentrieben verlangen in der Weiterkultur erheblich mehr Arbeit. Um einen geraden Mitteltrieb zu erreichen, muss später häufig gestäbt und geheftet werden. Einige Gehölze wie *Taxus baccata* 'Dovastoniana' und dessen gelbe Spielart 'Dovastiniana Aurea' können in ihrer aufrechten Form nur durch aufrecht wachsende Triebe arttypisch vermehrt werden. Aus Seitentrieben vermehrte Pflanzen erreichen kaum einen aufrechten Habitus.

Das vorbereitete Edelreis muss außer einer gut entwickelten Endknospe möglichst zwei bis vier gut ausgebildete, quirlig stehende Nebenknospen haben. Das Entnadeln des unteren Teils des Edelreises geschieht mit dem Messerrücken. Die Rinde sollte dabei möglichst nicht beschädigt werden. Von ca. 8–15 cm langem Reis werden die unteren 6–7 cm von Nadeln befreit, wie das aus der Abb. 139 ersichtlich ist.

Die Schnittführung erfolgt wie schon bei Anplatten der Laubgehölze erwähnt.

Messer für die **Koniferenveredlung.** Abb. Meyer KG

Abb. 138

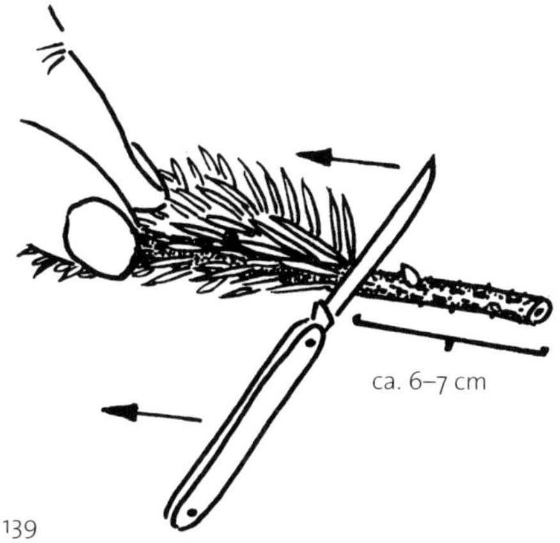

Abb. 139

Das Reis wird aufgelegt und muss gut ansitzen. Es wird überwiegend von oben nach unten verbunden. Wichtig ist, dass Unterlage und Reis fest und genau aufeinanderliegen. Es wird ausschließlich mit Fleicoband für Innenveredlungen verbunden (Abb. 142).

Ein Verstreichen mit Baumwachs erübrigt sich, da Nadelgehölze durch den Veredlungsschnitt stark „harzen" und nach kurzer Zeit einen natürlichen Wundverschluss bilden.

SEITLICHES EINSPITZEN ist eine Variante des Anplattens.

Man wendet diese Methode an, wenn das Reis erheblich schwächer als die Unterlage ist. Diese Methode kann bei allen Gattungen und Arten genutzt werden, die auch angeplattet werden. Im Gegensatz zum Anplatten wird das Reis von beiden Seiten leicht keilförmig zugeschnitten

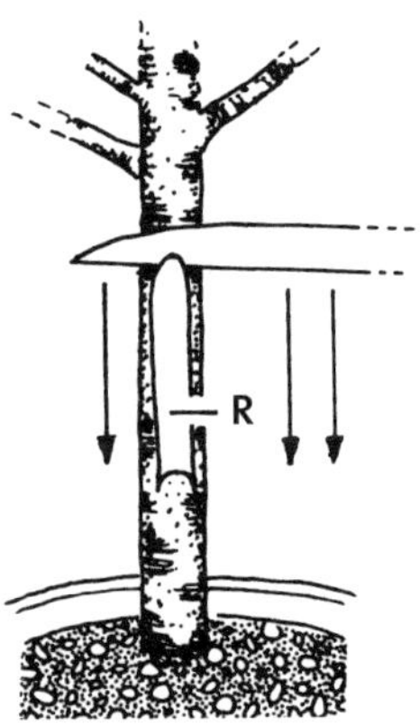

Abb. 140
Herausschneiden des Rindenspans an der Unterlage (R)

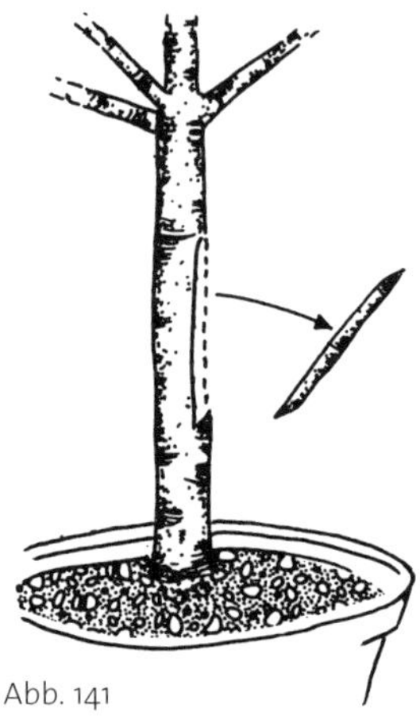

Abb. 141
Bereits **herausgeschnittener** Rindenspan

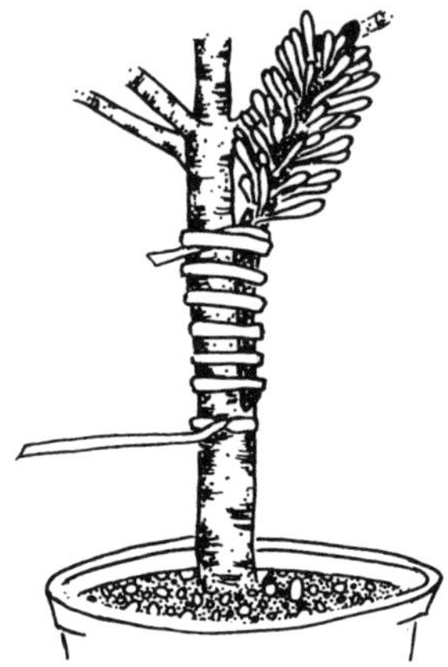

Abb. 142
Fertig angeplattet

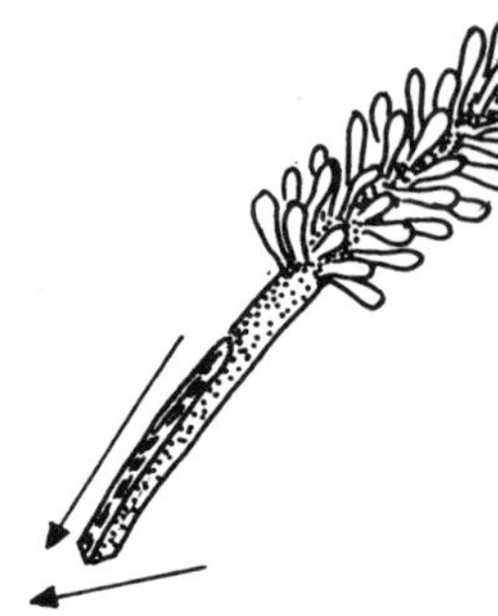

Abb. 143
Zuschneiden des Edelreises

(Abb. 144). Mit der Messerspitze folgt ein seitlicher Einschnitt in die Rinde der Unterlage, der bis auf das Kambium geführt wird (Abb. 145). Das Reis wird von oben seitlich eingeschoben, findet so seinen guten Halt und wird wie beim Anplatten verbunden. Auch hier wird aus den gleichen Gründen nicht mit Baumwachs verstrichen.
Da frische Veredlungen anfangs gegen Feuchtigkeit von außen empfindlich sind, sollten die Topfballen der Unterlagen ausreichend mit Wasser bevorratet sein.
Arbeiten nach der Veredlung: Angeplattete und eingespitzte Veredlungen wurden früher anschließend wie auf der Abb. 146 schräg in ein Beet im Gewächshaus eingeschlagen. Dabei war zu beachten, dass die Veredlungsstellen frei liegen und zum Licht zeigen, denn die Verbände müssen frei stehen, da sie sich sonst zu schnell zersetzen (Abb. 146). Inzwischen werden die Töpfe meist nicht mehr eingeschlagen, sondern stehen frei auf Tischen im Gewächshaus unter einem Folienzelt.

Auch Laubgehölze müssen im Gewächshaus mit einem zusätzlichen Folientunnel aus Vermehrungsfolie überbaut werden. Die frischen Veredlungen benötigen ein besonderes Kleinklima. Gespannte Luft fördert das Anwachsen und verhindert das Vertrocknen der Reiser. Kondenswasser erzeugt die erforderliche Luftfeuchtigkeit

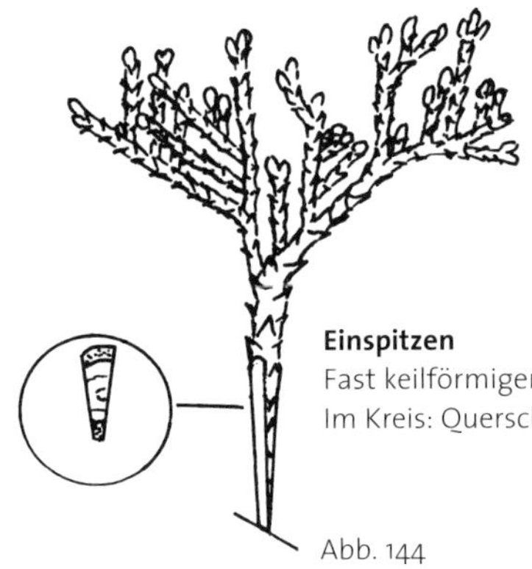

Einspitzen
Fast keilförmiger **Schnitt am Reis**
Im Kreis: Querschnitt

Abb. 144

Abb. 145

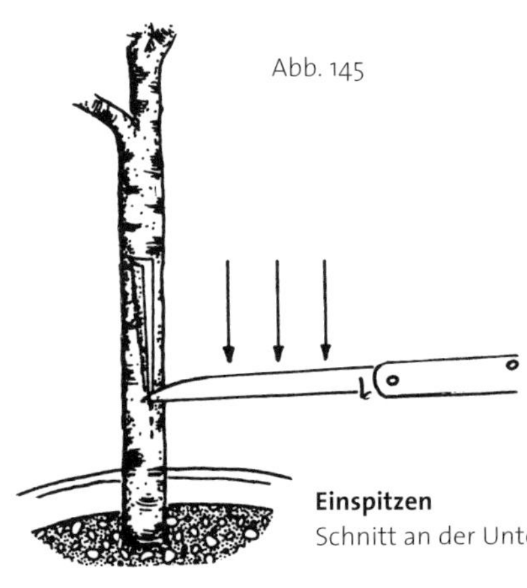

Einspitzen
Schnitt an der Unterlage

Abb. 146

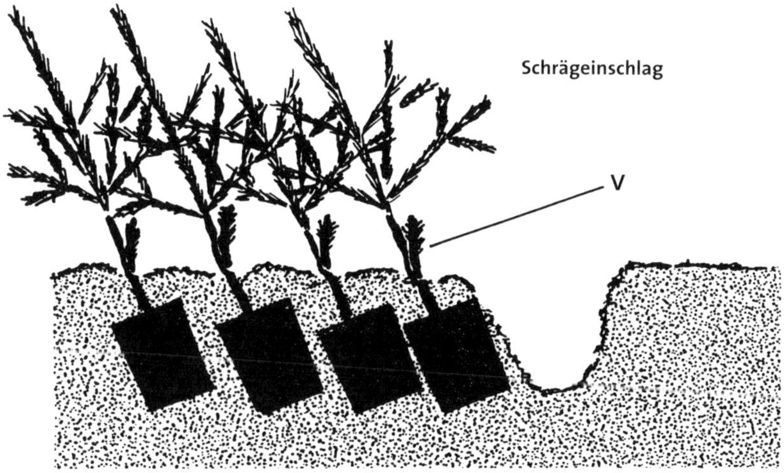

(gespannte Luft), bei Bedarf kann allerdings gelüftet werden. Laubgehölze verwachsen bei Temperaturen zwischen 15 und 25 °C besonders gut. Regelmäßige Kontrolle auf Schadorganismen (Fäulnis, Schimmel und tierische Erreger) sind wichtig.

Nadelgehölze benötigen weniger Temperaturen, daher sind zusätzliche Folientunnel nicht notwendig. Nach dem Durchtrieb von Unterlage und Reis werden bei den jungen Veredlungen in zwei bis drei Etappen die Wildtriebe eingekürzt. Danach ist die neue Pflanze selbstständig. Die für die Koniferen üblichen Unterlagen sind unter Veredlungsunterlagen für Nadelhölzer zu finden.

Zusätzliche Folientunnel sorgen für ein besonderes Kleinklima.

Abb. 147

3.7 Meristem-, Gewebe- oder In-vitro-Vermehrung

Diese Vermehrungsart kann in der herkömmlichen Baumschule nicht durchgeführt werden. Für diese Art der Vermehrung sind spezielle Labore und weiterführende Einrichtungen erforderlich.

Weil diese Methodik aber zu einer ernst zu nehmenden Konkurrenz der traditionellen Vermehrungsbetriebe werden kann, muss das Thema unbedingt behandelt werden. Das Wort „Meristem" bedeutet „Teilungsgewebe". Die „Ge-

Abb. 148

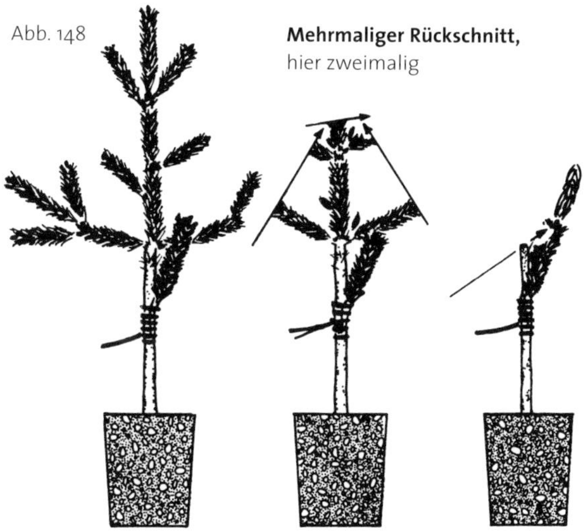

Mehrmaliger Rückschnitt, hier zweimalig

webekultur“ ist eine Neuentwicklung, die in den letzten Jahrzehnten erheblich an Bedeutung gewonnen hat. Besonders im Zierpflanzenbau, aber auch in der Gehölzkultur ist diese Vermehrungsart nicht zu unterschätzen.
Am Anfang ist es reine Laborarbeit. Durch die Möglichkeit, bestimmte Pflanzenarten in relativ kurzer Zeit in großen Mengen zu vermehren, hat die Gewebekultur erheblich an Bedeutung gewonnen.

Die Vermehrung: Aus noch jungen Triebspitzen werden winzige Gewebeteile entnommen und unter Laborverhältnissen in einem Plastikbehälter, Glas bzw. Reagenzglas vermehrt. Daher stammt auch der Begriff „in vitro“, d.h. im Glas.
Daraufhin wird das Gewebe in Nährlösungen oder auf Nährböden zur Teilung veranlasst und wächst nach einer kurzen Zeit zu jungen Pflanzen auf, die dann weiter geteilt werden können. Sind diese fähig, zuerst im Haus auf besonderen Nährlösungen, in kleinen Töpfen und später im Freien, weiter zu gedeihen, können sie als Jungpflanzen verkauft und dann zu Fertigpflanzen kultiviert werden. So ist in kurzer Frist aus einer kleinen Zellgruppe eine erhebliche Anzahl von Pflanzen entstanden.

Bei vielen Gehölzgattungen und Arten wird Gewebekultur bereits mit großem Erfolg praktiziert, z.B.
- *Rhododendron*
- *Syringa vulgaris*-Hybriden
- *Rosa* in Sorten
- Beerenobst, z.B. Himbeeren
- Veredlungsunterlagen für Obstgehölze
- Im Blumen- und Zierpflanzenbau, z.B. Orchideen und Usambaraveilchen

Die weitere Entwicklung der aus Gewebevermehrung stammenden Gehölze hat sich im Wesentlichen positiv gezeigt. Erhöhte Blühfähigkeit, starke Verzweigung, besserer Fruchtansatz, unter Umständen Ausschluss von Viren und Bakterien, besonders bei der Vermehrung von Veredlungsunterlagen für Obstgehölze, sprechen für den Einsatz von in vitro vermehrten Jungpflanzen.
Ferner sind die ökonomischen Vorteile dieser Massenvermehrung nicht zu unterschätzen. Bei diversen Kulturen ist heute die Vermehrung mit konventionellen Methoden nicht mehr rentabel, daher muss verstärkt die Zusammenarbeit mit Laboren gesucht werden.

Abb. 149: Blick in den Brutraum eines Labors.
Foto: Piccoplant

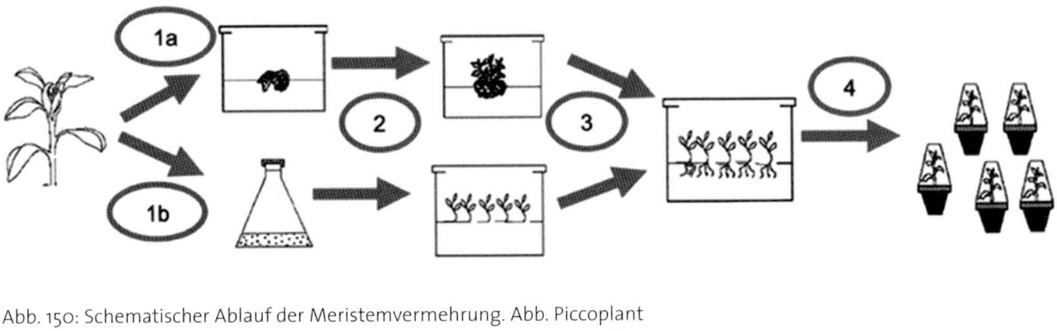

Abb. 150: Schematischer Ablauf der Meristemvermehrung. Abb. Piccoplant
1a Desinfektion, 1b Zellteilung, 2 Sprossbildung, 3 Wurzelbildung, 4 Akklimatisierung

4 Jungpflanzen aus generativer und vegetativer Anzucht

4.1 Freilandkultur

Entscheidend für eine erfolgreiche Weiterkultur ist eine vitale und gut entwickelte Jungpflanze. Entstanden aus den vorher beschriebenen Vermehrungsarten wird sie noch einige Zeit kultiviert, bis sie im Freiland oder Topf/Container zur Weiterkultur eingesetzt werden kann. Die Schwankungen in der Kulturzeit der Jungpflanzen sind groß, es haben sich Vermehrungsmethoden, Kultureinrichtungen sowie die Weiterkultur in den einzelnen Betrieben erheblich verändert. Klimasteuerung in Gewächs- und Folienhäusern haben die Kulturzeit von vielen Gehölzen enorm verkürzt. Für wenige Pflanzenarten ist eine verkürzte Jungpflanzenkultur nicht oder kaum möglich.
Dazu gehören:

1. Alle aus Steckholz gezogenen Arten und Formen. Sie benötigen ein Kulturjahr bis zur Weiterkultur.
2. Die Forstpflanzen. Sie werden nach ein oder zwei Jahren verschult und nach weiteren ein bis drei Jahren am Endstandort aufgeforstet.
3. Die Gehölze für die freie Landschaft. Man pflanzt sie als 1- oder 2-jährige Sämlinge in großen Mengen für 1-3 Jahre auf.

Kulturabläufe und -zeiten bei generativ und vegetativ vermehrten Gehölzen:
Wirtschaftliche Einflüsse von außen zwingen oft zu Änderungen im Betriebsablauf. Viele Betriebe haben ihre eigenen und besonderen Methoden; wenn sie dann wirtschaftlich sind, müssen sie genutzt werden. Dabei darf die Unternehmensführung sich Veränderungen in den Kulturabläufen nicht verschließen!

1. Kulturjahr: Es entspricht dem Jahr der Vermehrung. Allerdings können im Spätsommer bereits diverse Gehölze als sogenannte **„Sommerverschulung“** verpflanzt werden.

Aus der generativen Vermehrung eignen sich u. a. nachfolgende Gehölze besonders dafür:

- *Berberis thunbergii* und *Berberis vulgaris* in Sorten
- *Cornus sanguinea, Cornus mas*
- *Euonymus europaeus*
- *Mahonia aquifolium*
- *Viburnum lantana* und *Viburnum opulus*

Bei Nadelhölzern im Forstgehölzbereich können 1-jährige Sämlinge, wenn sie die ausreichende Größe haben, im August/September verschult werden, z. B. Douglasien, Fichten, Kiefern u. a.
Im vegetativ vermehrten Bereich eignen sich Gehölze aus der Vermehrung Spätwinter/Frühjahr durch Kurzsteckholz oder Stecklinge für diese Weiterkultur. Allerdings müssen für die Sommerverschulung gut durchlässige Böden vorhanden sein. Nasse Böden neigen zum „Hochfrieren“ von Gehölzen. Da die jungen Pflanzen bis zum Herbst oft nicht genügend Wurzeln gebildet haben, können sie durch Frost aus dem Boden gedrückt werden. Die Verschulbeete müssen im Frühjahr kontrolliert und notfalls wieder angetreten werden. Frühzeitiges Verschulen fördert gute und ausreichende Wurzelbildung.

2. Kulturjahr: Sofern eine Verkürzung in der Kulturzeit möglich ist, muss sie aus wirtschaftlichen Gründen konsequent genutzt werden. Frühes und gezieltes Verpflanzen fördert die spätere gute Pflanzenqualität. Nur einige generativ vermehrte Pflanzenarten bleiben ein zweites Jahr im Saatbeet stehen. Dazu gehören im ersten und zweiten Lebensjahr langsam wachsende Arten und Gattungen, wie z. B.:

- *Abies* in Sorten
- *Picea abies*
- *Pinus* in Sorten
- *Syringa vulgaris*
- *Taxus baccata*
- *Thuja* in Sorten
- *Tsuga canadensis*

Größenvergleich von Jungpflanzen
links: *Picea abies*
rechts: *Betula pendula*

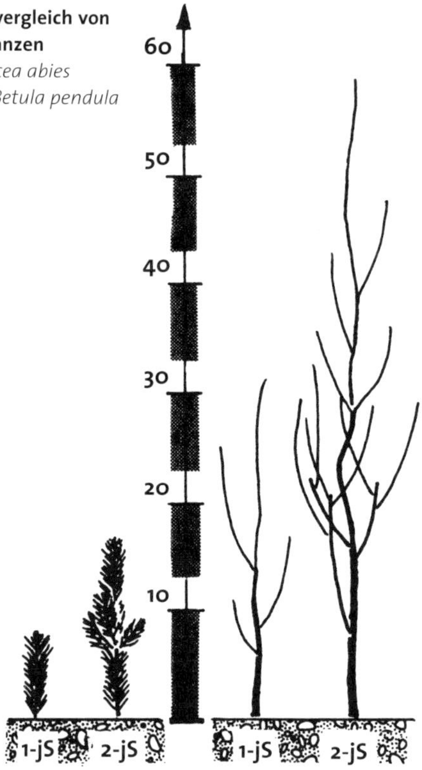

Abb. 151

Weitere 1–2 Jahre werden für die Weiterkultur benötigt, bevor die Jungpflanzen im Forst oder als Baumschulkultur im weiten Stand weiterverwendet werden können.
Häufig wird Verpflanzen durch Unterschneiden ersetzt. Im Juli/August werden die Wurzeln während des Wachstums mit einem Unterschneidemesser auf dem Beet durchtrennt. Es hat einen annähernd ähnlichen Wert wie das Verpflanzen, ist aber diesem nicht gleichzusetzen.
Vorhandene Maschinen und unterschiedliche Beetsysteme führen zu verschiedenen Reihenabständen bei den Kulturen. Die von der FLL *(Forschungsgesellschaft Landschaftsentwicklung Landschaftsbau e. V.)* vorgeschriebenen Kulturregelungen verlangen ein Mindestmaß an Fläche für die einzelne Pflanze, damit eine kräftige und ausgereifte Qualität erreicht wird. Diese Regelungen sind im Anhang auszugsweise abgedruckt.

4.2 Jungpflanzenkultur in Töpfen

Die allgemein steigenden Kosten verlangen immer mehr Rationalisierung in den Baumschulbetrieben. So werden Stecklinge, die später zur Weiterkultur in Containern vorgesehen sind, häufig schon in Multitopfplatten, Quick Pots, Jiffy-Töpfe, Trays oder sonstige Vorrichtungen gesteckt. Aussaaten erfolgen heute auch schon häufig in Einzelkornsaat als Vorkultur direkt in diese Kultureinrichtungen (s. Abb. 152).
Winterhandveredlungen, Wurzelschnittlinge und teilweise auch Obstunterlagen aus Meristemvermehrung werden im zeitigen Frühjahr direkt in entsprechende Töpfe gesetzt.

Abb. 152: Einzelkornsaat in Trays. Foto: GartenAkademie.com

Abb. 153: Obstunterlagen aus Meristemvermehrung mit Topfballen. Foto: Möller

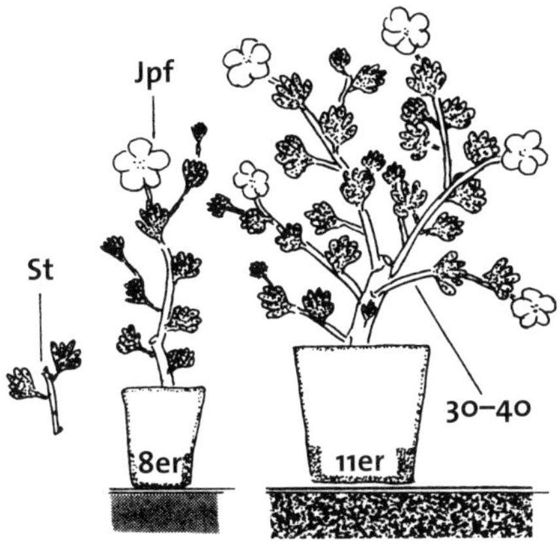

Der Weg vom Steckling (St) über die Jungpflanze (Jpf) im 8er-Topf bis zur fertigen Pflanze im 11er-Topf (besser 13er) mit dem Maß 30–40 cm bei *Potentilla*-Sorte

Abb. 154

Viereckregner für kleinere Flächen.
Foto: Meyer KG

Abb. 156

Allgemeine Vorteile der Topfkultur:

1. Man kann fast zu jeder Zeit umtopfen oder verpflanzen, die Arbeitsspitzen verändern sich, Kulturzeiten werden verlängert (s. Abb. 154).
2. Bedenkenlos kann im Frühherbst bis ins späte Frühjahr gepflanzt oder getopft werden (ausgenommen Frostperioden).
3. Ausfälle werden gegenüber wurzelnackten Pflanzen drastisch reduziert.

Getopft werden Jungpflanzen durchweg in 8-cm-, 9-cm- und 11-cm-Töpfe, je nach Pflanzenart, gelegentlich auch in noch größere. Die Topfgrößen müssen dem Wuchsverhalten und Habitus der Pflanzen angepasst sein.
Da es den Verwendern der Jungpflanzen wichtig ist, kompaktes und buschiges Ausgangsmaterial zur Weiterkultur zu bekommen, stutzen die Jungpflanzenbetriebe die Pflanzen oft mehrfach im Anzuchtquartier. Die Trieblänge der Jungpflanzen ist meist weniger wichtig als die Verzweigung. Das Stutzen erfolgt mit Maschinen oder Heckenscheren. Das Material muss aufgenommen werden, da durch die Schnittreste Fäulnis entstehen kann. Bei größeren Mengen lohnt sich der Einsatz mit speziell dafür geschaffenen Maschinen. Hier werden die Schnittreste aufgesaugt und gesammelt.

Gießgerät zum Wässern von Stecklingen und Töpfen.
Foto: Meyer KG
Abb. 155

Der Schnitt der Jungpflanzen bei der Weiterkultur ist unter der Rubrik Gehölzschnitt in Abschnitt B erläutert.

Beregnung im Freiland:
Nach dem Auspflanzen ins Freiland haben die jungen Pflanzen wegen ihres noch verhältnismäßig geringen Wurzelvermögens keine Bindung zum gewachsenen Boden. In dieser Phase ist besonders auf ausreichende Bodenfeuchtigkeit zu achten. Stationäre Regenanlagen oder mobile Bewässerungen sorgen für die erforderliche Feuchtigkeit, dabei sollten die Düsen möglichst fein sein, um Verschlämmungen zu verhindern (s. Abb. 156 und 157).

Beregnung von Jungpflanzen in Töpfen:
Da Jungpflanzenerde verhältnismäßig trocken ist, muss nach dem Topfen und dem Ausstellen in das Anzuchtquartier durchdringend gewässert werden. Dazu kommen die unterschiedlichsten Gießgeräte, Regner oder Gießwagen zum Einsatz.

Die Düngung und Pflanzenernährung:
Richtige Düngung und ausgewogene Pflanzenernährung sind für ein gesundes, optimales Pflanzenwachstum im Freiland und bei der Kultur in Töpfen und Containern äußerst wichtig. Da die Bedürfnisse an Nährstoffen sehr unterschiedlich sind, können hier keine allgemeinen Aussagen gemacht werden. Viele Kultursubstrate sind bei Lieferung bereits mit Grundmengen an Hauptnährstoffen versorgt, oder die Mischungen werden nach Vorgaben der Betriebe erstellt. Erfahrungswerte spielen dabei eine große Rolle. Versuchs- und Beratungsringe wirken bei der Erstellung der Erdmischungen oft unterstützend mit Epot- und Langzeitdünger in den unterschiedlichen Kombinationen erleichtern heute die Nährstoffversorgung. Rechtzeitige Bodenuntersuchungen zeigen erforderliche Nachdüngungen an. Es sollte kaum ohne Nährstoffanalysen nachgedüngt werden. Zu geringe Versorgung mit den erforderlichen Nährstoffen erzeugt Mängel an den Pflanzen. Überdüngung schädigt die Umwelt, die Pflanzen durch Frostschäden und den Geldbeutel des Betriebs!

Winterschutz:
Jungpflanzen ohne Topfballen werden meist im Herbst gerodet und sicher im Kühlhaus oder Einschlag gelagert. Dabei auf ausreichende Luftfeuchtigkeit im Kühlraum (96–98 %) wie auf Lagerschäden durch Schimmelpilze achten.

Beregnung im Freiland mit Schwinghebelregnern.
Foto: AlesVeluscek/iStockphoto.com
Abb. 157

Wurzelschnitt bei Jungpflanzen
links: unbehandelt (u)
rechts: Wurzelballen angerissen oder eingeschnitten (zW)

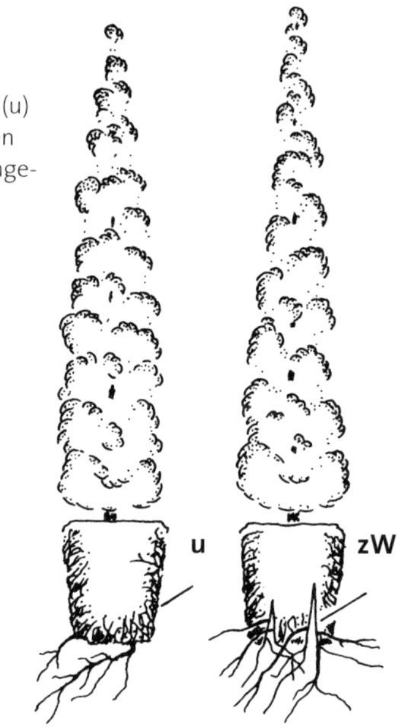

Abb. 158

Gegen Mäusefraß bei gefährdeten Sorten im Einschlag (z. B. *Weigela, Forsythia* usw.) ist vorbeugend mit geeigneten Ködern zu behandeln. Pflanzen mit Topfballen werden im Anzuchtbeet mit Schattiernetzen, Lochfolie und verschiedenen Vliesen gegen Sonne und Frost übertunnelt. Ge-legentlich werden immergrüne Laubgehölze und besonders frostgefährdete Gehölze in Folienhäuser eingeräumt. Besonders geeignete Materialien sind bei den Beratungsringen zu erfragen.

Schnitt getopfter Jungpflanzen beim Verwender:
Wenn auch über den Wurzelschnitt der jungen Pflanzen bei „Gehölzschnitt" berichtet wird, muss hier noch eine wichtige Einzelheit erwähnt werden. In schweren Böden neigen Topfballen oft zu unregelmäßiger einseitiger Wurzelbildung, statt ihre Wurzeln gleichmäßig nach allen Seiten zu verteilen. Das gleicht sich vielfach auch nach Jahren nicht unbedingt aus. Besonders auf schweren Böden ist das zu beobachten. Daher sollte der Wurzelballen vor der Verwendung zur Weiterkultur teilweise aufgerissen oder aufgeschnitten werden. Das Wurzelbild entwickelt sich bis zur nächsten Rodung, Verpflanzung bzw. beim nächsten Ballenstechen vorteilhaft (s. Abb. 158).

ABSCHNITT B: WEITERKULTUR DER JUNGPFLANZEN

Nach erfolgreicher Vermehrung werden die jungen Pflanzen entweder in das Freiland verschult, in Jungpflanzentöpfe getopft oder gleich in Container gesetzt. Welche Art der Weiterkultur gewählt wird, hängt von der späteren Verwendung ab. Gehölze für die freie Landschaft kommen meist in das Freiland, häufig auch in Container. Jungpflanzen zur Weiterkultur werden in entsprechende Behälter getopft. Pflanzen, die überwiegend für den Endverkauf bestimmt sind, werden in den entsprechenden Containern weiterkultiviert. Sie können dann saisonbedingt blühend oder mit besonders attraktivem Laub angeboten werden.
Die Kapitel 5.1 bis 5.8 enthalten alle entscheidenden Arbeitsgänge, die das Wachstum und das Aussehen der Pflanzen durch **Schnitt oder sonstige Kulturmaßnahmen** beeinflussen. Dafür sind gutes Fachwissen und gärtnerische Geschicklichkeit erforderlich, beides kann nur durch gute Anleitung und Übung erreicht werden.

Abb. 159

Die **Lebensabschnitte**, die die Pflanze in der Baumschule durchläuft

Eine Kultur in Containern verlängert deutlich die Pflanzzeit und erleichtert unseren Kunden den Umgang mit der Baumschulware. Foto: Cebas/iStockphoto.com
Abb. 160

5 Gehölzschnitt

Eine der wichtigsten Erziehungsmaßnahmen an Baumschulgehölzen ist der Schnitt, der bereits an Jungpflanzen erfolgen muss. Gezielte und rechtzeitige Maßnahmen fördern die spätere Pflanzenqualität. Nur die allgemein wichtigen Methoden können hier angesprochen werden. Vor Beginn vieler Schnittmaßnahmen ist der spätere Habitus der Pflanzen zu berücksichtigen.

Dabei sind im Vorfeld folgende Fragen zu beantworten:

- Warum soll ich hier so und nicht anders schneiden?
- Was ist der Zweck dieses Schnitts?

WARUM SCHNEIDE ICH UND WAS BEWIRKT DER SCHNITT?

1. Das Wachstum der oberirdischen Pflanzenteile soll gekräftigt werden.
2. Die Wurzeln werden zu verstärkter und besser verzweigter Neubildung angeregt. Unterschneiden im Sämlings- bzw. Verschulbeet ist möglich.
3. Pflanzen sollen buschiger und je nach Art mehrtriebiger werden.
4. Pflanzen sollen für Heister oder Stämme (auch als Veredlungsunterlagen) hochgezogen werden und die notwendige Stammstärke oder Höhe erreichen.
5. Das Anwachsen der Pflanzung wird durch Wurzelschnitt erleichtert.
6. Unterschneiden im Sämlings- oder Verschulbeet fördert die Wurzelbildung.
7. Einzel- oder Solitärpflanzen bekommen einen arteigenen Schnitt, dadurch wird der Habitus erhalten und gefördert.
8. Rückschnitt wird manchmal auch nur angewendet, um den Transport rationeller zu gestalten.
9. Die BdB- und FLL-Gütebestimmungen geben Auskunft über die Kultur von Qualitätspflanzen, auch was den Schnitt betrifft.

VERPFLANZEN, SCHNITT, STÄBEN UND FORMIEREN müssen ergänzend zusammenwirken, damit schließlich ein hoher Prozentsatz an verkaufsfähigen Pflanzen den Produktionsbetrieb verlassen kann.

Der unverkennbare natürliche Habitus von *Taxus baccata* 'Nissens Präsident'

Abb. 161

Durch Schnitt beeinträchtigter Habitus von *Taxus baccata* 'Nissens Präsident'

Abb. 162

Zur richtigen Zeit durchgeführte Maßnahmen und Schnittführungen fördern die Wundheilung und somit die positive Entwicklung der Pflanze. Anhand der aufgeführten Beispiele aus der täglichen Baumschulpraxis sollen sorgfältige, der Form der Pflanze entsprechende und die Wundheilung fördernde Kulturmaßnahmen gezeigt werden.

Bitte beachten:
Sorgfältiger und dennoch flotter Schnitt erzeugt Qualitätspflanzen.
Unqualifizierte Maßnahmen schaden der Pflanzenqualität und mindern durch unverkäufliche Ware die Betriebserlöse.
Gelegentlich werden vom natürlichen Habitus abweichende Gehölze, wie *Juniperus media* 'Pfitzeriana' und Ähnliche, gestäbt und aufrecht gezogen.

5.1 Der pauschale Schnitt

Dieser Schnitt ist in der Stecklingsvermehrung und der weiteren Jungpflanzenanzucht möglich und durchaus üblich.

1. Mehrmaliges Stutzen nach der Bewurzelung, noch in der Multiplatte oder ähnlichen Vermehrungseinrichtungen, ausgeführt mit Heckenscheren oder Spezialmaschinen.
2. Wenig empfindliche Jungpflanzen von Zier- und Heckengehölzen wie Liguster können vor der Aufschulung mit der Bandsäge oder auf dem Schneidebock eingekürzt werden. Ausnahmen sind berechtigt, vertretbar und üblich und werden bei folgenden Gelegenheiten angewendet:
3. Ziersträucher im stehenden Quartier vertragen ebenfalls einen robusten Schnitt mit dem Messerbalken oder anderen Spezialgeräten. Es dürfen nur robuste Arten im Quartier zusammengepflanzt werden (s. Abb. 164).
4. Kiefern *(Pinus mugo mughus* u. Ä.*)* lassen ohne Schaden Schnitt mit der Heckenschere zu. Bei aufrechten Sorten werden die Kerzen häufig ausgebrochen (s. auch Koniferenschnitt, Seite 99).

Gehölze müssen sortengerecht geschnitten werden, nur dadurch werden gleichmäßige Pflanzen erzielt.

Bandsäge zum Putzen von Jungpflanzen und für den Steckholzschnitt. Foto: Metabo.de
Abb. 163

Wie verhalte ich mich beim Schneiden richtig?

1. Zum Pflanzenschnitt werden je nach Art gut geschärfte Messer, Scheren und andere Werkzeuge eingesetzt. Ein möglichst glatter Schnitt soll erzielt werden. Massengehölze, wie Landschaftsgehölze, werden aus Kostengründen häufig im Beet maschinell geschnitten. Von verschiedenen Herstellern werden Geräte angeboten, die mit horizontal laufenden Sägeblättern die Pflanzen auf die gewünschte Höhe kürzen. Anfallende Schnittabfälle werden durch Schreddern und in den Quartieren verteilt.
2. Die Triebe sollten in einem Zug abgetrennt werden. Dadurch ergeben sich glatte und saubere Wundflächen.
3. Nach sorgfältigem und richtigem Schnitt verheilt die Wunde am schnellsten.
4. Der Astring sitzt voller Reservestoffe (Assimilate), daher lässt man etwas davon stehen. So wird das Verheilen gefördert und beschleunigt. Allerdings darf der Astring an Stämmen nicht zu lang bleiben, die Schnittstellen sollen später möglichst glatt sein.
5. Niemals längere Zapfen stehen lassen, es entstehen die sogenannten „Huthaken". Diese Wunden verheilen schlecht, oft entstehen dort Eingangspforten für Krankheiten wie Rotpusteln und Fäulnispilze.

Abb. 164: Abwurfgerät für maschinellen Rückschnitt im Quartier. Foto: Droeppelmann.de

5.2 Der Schnitt auf Auge

Dabei wird so verfahren, dass der Schnitt gegenüber dem Auge auf Augenbasishöhe leicht angeschrägt beginnt und dicht über dem Auge endet (Abb. 165). Es bedarf einiger Übung, ist aber für gute Schnittführung wichtig. Dabei sollte etwa 1 cm Holz stehen bleiben, da sonst durch Zurücktrocknen das Auge leiden kann.

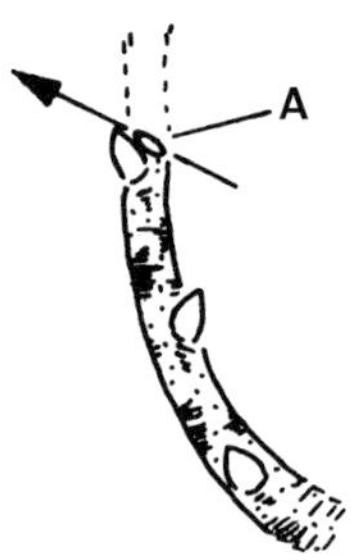

Der Schnitt auf Auge (A)
Abb. 165

Der Schnitt mit Zäpfchen (Z)
Abb. 166

Angewendet wird diese Methode bei wertvolleren Gehölzen, z. B. bei Ziergehölzveredlungen, bei denen ein sehr gerader Stamm nicht erforderlich ist. Alle Seitentriebe sowie die Seitentriebe von Obstgehölzen werden auf diese Weise eingekürzt, denn so verheilen die Schnittwunden am besten. Dabei müssen die Augen möglichst nach außen zeigen, damit ein breiter, natürlicher Habitus entsteht. Wird der Zapfen über dem Auge zu lang gelassen, trocknet dieser leicht zurück, das zeigt Abb. 166: Trockenes Holz in Verkaufspflanzen ist qualitätsmindernd!

Wie reagiert die Pflanze auf den Schnitt?
Selbst Koniferen benötigen einen der Art entsprechenden Pflanz- und Pflegeschnitt. Dieser Bereich wird an späterer Stelle separat behandelt.

LAUBGEHÖLZE:
Kräftiger, scharfer Schnitt im Winter (bei frostfreiem Wetter) fördert fast immer bei Laubgehölzen einen kräftigen und gesunden, der Art entsprechenden Austrieb. Er ist erforderlich, stärkt Gesundheit und Vitalität. Kräftiges Wachstum der Verkaufspflanzen ist erwünscht. In der Regel wird die Verkaufspflanze nach Höhe oder Breite gemessen. Entsprechend geschnitten werden müssen alle Laubgehölze vor oder bei dem jeweiligen Verpflanzen, ob Jungpflanzen, Rosen, Obstgehölze oder Zier- und Landschaftsgehölze. Langer Schnitt (bei dem nur wenig Trieb abgeschnitten wird) lässt allgemein einen nur kurzen Jahrestrieb folgen. Es entsteht eine reiche, aber meist kurze Verzweigung.
Faustregel: Scharfer Rückschnitt ergibt kräftigen Durchtrieb!
Bei Solitärpflanzen wird ab dem zweiten Standjahr nur wenig geschnitten, es wird nur regulierend eingegriffen.

DER ZEITPUNKT FÜR SCHNITTMASSNAHMEN:
Erfolgreiche Schnittmaßnahmen müssen je nach Pflanze zum entsprechenden Zeitpunkt durchgeführt werden. Es ist durchaus wichtig, zu welchem Termin Pflanzen geschnitten werden.

FÜR VERKAUFSPFLANZEN GILT ALLGEMEIN:
Besonders bei Pflanzen in Töpfen oder Containern: Zum entsprechenden Zeitpunkt schneiden, damit die Blüte eventuell verzögert werden kann, z. B. *Buddleja, Rosa, Potentilla* usw.
Bei im Freiland gezogenen Verkaufspflanzen spielen diese Termine keine große Rolle, hier schneidet man ab Januar bis April.

Der Rückschnitt in das vorjährige oder auch gelegentlich ins mehrjährige Holz erfolgt in der Regel von Januar bis April (s. Abb. 167).
Wobei zu beachten ist, dass im Februar bis März an frostfreien Tagen oder an Tagen mit wenig Frost (bis −3 °C) geschnitten wird. Eventuelle Frostschäden können häufig schon Ende März festgestellt werden, die an der mehr oder weniger starken Braunfärbung des Kambiums zu erkennen sind. Ein notwendiger, noch schärferer Rückschnitt kann dann sofort ausgeführt werden. Ahorn, Birken und Walnüsse sollten möglichst früh im November/Dezember geschnitten werden, hier beginnt der Saftstrom zeitig, die Schnittwunden „bluten“ sonst.

Abb. 167
Rechtzeitiger Rückschnitt
III – im März
X – ergibt kräftige 1-jährige verkaufsfähige Veredlung im Oktober *(Prunus cer.* 'Nigra')

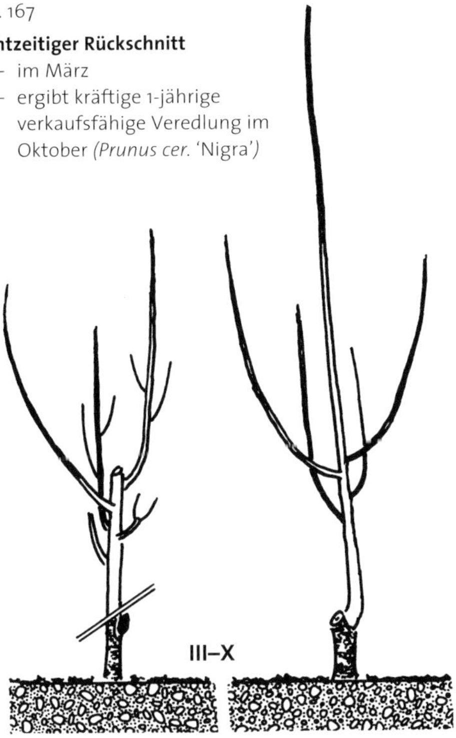

Abb. 168
Zu später Rückschnitt
V – im Mai
X – die Folge: schwacher 1-jähriger Trieb *(Prunus cer.* 'Nigra')

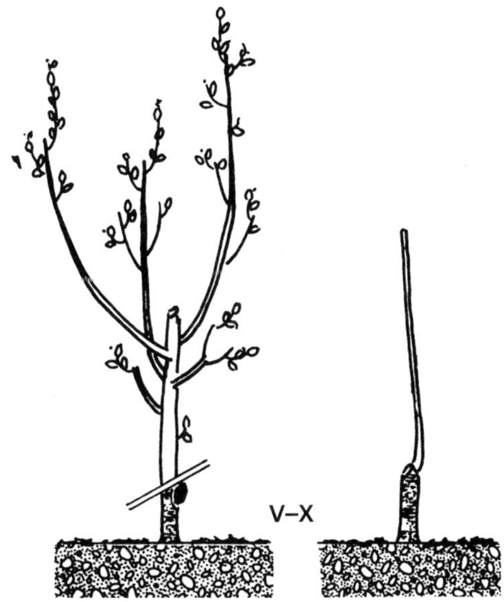

Werden Veredlungen zu spät abgeworfen und Gehölze erst im Austrieb zurückgeschnitten, kann das Triebwachstum bereits deutlich gemindert sein. Wie aus der Abb. 168 zu ersehen ist, hemmt zu später Rückschnitt den nachfolgenden Austrieb und Zuwachs der Pflanzen. Die Defizite werden häufig bis zum folgenden Herbst nicht ausgeglichen.

Auslichten im Sommer:
Sollte es erforderlich sein, kann während des Sommers ausgelichtet werden, weil Wunden um diese Zeit sehr gut und noch vor dem Herbst verheilen. Besonders bei Alleebäumen erfolgt ein jährlicher Pflege- und Aufbauschnitt der Kronen.

Herbstschnitt wird kaum durchgeführt, die erforderlichen Korrekturmaßnahmen erfolgen im zeitigen Frühjahr oder im Sommer.

Schnittzeiten für Koniferen:
Bei Kiefern ist der später erläuterte Sommerschnitt angebracht. Vorausgesetzt, sie sollen überhaupt geschnitten werden. Säulenförmig wachsende Koniferen wie *Chamaecyparis, Cupressocyparis, Juniperus* und *Thuja* schneidet man vorteilhaft ab Anfang Mai, also vor Triebbeginn. Allerdings fehlt es in den Betrieben dann meist an Zeit. Daher wird überwiegend bis Johanni (24. Juni) geschnitten. Dann beginnt der zweite Trieb, Wunden verheilen rechtzeitig und die Pflanzen verzweigen bis zum Herbstversand noch entsprechend. Ist weiterer Schnitt notwendig, kann das bis Anfang August fortgesetzt werden, allerdings nur bei Pflanzen, die erst im Folgejahr verkauft werden.
Der Schnitt in Verbindung mit ein- oder mehrmaligem Verpflanzen fördert kompaktes Wachstum.

5.3 Gattungs- und altersbezogene Schnittarten

Es folgen einige Schnittmethoden, die sich auf bestimmte Altersgruppen und Pflanzengattungen beziehen.

Abb. 169

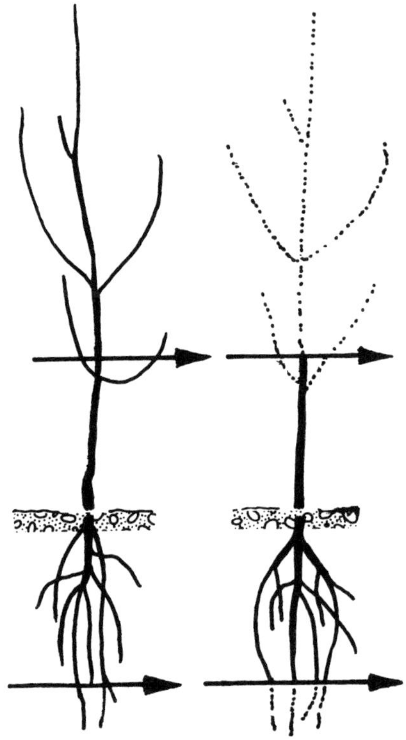

Abb. 170

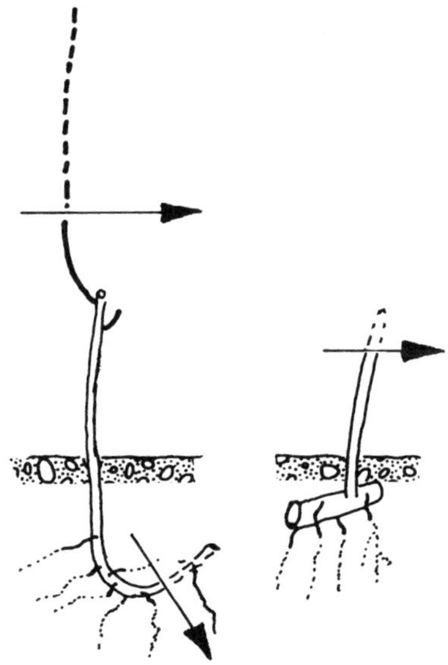

Der Schnitt von Absenkern und Wurzelschnittlingen (Abb. 180 von links), nicht in allen Betrieben als Pflanzschnitt, sondern erst nach einem Kulturjahr durchgeführt, ist hier nur angedeutet. Die feinen Wurzeln werden scharf eingekürzt.

Der Jungpflanzschnitt

Sämlinge werden praxisüblich auf eine Länge von ca. 15–20 cm geschnitten, sowohl die Wurzeln als auch die oberirdischen Pflanzenteile (Abb. 169). Gattungen und Arten, die durch die Terminalknospe gezogen werden sollen, bleiben dort ungeschnitten, z. B. *Acer platanoides* und Ähnliche, wie *Carpinus betulus* und *Fagus sylvatica*.

Sämlingsunterlagen und Abrisse sollen später veredelt werden. Über dem Wurzelhals bleiben etwa 20–25 cm stehen, die Wurzeln der Sämlinge bleiben etwa 15 cm lang, damit sie gegebenenfalls mit der Pflanzmaschine verschult werden können. Abrisse haben meist nur sehr feine Wurzeln, die scharf geschnitten werden; die Unterlagen sollen kräftige Wurzeln bilden. Aus der Basis der Wildlinge sollen möglichst neue und kräftige Wurzeln entstehen (s. Abb. 171 links und Mitte).

Rosenunterlagen werden nur als 1-jährige Sämlinge aufgeschult und im folgenden Sommer veredelt. Sie werden auf jeweils etwa 15 cm über und unter dem Wurzelhals zurückgeschnitten (s. Abb. 171 rechts: Rosensämling).

Unterlagenschnitt
links: Sämlinge für Obst
Mitte: Abriss für Obst
rechts: Rosensämling

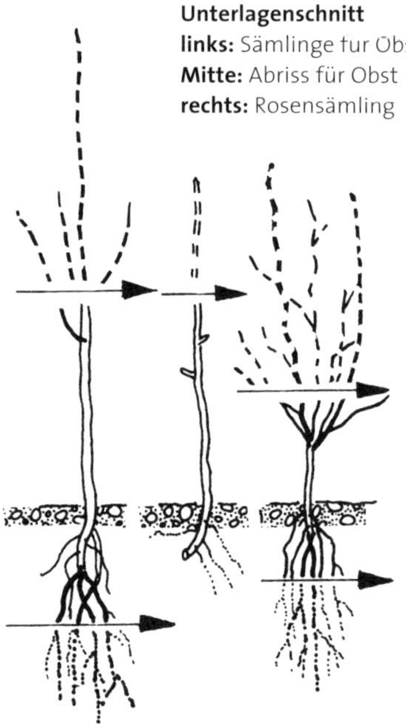

Abb. 171

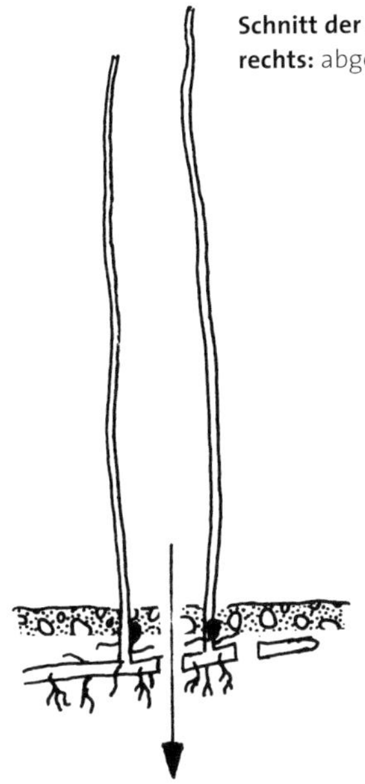

Schnitt der Ausläuferjungpflanzen
rechts: abgetrennter Ausläufer

Abb. 172

Ausläufer: Aus der Wurzel entstandene „Wurzelausläufer“ *(Rubus odoratus* u. Ä.*)* und am Spross hängende „oberirdische Ausläufer“ *(Vaccinium-*Arten, *Vinca)* werden mit der Schere abgetrennt.

Schnitt an Koniferenjungpflanzen:
Bei allen aufrecht wachsenden Gattungen und Arten aus dem Freiland werden nur die Wurzeln eingekürzt. Die Länge kann je nach Alter der Pflanzen unterschiedlich sein. Falls allerdings mehrere Spitzen vorhanden sind, bleibt nur die kräftigste stehen. Besonders bei *Abies, Picea, Pinus* in aufrechten Sorten, *Pseudotsuga* und *Tsuga* findet diese Methode Verwendung.
Aufrecht wachsende Pflanzen wie *Chamaecyparis, Cupressocyparis, Juniperus, Taxus, Thuja* u. Ä. können im Jugendstadium, wie Abb. 173 und 174 zeigen, geschnitten werden. In Jungpflanzenbetrieben erfolgt der waagrechte Schnitt überwiegend mit Spezialmaschinen. Nach dem zeitigen Rückschnitt entwickeln die Jungpflanzen schnell einen neuen Mitteltrieb.

Der mehr pyramidale Schnitt geht besser auf die Besonderheiten der betreffenden Pflanzen ein, ist jedoch zeitaufwendiger und bei Jungpflanzen nicht erforderlich. Bei der späteren Weiterkultur im Container oder im Freiland sollte er genutzt werden. In beiden Fällen kann je nach Pflanze auch kürzer oder länger geschnitten werden, das kommt auf den Wachstumsstand der jeweiligen Pflanzen an. Flach oder breit wachsende Koniferen kann man einzeln oder bundweise zusammenfassen und dann schneiden, wie Abb. 175 darstellt. Kiefernjungpflanzen in flachen Formen werden als Jungpflanzen überwiegend bereits gestutzt in Töpfen geliefert, daher erübrigt sich ein Pflanzschnitt.

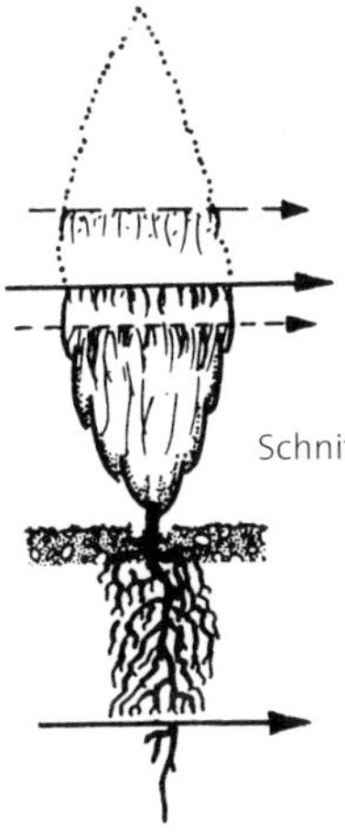

Schnitt quer

Abb. 173

Schnitt artgerecht

Abb. 174

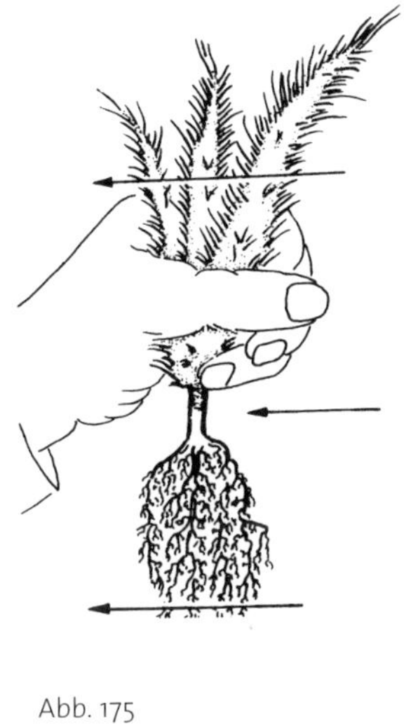

Abb. 175

5.4 Anzucht von Fertigpflanzen

Die Anzucht von unterschiedlichen Fertigpflanzen verlangt auch verschiedene Schnittmethoden. Diese Methoden können in den Betrieben sehr unterschiedlich sein. Es sollen hier nur einige gebräuchliche Verfahren erwähnt werden:

5.4.1 Stammtriebe bzw. Verstärkungstriebe

Nebentriebe, die am Stamm in diesem oder im Vorjahr gewachsen sind, werden Verstärkungstriebe genannt. Sie können an dünnen Stämmen bis zu 2 Jahren stehen bleiben.
Allerdings müssen sie rechtzeitig möglichst direkt am Stamm entfernt werden, damit die Wunden rechtzeitig verheilen.

5.4.2 Das Aufschneiden von Stämmen

Rechtzeitiges und fachgerechtes Aufasten fördert die Wundheilung.

Die Abb. 176 zeigt:
H – Aus Angst, den Stamm über der Schnittstelle zu verwunden, wurde der Schnitt vom Stamm weggeführt; das ergibt Huthaken (H).
oA – Parallel zum Stamm liegender Schnitt, frühzeitig ausgeführt, ergibt glatte Stamme ohne Astring.
mA – mit Astring. Der Astring ist verblieben, der Schnitt leicht zum Stamm geneigt, junge Wunden verheilen gut, bei älteren Ästen ist diese Schnittart erforderlich.
Ob mit oder ohne Astring geschnitten wird, beides ist fachlich zu vertreten.

5.4.3 Die Stammverlängerung

Es sollen immer standfeste, gerade und kräftige Stämme entstehen. Dafür können unterschiedliche Methoden genutzt werden:

- durch die Endknospe (Terminalknospe, Terminale)
- durch Rückschnitt
- durch Nutzung eines Stammbildners (s. unter diesem Thema)

Durch die Endknospe (Terminalknospe, Terminale):
Bei dieser Methode kann man von unten gerade Stämme ziehen, wenn die Endknospe kräftig genug, unverletzt und gesund ist (Abb. 177).
Um das Steckenbleiben (Nichtaustreiben) der Mittelknospe – besonders bei Gattungen mit stark knospigen wie *Aesculus* – zu vermeiden, kann man die Seitenknospen bereits im März entfernen (Abb. 178). So fördert man den Austrieb der Mittelknospe und erreicht schnelle Verheilung der weggeschnittenen Knospen (Abb. 178 rechts).

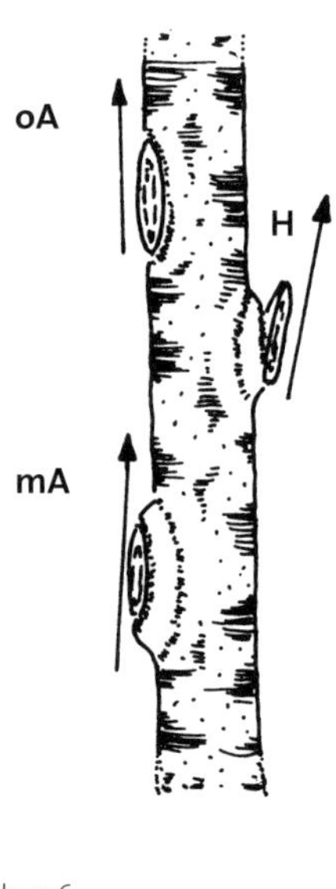

Abb. 176

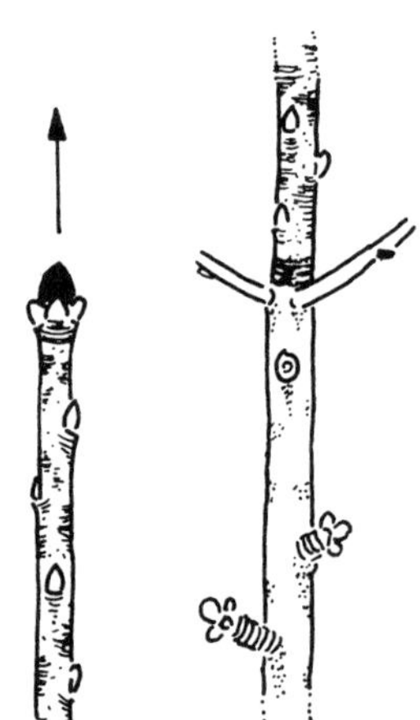
Abb. 177

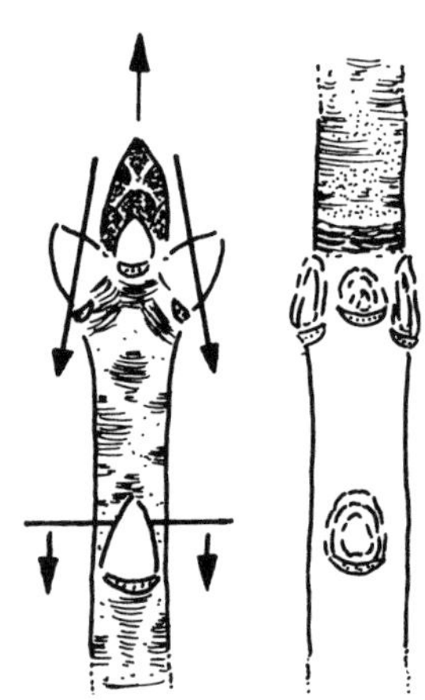
Abb. 178

5.4.4 Die Anzucht mit Zapfen

Die Anzucht mit Zapfen dient ebenfalls der Stammerziehung mit einem geraden Stamm. Falls der obere Teil des Stamms zu schwach oder die Terminalknospe nicht zu gebrauchen ist, muss die aufwendigere Methode der Anzucht mit Zapfen genutzt werden (Abb. 179).

Hierbei wird der Trieb auf die notwendige Höhe zurückgeschnitten, ein für die Verlängerung geeignetes Auge ausgesucht und darüber der Zapfen „angeschnitten", d. h., über dem „Leitauge" werden die Augen zugleich einschließlich Astring weggeschnitten, „blindgeschnitten". Jedoch geschieht das immer sofort, so lässt man z. B. Quittenzapfen (bei Birnen auf Quitte A) noch austreiben und streift oder schneidet die Wildtriebe erst im Mai/Juni weg. Das verhindert das unangenehme Eintrocknen der Zapfen bis in die Veredlungsstelle. Während des Wachstums werden die jungen Edeltriebe nach Bedarf mehrfach mit geeignetem Material an den Zapfen geheftet. Im August bis September wird dann der Zapfen geschnitten oder „gezogen" – mit geeigneter Hippe oder auch mit der Schere (Abb. 180).

Abb. 179

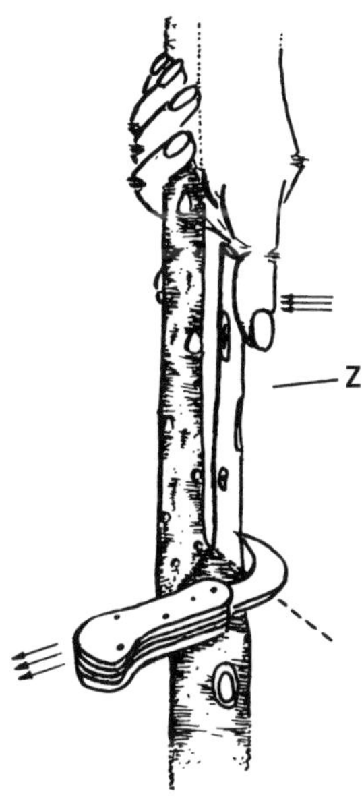

Abb. 180

Ab Ende Juli bis Mitte August ist der diesjährige Trieb – die Stammverlängerung – fest mit dem vorjährigen Trieb verwachsen. Dann kann der Zapfen entfernt werden. Die beste Zeit dazu ist der August, dann verheilen die Wunden noch gut. Je älter das Holz, desto schwerer lässt sich der Zapfen entfernen.

Die gebräuchlichsten Messer sind die unten abgebildeten, gut geschärften Hippen mit den Klingenlängen von 11–11 $1/2$ oder sogar 12 cm.

Das Zapfenziehen mit der Hippe erfordert viel Übung!

Gut geschärfte Bypass-Scheren werden heute überwiegend genommen. Die Arbeitsleistung ist erheblich höher als bei der Arbeit mit der Hippe (s. Abb. 181). Rollgriffscheren, wie hier die Löwe-Schere 9109, entlasten die Handgelenke besonders.

Abb. 181–186 Foto bzw. Abb. Meyer KG

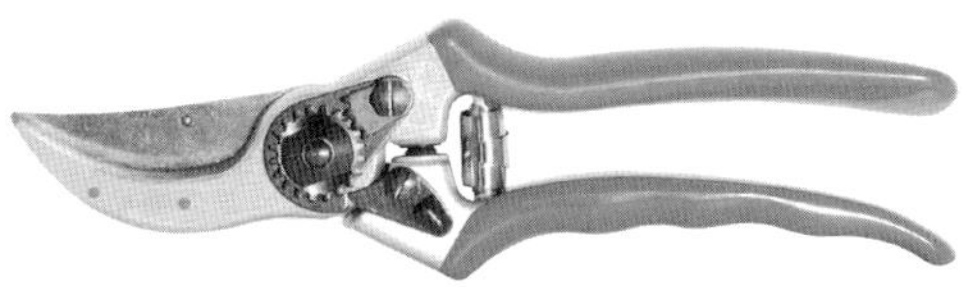

Abb. 181: Universal Bypass-Schere Felco 2

Löwe Bypass-Schere mit Rollgriff, besonders schonend für die Handgelenke.

Abb. 182

Abb. 183

Baumschulhippe 328
Nussbaumschalen, leicht gebogen, Länge 11 cm

Abb. 184

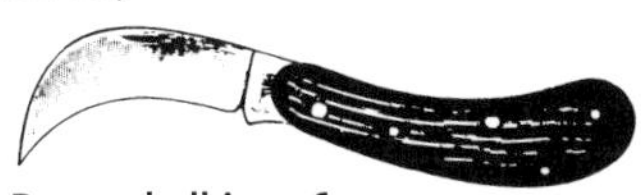

Baumschulhippe 630
Nussbaumschalen, Form ähnlich wie 328, jedoch stark gebogen, Länge 11 cm

Abb. 185

Schwunghippe 633
stark gebogen, Nussbaumschalen, Länge 11,5 cm

Abb. 186

Schwunghippe 635
schwere Ausführung, Nussbaumschalen, Länge 11,5 cm, 12 cm, 12,5 cm

Um den Zapfen mit einem einzigen scharfen Zug mühelos abtrennen zu können, wird er mit dem Daumen der anderen Hand kräftig an den Edeltrieb oder Stamm gedrückt, das erleichtert das Schneiden erheblich.

Es gilt, recht sorgfältig zu schneiden. Die Arbeit muss sehr sauber erfolgen, keinesfalls darf der junge Trieb beschädigt werden, meist bleiben dauernde Schäden. Beim Schnitt mit der Schere sind häufig leichte Quetschungen nicht zu vermeiden, es kann daher nach dem Schnitt eventuell ein Wundverschlussmittel eingesetzt werden.

Häufige Fehler und Mängel zeigen die folgenden Zeichnungen:

a) „Huthaken". Wunde schließt nicht richtig an den Leittrieb an, sie verheilt nicht gut (Abb. 187).
b) Zu flach geschnitten, verheilt schlecht, ergibt später oft Faulstellen (Abb. 188).
c) Zu steil und zu lang, verheilt langsam, hohe Bruchgefahr (Abb. 189).
d) Über den Zapfen in den Leittrieb geschnitten. Zeugt von wenig Übung (Abb. 190).
e) Gute Schnittführung. Die Wunde verheilt gut (Abb. 191).
f) Ist der Leittrieb aus einem Beiauge gezogen worden, muss zwischen Zapfenwunde und der Wunde des früheren Auges (Pfeil) eine Rindenbrücke stehen bleiben. Zwei Wunden verheilen leichter als eine (Abb. 192).
g) Der Schnitt mit der Schere erhöht die Arbeitsleistung. Da für die Schere bei der Arbeit weniger Platz ist, ergibt es oft einen spitzeren Schnittwinkel (Abb. 193).

Vorsicht bei einigen Pflanzenarten wie Birnen auf Quitten oder bei Edelquitten! Sie brechen an der Veredlungsstelle sehr leicht aus.

Bitte beachten:
Wird der Zapfen zu früh geschnitten, können Veredlungen abbrechen; wird zu spät geschnitten, ist die Verheilung mangelhaft.

a

Abb. 187

b

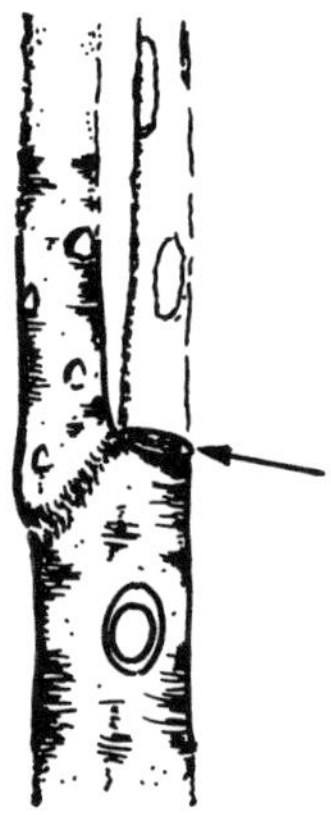

Abb. 188

c

Abb. 189

d

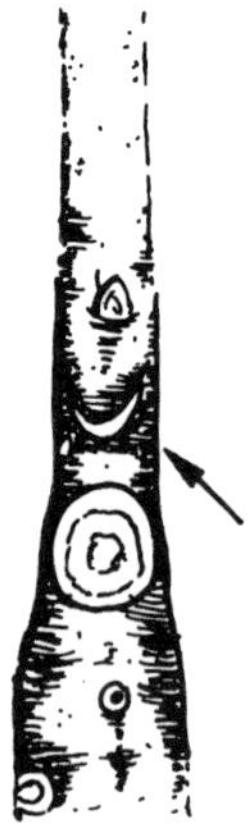

Abb. 190

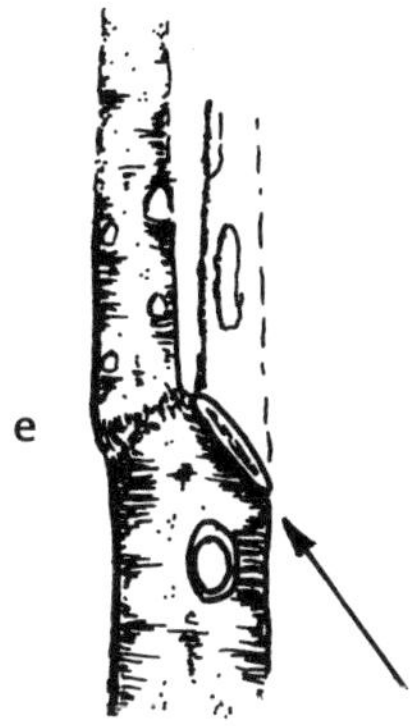

Abb. 191 Richtig geschnitten

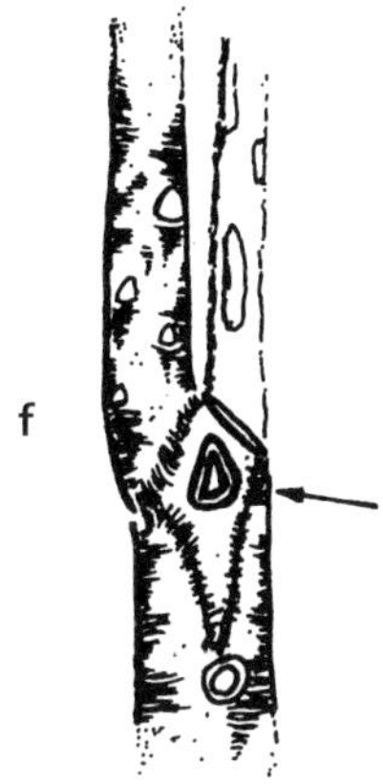

Abb. 192

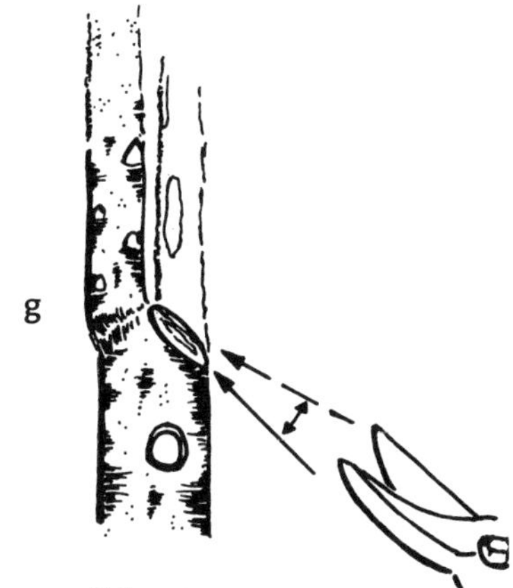

Abb. 193

5.4.5 Zapfenlose Anzucht

Um die arbeitsaufwendige Zapfenmethode zu vermeiden, werden Obstgehölze und ähnliche Kulturen heute überwiegend zapfenlos herangezogen. Das gilt vor allem für okulierte Pflanzen. Im März, je nach Witterung, wird mit der scharfen Schere leicht schräg gegen das okulierte Auge geschnitten, sodass es nicht beschädigt wird. Das Auge soll später möglichst die Schnittfläche der Unterlage überwallen.

Darstellung der Entwicklung und Verheilung bei der zapfenlosen Methode

2017 a – das Okulat (z. B. Apfel), Abb. 194
2017 b – vergrößert, die Schnittführung, Abb. 195
2018 a – die 1-jährige Veredlung, Abb. 196
2018 b – vergrößert, im Sommer beginnende Wundverheilung, Abb. 197
2019 a – die 2-jährige Veredlung verkaufsfertig, Abb. 198
2019 b – vergrößert, fast fertig verheilt, Abb. 199

5.4.6 Heckenpflanzenschnitt im Quartier

Vom Habitus her unterscheiden wir zwei Gruppen von Heckenpflanzen:

1. Die breitbuschig wachsenden Gattungen und Arten wie: *Berberis thunbergii* in Sorten, *Ligustrum, Ribes alpinum* u. Ä. Sie werden als verpflanzte Sträucher kurz über dem Boden zurückgeschnitten, damit sie von unten her mit hoher Triebzahl buschig werden (Abb. 200). Sie werden nach der Anzahl der Triebe oder/und nach Länge sortiert.

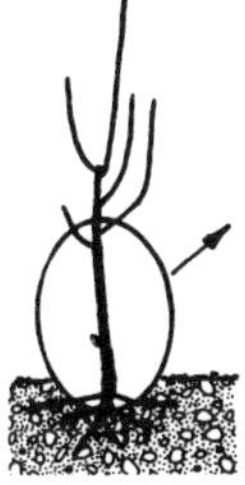

Abb. 194

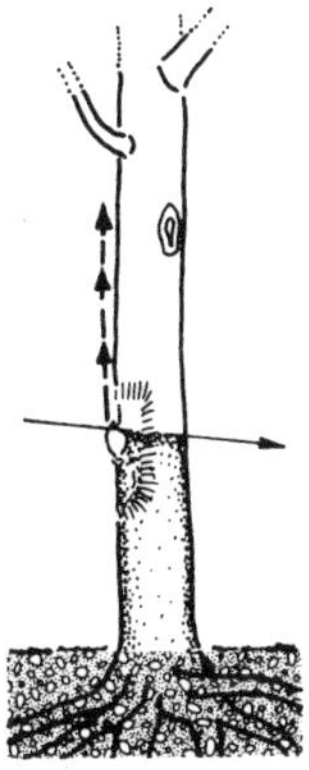

Abb. 195

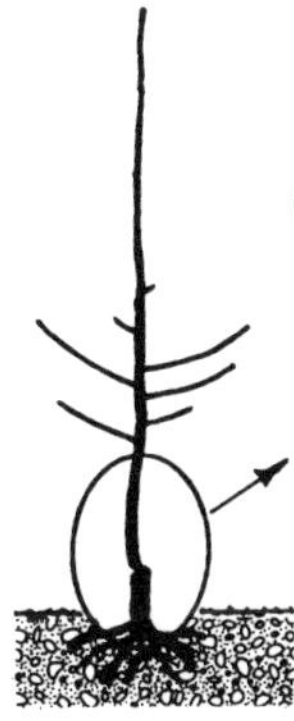

Abb. 196

Abb. 197

Abb. 198

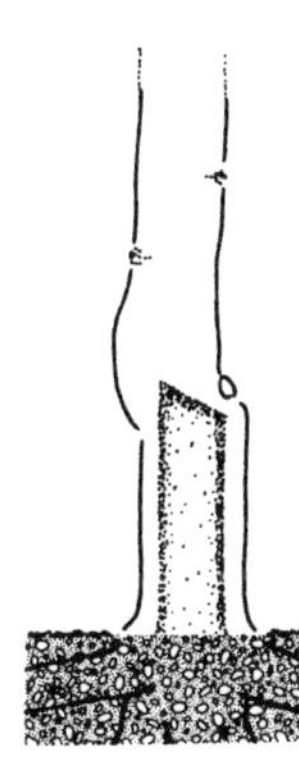

Abb. 199

2. Die aufrecht wachsenden Arten wie *Acer campestre, Carpinus betulus* und *Fagus sylvatica* müssen einen geraden Mitteltrieb aufweisen und ebenfalls vom Boden aus buschig verzweigt sein, damit sie die Qualitätsanforderungen als Hecke erfüllen (Abb. 201).

Der Mitteltrieb muss der Art entsprechend gerade sein, wie das die Zeichnungen zeigen. Nach dem ersten Standjahr werden im Winter lange Seitentriebe eingekürzt. Ende Juni erfolgt während des Wachstums eine weitere Korrektur per Heckenschere, die je nach Kulturdauer in den folgenden Sommern wiederholt wird.

5.4.7 Schling- und Kletterpflanzen

Die zu topfenden Jungpflanzen schneidet man kräftig zurück, damit sie stark austreiben. Während des Wachstums wird eventuell noch „pinziert", damit die Verzweigung kräftiger wird.
Solitärpflanzen von Schling- und Kletterpflanzen werden durch Umtopfen, Stäben, Heften und Formschnitt entsprechend aufgebaut.

5.4.8 Schnitt an *Rhododendron*

Bei dieser Gattung soll eine kräftige und gleichmäßige kompakte Qualität erreicht werden.
Im Anzuchtquartier werden die Triebe im März, wie auf der Abb. 203 angedeutet, oberhalb der Verzweigung zurückgeschnitten. An den Augen befinden sich besonders viele Assimilate, die einen kräftigen Neutrieb bewirken. Dabei ist zu beachten, dass die einzelnen Arten und Gruppen unterschiedliches Wuchsverhalten haben.

Bitte beachten:
Bei *Rhododendron* sitzen die besten und triebfreudigsten Augen am Ansatz der Blätter, die jeweils am oberen Triebende fast quirlförmig angeordnet sind. Der optimale Schnitt liegt also dicht über den Blättern, damit sich die Knospen entfalten können, wobei die Schnittführung bei b besser ist als bei a, denn bei b können keine störenden Zapfen entstehen. Rhododendron-Jungpflanzen werden außerdem bei Bedarf im Sommer pinziert.

DER GÜNSTIGSTE ZEITPUNKT FÜR DEN SCHNITT:
Der optimale Schnitt erfolgt am besten im März; wird erst im April geschnitten, erfolgt überwiegend nur ein kurzer erster Durchtrieb. Ausbrechen der Blütenknospen vor der Blüte oder notfalls der verblühten Blütenstände und Knospen im Anzuchtquartier ist die andere gute Möglichkeit, den Durchtrieb und den nächstjährigen Blütenansatz zu fördern (Abb. 204).

A = *Acer campestre*, optimale Qualität
B = *Carpinus betulus*, ebenfalls optimale Qualität
C = *Acer campestre*, als Heckenpflanze nicht pflanzwürdig, bestenfalls als Landschaftsgehölz geeignet; zu krumm und von unten her nicht gut garniert
D = *Carpinus betulus*, nicht pflanzwürdig, krummer Mitteltrieb, unten kahl

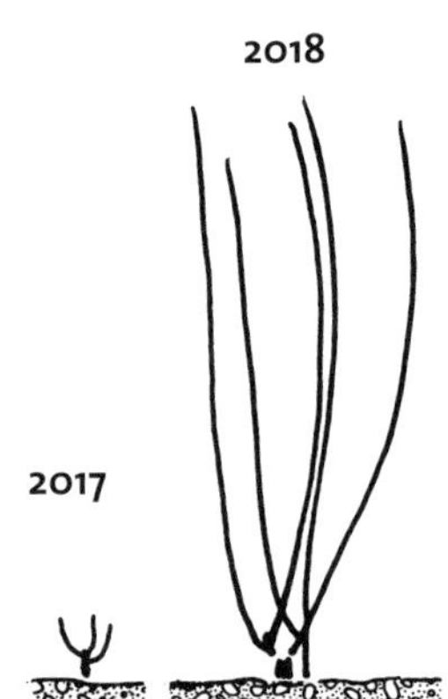

Vom Schnitt zur Fertigpflanze
Abb. 200

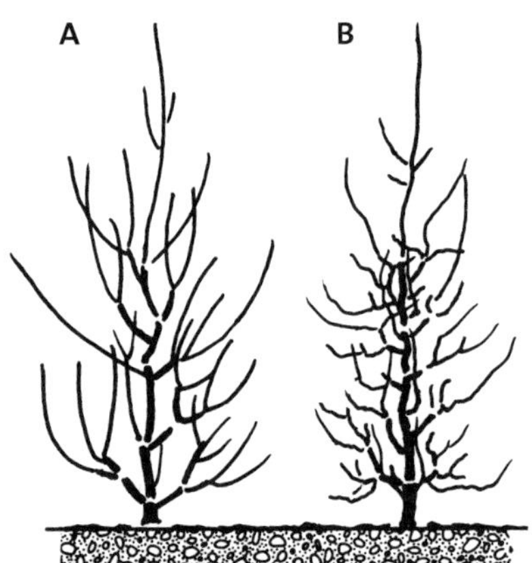

A und B Qualitätspflanzen
Abb. 201

C und D pflanzunwürdig
Abb. 202

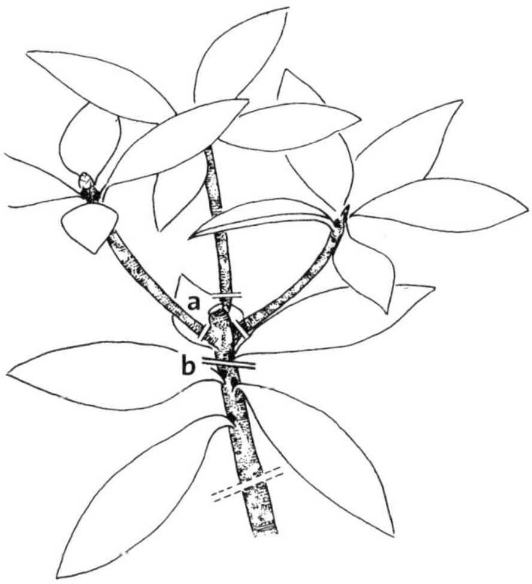

Die besten Schnittstellen
bei *Rhododendron* (a und b) über den starken Knospen

Abb. 203

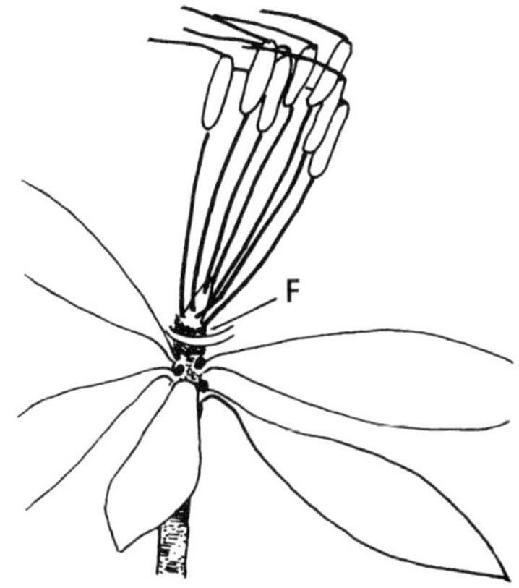

Ausbrechen der Fruchtstände nach der Blütezeit

Abb. 204

Optimal:
25. Mai bis 10. Juni

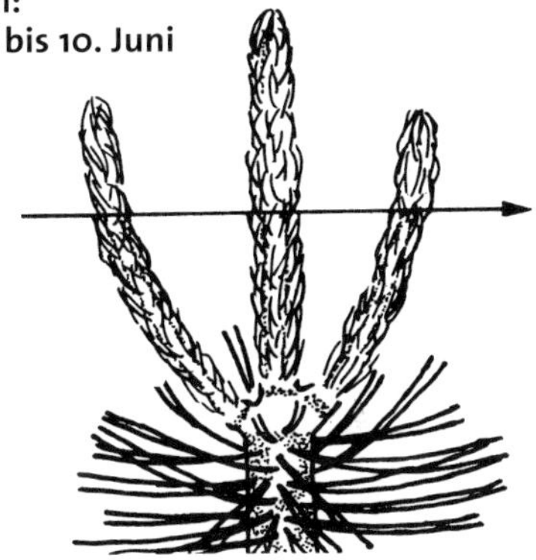

Schnitt durch Kiefernaustrieb

Abb. 205

5.4.9 Koniferenschnitt

Pinus mugo und ihre Unterarten bekommen durch entsprechende rechtzeitige Schnittmaßnahmen im Anzuchtquartier einen kompakten Habitus. Dadurch geht oft zunächst die arteigene Wuchsform verloren. Wird später am endgültigen Standort nicht mehr geschnitten, entwickeln sich die Pflanzen in ihre Urform zurück! Ob geschnitten werden soll oder nicht, darüber gibt es unterschiedliche Meinungen.
Im Endverkauf werden allerdings gedrungene und runde Pflanzen verlangt.

Möglichkeiten beim Schnitt von Kiefern:

a) Die wohl gebräuchlichste und schnellste Arbeitsweise ist der Schnitt mit unterschiedlichen Scheren. Gartenscheren, Heckenscheren in unterschiedlichen Ausführungen eignen sich dafür.
Der günstigste Termin liegt zwischen dem 25. Mai und 10. Juni, bevor die Kerzen ihre Nadeln entfalten.
Zu diesem Zeitpunkt sind die jungen Triebe noch weich und lassen sich leicht bearbeiten.
Der junge Austrieb, die „Kerze“, wird auf etwa die Hälfte eingekürzt, wie in der Abb. 205 erläutert.
Als Folge bilden sich an den frischen Schnittstellen, an der Basis, also an Astringen, nach einigen Wochen mehrere Knospen (Abb. 206). Diese treiben im folgenden Frühjahr aus und verleihen den Pflanzen einen kompakten, buschigen Wuchs.
Beim Mai-/Junischnitt kann man unbedenklich durch eventuell am Triebgrund sitzende männliche Blütenansätze schneiden. Schnell bilden sich neue Knospen an den Schnittstellen der jungen Triebe, wie Abb. 207 und 208 zeigen.

b) Es kann auch nur der Mitteltrieb als „Kerze“ herausgebrochen werden, dadurch wird der Trieb nur unwesentlich gebremst. Diese

August–März

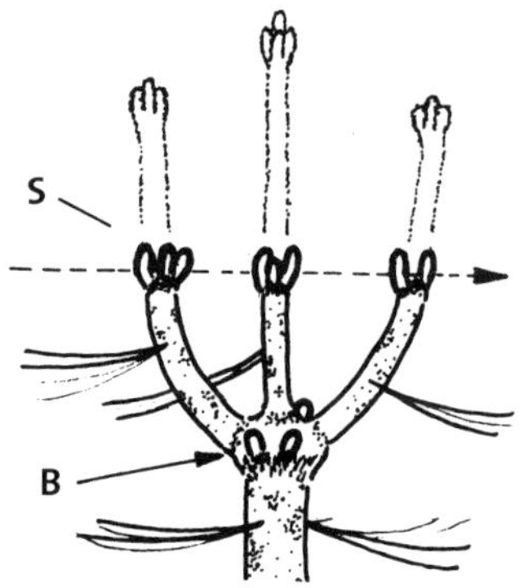

Knospenbildung
S – an der Schnittstelle
B – oder an der Basis (ohne Nadeln gez.)

Abb. 206

25.5.–10.6.

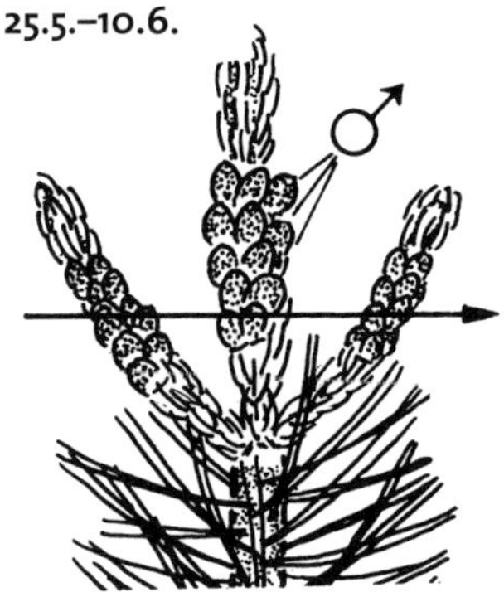

Durch männliche Blüten geschnitten
Abb. 207

August–März

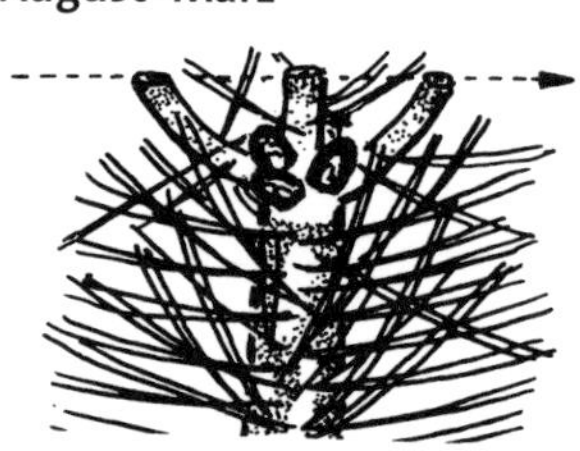

... und als Folge Basisknospen
Abb. 208

Methode ist zeitaufwendig und wird überwiegend bei aufrechten Formen wie *Pinus nigra* ssp. *nigra, Pinus sylvestris* und ähnlichen durchgeführt. Die Wunden verheilen auch hier sehr schnell und gut.

Der Mitteltrieb kann im nächsten Winter im verholzten Stadium herausgenommen werden. Es ist sehr arbeitsaufwendig, weil man schlecht mit der Schere zwischen die Astquirle kommt. Die Wunden verheilen schnell, es dauert allerdings 2–3 Jahre, bis die Lücken an den Pflanzen ausgewachsen sind.

Bei allen Schnittarten kann man feststellen, dass sich selbst bei älteren Pflanzen an vielen Stellen Adventivknospen bilden, die dann später austreiben. Dadurch wird die Pflanze kompakter, dichter und gleichmäßiger (s. Abb. 209–210).

Statt mit Scheren zu schneiden, können die Kerzen auch von Hand ausgebrochen werden. Der Erfolg ist gleich, die Arbeit dauert nur erheblich länger!

5.4.10 Besonderheiten bei Formgehölzen

Einen hohen Stellenwert genießen zurzeit Formgehölze aus den unterschiedlichen Bereichen von Laub- und Nadelgehölzen. Durch die großen, unterschiedlichen Möglichkeiten beim Schnitt und Formieren der Gehölze können keine generellen Methoden empfohlen werden. Da Pflanzen Lebewesen sind, bei denen kaum ein Exemplar dem anderen gleicht, kann nur jede Pflanze individuell betrachtet, langsam aufgebaut und formiert werden. Bizarre Solitäre, die sich sonst oft nicht zum Verkauf eignen, eignen sich für die Besonderheit „Formgehölze“. Je nach Gattung und Art dauert es oft viele Jahre, bis ein Formgehölz verkaufsfertig ist. Während der Wachstumsperiode müssen die Austriebe bei Kiefern einmal und bei vielen anderen Gattungen zwei- bis dreimal geschnitten werden. So bleiben bei den Kerzen an Kiefern nur 2–3 mm stehen, sonst würden die Bonsaiformen schnell auswachsen und die mühsam erreichte Form verlieren (s. Abb. 212).

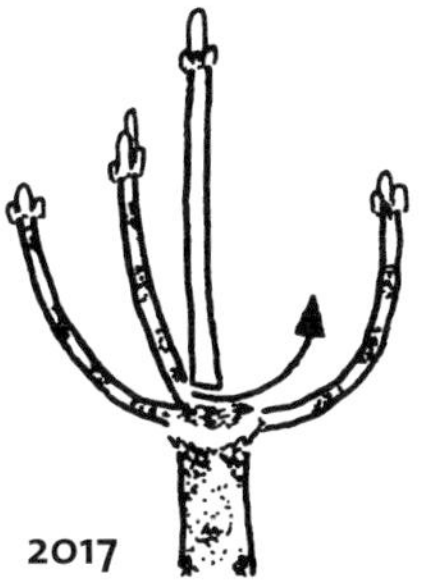

Winterschnitt
Abb. 209

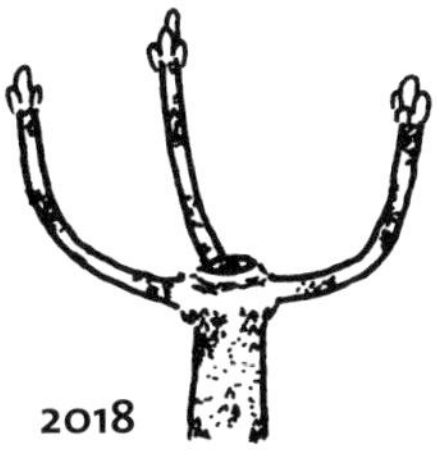

Geschnitten
Abb. 210

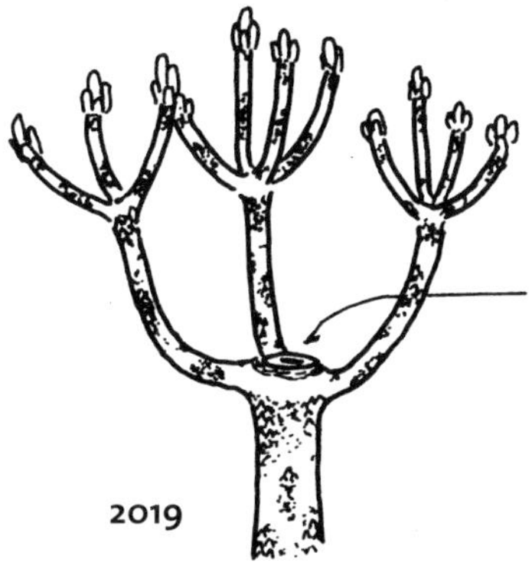

Ein Jahr später (ohne Nadeln gez.)
Abb. 211

Bei allen anderen Formgehölzen ist es ähnlich, mehrfacher jährlicher Schnitt ist zwingend notwendig, nur Kiefern werden einmal im Mai geschnitten. Als Werkzeuge eignen sich die unterschiedlichen Formierscheren mit Hand- oder Elektrobetrieb.

5.4.11 Schnitt und Korrektur von Koniferen mit Mitteltrieben

Dieser Schnitt bezieht sich auf aufrecht wachsende Arten und Formen von *Abies, Larix, Picea* und *Pseudotsuga*.

Üblicherweise bildet sich die gerade Stammverlängerung durch die Terminalknospe, auch Spitzenknospe genannt. Falls diese beschädigt wurde, kann es zu Triebquirlen oder Astgabeln ohne Mitteltrieb kommen. Da der spätere Habitus dann gestört ist, müssen Astgabeln und krumme Mitteltriebe vermieden werden.

Abb. 212

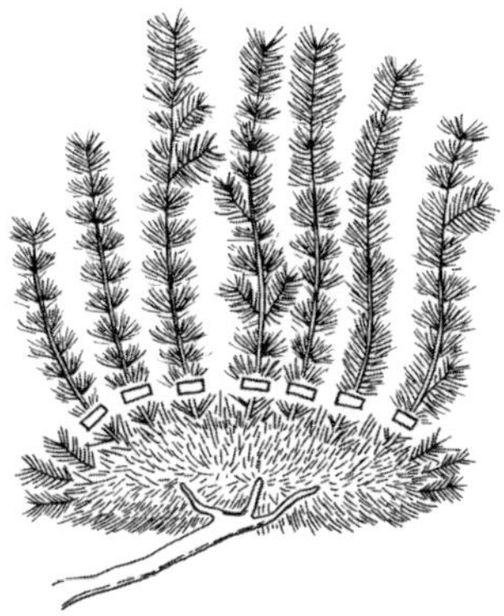

Kerzen an Kiefern müssen bis auf ca. 3 mm gekürzt werden.

Je später korrigiert wird, umso schwieriger lässt sich „Ersatzverlängerung“ durchführen. Abb. 214 verdeutlicht schematisch das unkontrollierte Nachwachsen einer im mehrjährigen Holz verloren gegangenen Spitze (s. Abb. 213).

In den folgenden Fällen muss durch Rückschnitt, Stäben oder Heften in den Kulturablauf eingegriffen werden:

a) wenn die Terminalknospe „stecken geblieben“ ist, d. h. nicht ausgetrieben hat;
b) bei mechanischen Beschädigungen durch Bearbeitung oder durch Schädlinge wie Triebbohrer, Beschädigungen durch Draufsitzen von Vögeln usw.;
c) wenn vorjährige Mitteltriebe im Verhältnis zur ganzen Pflanze zu lang getrieben sind, wie bei einigen Fichtensorten, wenn nicht regelmäßig verpflanzt wurde.

Arbeitsweise:

Der Trieb wird unter der Krümmung oberhalb eines gesunden Auges, das den Leittrieb (Leitauge) bilden soll, zurückgeschnitten. Hier verbleibt ein ca. 5–8 cm langer Zapfen. Nach Austrieb wird hier der Leittrieb angeheftet. Falls der Zapfen nicht stabil genug ist, kann auch ein Bambusstab am vorhandenen stabilen Mitteltrieb befestigt werden. Der Stab dient dann als Stütze für den Leittrieb. Das Thema „Stäben“ wird zu einem späteren Zeitpunkt ausführlicher behandelt. Im Spätsommer kann dann der Zapfen (Z) entfernt werden (s. Abb. 216). Abb. 217 zeigt den Schnitt

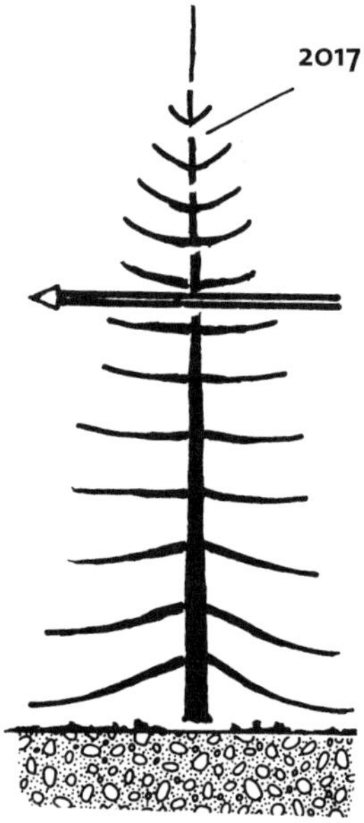

Abb. 213

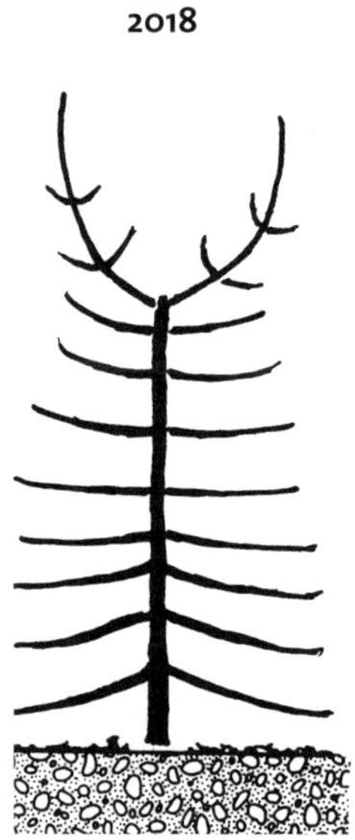

Abb. 214

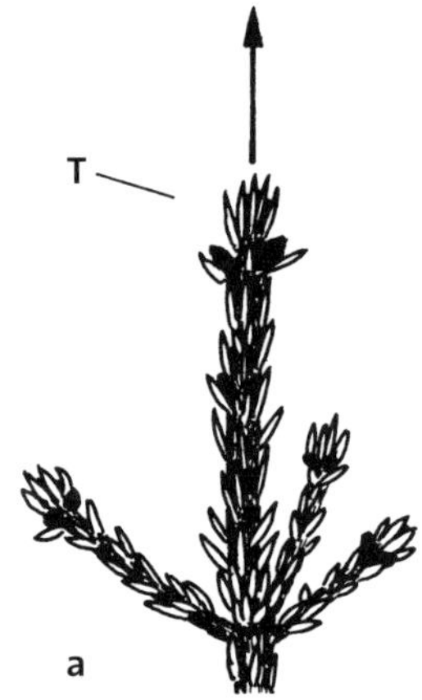

Abb. 215

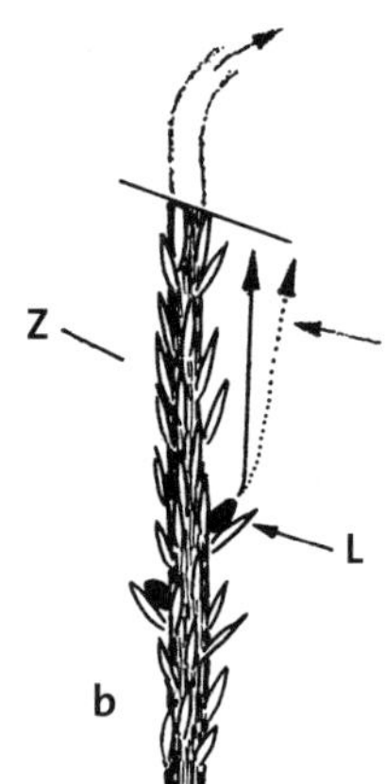

Abb. 216

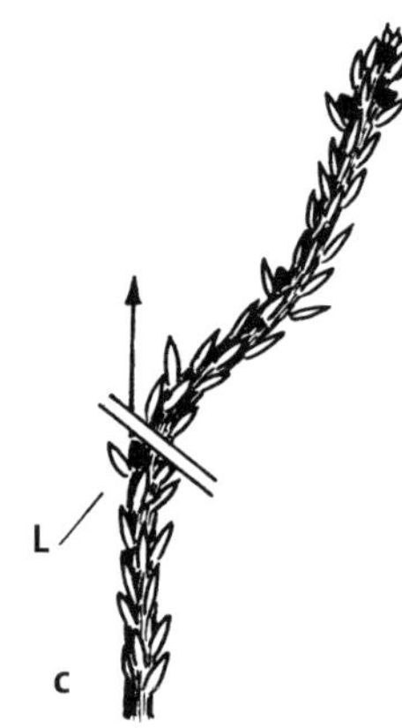

Abb. 217

direkt über dem Leitauge. Wenn es günstig steht, kann es vor allem bei *Picea* und *Larix* zu einer geraden Stammfortsetzung ohne zusätzliche Hilfe durch den Zapfen kommen (L = Leitauge).

Die Folgen der Schnitte:

2017 Die Abb. 218 zeigt den Schnitt sowohl des Mitteltriebs als auch des nächsttieferen Quirls. Im gleichen Jahr bildet sich meist ein parallel wachsender Konkurrenztrieb,

2018, der wie auf der Abb. 219 entweder im August 2017 oder im Frühjahr 2018 entfernt werden sollte. So wird Zwieselbildung verhindert.

5.4.12 Spitzenschnitt von straff wachsenden Säulenkoniferen

Dazu gehören u. a.:

- *Chamaecyparis lawsoniana*-Formen
- *Juniperus chinensis*-Sorten
- *Juniperus communis*-Sorten
- *Juniperus scopulorum*-Sorten
- *Juniperus virginiana*-Sorten
- *Thuja occidentalis*-Sorten
- *Thuja plicata*-Sorten

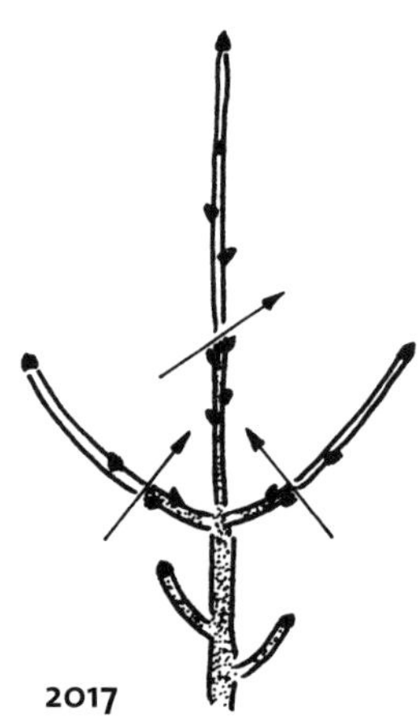

Abb. 218

Abb. 219

Der hier beschriebene Schnitt ist erforderlich, wenn der Spitzentrieb zu lang ist oder auseinanderfällt. Diese Methode muss auch angewendet werden, wenn sich, wie es bei *Juniperus communis* häufig vorkommt, mehrere Spitzentriebe gebildet haben. Im unteren Teil werden alle diese Formen mit der Hippe oder einer kleinen Formierschere walzenförmig geschnitten. Größere Exemplare schneidet man mit der Heckenschere. Während des Schneidens „stutzt" man die Spitze wie in Abb. 220. Dieser Schnitt fördert das Längenwachstum und die Festigkeit der ganzen Pflanze. Bei *Juniperus communis* kommt es wiederholt vor, dass ältere mehrstämmige Pflanzen bei Schneelast auseinanderbrechen, dies ist eine Folge von nicht regelmäßigem Schnitt in der Jugend.

5.4.13 Der Schnitt flacher Koniferen

Diese Arbeit ist recht einfach auszuführen, aber sehr wichtig, um runde und gleichmäßige Verkaufspflanzen zu erhalten.

Man stellt sich über oder neben die Pflanzen und schneidet rund, wie das auf der Zeichnung gut zu sehen ist. Dabei muss nicht auf Knospen oder besondere Triebe geachtet werden, allerdings sollte möglichst nicht in das alte Holz (Abb. 221) geschnitten werden. Als Werkzeuge werden, je nach Größe der Pflanzen, scharfe Heckenscheren, Akku-Formierscheren, aber auch Rosenscheren benutzt.

Abb. 220
Spitzenschnitt
bei *Juniperus communis*
Sf – Schnittführung von unten her, nur ein gut stehender Trieb bleibt stehen, die lange schiefe Spitze fällt weg.

Folgende Nadelgehölze eignen sich besonders für diese Methode:

- *Juniperus chinensis* 'Pfitzeriana' und ihre Sorten
- *Juniperus communis* 'Repanda' und Ähnliche
- *Juniperus horizontalis* 'Glauca' und Ähnliche
- *Juniperus sabina*-Formen
- *Juniperus squamata* 'Blue Carpet'
- *Microbiota decussata*
- *Taxus baccata* 'Repandens'
- *Tsuga canadensis* 'Nana'

Regelmäßige Schnittmaßnahmen fördern die Verkaufsqualität von Koniferen.

5.4.14 *Calluna*-Schnitt

Um ihren eigentlichen Wuchs zu erhalten und zu fördern und um reiches Blühen anzuregen, werden *Calluna* scharf geschnitten. Das gilt für Mutterpflanzen und für heranwachsende Verkaufspflanzen. Das trifft auch für mehrjährige Pflanzen zu, die im Hausgarten stehen.

Die Kultur von *Calluna* in den Baumschulen hat sich grundlegend geändert und wird heute fast ausschließlich in Spezialbetrieben in Kurzzeitkultur durchgeführt. Anzuchten im Freiland oder in Töpfen über mehrere Jahre sind unrentabel und betriebswirtschaftlich nicht zu vertreten.

Stecklinge im Sommer in Multiplatten gesteckt, werden im Frühjahr zeitig in Töpfe umgetopft. Vor dem Topfen werden sie gestutzt und dann spätestens Anfang Juli ein weiteres Mal. Das Stutzen fördert nicht nur die Verzweigung, sondern verzögert auch den Blühbeginn, was erwünscht ist. Zu spätes Stutzen geht allerdings auf Kosten des Blütenreichtums. Dann sind die Pflanzen ab August verkaufsfähig. Diese Schnittmethode ist

Abb. 221
Rundschnitt (Rs)
von oben gesehen

auch in Hausgärten bei mehrjährigen Pflanzen in abgewandelter Form erforderlich.
Man stutzt die Pflanzen in gleicher Höhe mit Schere, Heckenschere oder in Spezialbetrieben mit Spezialmaschinen (s. Abb. 222).

Bitte beachten:
Calluna nicht ins alte Holz schneiden, die Pflanzen treiben nicht wieder aus, es kann zu kahlen Stellen führen.

Zeitpunkt des Schnitts im Hausgarten:
Am besten bei frostfreiem Wetter vor dem Austrieb im März/April. Darauf folgen kräftiger Durchtrieb und reiche Blüte. In Verbindung mit saurem Boden und geringer Düngung wirkt sich der Schnitt günstig auf kompakten Wuchs, Gesundheit und Blütenbildung aus.
Ähnlichen Schnitt, zum Teil auch in das vorjährige Holz, vertragen viele Kleingehölze, wie

- *Cytisus*
- einige *Genista*
- auch *Erica*, jedoch etwas sorgfältiger nach der Blüte ab Ende März
- *Hypericum*
- *Lavandula*
- *Potentilla*-Sorten
- *Spiraea decumbens*

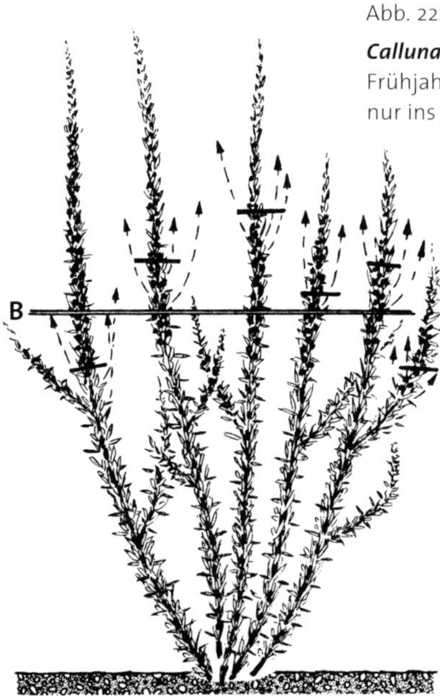

Abb. 222
***Calluna*-Schnitt:**
Frühjahrsschnitt, nur ins junge Holz

- *Spiraea bumalda*
- *Spiraea japonica*
- *Stephanandra incisa* 'Crispa'
- *Clematis* × *jackmanii* und andere Sorten

Der Schnitt ist bei den verschiedenen Pflanzenarten durchaus nicht gleich lang. Es sind hier Erfahrungswerte gefragt, bitte Meister und Gesellen fragen.

5.5 Wurzelschnitt

Bei jedem Verpflanzen in der Baumschule werden Wurzeln eingekürzt. Das beginnt bereits beim Pikieren.

WARUM GESCHIEHT DAS?

1. Rückschnitt zwingt Pflanzen zur besseren Verzweigung der Wurzeln (s. Abb. 223).
2. Erneutes Verpflanzen bewirkt eine bessere Wurzelbildung und ein sicheres Anwachsen.
3. Nach dem Kappen der Wurzeln durch Verpflanzen bildet sich ein dichteres Wurzelwerk im unterirdischen Bereich der Pflanzen (s. Abb. 224). Zum Versand gerodete Gehölze benötigen dann nicht so lange Wurzeln bzw. große Ballen. Allerdings müssen Wurzeln und Ballen im Verhältnis zum Volumen der Pflanzen stehen.
4. Die Bildung der Wurzeln nach allen Seiten wird gleichmäßiger. Einseitiges Wurzelwerk kommt dann nicht so häufig vor.
5. Je öfter geschnitten oder verpflanzt wird, umso kräftiger wird das Gesamtwurzelwerk. Die FLL-Gütebestimmungen legen den Rhythmus fest, dass Pflanzen je nach Alter und Pflanzenart in festgelegten Abständen verpflanzt, d.h., dass ihre Wurzeln geschnitten werden müssen. Ob dies durch Pikieren, Verpflanzen, Unterschneiden oder Umstechen geschieht, ob die Wurzeln mit einer Maschine, dem Spaten oder mit Messer und Schere gekürzt werden, ist unerheblich.
6. Rückschnitt verleiht Gehölzen in den Folgejahren ein kompakteres und kräftigeres Wachstum.
7. Sofern erkennbar, müssen gerissene, zerfaserte Wurzelenden und gebrochene Wurzeln sauber gekappt werden. Glatte Schnittwunden verheilen wie bei Trieben besser und fördern die

Wurzelbildung. Gerade Schnitte sind schrägen vorzuziehen.

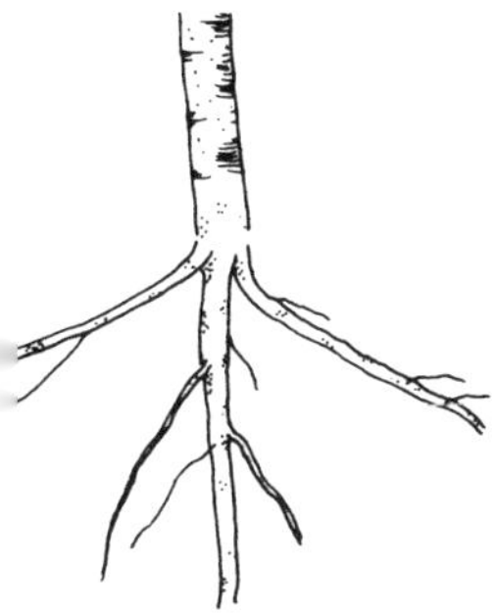

Wurzel vor dem Schnitt

Abb. 223

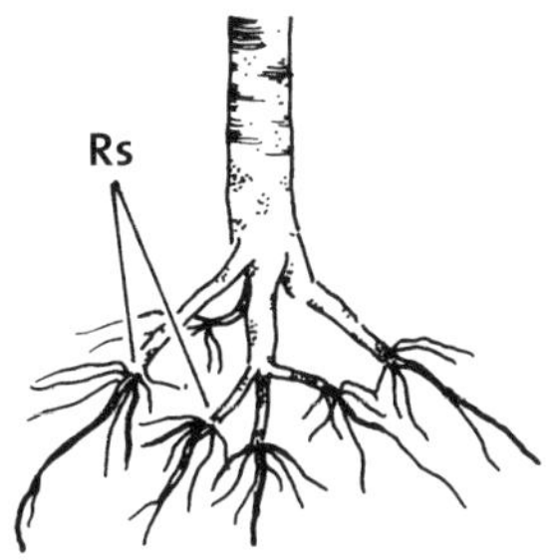

Starke Verzweigung ist die Folge des Schnitts.
Rs = Rückschnittstelle

Abb. 224

SCHNITT:

Einige Tipps für den erfolgreichen Wurzelschnitt:

1. Schere so ansetzen, dass möglichst keine Quetschwunden entstehen.
2. Wurzelkrümmungen wegschneiden, krumme Wurzeln reißen schneller als gerade.
3. Alle stärkeren Wurzeln in gleichmäßiger Entfernung von der Stammmitte abschneiden. Auch aus starken Wurzeln entwickeln sich wieder neue Faserwurzeln.
4. Die Wurzeln sollen so kurz geschnitten werden, wie es die Pflanzenart in dem betreffenden Alter vertragen kann. Dazu gehören Erfahrung, gute Pflanzenkenntnisse sowie zügige Entscheidungskraft.

DREI METHODEN, DIE NICHT ANGEWENDET DÜRFEN, UM QUALITÄTSPFLANZEN ZU PRODUZIEREN UND ZU VERKAUFEN:

1. **Das Hineindrücken** von im Freiland gezogenen Gehölzen, die in Container gedrückt werden, auch **„Containerisieren“** genannt. Die Pflanzen haben keine im Topf gewachsenen Ballen und sind daher nicht qualitätskonform.
2. **Ballieren mit Maschinen** bei verschiedenen Heckenpflanzen. Häufig werden in Verbrauchermärkten Heckenpflanzen von Nadelgehölzen angeboten, die weit unter dem Gestehungspreis einer ordnungsgemäß gezogenen Baumschulware liegen. Diese Pflanzen sind oft viel zu eng aufgepflanzt, nicht verschult und nicht geschnitten. Beim Roden werden sie ausgepflügt, mit wenig anhaftender Erde per Maschine maschinell in Balliernetze gedreht und gezwängt. Die fehlende gewachsene Erde wird durch Landerde ergänzt. Wenn diese Pflanzen überhaupt anwachsen, haben sie später häufig Wachstumsdepressionen und Drehwurzeln, die die Standfestigkeit negativ beeinflussen (s. Abb. 225).
3. **Ballieren durch Maschinen mit ungeschnittenen Wurzeln.** Die umeinandergewickelten und nicht gekürzten Wurzeln wachsen später leicht zu Drehwurzeln, die selten fähig sind, ein gut verteiltes Wurzelwerk zu bilden. Solche Pflanzen mit einseitiger Wurzelbildung können bei Wind und Sturm leicht umfallen. Das gilt vor allem für aufrecht wachsende und hohe Pflanzenarten. Durch die gedrehten Wurzeln entstehen Wuchsdepressionen; das Anwachsergebnis ist meist unbefriedigend.

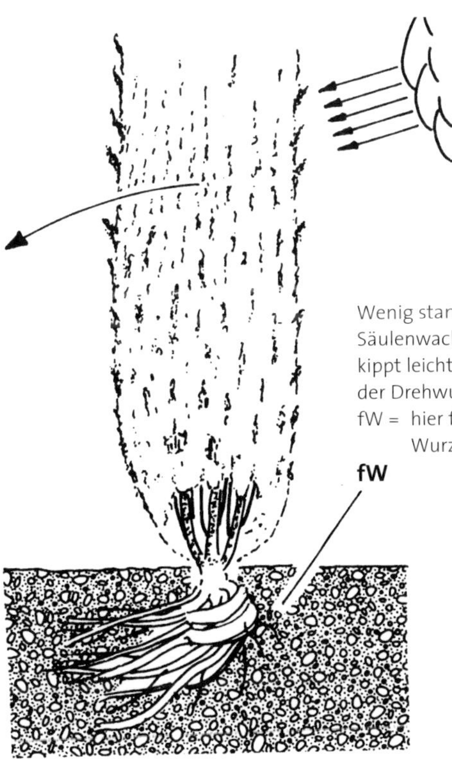

Wenig standfester Säulenwacholder kippt leicht wegen der Drehwurzeln.
fW = hier fehlen Wurzeln

Abb. 225

5.6 Wildtriebe – Abwildern

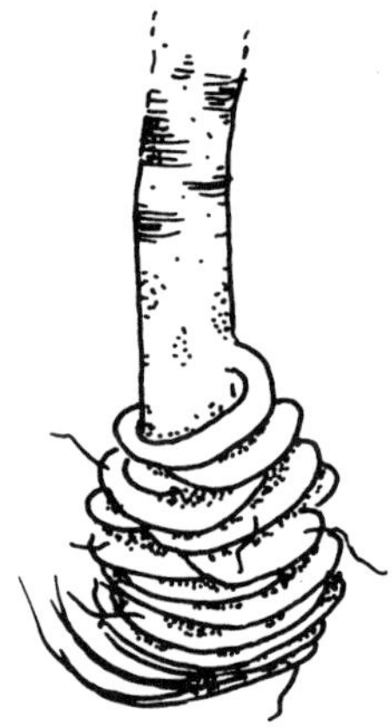

Abb. 226: So können die eingedrehten Wurzeln nach ein paar Jahren aussehen.

Wildtriebe sind Austriebe, die bei Veredlungen aus den Unterlagen entstehen können. Je nach Gattung, Art und Sorgfalt bei der Veredlung können diese Austriebe unterschiedlich sein. Entstehende Wildtriebe müssen unverzüglich entfernt werden. Am besten ist, wenn sie nach unten weggebrochen werden, damit auch Adventivaugen ausgemerzt werden. Kontrollen müssen während des Wachstums ständig erfolgen. In Fachkreisen nennt man diese Arbeit Abwildern, Entwildern, Wildern oder Räubern.

Welche Pflanzenarten neigen besonders zur Wildbildung?

1. Alle veredelten Obstgehölze und deren verwandte Ziergehölze
2. Die Stämme der Stachel- und Johannisbeeren
3. Veredlungen auf *Acer negundo* und *Acer platanoides*
4. *Corylus avellana* 'Contorta'
5. *Hamamelis* – Formen auf *Hamamelis virginiana*
6. Bei Rosenunterlagen ist der Wildaustrieb recht gering (s. Rosenunterlagen)
7. *Prunus triloba*-Veredlungen
8. *Viburnum*-Sorten auf *Viburnum opulus*
9. *Taxus*-Sorten auf *Taxus baccata*
10. Veredelte Syringa

Grundsätzlich ist bei allen Veredlungen mit Wildaustrieben zu rechnen, daher muss während und nach der Anwachsphase besondere Aufmerksamkeit herrschen!

Es ist meist nicht allzu schwierig, Wildtriebe von Edelreisern zu unterscheiden. Typische Merkmale sind Holz, Rinde und Laub. Veredelte Augen oder Edelreiser heben sich fast immer deutlich von den Unterlagen ab. Oft kommen Wildtriebe aus schlafenden Augen unterhalb der Veredlungsstelle. Diese Austriebe müssen dann freigelegt und möglichst nach unten abgerissen oder mit Astring weggeschnitten werden, damit Adventivaugen mit entfernt sind. Bleiben diese erhalten, gibt es später immer wieder Probleme mit Wildtrieben.

5.7 Verheilen von Schnittwunden – Einsatz von Wundverschlussmitteln

Schnittwunden an Pflanzen sollten möglichst schnell verheilen. Daher sollten sie so klein wie möglich sein, d. h., der Schnitt muss rechtzeitig erfolgen. Als Werkzeuge sind hauptsächlich Scheren, Messer und Sägen im Einsatz. Die Schnittflächen sollten glatt und nicht ausgefasert sein. Raue Flächen verschließen sich schlecht und gelten häufig als Eintrittspforten für Krankheitskeime. Über den Schnittzeitpunkt kann man im Buch „Gehölzschnitt" nachlesen. Von Juni bis Ende August ist die günstigste Zeit für den Sommerschnitt. In diesem Zeitraum sind noch viele Reservestoffe vorhanden, um die Verheilung zu beschleunigen. Im September können durchaus noch Verstärkungstriebe von Stämmen aufgeschnitten werden, auch wenn die Wunden nicht mehr abschließend verheilen.

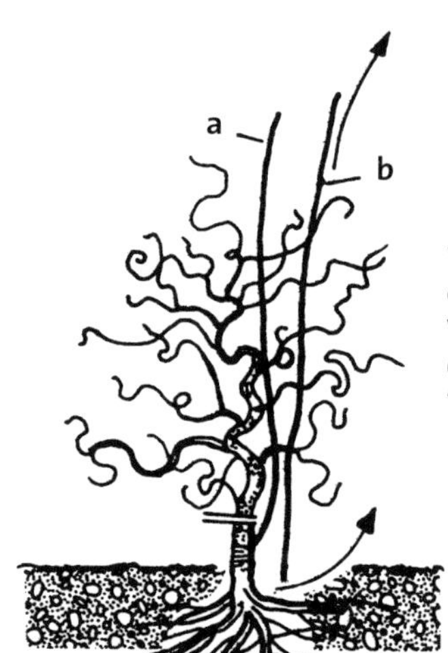

Wildtriebe aus der Wurzel einer Veredlung von *Corylus avellana* 'Contorta'

Abb. 227

5.7.1 Wundbehandlungsmittel

Diese sollen vor allem den Heilungsprozess beschleunigen. Kleinere mechanische Beschädigungen lassen sich ebenfalls mit diesen Mitteln behandeln, die Wundränder können vorher mit einem Messer geglättet werden.

Je kürzer der Zeitraum zwischen Schnitt und Verstreichen mit einem der Mittel ist, umso schneller wird die Wunde verschlossen und wird ein Zurücktrocknen der am Wundrand befindlichen Kambiumschicht reduziert.
Bei hochwertigen Gehölzen und Hochstämmen werden häufig alle Schnittwunden und Verletzungen behandelt.

Abb. 228
Schnittwunden von vorn
a – verbliebener Astring, bereits mit Salbe verstrichen
b – eingeschnitten oberhalb der Astringwunde
c – Zipfel von b entfernt, Wunde mit Wundverschlussmittel verstrichen

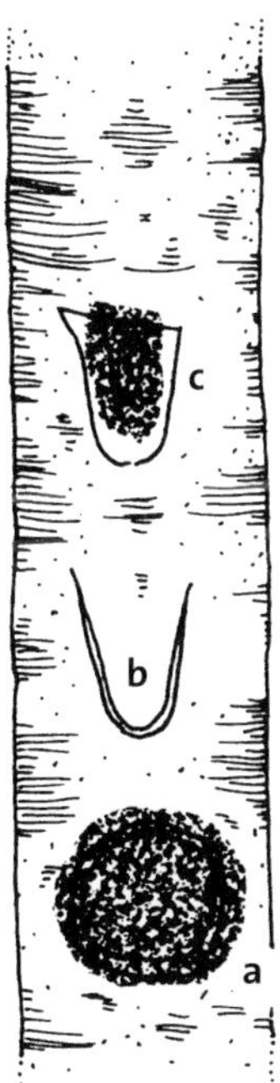

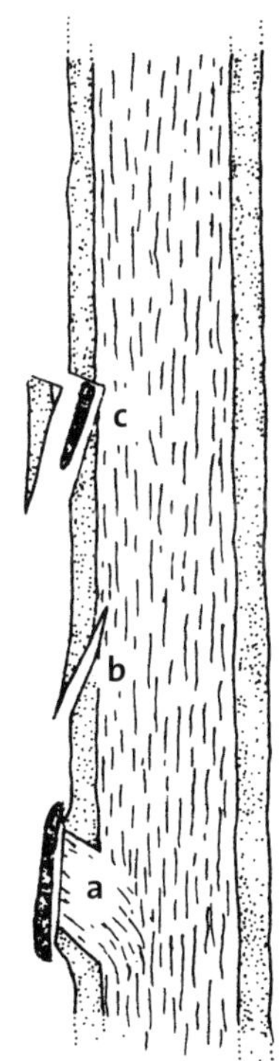

Abb. 229
Die gleichen Wunden
von der Seite gesehen, genauso behandelt

Welche Voraussetzungen muss eine Wundsalbe erfüllen?

1. Wundverschlüsse sollen das Überwallen und damit die Verheilung der Wunden begünstigen.
2. Wunden müssen dicht verschlossen werden.
3. Die aufgetragene Schutzschicht soll lange haltbar sein, sie muss dehnfähig bleiben und darf nicht reißen oder abblättern. Bilden sich Risse, können Pilzsporen und Wasser eindringen, es kann zu Schäden kommen.
4. Die Mittel müssen sich mühelos und gut deckend aufbringen lassen. Anwendungen bei Minustemperaturen sind zu vermeiden, es kommt sonst leicht zu Rissen im Schutzfilm. Bei Regenwetter sollten die Wundverschlussmittel nicht aufgetragen werden, sie haften dann nicht richtig und bilden einen zu dünnen Film.
5. Es werden überwiegend graue und rindenfarbene Mittel eingesetzt. Sie passen sich dem Gesamtbild der Pflanzen besser an.
6. Die Produkte müssen eine Zulassung besitzen.
7. Aus rationellen Gründen sollten die Mittel mit Pinseln ohne Erhitzen streichfähig sein.

Anwendung: Fast alle Wundverschlussmittel müssen vor dem Verarbeiten gut aufgerührt und streichfähig gemacht werden. Wunden müssen 1–2 cm über den Wundrand hinaus verstrichen werden. Starkes Dickenwachstum kann die Wundverschlüsse zum Reißen bringen, sie sollten kontrolliert werden.

Lagerung: Die Mittel müssen frostfrei gelagert werden, sonst können die Mittel unbrauchbar werden. Werden Gebinde nicht aufgebraucht, wird etwas Wasser auf das Produkt gefüllt, damit es nicht austrocknet.

Nadelgehölze sind davon ausgenommen.

Kaltstreichbare Mittel für Veredlung und Wundverschluss:
Einige Produkte sind kaltstreichbar und für den Einsatz im Außenbereich geeignet. Dabei sind auch die sich häufig ändernden Zulassungsbestimmungen zu beachten!

- Lac Balsam – bei trockenem Wetter, mit Pinsel oder Spachtel zu verarbeiten, zerläuft bei Regen, wenn er noch nicht getrocknet ist.
- Maywax – auch bei leichtem Frost verwendbar, bei Trockenheit mit Pinsel auftragen, das Mittel ist sehr ergiebig.
- Trimona – ebenfalls bei leichtem Frost verstreichbar.

Warmflüssiges Baumwachs:
Diese Mittel sind überwiegend für Hausveredlungen zu verwenden. Sie werden während der Veredlungsarbeiten erwärmt und flüssig gehalten. Dazu gehören:

- Baumwachs Pomona – in erwärmtem Zustand mit einem Pinsel aufzutragen.
- Rebwachs – die Veredlungen werden kurz in das auf 70 °C erwärmte Wachs getaucht; besonders für Reben, aber auch für alle Hausveredlungen geeignet.
- Trigol, warmflüssig – im erwärmten Zustand mit dem Pinsel aufzutragen.

Anwendung der Veredlungswachse siehe auch bei „Reiserveredlung“.

Abb. 231: Kiefern und ähnliche Koniferen werden nicht mit Wundverschlussmitteln behandelt, da ihr Harz die Wunde von innen gut schützt. Foto: Beltz jun.

Abb. 230: Wundverschlussmittel können helfen, dass kleinere Wunden schneller überwallt werden. Foto: Beltz jun.

Abb. 232: Bei größeren Wunden werden nur die Wundränder mit Wundverschlussmitteln bedeckt. Foto: Beltz jun.

6 Pinzieren (Entspitzen)

Als Pinzieren oder Entspitzen wird das Herausnehmen noch nicht verholzter, krautartiger Triebspitzen bezeichnet.
Ab Mitte Mai bis Anfang Juli werden junge, noch weiche Triebe bis auf 3–4 Augen oder Augenpaare zurückgenommen. Messer und Schere werden dafür eingesetzt. Noch besonders weiche Triebe, wie z. B. bei Rosen, können auch gebrochen werden. Diese Methode ist eine wichtige Form des Sommerschnitts, die zur Verbesserung der Pflanzenqualität dient.

Zu welchen Gelegenheiten wende ich das Pinzieren bzw. Entspitzen an?

1. Um Kronen freizustellen und Verstärkungstriebe am Stamm zu schwächen. S. auch Hochstämme und Obstbäume.
2. Rosen aller Gruppen werden pinziert, damit sie sich entsprechend verzweigen und eine optimale Verkaufsqualität erreichen; s. auch Rosen
3. Formieren von Gehölzen, s. auch dort.
4. Kronenerziehung durch Pinzieren.

Ein Beispiel:
Sollen vorjährige Okulate in Kronenhöhe noch in diesem Kulturjahr eine verkaufsfertige Krone erhalten, müssen die jungen Austriebe ab Mitte Mai auf 3–4 Blätter pinziert werden. Der Vorgang muss eventuell wiederholt werden. Diese Methode wird u. a. bei *Prunus triloba* oder *Prunus tenella* genutzt.

In den folgenden Wochen entspringen unterhalb der Schnittstelle an der Basis diverse Triebe, die dann zu einer vollen und verkaufsfertigen Krone heranwachsen. Würde nicht pinziert werden, würde nur ein starker Trieb gebildet werden, der sich erst nach dem Rückschnitt im folgenden Winter zu einer Krone entwickeln würde. Die Kulturzeit hätte sich zwangsläufig um ein weiteres Kulturjahr verlängert und die Produktionskosten wären erheblich gestiegen! Der kräftige Durchtrieb der Krone wird durch pinziertes Verstärkungsholz am Stamm gefördert. Dieses wird erst Ende August ganz entfernt. Die Wunden verheilen bis zur Rodung noch ausreichend.

Pflanzen, die nach dieser Methode herangezogen werden:

- *Acer platanoides* 'Globosum' aus Okulaten
- *Prunus cerasifera* 'Nigra'
- *Prunus triloba*
- Rosenhochstämme
- Obstgehölze
- *Salix caprea* 'Pendula' und Ähnliche

Abb. 233: Pinzieren von Rosenokulaten. Foto: Möller

7 Anheften – Heften – Anbinden von Trieben

Junge und noch weiche Triebe von Gehölzen, die in eine bestimmte Richtung geleitet werden sollen, müssen geheftet oder angebunden werden. Meist soll eine gerade Stammverlängerung erreicht werden. So müssen Stammbildnersorten von Obstgehölzen, aber auch Sorten für sonstige Kulturformen, die nicht ohne Hilfe gerade werden, geheftet werden. Dieses gilt auch für Gehölze, die als Heister und Hochstämme, sowie Okulate, die zu geraden Stämmen oder Heistern gezogen werden sollen. Ist eine stabile Terminalknospe vorhanden, braucht meist nicht geheftet zu werden (s. Abb. 234). Ist diese allerdings beschädigt, muss zurückgeschnitten und ein neuer Leittrieb durch Heften nachgezogen werden.

Zeitfenster für diese Arbeit:
Für diese wichtige Arbeit stehen nur wenige Wochen zur Verfügung. Sind die Triebe schon zu hart, brechen sie aus oder sie lassen sich nicht mehr gerade leiten. Der günstigste Zeitraum liegt zwischen Mitte Mai und Mitte Juni. Allerdings können klimatische und regionale Bedingungen diesen Zeitrahmen geringfügig verändern. Auch spielen die einzelnen Gehölzarten eine Rolle. Entscheidend ist immer der Reifegrad der zu heftenden Triebe (s. Abb. 235–237).
Zum Heften gibt es viele Materialien. Bindezangen von unterschiedlichen Herstellern, Hohlschnüre in unterschiedlichen Stärken, Natur- und Kunstbast. Zum straffen Anheften sollten keine Materialien genommen werden, die leicht in das Holz einwachsen. Später würde es sonst leicht zu Einschnürungen und Brüchen im Holz kommen.

Nachheften
Je nach Gehölzart muss eventuell noch mehrfach nachgeheftet werden; diese Arbeit sollte immer rechtzeitig erfolgen. Der Trieb soll gerade bleiben, aber auch Windbruch vermieden werden. Seitentriebe müssen pinziert werden, um den Leittrieb zu stabilisieren.

Normale Stammverlängerung durch Terminale (T)

Abb. 234

Gute gerade Stammfortsetzung durch zapfenlose Anzucht. Anheften erübrigt sich.

Abb. 235

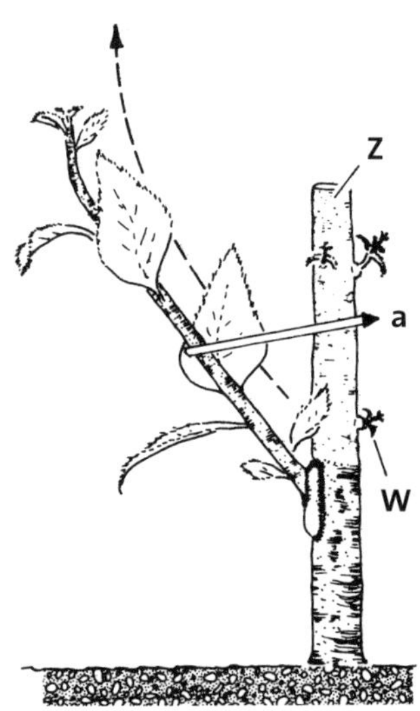

Vom Zapfen (Z) wegstrebender Trieb wird herangezogen (a) und angebunden.
W – Wildtrieb wegschneiden

Abb. 236

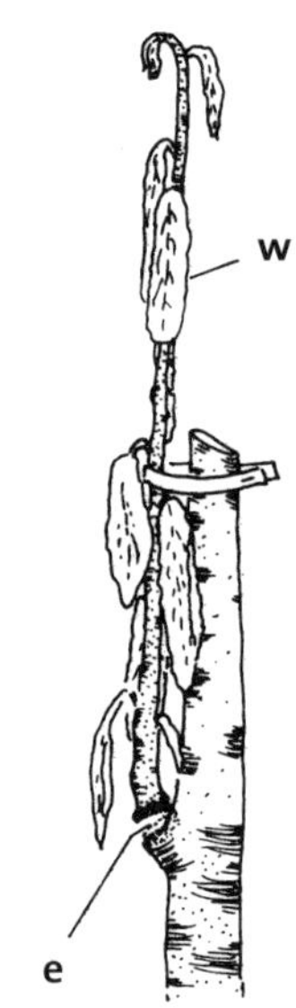

Eingebrochener (e) Trieb welkt (w) und stirbt.

Abb. 237

Einbinden von Blättern:

Blätter sollten beim Heften möglichst nicht mit eingebunden werden. Die Assimilationsfläche verringert sich, dadurch kann es zu Wuchsdepressionen kommen. Beschädigte Blätter sind auch anfälliger für Pilzkrankheiten.

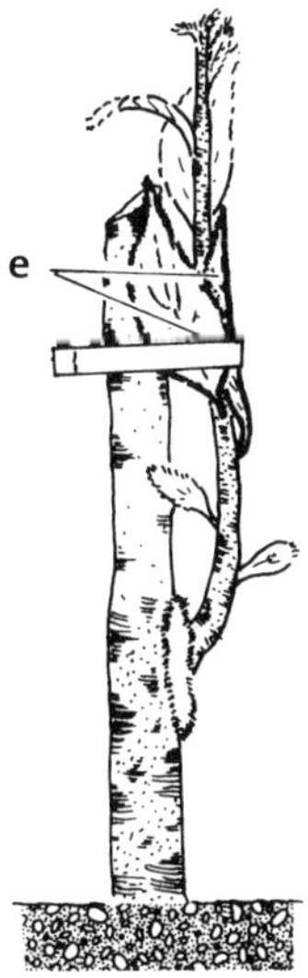

Eingebundene (e) Blätter werden oft geschädigt und hemmen das Wachstum.

Abb. 238

Zapfenlose Anzucht nach Veredlung – auf Anheften kann hier verzichtet werden. Foto: Kobako/Wikimedia Commons

Abb. 239

Um einen geraden Stamm zu erzielen und Windbruch zu verhindern, werden Leittriebe mehrmals nachgeheftet. Foto: Farrand/Wikimedia Commons

Abb. 240

8 Stäben

Durch Stäben wird ein aufrechter und gerader Wuchs von Pflanzen erreicht. Stäben und Heften greifen oft ineinander. Zur Unterstützung eines geraden Leittriebs müssen häufig Stäbe eingesetzt werden. Schling- und Kletterpflanzen benötigen fast immer Stäbe oder Klettergerüste, um einen aufrechten oder sonst gewollten Wuchs zu erreichen.

Zeitpunkt dieser wichtigen Arbeit:
Es sollte rechtzeitig mit dieser Arbeit begonnen werden. Schon ab Mitte Mai müssen die ersten jungen Triebe an die Stäbe herangeführt werden. Wird mit dieser Kulturmaßnahme zu spät begonnen, können bereits verholzte Triebe brechen oder sie bleiben für immer krumm (s. Abb. 240).

Arbeitsabläufe zum Stäben und Heften von Schling- und Kletterpflanzen:
Grundsätzlich benötigen fast alle Schling- und Kletterpflanzen Hilfen für ihre spätere Entwicklung. Manche Arten und Sorten finden selbstständig den Weg zu den Kletterhilfen. Aus wirtschaftlichen Gründen müssen Schling- oder Kletterpflanzen innerhalb kurzer Zeit mit einem Minimalaufwand an Arbeit und Kosten die erforderliche Verkaufsqualität erreicht haben. Sinnvoll ist es, die Quartiere regelmäßig zu kontrollieren und erforderliche Arbeiten rechtzeitig durchzuführen. Triebe, die über die Stäbe hinauswachsen, werden regelmäßig abgeschnitten, die Triebe klammern sich häufig an benachbarten Stäben fest. Sind Pflanzen zusammengewachsen, reißen Triebe leicht beim Aufbereiten zum Verkauf ab. Für den späteren Versand ist ein einheitliches Bild gewünscht.

Stäbe:
Je nach Erfordernissen zur Pflanzenqualität, aber auch zu Kundenwünschen, werden entsprechende Materialien eingesetzt. Hauptsächlich werden für kleinere Pflanzen Bambussplittstäbe in Längen bis 90 cm eingesetzt.

Kräftiger wachsende Schling- und Kletterpflanzen benötigen schon der Art entsprechende kräftige Tonkinstäbe (Bambusstäbe). Die Länge sollte zwischen 1,0 und 1,5 m liegen.
Das trifft überwiegend für folgende Gattungen zu:
- *Actinidia* in Sorten
- *Akebia*
- *Aristolochia*
- *Campsis* in Sorten
- *Celastrus*
- *Clematis*-Hybriden
- *Jasminum*
- *Lonicera* in Sorten
- *Parthenocissus* in Sorten
- *Polygonum* Syn. *Fallopia*
- *Rubus henryi*
- *Vitis* in Sorten
- *Wisteria* in Sorten

Kürzere Stäbe (ca. 60 cm bis ca. 90 cm) werden häufig bei schwächer wachsenden Gehölzen und anderen mehr eingesetzt:
- *Hedera colchica* in Sorten
- *Hedera helix* in Sorten
- *Hydrangea petiolaris*
- *Pyracantha* in Sorten

Viele Schling- und Kletterpflanzen werden heute als Solitärpflanzen verlangt. Entsprechend ihrer Wuchsstärke werden Stäbe bis 3 m eingesetzt. Die Topfgröße muss dem Wurzelvolumen entsprechend sein, der Topfinhalt soll mindestens jedoch 10 l fassen. Wegen der „Kopflastigkeit" müssen Solitäre zwingend an Stellagen befestigt werden.

Stäbe stecken und ausrichten:
Quartiere für Schling- und Kletterpflanzen werden meist längerfristig angelegt. Der Boden wird mit Bändchengewebe aus Polypropylen (z.B. MyPex) abgedeckt. Haltevorrichtungen für die Pflanzen müssen ebenfalls geschaffen werden. Meist werden Stellagen geschaffen, die vier Reihen Pflanzen aufnehmen können. So besteht Zugriff zur Bearbeitung und zum Versand auf jeweils zwei Reihen

Vorbereiten
Die Triebe der Schlingpflanze werden zusammengerafft und am Stab festgehalten. Gebunden wird unterhalb der Hand.

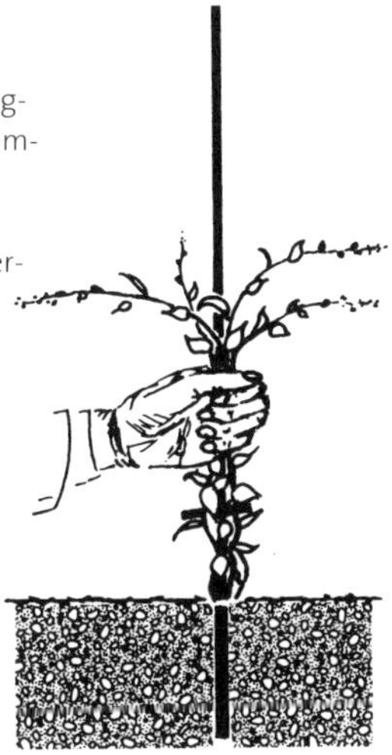

Abb. 241

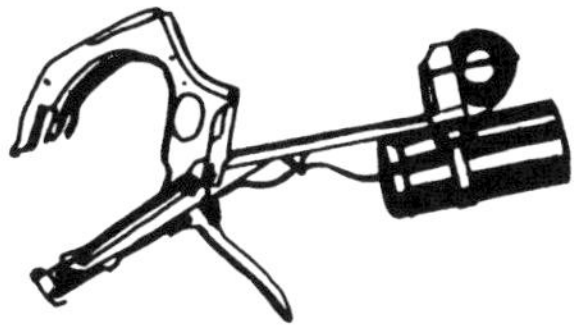

Modell einer **Bindezange.** Abb. Meyer KG

Abb. 243

Bindezange bei der Arbeit
Die geöffnete Zange wird über Stab und Trieb geschoben. Beim Zudrücken wird das Band geklammert und abgeschnitten. Die Zange ist frei für erneutes Binden. Abb. Meyer KG

Abb. 244

Zeitfolge für das Aufbinden von Schlingpflanzen 5 – 6 – 7 – 8 = Anheften der wachsenden Pflanzen in diesen Monaten A 5 = Anfang Mai

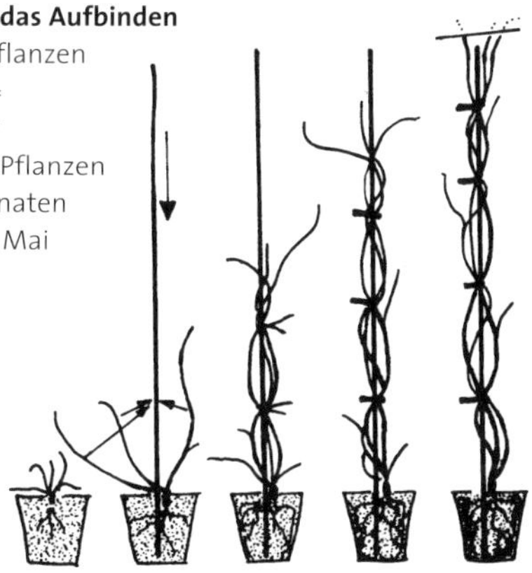

Abb. 242

von jeder Seite. An waagrechten Drähten werden später die Stäbe befestigt.

Die Stäbe werden unmittelbar an die Pflanzen gesteckt und mit Klammern an den Spanndrähten befestigt. Neu entstehende Triebe werden fortlaufend an den Stäben befestigt. Bindezangen oder sonstige Hilfsmittel werden eingesetzt. Es gibt Kunststoffbänder aus PVC, PE und biologisch abbaubarem PLA in vielen Farben, diese werden häufig auch zur unterschiedlichen Auszeichnung ähnlicher Sorten eingesetzt.
Je nach Pflanzenart werden die Triebe einer Pflanze mit der Hand zusammengerafft, am Stab hochgehalten und nicht zu fest darangeheftet. **Blätter möglichst nicht einbinden.** Die Reihenfolge der Handgriffe wird in Abb. 241 und Abb. 242 erläutert. Es sollten nur dehnfähige Materialien zum Heften und Stäben eingesetzt werden, sonst entstehen leicht Einschnürungen.

NACHHEFTEN:
Je nach Bedarf müssen Pflanzen während des Wachstums gegebenenfalls mehrfach geheftet werden. Bindezangen werden überwiegend eingesetzt. Andere Materialien sind meist arbeitsaufwendiger oder haben später Nachteile, z. B. Einschnüren von Trieben.

Abb. 245

Schlingpflanzen in Kisten verpackt, Stäbe oben zusammengebunden. Der Übersichtlichkeit halber wurde die meistens eingepackte 2. Pflanzenschicht weggelassen.

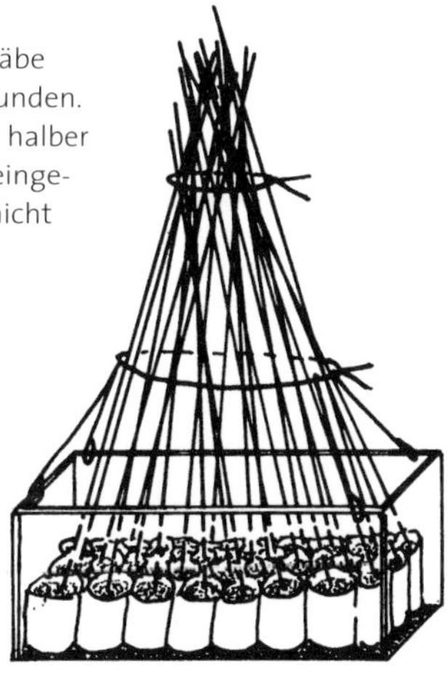

Transport von gestäbten Pflanzen:
Schling- oder Kletterpflanzen sind meist durch ihre dünnen Triebe während der Versandtätigkeiten gefährdet. **Daher immer nur an den Töpfen anfassen, sonst reißen Triebe leicht ab.** In Kisten oder Tüten verpackte Pflanzen sind weniger empfindlich. Die Stäbe schützen die Pflanzen auch während der Versandarbeiten und auf dem Transport. Abb. 245 zeigt gestäbte, in einer Kiste verpackte Schlingpflanzen.

Stäben von Leittrieben in den verschiedenen Altersgruppen:
Pflanzen mit einem natürlichen aufrechten Wuchs müssen häufig gestäbt und geheftet werden. Diese Kulturmaßnahme beginnt oft schon bei 1-jährigen Veredlungen. Hier reichen überwiegend Splittstäbe aus. Ob Heister oder Stämme herangezogen werden sollen, der Grundstock für einen geraden Leittrieb wird schon bei der Jungpflanze gelegt. Eine gut ausgebildete Terminalknospe lässt sich problemlos zu einem geraden Trieb weiterziehen. Ist diese Terminale allerdings beschädigt, muss durch Rückschnitt und Heften ein neuer Leittrieb nachgezogen werden. Dieses kann durchaus auch bei aufrecht wachsenden Nadelgehölzen, wie *Abies nordmanniana* oder *Picea pungens* 'Glauca' und Ähnlichen vorkommen. Meist bricht der junge, noch weiche Trieb durch Vögel, die sich

> **Wichtige Erkenntnis:**
> **Je jünger der Trieb, desto besser lässt er sich begradigen und heften.**

daraufsetzen. Viele Gehölze lassen sich problemlos durch die Terminale ziehen, z. B. viele *Acer*-Sorten, *Aesculus, Fraxinus, Sorbus* usw. Nicht alle Arten innerhalb einer Gattung haben die gleichen Eigenschaften, so müssen gelegentlich bei *Tilia*-Sorten und auch bei einigen Obstgehölzen durch Schnitt und Stäben gerade Leittriebe gezogen werden. Sollen Hängeformen, wie *Betula pendula* 'Tristis' oder *Fagus sylvatica* 'Pendula' und Ähnliche als Heister gezogen werden, lassen sich leichte Bögen auch durch Stäben oft nicht vermeiden.

Nur junge, wenig verholzte Triebe lassen sich mühelos begradigen. Der günstigste Zeitraum ist von Mitte Mai bis Ende Juli. Später kann es zu Problemen kommen, krumme Triebe lassen sich nicht mehr oder nur noch schwer korrigieren. Die Stäbe werden so gesteckt, dass sie dem Bogen möglichst direkt gegenüberliegen. Unmittelbar unter dem Bogen erfolgt die erste Bindung. Die nächsten Heftungen erfolgen dann direkt darüber. Dabei wird der Trieb gerade an den Stab gedrückt und mit Bindematerial fixiert, der Abstand

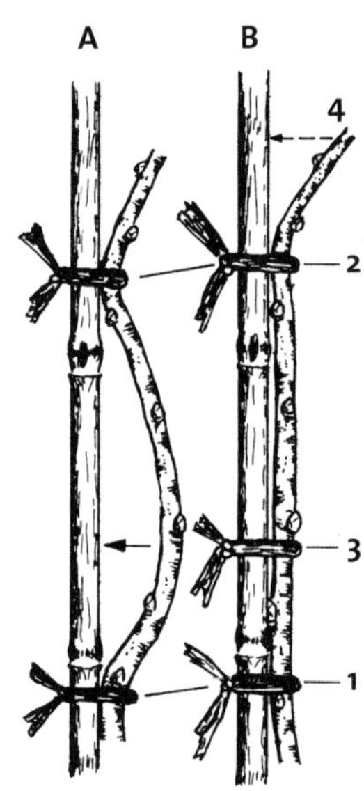

Einzuhaltende
Reihenfolge
A – Binden dicht unterhalb der Biegung
A2 – Bindung oberhalb der Biegung
B3 – Biegung heranziehen und dann binden

Abb. 246

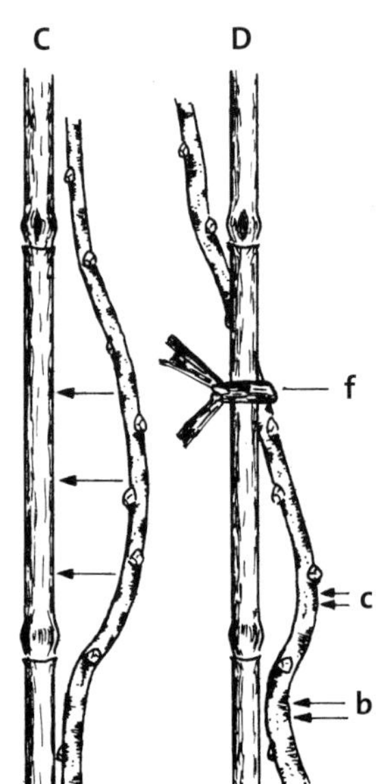

Falsch gebunden
C – Vor dem Binden
D – Wird bei „f" gebunden, bleibt der Trieb krumm. Bei „b" hätte das untere Band sitzen müssen.

Abb. 247

von Bindung zu Bindung sollte ca. 20 cm betragen. Überwiegend werden Bindezangen benutzt. Das Kunststoffband dehnt sich und schnürt nicht so leicht ein. Allerdings sollten die Klammern an der Seite der Stäbe sitzen, damit die weichen Triebe nicht beschädigt werden. Auch bei anderen Materialien muss der Knoten, wie in Abb. 246 und Abb. 247, auf der Stabseite liegen, da der Trieb mit dem Zeigefinger vorsichtig an den Stab herangezogen werden muss. Die Zeichnung D dokumentiert, wie die Arbeit nicht optimal ausgeführt wurde. Die Pflanze ist bei F zu weit oberhalb der Biegung angebunden worden. Der Trieb ist zwar befestigt, er bleibt aber krumm. Bei B und C hatte außerdem die Spitze gebunden werden müssen.

Drahtkordeln, Hohlschnüre oder sonstige nicht verrottbare Materialien müssen ständig beobachtet und eventuell gelöst werden, damit sie nicht einschnüren.

Stäben von bereits verhärteten Trieben (Abb. 248)
Zeichnung E zeigt eine 2-jährige Veredlung (z. B. *Acer negundo* 'Variegatum'), die sich als 1-jährige Veredlung frei entwickelt hat. In gut geführten Jungpflanzenbetrieben werden schon 1-jährige Veredlungen von aufrecht wachsenden Sorten rechtzeitig gestäbt und geheftet. So entstehen bereits von Grund auf gerade Pflanzen. Dieses ist deutlich in der Zeichnung F zu erkennen. Auf Bild G sind die Folgen einer späten Heftung zu erkennen, der Trieb behält immer einen Bogen. Eintriebige Sorten, die aus Okulationen entstanden sind, sollten schon einmal unterhalb der Veredlungsstelle an den Stab geheftet werden, dadurch wird die Windbruchgefahr stark reduziert. Bei der Auswahl der Stablänge ist das zu erwartende Wachstum der nachfolgenden Kulturzeit zu berücksichtigen! Bei entsprechendem Triebwachstum muss rechtzeitig nachgeheftet werden.
Beim Heften können Seitentriebe pinziert werden, dadurch wird das Wachstum des Mitteltriebs gefördert.

Kronenveredlungen vor Ausbrechen schützen:
Kronenveredlungen sind arbeitsaufwendig und teuer. Daher müssen sie vor Windbruch oder mechanischer Beschädigung durch Vögel geschützt werden. Ein etwa 50 cm langer Stab wird an der Unterlage fixiert und ragt ca. 20 cm über das Edelreis hinaus. Hier kann dann der frische Austrieb angebunden werden, gleichzeitig wird das Reis vor landenden Vögeln geschützt (s. Abb. 249).

Stäben verhärteter Triebe
E – Ungestäbt
F – Richtige Reihenfolge 1–2–3
G – An den falschen Stellen (b und f) gebunden

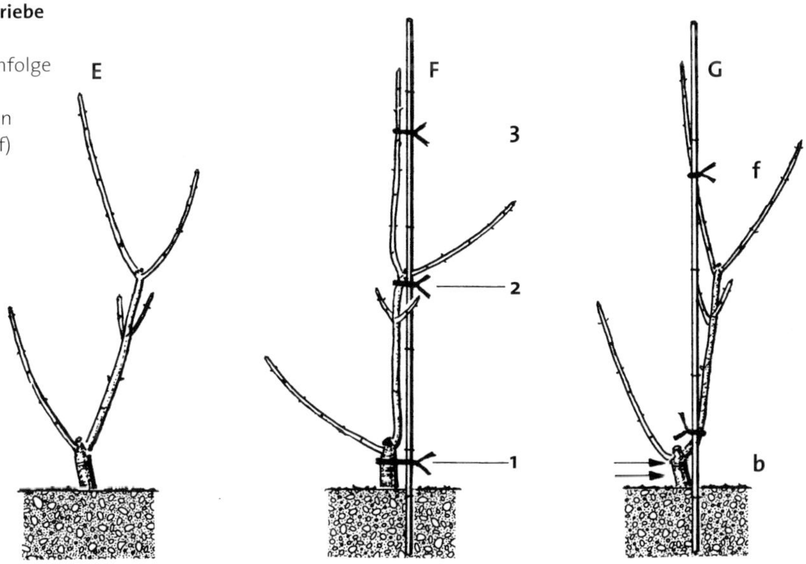

Abb. 248

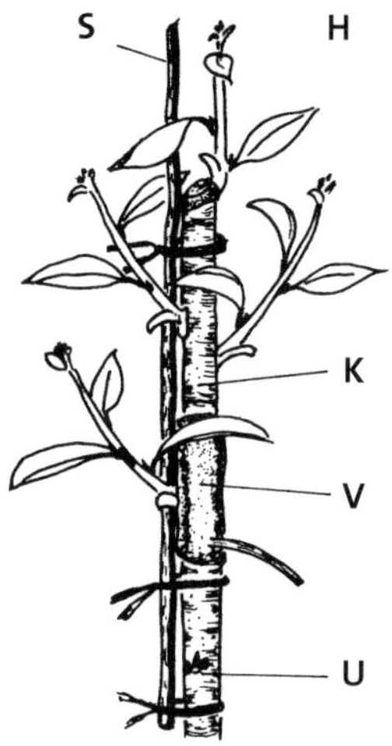

Stäben von Kronenveredlungen – s. Text

Abb. 249

Folgende Reihenfolge sollte beim Binden gewählt werden:

1. Einmal dicht unter der Veredlungsstelle (V).
2. Das zweite Band liegt ebenfalls auf der Unterlage (U) am unteren Ende des Stabes.
3. Der Kopf (K) wird mit einem möglichst hoch angelegten, nicht zu strammen Band befestigt. Ein viertes Band weiter oben gibt dem jungen Kronentrieb zusätzlichen Halt.

Stäbe lösen und entfernen:

Bis zum Spätsommer haben sich die Zellen der Pflanzen meist so stabilisiert, dass sie ohne Stäbe auskommen würden. Häufig bleiben die Pflanzen noch ein weiteres Jahr stehen, deshalb sollten die Stäbe dann noch an den Pflanzen verbleiben. In jedem Fall sollten die Bindungen geprüft und gegebenenfalls gelöst werden. Falls die Stäbe nicht mehr an den Pflanzen benötigt werden, löst man die Heftungen und zieht die Stäbe heraus. Sie werden je nach Qualität und Länge sortiert, gebündelt und trocken eingelagert. Minderwertige Pflanzen werden ausgesondert und entsorgt. Lohnkosten sind oft höher als Neukauf!

Nadelgehölze müssen oder können gestäbt werden:

Einige Gattungen, Arten und Sorten benötigen besonders im Jugendstadium Hilfen, um den arttypischen Wuchs zu erreichen. Pflanzen, die von der Art über einen natürlichen Mitteltrieb verfügen, gebrauchen nur eine „Starthilfe" über einen kurzen Zeitraum. Diese Arbeit sollte am weichen Trieb ab Mitte Mai erfolgen.

Dazu zählen u. a.:

- *Abies procera* 'Glauca'
- *Cedrus atlantica* 'Glauca'
- *Chamaecyparis nootkatensis* 'Pendula' und Ähnliche
- *Picea pungens* 'Hoopsii' und Ähnliche

Die Auswahl der Veredlungsreiser hat einen erheblichen Einfluss auf den späteren Habitus der Pflanzen. Reiser aus Spitzentrieben bringen meist aufrechte Pflanzen hervor, aus Nebentrieben überwiegend frei gewachsene und breite Exemplare. Nadelhölzer, die eher breit wachsen, wie *Juniperus-media*-Formen, können auch an Stäben gezogen werden. Sie entfernen sich dann allerdings leicht von ihrer typischen und natürlichen Form.

Aufrecht wachsende Nadelgehölze:

Koniferen, die als natürliche Wuchsform einen geraden Mitteltrieb haben, benötigen gelegentlich gärtnerische Hilfe, um wieder einen Leittrieb zu erhalten. Krumme, aber auch beschädigte Spitzen müssen dann neu aufgebaut werden. Ähnlich wie bei Kronenveredlungen befestigt man auch hier einen entsprechenden Stab unterhalb der Spitze. Der noch junge und weiche Trieb wird dann geheftet und bekommt dadurch eine gerade Form (s. Abb. 250).

Diese Methode muss häufig bei nachfolgenden Gattungen angewendet werden:

- *Abies*
- *Cedrus*
- *Larix*
- *Picea*
- *Pseudotsuga*

Diese Arbeit sollte spätestens Ende Mai abgeschlossen sein, da die Triebe sonst schon zu sehr ausgereift und verhärtet sind.

Koniferen mit überhängendem Wuchs (Abb. 251):

- *Cedrus atlantica* 'Glauca Pendula'
- *Chamaecyparis nootkatensis* 'Pendula'
- *Larix leptolepis* 'Pendula'
- *Picea abies* 'Inversa'

und ähnliche Formen müssen grundsätzlich

Abb. 250
Blaufichten-Sorten stäben
Der an der Spitze verkrümmte Trieb muss ganz oben geheftet werden.

Abb. 251
Hängekonifere – Beispiel
Picea abies 'Inversa' (schematisch)
links: gerade, da gestäbt
rechts: Ohne Stab bildet sich kein Mitteltrieb.

gestäbt werden, da sie sonst keinen aufrechten Habitus bilden.
Während der Anzucht ist ein leichter Korrekturschnitt zu empfehlen. Zu lange Triebe werden vorsichtig eingekürzt, die Pflanzenqualität wird so runder und erheblich besser.

Abb. 252
Mehrstämmige Konifere – Beispiel
Tsuga canadensis (schematisch)
links: mehrstämmig
rechts: einstämmig

Mehrtriebige, aufrecht wachsende Koniferen, wie *Tsuga canadensis,* haben von Jugend an häufig mehrere Triebe. Sie brauchen nicht auf einen Trieb gezogen werden. Durch einen straffen Schnitt mit der Heckenschere werden gleichmäßig runde und kompakte Pflanzen erzielt (s. Abb. 252 und 253).

Ein mehrstämmiges Exemplar von *Pinus sylvestris.*
Foto: Sieboldianus/iStockphoto.com
Abb. 253

9 Formieren von Gehölzen

Dieser Begriff bedeutet in der Baumschule meist, Pflanzen beim Erreichen ihres natürlichen Habitus durch Schnittmaßnahmen zu unterstützen.
Grundsätzlich trägt jeder Schnitt schon bei jungen Gehölzen dazu bei, die spätere Form der Pflanzen zu beeinflussen.
Der fachlich qualifizierte Schnitt bei Heckenpflanzen und sonstigen Standardgehölzen, wie er von jedem gut ausgebildeten Gärtner verlangt wird, muss zwingend in jedem Ausbildungsbetrieb vermittelt werden.

Die Kultur von den unterschiedlichsten Formen bei Obstgehölzen und jede dazu notwendige Maßnahme verlangt spezielle Kenntnisse des Ausbilders. Diese an Auszubildende zu vermitteln ist sehr schwer und meist nur in Spezialbetrieben möglich. Allerdings werden heute durch besondere Kulturverfahren, Stäben und Schnitt besondere Formgehölze herangezogen. Bis so ein Gehölz verkaufsfertig ist, dauert es oft viele Jahre oder gar Jahrzehnte. Der Kultivateur benötigt ein ausgeprägtes Vorstellungsvermögen, um einen **„Rohling"** entsprechend einzuschätzen und ihn dann so zu bearbeiten, dass er später eine attraktive und Pflanze ergibt.
Wichtig ist, den Kunden auf die spätere und regelmäßige Pflege hinzuweisen. Da sich viele Endverbraucher diese sehr spezielle Arbeit nicht zutrauen, sollte dieser Service vom Lieferbetrieb mit angeboten werden!
Besondere Kultur- und Pflegemaßnahmen in der Pflanzenanzucht erfordern einen erheblich höheren Lohn- und Materialaufwand. Der dadurch bedingte höhere Preis ist absolut gerechtfertigt und muss erzielt werden.

Koniferen formieren:
Jede Pflanze ist ein besonderes Individuum, kaum eine gleicht der anderen. Bei Massengehölzen, wie Koniferen für Heckenpflanzen, spielen die Unterschiede eine geringere Rolle. Allerdings sind Verpflanzrhythmen und der Pflegeschnitt für das spätere Gedeihen beim Endverbraucher entscheidend.

Besonders für Einzelstellungen (Solitäre) gezogene Nadelgehölze benötigen während der Aufzucht besondere Pflege und Aufmerksamkeit.

Das gilt für aus Veredlungen gezogene Pflanzen bei
- *Abies koreana*-Sorten
- *Abies lasiocarpa*-Sorten
- *Abies procera* 'Glauca'
- *Cedrus atlantica*-Sorten, v. a. Hängeformen
- *Chamaecyparis nootkatensis* 'Pendula'
- *Ginkgo biloba* 'Fastigiata'
- *Picea abies* 'Acrocona'
- *Picea abies* 'Inversa'
- *Picea omorika* 'Pendula'
- *Picea pungens*-'Glauca'-Veredlungen in aufrecht wachsenden Sorten

Allerdings werden auch gelegentlich Pflanzen von *Abies procera*-'Glauca'- und *Picea pungens*-'Glauca'-Veredlungen als „frei gewachsene" Pflanzen gezogen. Das bedeutet, es wird kein Mitteltrieb gestäbt und geheftet. Dadurch entstehen oft malerisch gewachsene Exemplare. Erfolgreiche Kultivateure ziehen die oben genannten Arten von der 1-jährigen Veredlung bis zur Fertigware durch Stäben, Heften und

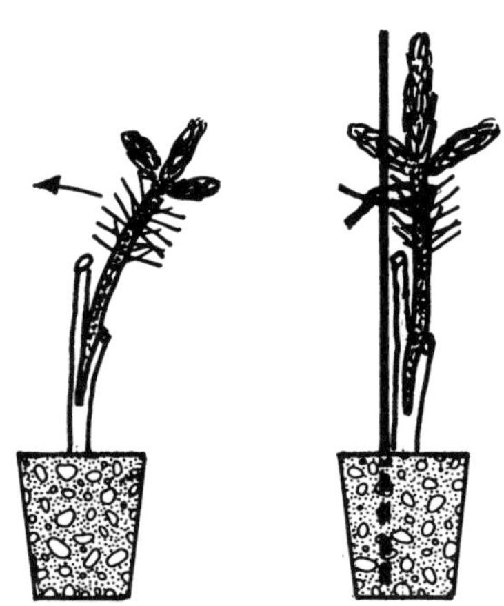

Stäben 1-jähriger Veredlung
links: vor dem Stäben
rechts: fertig gestäbt
Abb. 254

Verkaufspflanze von *Picea pungens* 'Glauca'-Veredlung, im Mai–Juni im Quartier **beim Stäben**

Abb. 255

Schlecht ausgebildeter **Quirl**, ein geeigneter Trieb wird verschoben, von oben gesehen

Abb. 256

Fertig **formiert**, von oben gesehen
St – Stab, von oben gesehen

Abb. 257

Schnitt in die erwünschte Form (Abb. 255). Gerade bei kleinen Pflanzen ist rechtzeitiges Heften, Schneiden und Stäben besonders wichtig (s. Abb. 254 und 255).
Oft entwickeln sich die Quirle von *Picea*- und auch *Abies*-Veredlungen einseitig. Häufig liegt die Ursache schon in der Auswahl der Reiser. Aus Spitzentrieben gezogen, entwickeln sich die Pflanzen meist gleichmäßiger. Nachkommen aus Nebentrieben wachsen häufig ungleichmäßig.

> Schneiden, Stäben und Heften werden immer parallel zueinander ausgeführt.

Die Ungleichmäßigkeit der Quirle kann behoben werden, indem man im Mai/Juni diese Triebe zur Seite schiebt und sie damit in der richtigen Stellung mit Stäben feststeckt (s. Abb. 256).
Auf der nächsten Zeichnung, Abb. 257, ist das Zur-Seite-Drücken bereits geschehen. Zum Schluss wird der Stab fest in die Erde gesteckt, damit der Trieb in seiner neuen Position festgehalten wird. Im September haben sich die Triebe so weit gefestigt. Die Stäbe können herausgezogen werden, ohne dass die Triebe wieder in ihre Ausgangslage zurückgehen. Der eventuell erforderliche Schnitt darf nur in das 1-jährige Holz gehen. Dabei sollte möglichst auf bereits ausgebildete Knospen geachtet werden. Seiten- und Mitteltriebe kürzt man wie auf Abb. 258 ein, in besonderen Fällen auch auf kurzen Zapfen, wie Abb. 259 zeigt.

In das mehrjährige Holz sollte möglichst nicht geschnitten werden, denn dort entwickeln sich nur mangelhafte Neutriebe (s. Abb. 260).

Rückschnitt auf Augen

Abb. 258

Rückschnitt auf kurzen Zapfen

Abb. 259

Rückschnitt ins 2-jährige Holz, selten erfolgreich

Abb. 260

10 Pflanz- und Rodemaßnahmen

In den Kapiteln 10.1 bis 10.6 sind Pflanz- und Rodemaßnahmen sowie der Punkt Winterschutz zu finden.

10.1 Vermessen eines Quartiers

Die Techniken in den Betrieben sind je nach Betriebsgröße sehr unterschiedlich!
Vom Zollstock über das Bandmaß oder Fluchtstäbe bis hin zur Lasertechnik und GPS-Steuerung können je nach Betriebsgröße alle Methoden genutzt werden. In der Praxis sind die Feldmaße und -größen in gut geführten Ausbildungsbetrieben bekannt (Quartierdatei und deren Konsequenzen). Um qualitativ einwandfreie und gesunde Pflanzen heranzuziehen, müssen die vom FLL erarbeiteten Mindestpflanzabstände eingehalten werden. Allerdings sollten sie auch nicht gravierend überschritten werden. Pflanzen sollen sich gegenseitig zum aufrechten Wuchs zwingen und den Boden beschatten. Dadurch werden Austrocknung und Unkrautwuchs reduziert. Bei der Wahl der Pflanzabstände sind die im Betrieb vorhandenen Maschinen und Pflegegeräte zu berücksichtigen. Dabei spielt der Habitus der Pflanzen eine erhebliche Rolle, sonst kommt es später bei maschineller Pflege leicht zu Beschädigungen wertvoller Gehölze.

Flächen für die Kulturen planen, vermessen und einteilen:
Zuerst wird geplant, welche Kulturen auf die zur Verfügung stehenden Flächen gepflanzt werden sollen. Dabei müssen zwingend Vorkulturen berücksichtigt werden, um z.B. keine Probleme mit Bodenmüdigkeit bei Rosengewächsen zu bekommen. Aus den festgelegten Pflanzabständen der FLL ergibt sich rechnerisch leicht der erforderliche Flächenbedarf, z.B. für Rosenunterlagen. Bei 13 × 75 cm werden 975 cm² je Pflanze benötigt, das ergibt max. 11 Pflanzen pro m², pro Hektar rechnerisch 90.900 Pflanzen.

Für ein Quartier sollten möglichst gleiche Reihenabstände gelten, das erspart später häufiges Verstellen von Pflegegeräten.

Flächen vermessen:
Als hauptsächliche Geräte werden verwendet:

1. Bandmaß: für das Messen der Quartiergröße.
2. Fluchtstäbe: zum Einfluchten der Quartiere und deren Grenzen, Festlegen der ersten Reihen und sonstiger Punkte sowie zum Markieren bei Maschinenpflanzung.
3. Zollstock: für kleinere Pflanzabstände – Reihenabstände und in der Reihe.
4. Pflanzleinen: mit und ohne Kugelmarkierungen für gleichmäßige Abstände.
5. Lasertechnik oder Steuerung über GPS-/RTK-Technik: nur in größeren Betrieben mit entsprechender Technik möglich.

Vor der Aufpflanzplanung wird die Fläche vermessen, damit die erforderliche Pflanzenmenge errechnet werden kann.

Einfluchten:
Bei der Planung eines Quartiers sollten die Reihen möglichst lang sein. Wendeflächen und Wendezeiten am Ende einer Reihe sind aufwendig und teuer! Eingefluchtet wird, wenn das Quartier recht lang oder das Gelände nicht ganz eben ist. Jeweils am Anfang oder Ende einer geplanten Reihe wird ein farblich markanter Stab gesteckt. Ein weiterer Stab, oder auch mehrere Stäbe, wird dann auf Handzeichen oder Zuruf von geschulten Personen dazwischen in Position gebracht. **Stimmen alle „Fluchtpunkte“ überein, ist die Reihe gerade (s. Abb. 261).**

Unbedingt zu beachten:
Beim Ausrechnen der benötigten Pflanzen müssen Zäune, Vorgewende, Wegeflächen für spätere Rodung und Abtransport sowie Flächen für Pflege- und Rodegeräte berücksichtigt werden.

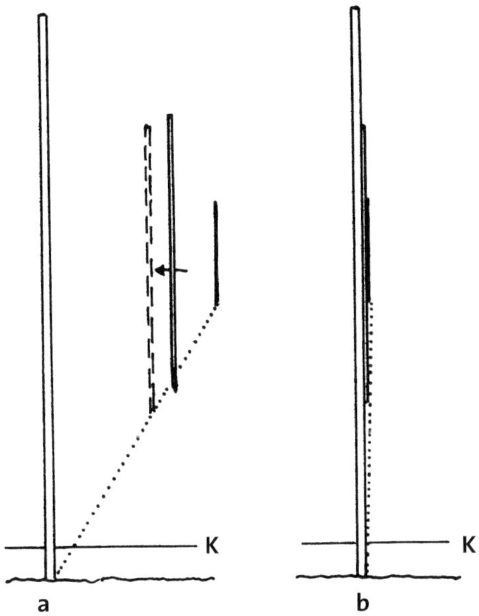

a – Der mittlere Stab wird nach links eingefluchtet.
b – Fertig eingefluchtet, nur ein Stab ist sichtbar.
K – Kopfende – wo die Reihe beginnen soll.

Abb. 261

Einweisen:
Einfache Handzeichen reichen für die Einweisung auf mittleren Entfernungen. Die Person, die für den mittleren Stab zuständig ist, muss auf den Einweiser achten. Einfache optische Signale müssen auf Entfernung gut nachvollziehbar sein. Unkomplizierte Zeichen reichen oft aus: Bewegungen der Hand des Einweisers nach rechts, links oder unten und oben weisen den Mitarbeiter ein. Z. B.:

1. Die ganze Hand nach rechts oder links bewegen heißt: Den Stab deutlich zur entsprechenden Seite hin bewegen.
2. Steht der Stab richtig, dann bewegt man beide Hände von oben nach unten. Der in die Erde gedrückte Fluchtstab steht nun richtig.

Bei größeren Entfernungen wird häufig Funk- oder Lasertechnik genutzt.

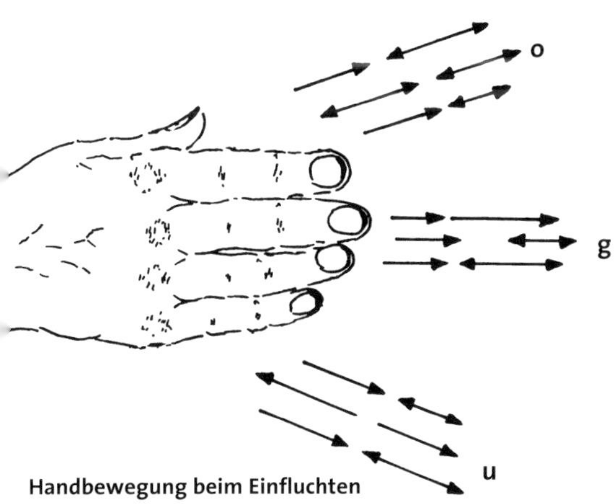

Handbewegung beim Einfluchten
o – nach schräg oben bewegen
g – gerade – waagrecht bewegen
u – nach unten schräg bewegen (nur rechte Hand gezeichnet)

Abb. 262

10.2 Verpflanzen von Gehölzen

Verpflanzvorgänge, egal welcher Art, dienen der qualitativen Fortentwicklung von Gehölzen. Das Kappen der Wurzeln und der dazugehörende Rückschnitt der oberirdischen Pflanzenteile fördern die positive Entwicklung von Pflanzen. Optimale Pflanzenentwicklung fördert das spätere Weiterwachsen der Gehölze. Je nach Gehölzart liegt der Verpflanzrhythmus zwischen zwei und vier Jahren.

Begriffe für Verpflanzen und ähnliche Kulturarbeiten:
Es werden dabei folgende Begriffe in der Reihenfolge der Wichtigkeit je nach Gehölzart und -alter gebraucht:

1. Verpflanzen (Abb. 263 und 266)
2. Umstechen (Abb. 264 und 265)
3. Unterschneiden, Stechen (Abb. 264 und 265)
4. Pikieren, Unterschneiden der Wurzeln (wirkt wie auf Abb. 263 und 264)

Verpflanzen:
Hierunter versteht man das Verpflanzen oder ähnliche Kulturmaßnahmen von ein- oder mehrjährigen Pflanzen bis zur verkauften Pflanze im Betrieb. Der Zeitablauf kann sehr unterschiedlich sein.

Umstechen von Gehölzen:
Wenn das Verpflanzen einzelner Pflanzen in locker stehenden Quartieren zu teuer erscheint, kann umstochen werden. Bei Solitärpflanzen ist ein

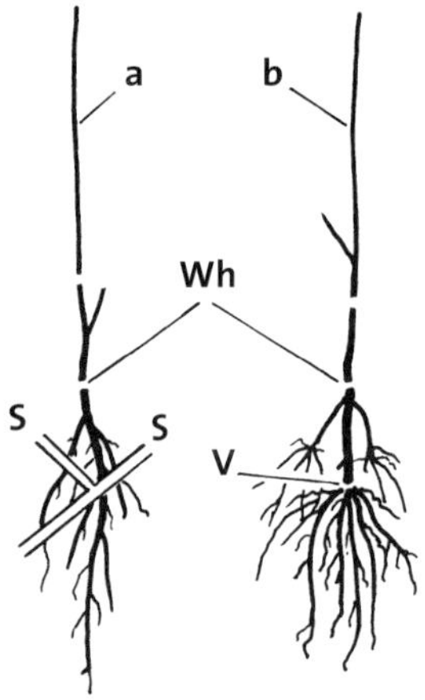

Starke Wurzelverzweigung durch Verpflanzen
a) unverpflanzt – 2-j. S
S = Stelle für Wurzelschnitt
b) verpflanzt – 2-j. V. S mit gut verzweigter Wurzel
V = vorjährige Schnittstelle
Wh = Wurzelhals
Abb. 263

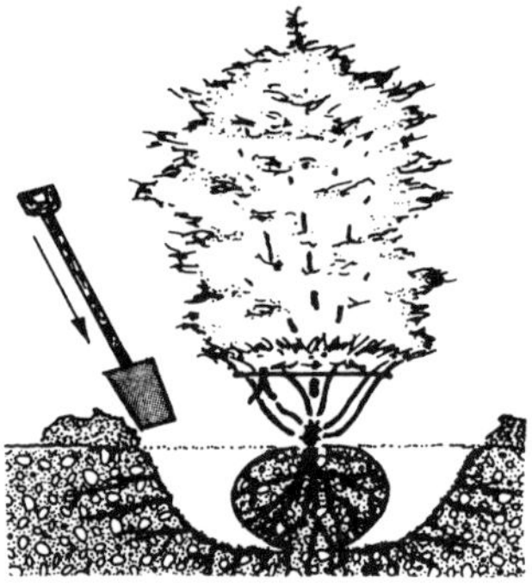

Umgraben. Taxus Solitär, auf herkömmliche Weise
Abb. 264

gut ausgeprägtes Wurzelwerk für das spätere Weiterwachsen besonders wichtig. Mit einer Ballenstechmaschine ist dieser Arbeitsgang einfach zu erledigen. Es reicht schon aus, dass die Wurzeln im Bereich des Ballens auf ein richtiges Maß gekappt werden.

Mit herkömmlichen Spaten ist diese Methode erheblich aufwendiger. Größere Pflanzen müssen teilweise freigegraben werden. Restliche Wurzeln werden abgestochen. Besonders im Frühjahr ist danach für ausreichend Wasser zu sorgen, notfalls muss beregnet werden. Besonders einige Nadelhölzer, wie *Abies* in Sorten, *Pinus nigra* oder *Sequoiadendron* in Sorten neigen zu schwacher Wurzelbildung. Hier ist häufiges Umstechen notwendig.

Abb. 265: Ballenstechgerät im Schlepperanbau.
Foto: damcon.nl

FREIGRABEN VON GEHÖLZEN:
Vor allem größere Einzelpflanzen von Nadelgehölzen und auch sonstige Solitärpflanzen mit Ballen werden freigegraben, um das aufwendige Verpflanzen zu sparen.

Kulturbeispiel bei *Forsythia intermedia* 'Spectabils':
Die nachfolgenden Kulturabläufe vom Steckholz bis zum Solitär:

Pflanztermin Monat/Jahr	Arbeiten	Kulturziel	Rodetermin Monat/Jahr	Bemerkungen
3/2024	Steckholz	Jungpflanze zur Weiterkultur	11/2024	Mehrtriebige Pflanzen zur Containerkultur sortieren
3/2025	1. Verpflanzen	Fertigpflanze/ heranwachsend		Rückschnitt nach einem Kulturjahr
3/2026	Rückschnitt	Fertigpflanze	Ab 10/2026	Sträucher 10/2019
ab 10/2026	Rodung/ Sortieren	Fertigpflanze		
3/2027	2. Verpflanzen	Solitärpflanze	Ab 10/2029	Erstmals nach 2 Jahren Solitärpflanzen mit Ballen

In der Folgezeit sind eventuelle Verpflanzrhythmen im Abstand von 2–3 Jahren erforderlich.

Pinus nigra, gleichaltrig

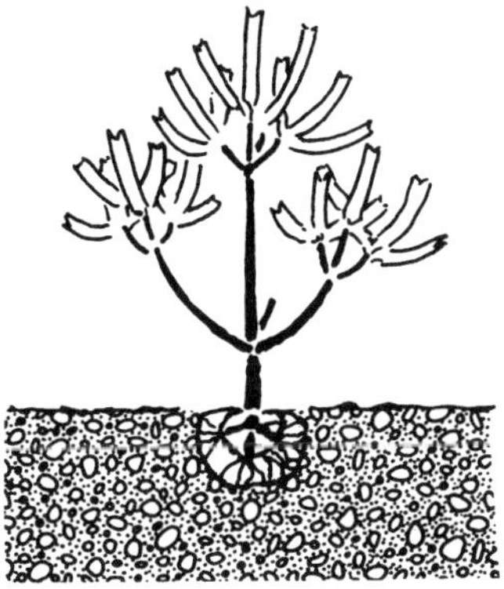

a) Kompakt durch Verpflanzen mit verzweigtem Wurzelwerk

Abb. 266

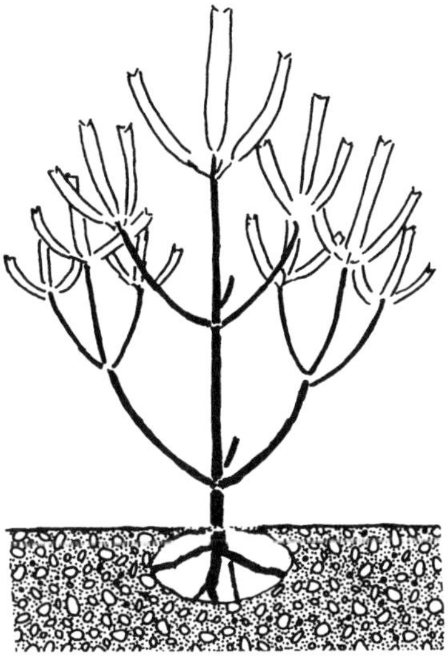

b) Lockerer Habitus und nur starke Wurzeln, da weniger verpflanzt (schematisch gezeichnet)

Abb. 267

Abb. 268: Unterschneidemesser für Jungpflanzen. Foto: Möller

Abb. 269: Beetrüttelpflüge eignen sich zum Roden von Jungpflanzen und Ziersträuchern. Foto: Dröppelmann

Aufschulen oder Verschulen:

Aufschulen (Aufpflanzen) nennt man das Aufpflanzen von Jungpflanzen.

Verschulen (Verpflanzen) bedeutet das Verpflanzen von bestehenden Quartieren.

Pikieren (Unterschneiden) nennt man das erstmalige Unterschneiden oder Verpflanzen von jungen, krautartigen Sämlingen oder Stecklingen. Die Wurzelbildung ist fast ähnlich wie bei der Verschulung.

Bei vielen Veredlungsunterlagen werden im Sommer auf dem Sämlingsbeet die Wurzeln mit einem speziellen Unterschneidemesser in einer Tiefe von 6–10 cm unterschnitten. Es erfolgt recht schnell eine Verzweigung der Wurzeln. Dadurch wachsen die Pflanzen wesentlich besser weiter. Bei einigen Apfel-, Birnen- oder Kirschensämlingen ist diese Methode üblich (s. Abb. 268).

Die internationale Bezeichnung lautet z. B.: *Malus communis* 'Bittenfelder' 1-j. pikierte Sämlinge 1×0.

Einige weitere hochwertige Baumschulgehölze werden noch auf Beete oder in Töpfe pikiert. Dazu zählen z. B. *Pieris*, *Rhododendron* und Ähnliche.

10.3 Ballen – Ballenstechen – Ballieren

Warum werden Pflanzen mit Erdballen verpflanzt?
Empfindliche Wurzeln sollen vor äußeren Einflüssen geschützt werden:
1. Vor Austrocknen durch Luft, Wind und Sonne.
2. Schutz vor Austrocknung während des Transports.
3. Die feinsten Faserwurzeln sollen erhalten bleiben und das Anwachsen begünstigen.
4. Die Verpflanzzeit wird länger, das Risiko wird gemindert.

Folgende Möglichkeiten bestehen, um den Pflanzen das Anwachsen zu erleichtern:
1. Jungpflanzen in Töpfen.
2. Fertigpflanzen für den Verkauf in Töpfen und Containern kultivieren.
3. Gehölze in Kübeln für große Pflanzen.
4. Ballenpflanzen für Solitärgehölze.

Auf die Punkte 1–3 wird beim Thema Containerpflanzen näher eingegangen.

Gehölze mit Ballen, Containern oder wurzelnackt:
Obwohl heute fast alle Gehölze in Containern angeboten werden, können viele Arten auch bedenkenlos ohne Ballen gepflanzt werden. Wichtig ist, dass die Wurzeln stets vor Wind und Sonne geschützt sind und feucht gehalten werden.

Nachfolgende Gehölzgruppen können bei sachgemäßer Behandlung bedenkenlos ohne Ballen oder Container gepflanzt werden:
- Alle einfachen Zier- und Wildgehölze
- Obstgehölze
- Rosen
- Laubgehölzheckenpflanzen
- Heister
- Alleebäume 2 und 3 × v. mit wenigen Ausnahmen

Gehölze mit schwacher Wurzelbildung sollten besser in Containern kultiviert werden.
Dazu gehören z. B.:
- *Chaenomeles*
- *Cytisus*
- *Tamarix* in Sorten
- und Ähnliche

Durch stark verändertes Käuferverhalten werden zumindest für den Endverkauf immer mehr Gehölze als Vollsortiment im Container für den Ganzjahresverkauf im Container verlangt und entsprechend kultiviert.

Erfolgreiches Weiterwachsen nach dem Verpflanzen im Quartier oder auf der Baustelle ist zu gewährleisten. Daher müssen Ballenpflanzen alle 2–3 Jahre verpflanzt werden, um ein ausgeprägtes Wurzelwerk zu bekommen. Solitärpflanzen müssen mindestens ein drittes Mal verpflanzt sein, die Bezeichnung lautet dann: **Solitär 3 × v. mit Drahtballierung.**
Solitärhochstämme und -stammbüsche sind mindestens 3 × v. Einige Gattungen und Arten werden bis zu einer gewissen Stärke mit und ohne Ballen verkauft. Jedes weitere Verpflanzen ist an der Bezeichnung zu erkennen, z. B. 4 × v., 5 × v. usw.

Herausnehmen und Verpflanzen von Ballenpflanzen auch für den Verkauf:
Im Gegensatz zu ballenlosen (wurzelnackten) Laubgehölzen können manche Nadelgehölze bereits ab Mitte August – in der arbeitsärmeren Zeit – herausgenommen und verpflanzt werden. Der Boden sollte mäßig feucht und gut aufgelockert sein. Bis zum Spätherbst bilden die Koniferen frische Wurzeln und gehen optimal in den Winter.

Verkaufszeiten in den Baumschulen haben sich in den letzten Jahren stark verändert. Die Verkaufseinschläge müssen rechtzeitig aufbereitet und gefüllt werden. Containerpflanzen machen da keine Probleme, sie sind fast ganzjährig verfügbar. Ballenpflanzen sind an gewisse Zeiten gebunden, sie lassen nur einen gewissen Spielraum zu.

Termine:
Sie können sich je nach Witterungsverlauf geringfügig verschieben. Im Frühjahr können Ballenpflanzen bis in den Mai hinein unbedenklich verpflanzt werden. *Betula* und *Carpinus* lassen sich während des Laubaustriebs besonders erfolgreich verpflanzen.

GRÖSSE DER BALLEN:
Sie sollte immer im Verhältnis zur Gesamtpflanze stehen (s. Abb. 270). Zu kleine Ballen haben wenig Wurzeln und schaden der Pflanze, zu große ebenfalls, da die Festigkeit der Ballen fehlt. Die Ballengröße wächst im Verhältnis zur Pflanze (s. Abb. 271 und 272).

Ab Mitte August	Koniferen
Ab September	Rhododendren, Azaleen und Ähnliche
Ab Mitte September	Immergrüne Laubgehölze
Ab Anfang Oktober	Laubabwerfende Gehölze

Bitte beachten:
Die Verlagerung der Pflanzzeit im öffentlichen und privaten Bereich in das Frühjahr macht den Produktionsbaumschulen stark zu schaffen. Klassische Pflanztermine lassen sich durch Lagerung der Gehölze in Kühlhäusern um einige Wochen verlängern. Allerdings muss danach auf Feuchtigkeitsbedarf und Sonnenschutz geachtet werden. Gute Versorgung im Einschlag verlängert ebenfalls die Pflanzzeit. Inzwischen erfolgt eine gute Wurzelbildung.

DURCHWURZELUNG DER BALLEN:
Alle Ballen müssen nach den Gütebestimmungen gut durchwurzelt sein. Dieser Zustand ist nur durch regelmäßiges Verpflanzen zu erreichen! Gehölze wie *Deutzia, Euonymus* und *Philadelphus* haben ein ausgeprägtes Wurzelwerk. Das Herausnehmen mit Ballen ist meist kein Problem. *Caragana, Laburnum* und *Salix* verfügen über weniger stark entwickelte Wurzeln, hier ist besondere Sorgfalt geboten!

AUSSTECHEN DER BALLEN:
Die Beschaffenheit der Böden und das Wurzelvolumen sind für die Qualität der Ballen von großer Bedeutung. Anlehmige, feuchte Böden halten die Ballen besser als trockene und sandige. Steine im Erdreich erschweren das Stechen der Ballen und deren Zusammenhalt erheblich.

Kleine Ballen stechen
Schema der Reihenfolge der Spatenstiche

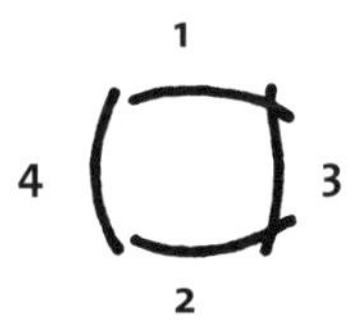

Abb. 273

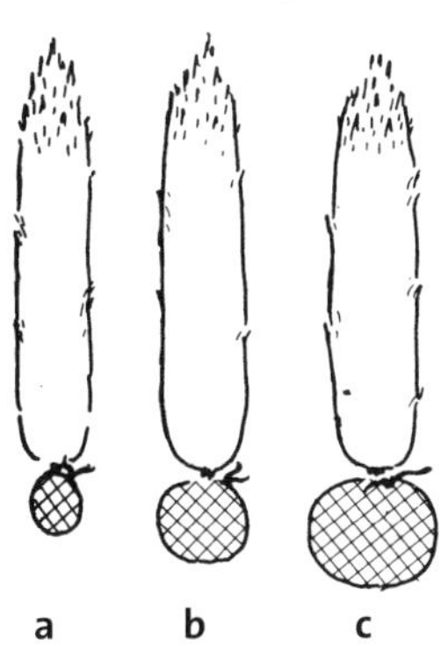

a – zu kleiner Ballen
b – richtige Größe
c – zu groß
Abb. 270

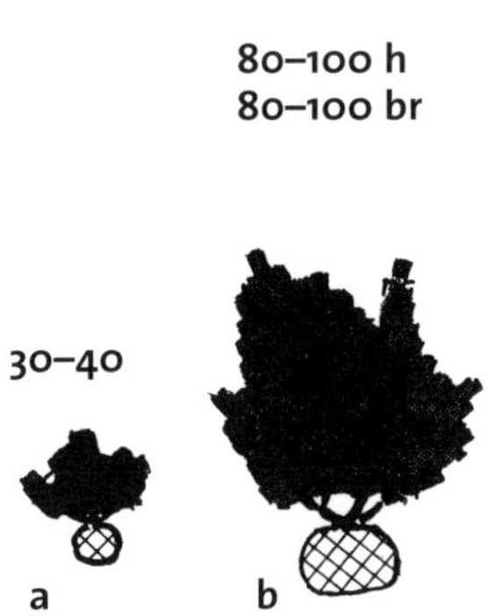

Je größer die Pflanze, umso größer der Ballen
Abb. 271

Solitärpflanze mit großem Ballen
Abb. 272

BALLENSTECHMETHODEN MIT DEM SPATEN:
Bei kleinen Pflanzen lassen sich Ballen recht einfach stechen. Ob eine Pflanze aufgebunden werden muss, hängt von deren Habitus ab. Nicht durchwurzelte Erde wird mit dem Spaten abgehoben. Je nach Größe der Pflanzen wird 4- bis 6-mal (Abb. 273) gleichmäßig um die Pflanze herumgestochen. Mit dem letzten Spatenstich wird sie herausgehoben und anschließend balliert.

Bei größeren Pflanzen ist der Arbeitsaufwand erheblich größer. Zunächst wird die überflüssige Erde abgetragen. Anschließend wird der Ballen von oben angeschrägt und gleichmäßig schräg nach unten umstochen. Dabei müssen alle Wurzeln sauber, auch unter der Pflanze, durchtrennt sein (Abb. 274, 276).

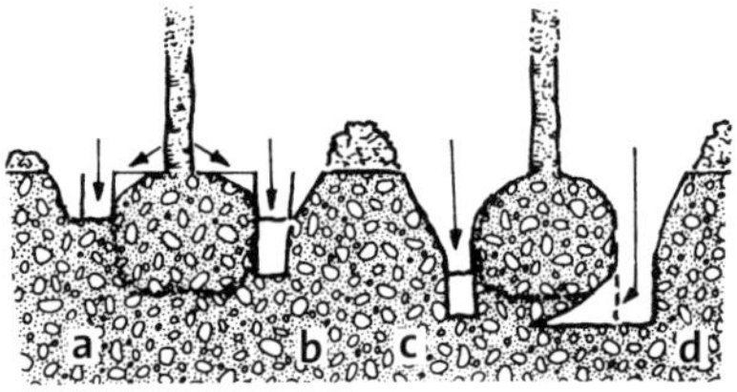

Abb. 274

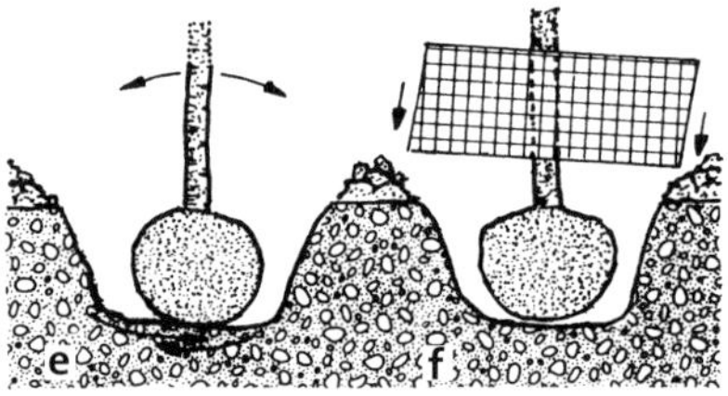

Große Ballen herausnehmen

Abb. 275

Abb. 276

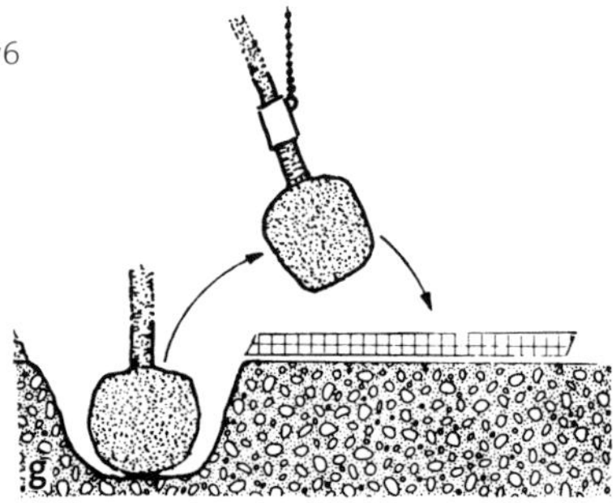

Bei Pflanzen mit eventuellen Pfahlwurzeln (z. B. *Abies*-Sorten) muss besonders sorgfältig gearbeitet werden.

e) Um sicher zu sein, dass alle Wurzeln durchtrennt sind, muss man tief unter den Ballen stechen. Durch vorsichtiges Bewegen der Pflanze prüft man, ob die Wurzeln lose sind. Dann wird die Pflanze herausgehoben und auf ein Ballentuch gestellt. Dieses wird fest über Kreuz verknotet.
f) Muss man im Loch ballieren, schiebt man das Ballenleinen bei gekippter Pflanze unter den Ballen und verknotet es ebenfalls über Kreuz. Die Größe der Ballentücher muss so gewählt werden, dass der Ballen fest umschlossen wird.

Bei vielen Solitärgehölzen und Bäumen sind Drahtballen vorgeschrieben. Diese Körbe sind maschinell hergestellt, in mehreren Größen erhältlich und leicht zu handhaben. Die Verwendung von Ballierkörben ist weniger zeiaufwendig und lässt sich recht schnell durchführen. Momentan sind 9 verschiedene Größen von Ballierkörben im Handel. Für größere Ballen kann der Draht direkt von der Rolle geschnitten werden. Alle Materialien für die Drahtballierung sind roh, d. h. unverzinkt. Sie vergehen nach einiger Zeit im Boden, sodass sie nach der Pflanzung nicht entfernt werden.

BALLENSTECHMETHODE BEI UNTERSCHIEDLICHEN BÖDEN:
Auf lehmigen, schwereren Böden lassen sich bei ausreichender Feuchtigkeit Ballen qualitativ gut stechen. Durch die Konsistenz der Böden ist die Festigkeit ideal. Bei Trockenheit ist diese Arbeit allerdings schwieriger. Auf sandigen Quartieren lassen sich die Ballen meist leichter stechen, allerdings zerfallen sie auch schneller. Steine im Boden wirken sich oft negativ bei der Arbeit aus.

Erläuterung der Arbeitsvorgänge durch Abb. 277 a–d:

a) Entfernen von nicht durchwurzelter Erde.
b) Seitliches Umstechen in kleinen Schritten.
c) Unterstechen, damit alle Wurzeln sauber durchtrennt sind.
d) Aus dem Loch heben, auf das Ballentuch stellen und stramm über Kreuz verknoten.

In schweren Böden

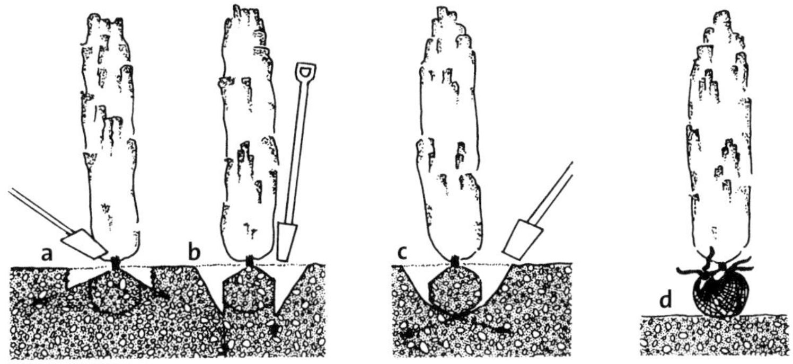

Abb. 277

MASCHINELLES BALLENSTECHEN:
Gerade bei größeren Pflanzen werden heute Maschinen für die Rodung von Ballenpflanzen (Abb. 278) genutzt. Unterschiedliche selbstfahrende, handgeführte **Ballenschneider** können Ballen von 30–140 cm aus dem Boden schneiden.
Anbaugeräte für Schlepper- und Radlader- oder Lkw-Betrieb als **Ballenstecher** werden in vielen Varianten für fast jeden Bedarf angeboten. Da die Geräte teilweise sehr teuer sind, bieten auch Lohnunternehmer ihre Dienste mit Ballenstechgeräten an. Ballenstecher werden auch häufig zur Verpflanzung von Großgehölzen genutzt.

UNTERSCHIEDLICHE BALLENGEWEBE UND SONSTIGES MATERIAL (ABB. 279 UND 280):
Jutegewebe besteht aus reiner Naturfaser und ist begrenzt haltbar (bis 3 Monate). Wird hauptsächlich zur direkten Pflanzung auf Baustellen und zum Verpflanzen in den Baumschulen genutzt.
Konitex ist ein Mischgewebe aus Natur- und Kunststofffasern, das sich zur längerfristigen Lagerung in Einschlägen eignet (ca. 6 Monate).
Alle Ballengewebe werden als quadratische Zuschnitte von 40 × 40 cm bis 200 × 200 cm oder als Rollenware zum Selbstzuschnitt angeboten.

BALLIEREN:
Um den Transport und das spätere Weiterwachsen der mit hohem Aufwand kultivierten Pflanzen zu gewährleisten, müssen diese entsprechend geschützt werden.
Dazu dienen die bereits beschriebenen Ballengewebe und andere Hilfsmittel.

a) Der sauber ausgestochene Ballen wird auf das dafür vorgesehene Tuch gestellt.
b) Die beiden gegenüberliegenden Enden des Ballenleinens werden zusammengezogen und verknotet.
c) Nachdem die beiden übrigen Enden des Tuchs über Kreuz gedreht und stramm gezogen sind, werden sie fest miteinander verknotet.
d) Das Leinen muss nun fest anliegen und den Ballen zusammenhalten, damit er auch Transport und Lagerung gut übersteht.

Ballenschneider gibt es in vielen Größen und Varianten. Foto: Droeppelmann.de
Abb. 278

Ballenleinen im Zuschnitt.
Foto: Meyer KG
Abb. 279

Ballenleinen auf der Rolle
Foto: Meyer KG
Abb. 280

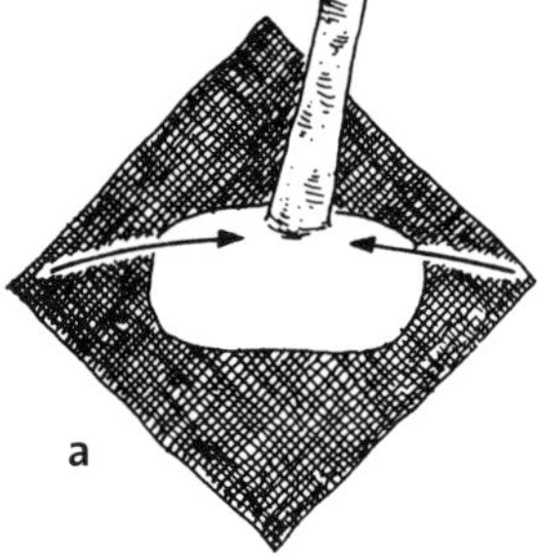

Abb. 281

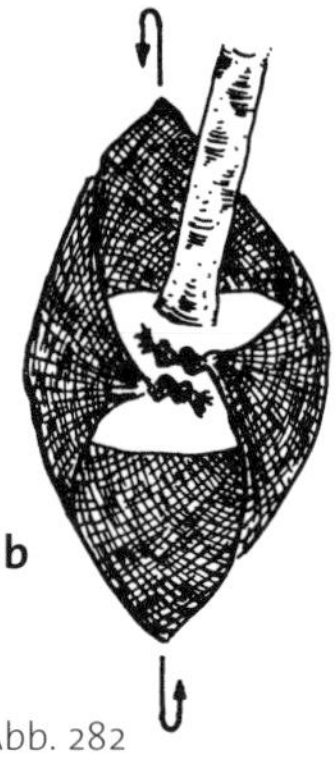

Abb. 282

Abb. 283

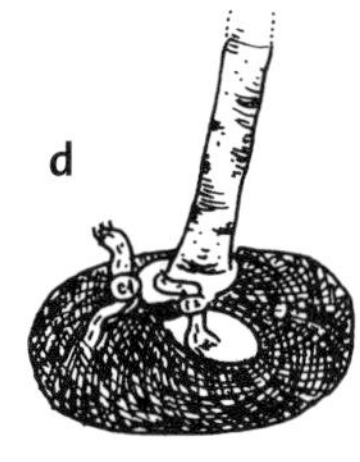

Abb. 284

Es sollte nie um den Stamm gebunden werden, Einschnürungen im Stammbereich müssen vermieden werden.

DRAHTBALLIERUNG:
Solitärgehölze und mehrmals verpflanzte Hochstämme mit Ballen sind während des Transports besonders hohen Belastungen ausgesetzt. Daher sind diese mit Drahtballen zu liefern (s. FLL-Bestimmungen). Für das Stabilisieren der Ballen werden Geflechte aus nicht verzinktem Maschendraht verwendet. Meist werden vorgefertigte Pflanzkörbe, die es in vielen Standardgrößen gibt, in den Betrieben eingesetzt. Bei besonders starken Solitärpflanzen wird häufig auf Rollenware zurückgegriffen. Durchweg wird der Ballen zuerst in Juteleinen gepackt, darüber kommt der Draht. Die Abb. 286 und 288 zeigen den Einsatz von Pflanzkörben.
Abb. 285 zeigt den vorgefertigten Pflanzkorb; Abb. 286 demonstriert, wie der Pflanzkorb übergezogen, mit dem Ballenhaken festgedreht und gespannt wird. Anschließend kann der Haken zum Rücken oder zum Heben der Ballen verwendet werden.
Durch das Eindrehen mit Ballierhaken wird das Geflecht stramm gezogen, sodass es fest um den Ballen sitzt (s. Abb. 287 und 288).

Ballieren mit **Maschendraht** von der Rolle

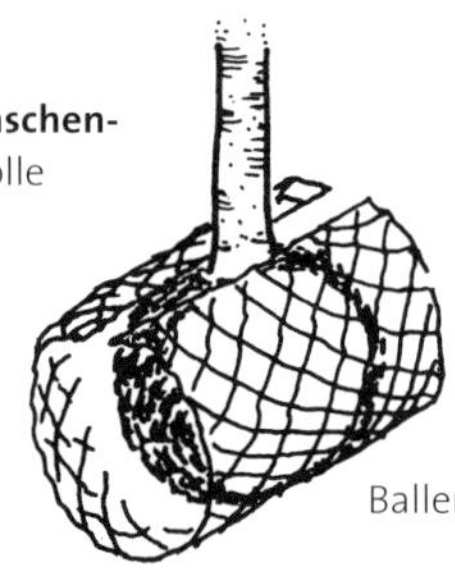

Abb. 287

Ballen hineinsetzen

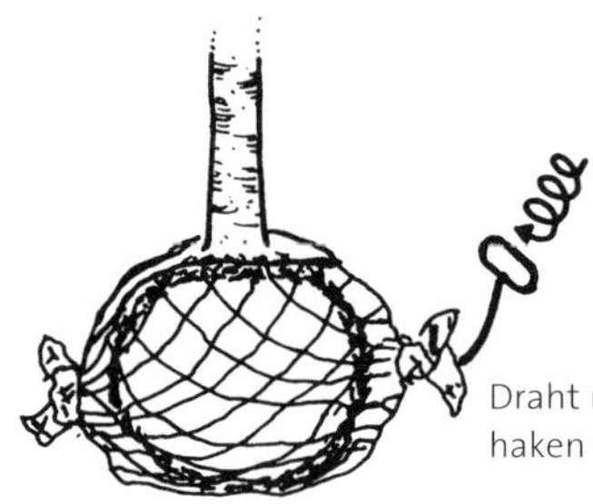

Abb. 288

Draht mit Ballenhaken festdrehen

Pflanzkorb
= Drahtkorb

Abb. 285

Pflanzkorb anlegen
Abb. 286

10.4 Pflanzen gerade richten

Der überwiegende Teil der in Baumschulen angezogenen Pflanzen müssen einen geraden und durchgehenden Mitteltrieb haben. Diese Voraussetzungen werden durch sorgfältiges Aufschulen erreicht. Nicht gerade gepflanzte Gehölze entwickeln im unteren Bereich einen Bogen, der sich ohne Hilfe nicht wieder ausgleicht.
Gerade gepflanzte und gut festgetretene Pflanzen sind die Vorbedingung. Besonders wichtig ist die Arbeit bei Heistern, Hochstämmen, Obstgehölzen und sonstigen aufrechten Pflanzen. Besonders wie auf Abb. 291 dargestellt, bekommen sonst z. B. Kiefern einen Schaden, der nie wieder zu reparieren ist.

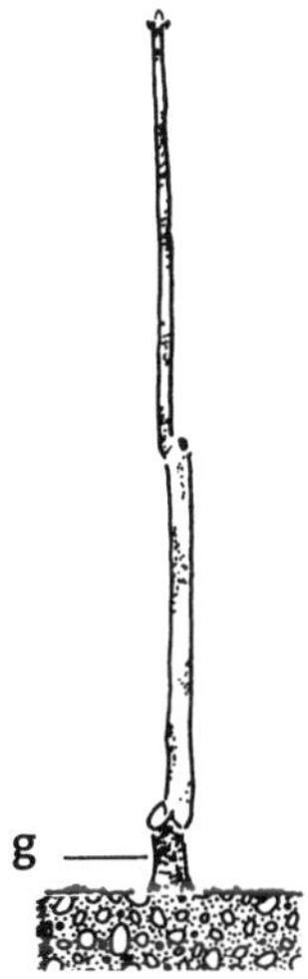

Gerader Fuß

Abb. 289

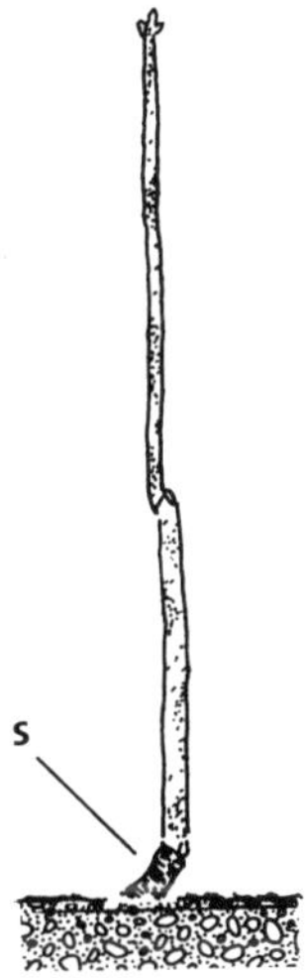

s – mangelhafter, schiefer Fuß

Abb. 290

Schiefer Fuß, weil als junge Pflanze nicht gerade gepflanzt.

Abb. 291

Mängel am Fuß der Pflanze sind die Folgen nicht sorgfältig aufgeschulter Jungpflanzen (s. Abb. 290).

Krümmungen am Stamm oder Trieb werden, wie beim „Stäben" nachzulesen, berichtigt.

GERADERICHTEN BEIM PFLANZEN:
Ob mit der Hand oder Maschine gepflanzt, nicht alle Pflanzen stehen anschließend so exakt gerade, wie es für eine ordnungsgemäße Weiterkultur erforderlich ist. Sie müssen so, wie es die Abb. 292 und 293 zeigen, oder auf ähnliche Weise gerade gerichtet und fest angetreten werden. Kleinere oder größere Pflanzen, ob mit oder ohne Ballen, werden mit einigen festen Tritten so angetreten, dass sie sicher und aufrecht stehen. Gegebenenfalls werden größere Pflanzen mit der Hand gerade gehalten und von beiden Seiten gleichmäßig angetreten.

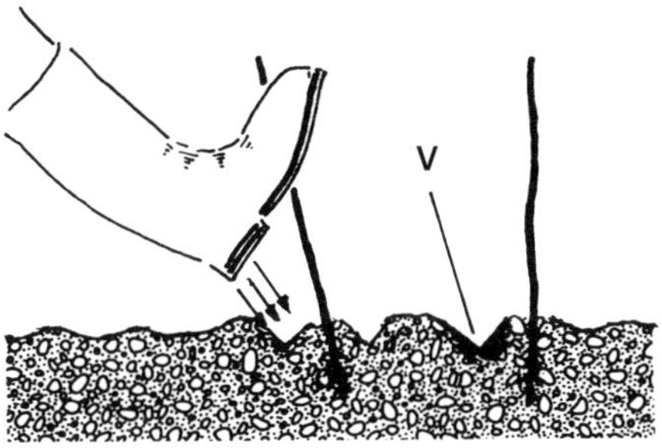

Festtreten von der Seite
V – verdichtet
Pflanze steht gerade und fest.

Abb. 292

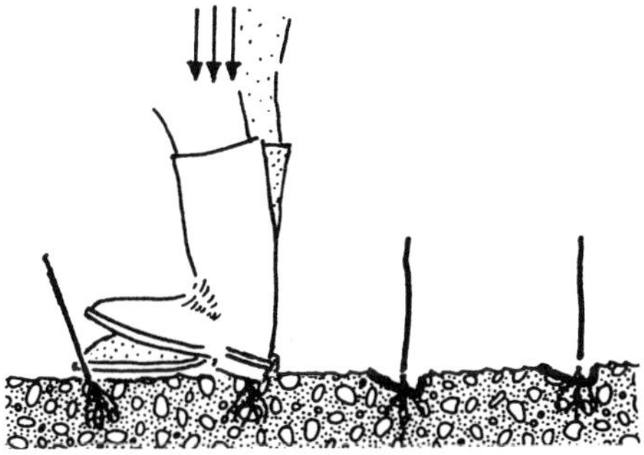

Festtreten beiderseits der Reihe, mit beiden Füßen

Abb. 293

Bitte beachten:
Das Geraderichten muss umgehend nach der Pflanzung geschehen, dann gibt es keine Bögen im unteren Bereich. Heister und Hochstämme müssen ebenfalls direkt nach der Pflanzung gestäbt werden. Sind sie erst einmal durch Wind schief gedrückt, lassen sie sich nur mit großem Aufwand wieder gerade richten. Werden Pflanzen nicht rechtzeitig gerichtet, sind sie später nicht zu verkaufen (s. Abb. 294–296).

Vor allem bei nassen Böden muss sorgfältig gearbeitet werden, der Wurzelbereich darf nicht verdichtet werden.
Im Holz noch weiche Jungpflanzen richten sich durch den Drang zum Licht meist von selbst auf. Das gilt in der Regel für Forstpflanzen und Ähnliche.

Ständige Kontrollen nach der Pflanzung:
Bis Neupflanzungen, besonders im Herbst, eingewurzelt sind, dauert es einige Zeit. Besonders bei Gehölzen mit hohem Winddruck muss ständig kontrolliert und notfalls nachgerichtet werden.

10.5 Anwachsen – Anwachskontrolle

(Abb. 294–296)
Gärtnerische Maßnahmen sind immer ein Eingriff in das Leben der Pflanzen. Es beginnt mit Vermehrungsarbeiten wie Aussaat, Stecklinge, Steckholz, Veredeln, Verpflanz- und Schneidearbeiten. Jede Veränderung verlangt Kontrollen und besondere Pflege. Ob im Stecklingsbeet, nach der Topfung oder dem Verpflanzen, immer muss kontrolliert werden. Ausfälle in den einzelnen Kulturfolgen bedeuten wirtschaftliche Verluste. Daher sind ständige Kontrollen wichtig. Fehler in der Anzucht, aber auch klimatische Gründe können für Misserfolge verantwortlich sein. Wurzeln dürfen niemals trocken werden, immer vor Wind schützen! Nach dem Verpflanzen muss die Bodenfeuchtigkeit kontrolliert und notfalls bewässert werden. Immergrüne und junge Gehölze sollten eventuell durch Schattierung vor Sonne geschützt werden.

Nach dem Verpflanzen geraten Gehölze oft in Stresssituationen. Es ist häufig schwer zu erkennen, ob die Pflanzen noch leben.
Einige typische Merkmale zeigen, dass die Pflanze noch lebt:
1. Knospen sind prall und frisch.
2. Das Kambium ist grün und saftig.
3. Rinde ist prall und nicht angetrocknet.
4. Blätter von immergrünen Gehölzen sind frisch und nicht geschädigt.
5. Die Nadeln von Koniferen haben frische Farbe und sind nicht vergilbt.

Wie kann man die Pflanze unterstützen und das Anwachsen erleichtern?
1. Angemessener Rückschnitt.
2. Mit feuchten Wurzeln pflanzen.
3. Eventuell angießen.

Erklärung im Text

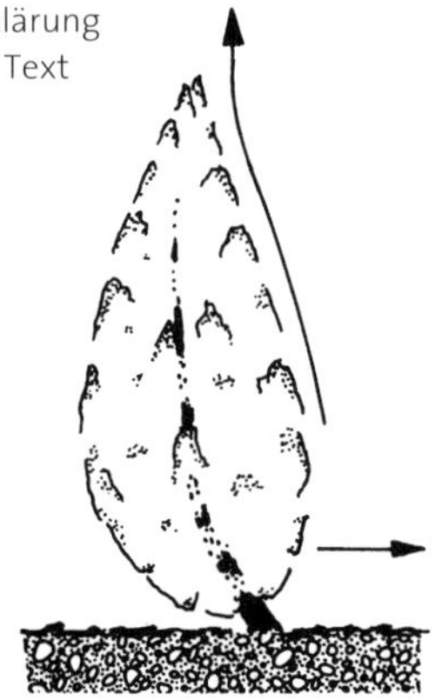

Abb. 294

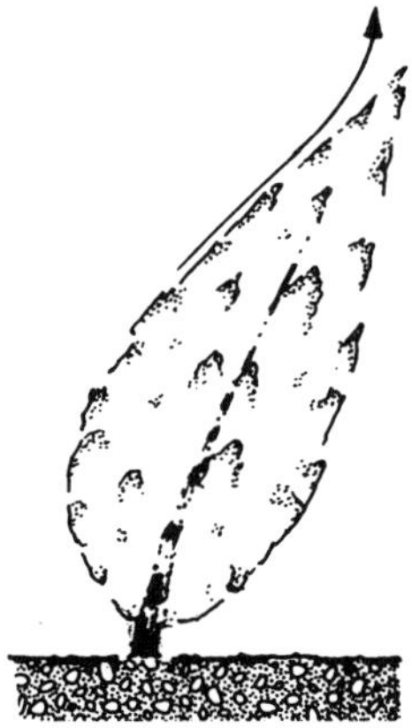

Abb. 295

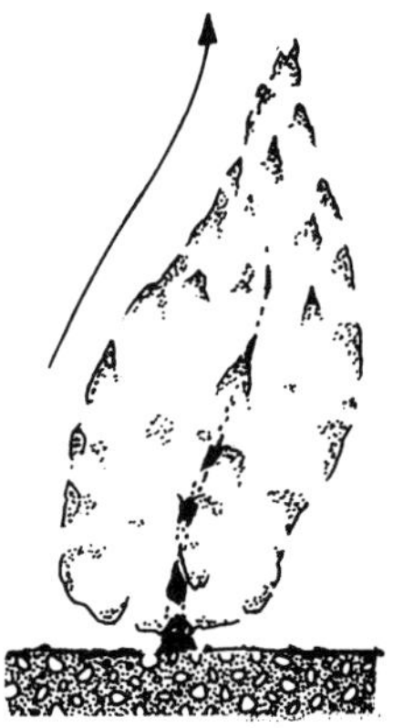

Abb. 296

4. Bei längerer Trockenheit beregnen.
5. Immergrüne Gehölze eventuell schattieren.

10.6 Winterschutz von Gehölzen

Containerpflanzen: Da die Verkaufszeiten sich immer mehr vom Herbst zum Frühjahr verlagern, ist eine gute Überwinterung der Pflanzen besonders wichtig. Nur makellose Gehölze lassen sich verkaufen. Ob es sich um Jung- oder Verkaufspflanzen handelt, die Qualität muss einwandfrei sein. Oft sind es weniger die Frostgrade, die die Pflanzen schädigen, sondern Wind und Wintersonne. Regionale Unterschiede können bei der Überwinterung eine entscheidende Rolle spielen (Kontinentalklima). Kalte Böden und windreiche Gegenden wirken sich nachteilig aus. Die meisten Baumschulen haben sich auf entsprechende Überwinterungsmöglichkeiten eingestellt. Folienhäuser mit hohen Lufträumen, die auch notfalls gut gelüftet werden können, sind heute Standard. Dort werden auch höhere Pflanzen dicht an dicht eingeräumt, bei Bedarf kann gewässert werden (Abb. 297–300).

Die Folien haben eine lange Haltbarkeit und sind auch in der Thermoversion (Doppelfolie) erhältlich.

Jungpflanzen in Töpfen stehen meist im Freiland auf Beeten. Auch sie benötigen Winterschutz. Gebräuchlich ist der Tunnelbau mit Federstahlstäben. Diese werden im Abstand von etwa 2 m im Bogen über die Beete gesteckt. Als Abdeckung werden je nach Kulturen Milchfolien mit und ohne Löcher, Thermovlies oder Schattiernetze aus verschiedenen Kunststoffmaterialien eingesetzt.

Die Abdeckungen werden über die Bügel gezogen, mit Sturmklammern fixiert, an den Enden zusammengerafft und am Boden befestigt. Die Kanten des Schutzmaterials werden an Latten befestigt, damit diese nicht vom Wind weggeblasen werden. Während immergrüne Laubgehölze meist mit Thermovlies oder Milchfolien überspannt werden, reichen bei Nadelgehölzen meistens Schattiernetze aus.

Gehölze im Freiland:
Hier ist besonders wichtig, gefährdete Pflanzen vor Wildverbiss zu schützen. Dafür müssen Quartiere mit sicheren Zäunen vor Wild versehen sein. Gefährdete Arten sind u. a.: *Syringa, Malus* in Ziersorten, diverse Obstgehölze und viele andere Gehölze. Einzelne Pflanzen können durch Wildschutzspiralen, Streich- oder Vergrämungsmittel geschützt werden. Bei besonders wertvollen und vor Sonne zu schützenden Nadelgehölzen sollten eventuell Schattengewebe aufgelegt werden. Starker und nasser Schnee kann zu Brüchen an Zweigen führen, hier muss durch Abschütteln entlastet werden.

Folienhäuser als Winterschutz können aber auch als Kulturhäuser genutzt werden. Foto: H. Nitsch & Sohn

Abb. 297

Abb. 298

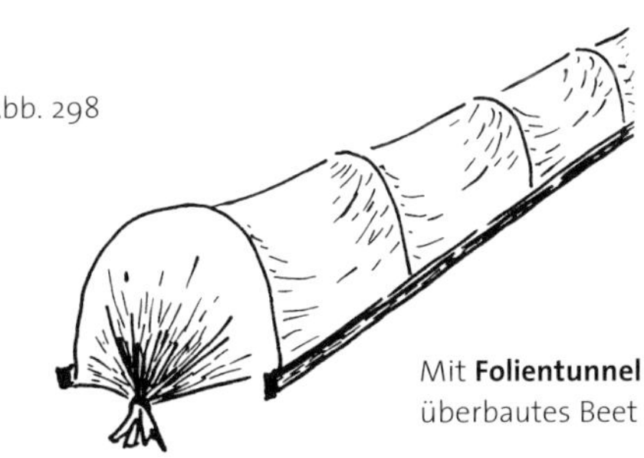

Mit **Folientunnel** überbautes Beet

Kunststoffnetz Materialbeispiel

Abb. 299

Vlies aus Kunststofffasern

Abb. 300

WELCHE KULTUREN BRAUCHEN BESONDEREN WINTERSCHUTZ?

1. Im Vermehrungshaus stehen junge Pflanzen, äußerlich abgeschirmt von der Witterung, unter fast idealem Schutz. Es sind vor allem Stecklinge und Jungpflanzen in Schalen, Multiplatten und ähnlichen Kulturgebinden. Um Ausfälle durch Frost zu reduzieren, können zusätzliche Noppenfolien in die Häuser eingezogen werden. Empfindliche Kulturen werden durch Beheizung geschützt. Es genügt schon das Frostfreihalten der Kulturräume. Dieses kann durch eine Heizung im herkömmlichen Sinn geschehen. Klimaschirme reduzieren den Wärmeverlust.
2. Im Folienhaus können Kulturen mit zusätzlich eingebauten Folientunneln und Flachabdeckung durch Thermovlies geschützt werden. Besonders gefährdete Pflanzen können durch Beheizen frostfrei gehalten werden.
3. In fast allen Betrieben sind Kühlhäuser mit verschiedenen Kühlsystemen und in unterschiedlichen Größen vorhanden. In diese werden besonders wurzelnackte Jungpflanzen, Kleinsträucher und Rosen eingelagert. Auch Veredlungsunterlagen und Edelreiser sollten im Kühlhaus gelagert werden, so besteht bei Bedarf immer Zugriff und die Materialien sind vor Witterungseinflüssen geschützt. Aufwendige Einschlagarbeiten werden vermieden.
4. Der Winterschutz in Jungpflanzen- und Containerquartieren wurde bereits beschrieben.
5. Bei der Einlagerung von Pflanzen in den Einschlag, das Gewächshaus und den Folientunnel dürfen Schäden durch Mäusefraß nicht unterschätzt werden.
   Besonders gefährdet sind z. B. *Weigela, Cotoneaster, Chaenomeles* und viele andere Gattungen. Vorbeugend müssen zugelassene Köder geschützt ausgelegt werden. Diese dürfen u. a. nicht für Personen und Nutztiere erreichbar sein. Ständige Kontrollen sind zwingend erforderlich.

LAGERUNG IN DER HALLE:

Außerhalb der Versandzeit bieten Versandhallen Möglichkeiten zur kurzfristigen Aufbewahrung von Pflanzenteilen oder laubabwerfenden Pflanzen. Häufig werden Steckholzruten bis zu ihrer Verarbeitung hier zwischengelagert. Immergrüne

> **Bitte beachten:**
> Viele immergrüne Gehölze erfrieren nicht, sie vertrocknen in langen Wintern. In frostfreien Perioden muss kontrolliert und eventuell gewässert werden!

Gehölze eignen sich weniger zur längeren Lagerung in Versandhallen. Sie leiden häufig unter dem Lichtmangel in dunklen Räumen.

WELCHE GEHÖLZE SIND FÜR UNSERE KLIMAZONEN GEEIGNET?

Viele Jahre mit geringen Frosttemperaturen haben Baumschuler verleitet, Pflanzen zu produzieren oder aus Importen zu vertreiben, die nicht wirklich in unsere Klimazonen gehören. Sicherlich sind Pflanzen aus Mittelmeerregionen nur bedingt in unseren Bereichen winterhart. Der Winterschutz ist aufwendig, teuer und meist nicht effektiv. In guten Katalogen sind die Winterhärtezonen (WHZ) aufgeführt. Diese Angaben können nur empfehlende Hinweise haben. Es ist müßig, für jede Gattung oder Art eine Empfehlung abzugeben. Erfahrungen auch im regionalen Bereich sind entscheidend. Pflanzenernährung, Ausreife, Pflege und Überwinterungsmethoden spielen eine entscheidende Rolle. Vorbeugend werden viele Gehölze gegen Wind, Frost oder Sonne geschützt. Häufig erscheint nach milden Wintern diese Arbeit als überflüssig. Wenn aber durch Nachlässigkeit und Sparen am falschen Platz erhebliche Schäden an den Verkaufspflanzen entstanden sind, ist der finanzielle Ausfall wesentlich größer.

Gerade in jüngerer Zeit ist deutlich geworden, dass durch die offensichtliche Klimaerwärmung Veränderungen in den Sortimenten der bisherigen Straßenbäume und anderer Gehölze erforderlich werden.

In Zusammenarbeit zwischen den unterschiedlichen Versuchsanstellern, dem BdB, Baumschulbetrieben, der Gartenamtsleiterkonferenz, der FLL, den Versuchs- und Beratungsringen, Kommunen und vielen anderen mehr werden verschiedene

Sortimente seit einiger Zeit im Praxisbetrieb an unterschiedlichen Standorten getestet und bewertet. Dabei zeichnen sich schon jetzt Gehölze aus, die bisher weniger für Baumschulen interessant schienen und eher im Nebensortiment zu finden waren. Schon in der näheren Zukunft wird es entscheidende Veränderungen in bestimmten Gehölzsortimenten geben. Den Baumschulen werden neue Aufgaben erwachsen, die es anzunehmen gilt.

Beispiele für übliche Pflanzenabstände (z. T. gerundet, ohne Anspruch auf Allgemeingültigkeit) bei Freilandpflanzen, Quelle: KTBL Datensammlung „Container- und Freilandbaumschule" 2022 sowie Angaben von Praxisbetrieben

Freiland	Jungpflanze/ Ausgangspflanze	Abstand cm	Pflanzen pro ha Nettokulturfläche (ohne Wegeanteil)
Fagus sylvatica 2/0 30–50, 50–80, 80–120	Saatgut 124 Samen/m²		
Forsythia intermedia bew Sth 0/1 25–40, l Str 2 Triebe 40–70 oder 70–90	Unbewurzeltes Sth	8 × 25	500.000
Ligustrum vulgare 'Atrovirens' l Str 1 Trieb 20–30 bis 6 Triebe 60–100	Unbewurzeltes Sth	7 × 25	571.430
Amelanchier lamarckii Sol 3 × v mB 125–150, 150–200	*Amelanchier lamarckii* 2 ×v 4–5 Triebe 60–100	100 × 150	6.667
Carpinus betulus He 2×v mB 125–150, 150–175, 175–200, 200–225	*Carpinus betulus* 1/1 50–80 cm	60 × 90	18.519
Rosa i.S.	*Rosa canina* Inermis 1/0	16 × 75	83.333
Malus Fruchtsorten Bu	Unterlage M26 –1/0	30 × 80	41.667
Malus Fruchtsorten ha und H	Unterlage *Malus* 'Bittenfelder' 1 × 0	30 × 120	27.778
Prunus 'Etna' 2 × v mB 60–80, 80–100	3 l Co 30–40	75 × 75	17.778
Rhododendron Großbl. Hybr. in Sorten, 30-40, 40-50	Jungpflanzen mB 15–20	50 × 60	33.333
Acer platanoides 'Emerald Queen' H 2 × v 7–8, 8–10, 10–12	*Acer plat.* 1/0	50 × 150	13.333
Acer platanoides 'Emerald Queen' Al 3 × v 16–18, 18–20, 20–25	*Acer plat.* 'Emerald Queen' 2 × v	120 × 250	3.333
Acer platanoides 'Emerald Queen' Al 3 × v 16–18	*Acer plat.* 'Emerald Queen' 2 × v	200 × 250	2.000
Acer platanoides 'Emerald Queen' Al 4 × v 25–30	*Acer plat.* 'Emerald Queen' 3 × v 16–18	400 × 400	625
Acer platanoides 'Emerald Queen' Al 5 × v 20–25 bis 45–50	*Acer plat.* 'Emerald Queen' 4 × v	600 × 600	278
Acer platanoides 'Emerald Queen' Al 6-7 × v 40–45 bis 80–90	*Acer plat.* 'Emerald Queen' 5–6 × v	800 × 800	156
Taxus baccata 2×v mB 40–50, 50–60	4 j vS P9	50 × 75	26.667
Taxus baccata 3×v mB 80–100, 100–125	2×v mB 40–50	100 × 100	10.000
Thuja occidentalis 3×v mB 80–100, 100–125	2×v mB 40–60	100 × 100	10.000

11 Anzucht von Gehölzen – Gehölzgruppen

In diesem Kapitel finden Sie Erläuterungen von Kulturmaßnahmen bei Baumschulgehölzen ähnlicher Gehölz- und Wachstumsgruppen, wie sie in vielen Baumschulen vorkommen. Dieser Teil des Buches soll Ihnen einen grundsätzlichen Überblick über die wichtigsten Kulturmaßnahmen geben. Habitus, Wuchsverhalten und Bodenansprüche müssen bei der Anzucht berücksichtigt werden, um eine rentable Produktion zu ermöglichen. Einheitliche Pflanzabstände, die maschinelle Pflege und spätere Rodung mit entsprechenden Geräten sind zwingend notwendig.

11.1 Sträucher

Als Sträucher werden Laubgehölze bezeichnet, die mehrtriebig und strauchartig angezogen werden. Es können einfache Gehölze für die freie Landschaft, aber auch welche mit besonderem Zierwert für Garten und Park sein. Da Habitus und Wuchsstärke auch innerhalb einer Gattung sehr unterschiedlich sein können, müssen vor dem Sortieren der einzelnen Arten die **FLL-Gütebestimmungen** berücksichtigt werden. Verpflanzte Sträucher werden fast immer ohne Ballen gerodet.

Es fallen darunter:
- Wildgehölze für die freie Landschaft
- Ziersträucher für jeden Bereich
- Mehrtriebig wachsende Heckenpflanzen

> Der Anteil wurzelnackter Gehölze geht ständig zurück, in allen Bereichen steigt der Bedarf an Containerpflanzen. Häufig werden Landschaftsgehölze zur Bepflanzung von Extremlagen verlangt, z. B. Halden oder Böden mit besonderen Problemen. Der Baumschuler muss sich diesen Anforderungen stellen!

Jungpflanzen zur Aufschulung:
Das Aufschulmaterial stammt aus den unterschiedlichen Vermehrungsmethoden, z. B. aus:
- Aussaat
- Steckholz
- Stecklingen
- Gewebevermehrung
- Wurzelschnittlingen
- Absenkern und Ablegern
- Veredlungen und anderen Vermehrungsarten

Beispiele für Gehölze aus Sämlingsvermehrung:
- *Amelanchier lamarckii* und Ähnliche
- *Berberis thunbergii* und Ähnliche
- *Cornus mas, Cornus sanguinea*
- *Cotoneaster bullatus, Cotoneaster dielsianus* und Ähnliche
- *Corylus avellana*
- *Hippophae rhamnoides*
- *Prunus spinosa*
- *Rosa* in Wildformen
- *Sambucus nigra, Sambucus racemosa*
- *Viburnum lantana, Viburnum opulus*
- und viele andere Gattungen, Arten und Sorten mehr

Aus Steckholzvermehrung:
- *Cornus stolonifera* 'Flaviramea'
- *Deutzia*, alle hochwachsenden Sorten
- *Forsythia*, überwiegend alle hochwachsenden Sorten
- *Ligustrum*, alle stark wachsenden Sorten
- *Philadelphus coronarius* und ähnliche Sorten
- *Ribes aureum*- und *Ribes sanguineum*-Sorten
- *Weigela*, alle stark wachsenden Sorten
- *Salix*, fast alle stark wachsenden Sorten

Aus Stecklingsvermehrung:
- *Forsythia*, alle Zwergsorten
- *Deutzia*, überwiegend schwach wachsende Sorten
- *Ligustrum*, schwach wachsende Sorten
- *Kolkwitzia* in Sorten
- *Spiraea arguta* und Ähnliche
- *Weigela*, alle schwach wachsenden Sorten

Aus Wurzelschnittlingen:
- *Aralia elata*
- *Rhus* in Sorten
- *Rosa nitida*
- *Rosa rugotida*
- *Rubus idaeus* und Ähnliche

Aus Absenkern/Ablegern:
Corylus avellana, großfrüchtige und rotlaubige Sorten

Aus Veredlungen:
- *Laburnum watereri* 'Vossii'
- *Malus*, alle Zierapfelsorten
- *Prunus* in Sorten, hauptsächlich Zierkirschen und Zierpflaumen
- *Salix caprea mas*

Entsprechende Kulturmaßnahmen für die Anzucht der oben genannten Jungpflanzen sind in Kapitel 4 beschrieben. **Die Aufschulung** erfolgt ab März auf gut vorbereiteten Pflanzflächen.

Laut FLL-Kulturregelungen sind die Gattungen, Arten und Sorten in zwei Wachstumsgruppen mit unterschiedlichen Pflanzweiten einzuteilen:
Pflanzgruppe I – stark wachsende Sträucher, dazu gehören u.a. folgende Pflanzengattungen und -arten:
- *Amelanchier*
- *Cornus*
- *Corylus*
- *Cotoneaster*, stark wachsende Arten
- *Deutzia*, stark wachsende Arten
- *Forsythia*, stark wachsende Arten
- *Hippophae*
- *Laburnum*
- *Ligustrum*, stark wachsende Sorten
- *Prunus*, stark wachsende Arten
- *Salix*, stark wachsende Sorten
- *Weigela*, stark wachsende Arten

Vorgeschlagener Pflanzabstand: 75 × 24 cm oder 60 × 30 cm, das ist jeweils 1.800 cm² Platz je Pflanze oder nicht mehr als 5–6 Pflanzen je m². Die Pflanzabstände können in den Betrieben unterschiedlich sein. Entscheidend sind die jeweiligen Spurweiten der im Betrieb vorhandenen Maschinen und Geräte.

Zur Pflanzgruppe II – den mittelstark wachsenden Sträuchern – gehören die Arten:
- *Berberis thunbergii*-Sorten
- *Chaenomeles*-Sorten
- *Deutzia*, niedrige Arten und Sorten
- *Philadelphus*, niedrige Arten und Sorten
- *Potentilla*, hochwachsende Sorten
- *Rosa*, niedrige Arten und Sorten
- *Spiraea*, niedrige Arten und Sorten

Abstände 75 × 24 cm
Rb – Reihenbreite 75 cm
idR – in der Reihe 24 cm
Standraum 1800 cm²

Abb. 301

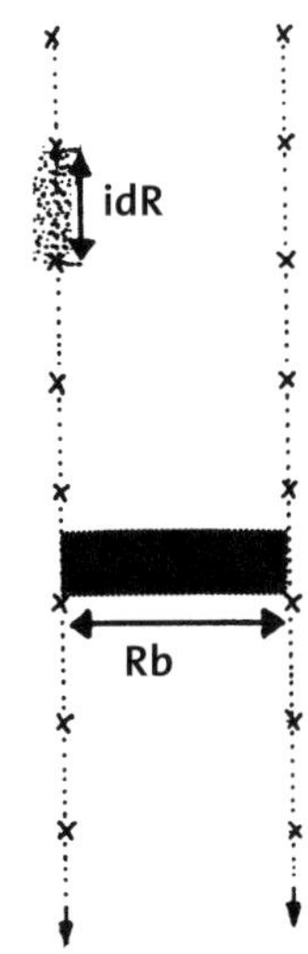

Abstände 50 × 25 cm
Rb – Reihenbreite 50 cm
idR – in der Reihe 25 cm
Standraum 1250 cm²

Abb. 302

Hier gilt ein Pflanzabstand von 50 × 25 cm, das ist 1.250 cm² Standraum je Pflanze oder nicht mehr als 8 Pflanzen je m². Gepflanzt wird je nach Betriebsverhältnissen, mit Rillenscheiben oder Pflanzmaschinen die der Beetnorm angepasst sind, oder per Hand mit dem Spaten.

Als Pflanzjahr gilt das Jahr 2024.

Bodenpflege, Düngung und evtl. Pflanzenschutz:
Sorgfältige Bodenvorbereitung und -pflege sind

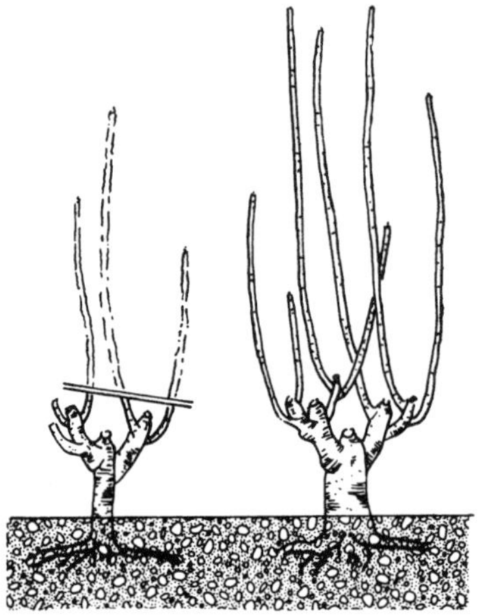

Folge des starken Rückschnitts
links: scharf geschnitten
rechts: daher lang getrieben
Abb. 303

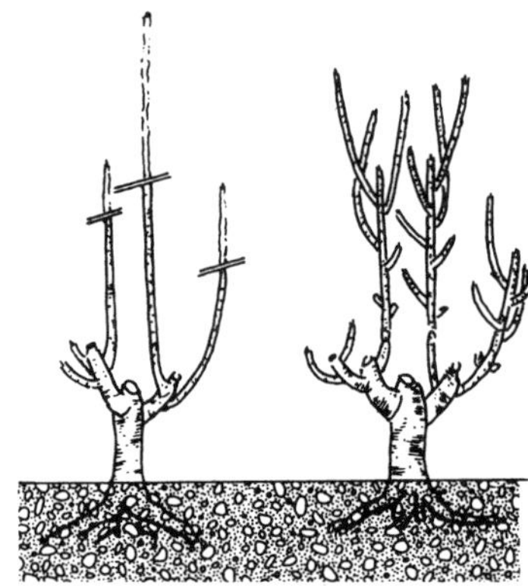

Folge des schwachen Rückschnitts
links: schwach = lang geschnitten
rechts: daher wenig getrieben
Abb. 304

selbstverständlich. Düngung, die Versorgung mit erforderlichen Nährstoffen, sollte nur nach vorheriger Bodenanalyse erfolgen. Pflanzenschutz darf nur nach Bedarf durchgeführt werden. Nützlingseinsätze sind zu prüfen. Nur zugelassene Mittel in den vorgeschriebenen Konzentrationen verwenden!
Daher ständig Quartiere auf Schädlingsbefall prüfen!

Rückschnitt (2025). Im Februar bis März 2025, also zu Beginn des 2. Kulturjahrs. Es werden alle Pflanzen scharf, bis auf 2–3 Augen pro Trieb zurückgeschnitten. Kräftiger Rückschnitt bewirkt starken Austrieb.

Bodenbearbeitung und gewohnte Pflege des Quartiers sind die Voraussetzungen für einwandfreie Verkaufspflanzen ab Herbst 2025.

Die Bestandsaufnahme:

Unmittelbar nach der Pflanzung wird jede Sorte etikettiert und in ein Quartierbuch eingetragen, in dem alle gepflanzten Gehölze sorgfältig erfasst werden. Bevor im Juni/Juli die Quartiere die Reihen schließen, sollte die Bestandsaufnahme erfolgen. Meist wird ein Durchschnittswert pro Beetmeter ermittelt und entsprechend multipliziert. Das Erreichen der späteren Qualitäten beruht meist auf Erfahrungswerten. Wichtig ist für die Geschäftsleitung zu wissen, welche Pflanzen in der kommenden Saison verkaufsfertig sind. Die Bestände werden in eine Verkaufskartei eingetragen. Heute erfolgt die Bestandsführung fast ausschließlich über die EDV. Moderne Warenwirtschaftssysteme erleichtern die Administration in den Betrieben erheblich, verpflichten aber auch zu sorgfältiger Arbeit.

Rodung:

Gerodet wird je nach Quartiergröße, Ausrüstung des Betriebs mit vom Schlepper angetriebenen Rüttelpflügen und sonstigen Rodegeräten. Herausnehmen von Hand mit dem Spaten erfolgt nur noch bei kleinen Mengen zu Versandbeginn. Gehölze werden nach dem Roden kaum noch entblättert, gelegentlich bei *Syringa* und einigen Obstgehölzen. Möglichst sollte mit dem Roden gewartet werden, bis die Pflanzen ausgereift sind. Aufbewahrung im Einschlag macht kaum Probleme, die Blätter fallen recht schnell ab. Bei Kühlhauslagerung von Gehölzen dürfen keine Blätter an den Pflanzen sein. Sie neigen oft zu Pflanzenschäden durch Fäulnis. Rosen müssen vor der Einlagerung in das Kühlhaus entblättert werden. Das erfolgt mit einer Entblätterungstrommel noch auf den Stand, oder die Pflanzen müssen später einzeln an die

Trommel gehalten werden. Dabei dürfen die Triebe nicht durch die Entblätterungsriemen beschädigt werden. An den Verletzungen der Triebe entstehen leicht Fäulnis oder Schimmel.

Sortierung und Bündelung erfolgt nach den Vorschriften der des BdB und FLL!

Versand, Lagerung oder Einschlag:
Möglichst sollten gerodete Pflanzen direkt in den Versand gehen, das erspart erhebliche Kosten. Leider ist dies kaum möglich, es muss fast immer zwischengelagert werden. Gerodete Pflanzen werden entsprechend den FLL-Bestimmungen sortiert und gebündelt (s. gesonderter Bereich). Pflanzen, die sich besonders zum Aufpflanzen im Betrieb als Solitärpflanzen eignen, werden vorher aussortiert und gesondert eingeschlagen. Die Kulturzeit bei Sträuchern beträgt nach der Aufschulung allgemein 2 Jahre. Sicherlich werden in einigen Betrieben kürzere Kulturzeiten praktiziert.

Beginnend mit der Aufpflanzung, hier am Beispiel im Frühjahr 2024, endet die Anzucht der Sträucher zum Schluss des 2. Kulturjahrs. Ab Oktober/November 2025 oder im März/April 2026 wird gerodet.

11.2 Laubgehölze mit und ohne Ballen, immergrüne Gehölze

Wurden vor vielen Jahren noch viele Gehölze im Freiland mit Ballen kultiviert, findet diese Kulturmaßnahme bei Verkaufsgrößen im Mitnahmebereich von Bau- und Supermärkten heute fast ausschließlich in Töpfen oder Containern statt. Über dieses Thema wird an späterer Stelle ausführlich berichtet.
Diverse Gehölze haben in der Anzucht viele Gemeinsamkeiten. Bei einer mehrjährigen Kultur im Freiland müssen die Jungpflanzen nicht extrem stark sein, die Kulturzeit gleicht eventuelle Unterschiede aus. Ausgangspflanzen für Containerkulturen müssen ausgesucht und kräftig sein. Kulturausfälle sind teuer und können im Betriebserlös nicht aufgefangen werden.

1. Vermehrung durch Stecklinge, das Ziel einer gewünschten Weiterkultur ist maßgebend. Für eine erfolgreiche Weiterkultur sind besondere Kulturmaßnahmen nötig.
2. Bei der Aussaatvermehrung sollte auf eine gedrungene und kompakte Ausgangsware geachtet werden (kurze Kulturzeiten).
3. Ein qualifizierter Rückschnitt während der Kulturzeit ist notwendig. In Quartieren mit Massengehölzen ist ein maschineller Schnitt durchaus üblich. Gehölze mit höherem Zierwert für Garten und Park benötigen schon einen höheren individuellen Aufwand an Pflege.

Während der gesamten Kulturzeit müssen Befall auf Schädlinge sowie die Pflanzenernährung kontrolliert und bei Bedarf entsprechende Maßnahmen durchgeführt werden.

Alle Pflanzen benötigen für ihre Entwicklung entsprechende Pflanzabstände. Für die artgerechte Entwicklung der einzelnen Gattungen und deren Kulturrhythmen sind entsprechende Abstände einzuhalten. Verpflanzte Sträucher müssen nach

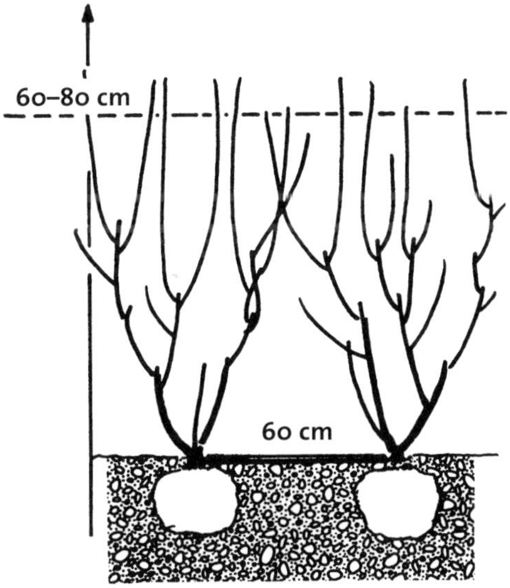

Pflanzweite
Laubgehölze mit Ballen
Magnolia
Abb. 305

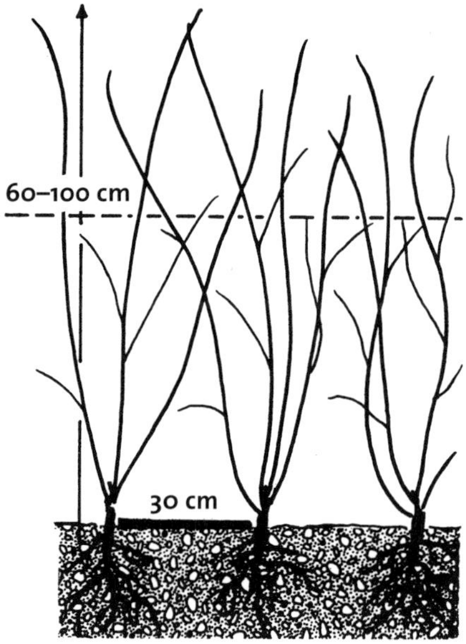

Pflanzweite
Ziersträucher
Cotoneaster bullatus o. Ä.
Abb. 306

vorgeschriebenen Abständen aufgeschult werden, bei Solitärpflanzen sollten Höhe und Breite der Gehölze für eine optimale Entwicklung berücksichtigt werden (s. Abb. 305 und 306).

Aufschulen:
Das Ziel ist es, gleichmäßige und qualitativ hochwertige Gehölze zu produzieren. Dazu ist es wichtig, Gruppen mit ähnlichem Habitus zusammenzufassen. Ob die Reihenpflanzung oder Blockpflanzung gewählt wird, bleibt unerheblich. Entscheidend sind gute Voraussetzungen für das Wachstum, die Pflegemöglichkeiten und kurze Wege beim Versand. Gehölze, die entsprechend ihren Anforderungen an Bodenqualität in Quartiere zusammengefasst werden können, müssen vorher festgelegt werden. Die nachstehende Zeichnung (s. Abb. 307) soll die Anordnung vom Habitus ähnlicher Gehölze im Quartier veranschaulichen.
Während Sträucher sich im Quartier gegenseitig hochdrücken sollen, benötigen solitär aufgeschulte Gehölze Platz zur Entwicklung, sie müssen sich nach allen Seiten entwickeln können. Dieses gilt besonders für immergrüne Gehölze, hier müssen sich Nadeln und Blätter im schattigen Bereich gut entfalten können (s. Abb. 308 und 309).

Solche Zusammenstellungen hängen auch von betrieblichen Planungen und vom jeweiligen Pflanzenzustand, d. h. von der augenblicklichen Größe ab, sodass andere Zusammenstellungen denkbar sind. Immergrüne und Ballenpflanzen sollen sich im Quartier nie wie Ziersträucher gegenseitig hochdrücken. Sie dürfen sich am Ende der Kulturzeit gerade eben berühren oder nur leicht ineinanderwachsen. Darin ähneln sie den Koniferen.

Roden und Ballen stechen:
Dieses Thema ist bei den entsprechenden Kapiteln beschrieben.
Allerdings müssen viele Einzelpflanzen vor der Rodung mit geeigneten Materialien sorgfältig aufgebunden werden. Gehölze werden von der Rodung bis zum endgültigen Standort mehrfach bewegt, dabei sind jegliche Beschädigungen zu vermeiden.

Abb. 307

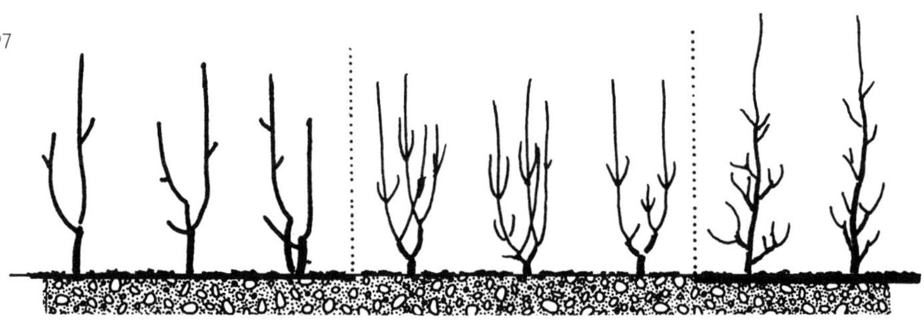

Magnolia soulangiana im Quartier
Abb. 308

Magnolia soulangiana balliert und zusammengebunden
Abb. 309

11.3 *Rhododendron*

Rhododendren mit ihren Untergruppen gehören wegen ihres hohen Zierwerts zu den hochwertigen Gehölzen. Ihre Vermehrung gliedert sich in mehrere Möglichkeiten:

1. Aussaat
2. Stecklingsvermehrung
3. Veredlung/Ammenveredlung
4. Meristemvermehrung

Aussaat:

Nur bei einigen Naturformen wird die Vermehrung durch Aussaat genutzt.
In der Züchtung spielt die Aussaat eine große Rolle. Hier werden die Samen aus Kreuzungen im Frühjahr nach der Ernte ausgesät. In mühsamen und langjährigen Selektionsverfahren, oft bis 15 Jahre, finden Erfolg versprechende Sorten den Weg auf den Markt.
Gesät wird entweder im Haus im Torfsubstrat oder im Freiland in ebenfalls saures Torfsubstrat. Siehe auch „Von der Ernte zur Aussaat" und „Aussaat". Vielfach werden die Samen mit Sphagnummoos oder Vlies gegen zu starke Sonneneinstrahlung leicht abgedeckt. Haben die Sämlinge eine entsprechende Größe erreicht, so werden sie pikiert. Dabei erfolgt schon die erste Selektion, weitere folgen in regelmäßigen Abständen.

Stecklinge:

Beim Stecklingsschneiden werden die Stecklinge, wie auf Abb. 310, seitlich „verwundet", um schnellere Bewurzelung zu erreichen. Genau wie es bei Stecklingen vieler Gehölzarten üblich ist. *Rhododendron* 'Cunninghams White' wird in größeren Stückzahlen vermehrt, da die Sorte auch als Veredlungsunterlage Verwendung findet. Aber auch viele sonstige Arten und Sorten lassen sich

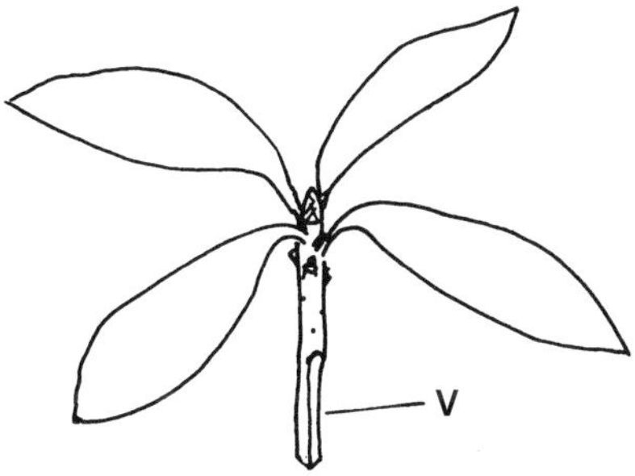

Seitlich verwundeter Steckling von *Rhododendron*
V – Verwundung bis aufs Kambium
Abb. 310

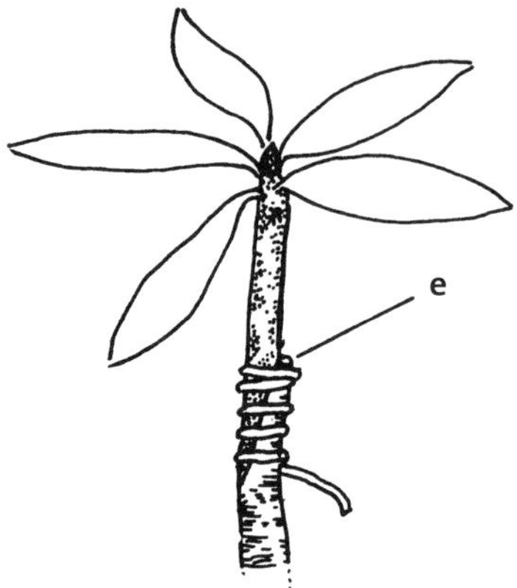

***Rhododendron*-Kopulation**
e – leicht eingekürzt
Abb. 311

Mangelhaft durch zu enge Pflanzung, Schirmbildung
Abb. 312

heute in modernen Vermehrungseinrichtungen erfolgreich durch Stecklinge vermehren.

VEREDLUNG/AMMENVEREDLUNG:
Veredelt wird im Winter, teilweise bei besonders schwierig anwachsenden Sorten noch auf bewurzelte Stecklinge von *Rhododendron* 'Cunningham's White' oder INKARHO-Unterlagen (s. Abb. 311).
Überwiegend werden heute Ammenveredlungen gemacht. Das bedeutet, die Veredlungen erfolgen auf unbewurzelte Stecklinge.
Reis und Unterlage werden durch Kopulationsschnitte angepasst und mit Veredlungsgarn verbunden. Im Vermehrungsbeet bewurzeln sich die „Ammen" dann recht schnell und vom Ergebnis her in hoher Quote. Die Unterlagen werden in Stufen abgesetzt und die Weiterkultur erfolgt dann im Freiland oder in Töpfen.

AUFSCHULEN UND WEITERKULTUR:
Die Abstände werden bei den unterschiedlichen Pflanzgrößen und Sorten so gewählt, dass während der Kulturdauer genügend Platz für später verkaufsfähige Pflanzen vorhanden ist. Naturböden mit hohem Torfanteil sind für alle *Rhododendron*-Arten sehr wichtig. Aufbereitung von Sandböden mit Torfprodukten ist aufwendig und teuer. Bei einigen Arten und Sorten ist im Jugendstadium Schattierung erforderlich, später ist Sonnenschutz meist nicht mehr notwendig. Zu dichter Stand im Quartier führt zu Pflanzen, die unten kahl werden. Diese „Schirmbildung" führt, wie auf Abb. 312 erkennbar, zu unverkäuflichen Pflanzen.
Durch stark veränderte Kulturmethoden und Kundenverhalten werden *Rhododendron* in kleineren Größen heute überwiegend in Containern herangezogen. Sind die Kultursubstrate den Bedürfnissen der Rhododendren angepasst, gestaltet sich die Kultur problemlos (s. Containerkultur/Behälterkultur).

RODEN:
Rhododendren und ihre Untergruppen sind recht früh ausgereift, der Knospenansatz ist abgeschlossen. Daher können sie ab Mitte September gerodet werden. Der Sorte entsprechend sollte auch der Knospenbesatz sein. Wegen ihres feinen und dichten Wurzelwerks haben Rhododendren feste Ballen, die nicht in Ballentücher eingebunden werden müssen. Verpflanzen von Rhododendren ist bis Ende Mai möglich. Ausreichende Versorgung mit Wasser ist nach dem Verpflanzen äußerst wichtig.

SOLITÄRPFLANZEN:
Wie bei allen anderen Gehölzen werden auch hier Solitärpflanzen herangezogen. Auch dabei ist ein angemessener Verpflanzrhythmus einzuhalten. Der Pflanzabstand muss großzügig bemessen werden, die Pflanzen müssen bis zum Erdboden verzweigt und rund sein. Auch sollten die Triebe bis unten Blätter haben. Kompaktes Wachstum kann

u.a. durch Schnitt und Verpflanzen erreicht werden. Im Jahr nach dem Verpflanzen sollten Blütenknospen möglichst ausgebrochen werden. Blüten brauchen viel Kraft, diese ist für das Wachstum wichtiger. Spätestens nach der Blüte müssen die abgeblühten Stutze entfernt werden.

Knospenpflege und Blütenkontrolle:
Die meisten Sorten der in Deutschland herangezogenen Rhododendren sind unempfindlich gegen Wintereinwirkungen. Lange Frostperioden mit viel Sonne können zu Trockenschäden führen. Hier hilft Überdecken der Pflanzen mit Schattiergewebe oder Nadelholzreisig. Als ein viel größeres Problem hat sich das Knospensterben durch die *Rhododendron*-Zikade entwickelt. Die Larven schlüpfen ab Mitte Mai, dann kann eine Spritzung mit einem zugelassenen Insektizid erfolgen. Behandlung in ca. 2 Wochen wiederholen. Ist die Zikade ab Mitte Juni bereits flugfähig, ist äußerste Priorität bei der Behandlung geboten. In den Morgenstunden ist das Insekt noch träge, dann ist die beste Behandlungszeit mit zugelassenen Insektiziden. Diese sind mehrfach nach Kontrollen zu wiederholen. Durch die Zikaden werden die Blütenknospen angestochen und geschädigt. Als Folge kommt meist eine Pilzinfektion hinzu, die Knospen sterben ab. Sind Knospen bereits im Februar braun gefärbt, müssen sie unverzüglich ausgebrochen und verbrannt werden. Durch Frost geschädigte Knospen sind eher selten, man erkennt sie beim Abbrechen an der grünen Mitte in der Bruchstelle.

Kulturverlauf:
Rhododendron-Hybriden benötigen durch entsprechende Kulturmaßnahmen von der Jungpflanze bis zur kleinsten Fertigware (30–40 cm) mindestens 1–3 Jahre.
Spätestens alle 2 Jahre muss verpflanzt werden, der Pflanzabstand muss den einzelnen Arten und Sorten entsprechen.

INKARHO® (= Interessengemeinschaft kalktoleranter Rhododendron) für Böden mit höherem pH-Wert:
Vor vielen Jahren konnte *Rhododendron* nur auf sauren Böden unter pH 5,0 gepflanzt werden. Langjährige Züchtung hat kalktolerante INKARHO-Unterlagen hervorgebracht, die unter den Markennamen Easydendron oder HAPPYdendron angeboten werden. Sorten, die auf diese Unterlagen veredelt sind, gedeihen auch auf Standorten mit deutlich höheren pH-Werten. Bei Veredlungen auf diese Unterlagen wird die Verwendung vieler Sorten auch in ungünstigen Bereichen möglich.

11.4 Heister und Stämme

11.4.1 Heister

Heister bestehen aus aufrecht wachsenden Pflanzen mit einem geraden Mitteltrieb und sind oft eine Vorstufe der Hochstämme. Sie müssen mindestens einmal verpflanzt sein. Sie bestehen aus Pflanzenarten, die von unten aus gerade gewachsen oder gerade gezogen sind. Die seitliche Verzweigung muss arttypisch sein. Viele Arten

Abb. 313
links: Heister 100–125 cm
rechts: Heister 300–350 cm

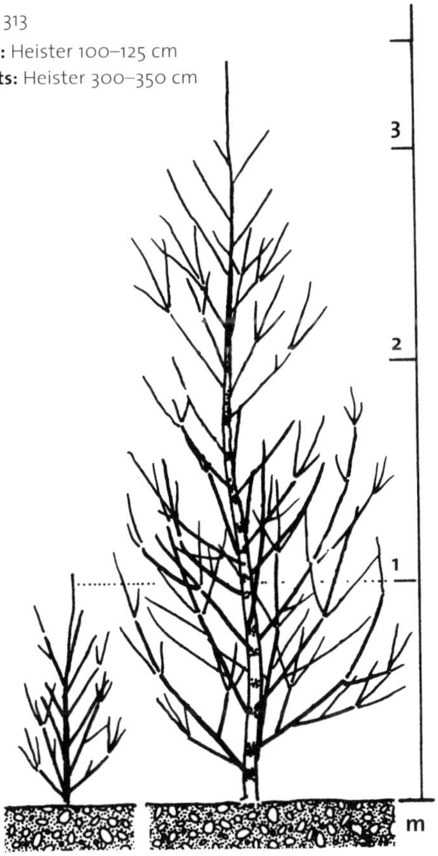

können auch zu Stämmen weiterkultiviert werden. **Sortierung und Bündelung s. BdB- und FLL-Gütebestimmungen!**

Heister werden zu Hochstämmen umgewandelt, indem man die Stämme aufputzt, d. h. in Etappen von Verstärkungstrieben befreit und Kronen anschneidet. Zu den Pflanzengattungen und -arten, die als Heister kultiviert und gehandelt werden, gehören u. a. folgende:

- *Acer campestre*
- *Acer negundo* in Sorten
- *Acer platanoides* in Sorten
- *Acer pseudoplatanus* in Sorten
- *Acer saccharinum* in Sorten
- *Aesculus* in Sorten
- *Alnus* in Sorten
- *Betula* in Sorten
- *Carpinus betulus*
- *Catalpa bignonioides*
- *Corylus colurna*
- *Crataegus* 'Carrierei' und Ähnliche
- *Fraxinus* in Sorten
- *Gleditsia* in Sorten
- *Juglans* in Sorten
- *Populus* in Sorten
- *Prunus avium* und Ziersorten
- *Quercus* in Sorten
- *Robinia* in Sorten
- *Salix* in hochwachsenden Sorten
- *Sorbus* in Sorten
- *Tilia* in Sorten
- *Ulmus* in Sorten

11.4.2 Hochstämme

Bäume sind in Garten, Park und Landschaft oder als Straßenbegleiter von bestimmender Wirkung. Daher lohnen sich die lange dauernde Anzucht, der besonders hohe Aufwand und die damit verbundenen hohen Kosten.

Hochstämme werden in der Regel überwiegend aus solchen Gattungen und Arten gezogen, die von Natur aus zu geraden Stämmen neigen. Dazu gehören die bereits unter Heister genannten Gattungen, Arten und Sorten.

Einige Formen werden in Kronenhöhe veredelt. Darunter fallen z. B.:

- *Acer platanoides* 'Globosum'
- *Aesculus hippocastanum* 'Baumannii'
- *Aesculus carnea* 'Briotii'
- *Catalpa bignonioides* 'Nana'
- *Robinia umbraculifera* 'Umbraculifera'

Zu den Zierbäumen zählen:

- *Betula* in Sorten
- *Malus* in Ziersorten
- *Prunus* in Ziersorten
- und viele andere mehr

Die Stammhöhen können bei den einzelnen Arten und Sorten sehr unterschiedlich sein. Hochstämme, die für Park und Landschaft gedacht sind, müssen als 2-mal verpflanzte einen Kronenansatz von mindestens 1,8 m haben. Bei 3× verpflanzten Hochstämmen muss er wenigstens 2,0 m betragen, als Straßenbaum wird oft ein höherer Kronenansatz gefordert. Zierstämme können auch eine niedrige Kronenhöhe haben.

DIE KULTURDAUER VON HOCHSTÄMMEN:

Nachfolgend soll ein chronologischer Ablauf in der Anzucht von der ausgesuchten Jungpflanze bis zum fertigen starken Baum dargestellt werden.

Vorkultur und Kulturjahre:

Für die Anzucht von Alleebäumen sollte nur besonders ausgesuchtes, gerades Jungpflanzenmaterial verwendet werden. Häufig werden die Jungpflanzen bereits von Anfang an gestäbt. Die Länge der Stäbe wird so gewählt, das sie über die Kulturzeit ausreicht.

Die Kulturdauer der einzelnen Gattungen und Arten ist unterschiedlich. So sind Platanen im günstigsten Fall bereits nach 4–5 Jahren als Hochstamm 2× verpflanzt fertig (vom Steckholz bis zum Hochstamm). Viele Arten und Sorten wie *Tilia* und *Quercus* benötigen dazu mindestens 6–7 Jahre (s. Abb. 314–317).

Hauptkultur:

Je nach Gattung werden die Jungpflanzen in unterschiedliche Reihenabstände aufgeschult.

In das Quartier für Heister werden im Reihenabstand 90–100 cm aufgeschult, in der Reihe beträgt der Abstand ca. 50 cm. Die Reihenabstände können auch größer sein, sie richten sich oft nach den verfügbaren Pflegegeräten.
Nach 2–3 Jahren werden besonders gerade Pflanzen – sie haben dann oft eine Länge von 2–3 m – für die Alleebaumkultur aus dem Quartier entnommen und entsprechend vorbereitet.

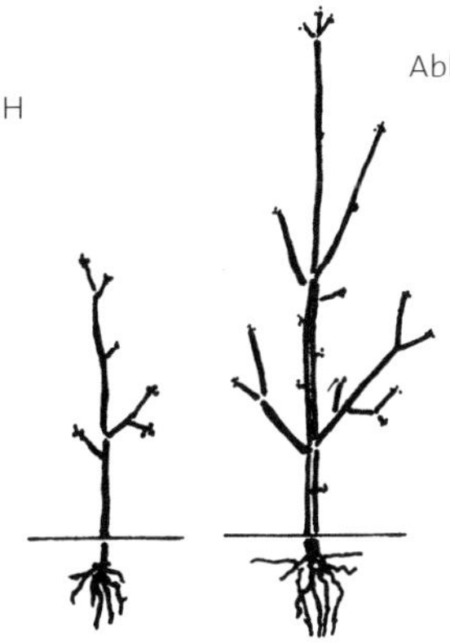

Abb. 315

Aufschulwaren für H
links: 2j. Sämling
rechts: 3j. verpfl. S.

Abb. 314

Heister
Verstärkungstriebe z. T. entfernt
Abb. 316

Hochstamm, jung, mit Stammtrieben, verkaufsfertig
Abb. 317

Gelegentlich sind auch schon schwache Hochstämme zur Aufschulung in solchen Quartieren vorhanden, z. B. *Acer platanoides, Acer pseudoplatanus, Platanus acerifolia* und Ähnliche.

Die restlichen Pflanzen aus dem Quartier werden spätestens nach 3 Jahren als Heister, je nach Gattung, mit und ohne Ballen, verkauft. Kräftige Jungpflanzen aus Veredlungen, wie *Acer platanoides*-Sorten und Ähnliche, werden direkt in ein Quartier für Hochstämme gepflanzt. Der Reihenabstand sollte mindestens 120 cm, der Abstand in der Reihe 100 cm betragen. Die aus Sämlingen oder Steckhölzern gezogene Aufschulware wird entsprechend aufgeschult. Um absolut gerade Stämme zu erzielen, sollten die aufgepflanzten Bäume bereits von Anfang an gestäbt werden. Dabei ist die Länge der Stäbe so zu wählen, dass sie für die Kulturzeit reicht. Je nach Art und Sorte erreichen diese Bäume einen Stammumfang bei 2×v. von 8–14 cm. Nach spätestens 3 Jahren müssen die Quartiere geräumt sein. Häufig erfolgt die geplante Weiterkultur zum 3× verpflanzten Baum. Dann erfolgt nach 3 Jahren das Verpflanzen je nach Gehölz mit und ohne Ballen. Da die Gehölze bis zu 4 Vegetationsperioden an dem Standort verbleiben dürfen, sind entsprechende Pflanzabstände zu wählen.

3×v. In einem solchem Quartier können Bäume je nach Gattung und Art Stärken von 14–16–18–20 cm erreichen. Die Bezeichnung ist 3×v. Oft ist mit Ballen vorgeschrieben, wie Abb. 318 zeigt (3×v. 12–14–16).

4×v. Ein weiteres Verpflanzen, nun mit einem entsprechenden Abstand, führt nach 3–4 Jahren zu 4×v. Hochstämmen aus extraweitem Stand. In sehr vielen Betrieben wird diese Methode nicht mehr genutzt, da die betrieblichen Voraussetzungen fehlen, aber auch der Bedarf an diesen Pflanzen in der Region nicht vorhanden ist.

5×v. und darüber hinaus werden in besonders dafür eingerichteten Baumschulen Bäume und Solitärgehölze herangezogen. Diese dafür erforderlichen Kulturmethoden werden hier nicht besonders behandelt (s. Abb. 319).

Beispiel mit **spitzen Ballen** an Pfahl gebunden

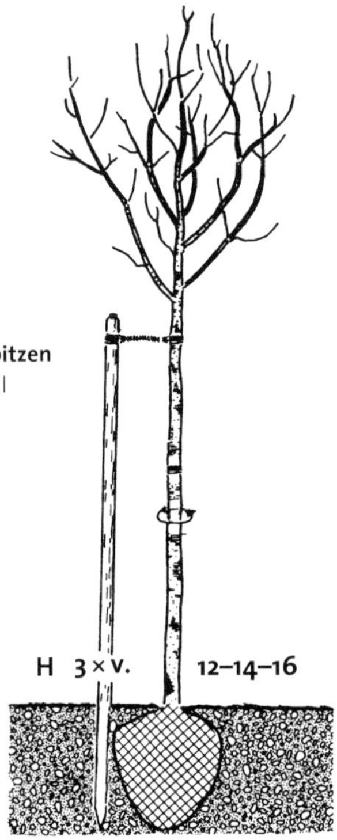

Abb. 318

Beispiel mit flachem Ballen
H 5×v. mit Drahtballen 35–40 cm
(stark verkleinert)

Abb. 319

Verpflanzen:

Es wird je nach Betriebsgröße, Maschinenbesatz, Pflanzengröße und Boden mit dem Spaten, dem Pflanzlochbohrer oder mit Ballenstechgeräten verpflanzt. Häufig wird der Pflanzlochbohrer mit verschiedenen Größen genutzt (s. Abb. 320).

In nassen Böden müssen die beim Bohren entstandenen glatten Seitenwände per Hand aufgebrochen werden, damit die Wurzeln besser in das umliegende Erdreich eindringen können. Neu gepflanzte Bäume sollten immer gepfählt oder durch kräftige Stäbe gesichert werden. Diese Stützen müssen bis in den Kronenbereich gehen, wie die Abb. 318 zeigt.

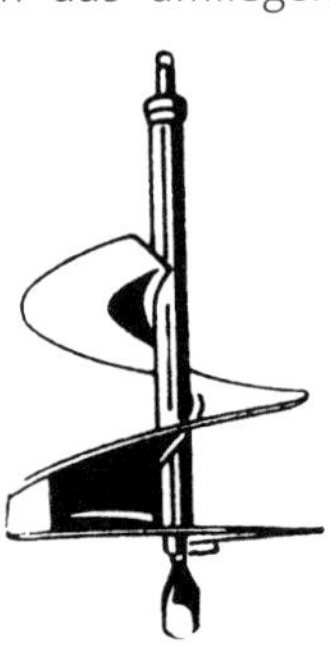

Ballenbohrer.
Abb. Meyer KG
Abb. 320

Schneiden bei der Vorkultur, beim Verpflanzen und späterer Pflegeschnitt:

In den Quartieren zur Heisteranzucht werden ausgesuchte Pflanzen bereits entsprechend vorkultiviert. Verstärkungstriebe bleiben bis etwa Bleistiftstärke stehen (s. Abb. 325).

Im Spätsommer wird das kräftigste Seitenholz entfernt, die Wunden verheilen dann noch bis zum Winter. Sind die Heister lang genug, schneidet man die Kronen an – auf gleichmäßige Höhe zwischen 180 und 200 cm, wenn möglich sogar höher. Danach erfolgt das Verpflanzen. Die Kronen werden entsprechend ihrem Habitus geschnitten.

Bei Pflanzen ohne Ballen erfolgt ein gleichmäßiger Wurzelschnitt. Es entwickelt sich gut ausgebildetes Wurzelwerk. Später, wenn die Stämme stärker geworden sind, werden die unteren Kronentriebe entfernt, sodass die Krone dann ungefähr ab 200 cm Höhe beginnt. Im Herbst nach dem Kronenanschnitt soll die Krone gebildet sein. Ein Leittrieb wird herausgebildet. Er ist von mehreren Kronentrieben umgeben. Diese werden pyramidal geschnitten, dabei müssen die Augen nach außen ragen, damit die Krone sich breit entwickeln kann. Falls zu viele Triebe in der Krone vorhanden sind, müssen diese gegebenenfalls eng am Leittrieb entfernt werden. Häufig sind junge

Stämme gegen Sonneneinstrahlung empfindlich, dann müssen Schutzanstriche oder Bandagen eingesetzt werden.

Gattungen und Arten mit runder Krone wie *Acer platanoides* 'Globosum' oder *Robinia pseudoacacia* 'Umbraculifera' werden ohne Leittrieb gezogen (Abb. 321).

Vor der Pflanzung werden die jungen Kronentriebe kurz zurückgeschnitten. Später erfolgen nur noch geringfügige Korrekturen.

Dachförmig kultivierte Bäume wie *Platanus* und Ähnliche werden ebenfalls ohne Mitteltrieb gezogen. Hier müssen während der Anzucht ständig Korrekturmaßnahmen durch Schnitt und waagrechtes Binden erfolgen (s. Abb. 322).

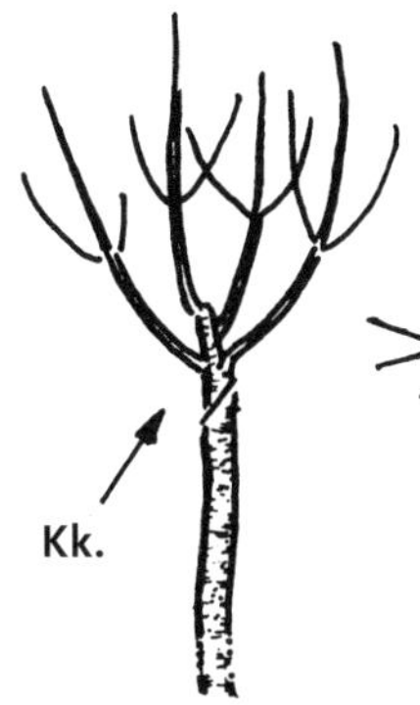

Kugelkrone

Abb. 321

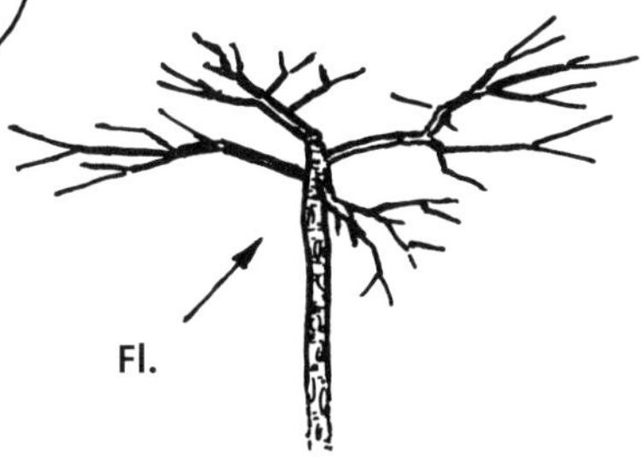

Flachkrone

Abb. 322

Schneidewerkzeuge müssen regelmäßig desinfiziert werden, um eine Übertragung von Krankheitserregern zu vermeiden. Das gilt für alle Schnittmaßnahmen.

Unbedingt beachten:
Alle Wunden, ob mit Messer, Schere oder Säge geschnitten, werden möglichst mit zugelassenen Wundverschlussmitteln verstrichen! Dadurch wird die Rotpustelkrankheit reduziert. Lange Zapfen beim Winterschnitt fördern den Rotpustelbefall. Am besten verheilen die Wunden nach dem Sommerschnitt.

Jeder Hochstamm muss laut FLL-Gütebestimmungen eine gerade Stammverlängerung innerhalb der Krone haben. Diesen geraden Trieb erzielt man durch die Terminalknospe (Abb. 323), durch Rückschnitt auf Zapfen (Abb. 324) oder auf Auge (Abb. 324). Bereits durch Stäben der aufgepflanzten Jungbäume und ständiges Nachheften wird der Terminaltrieb gerade gehalten.
Nachstehend von links:
Abb. 323 – durch die Terminale gehend,
Abb. 324 – Rückschnitt des Leittriebs: auf Auge (A) oder Zapfen (Z),
Abb. 325 – Aufschneiden eines starken Triebs; der schwache Trieb bleibt für das folgende Jahr als Verstärkungsholz des Stammes stehen.

Abb. 323

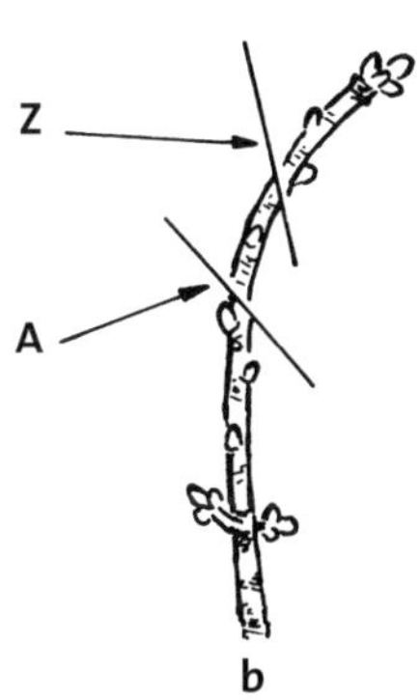

Abb. 324

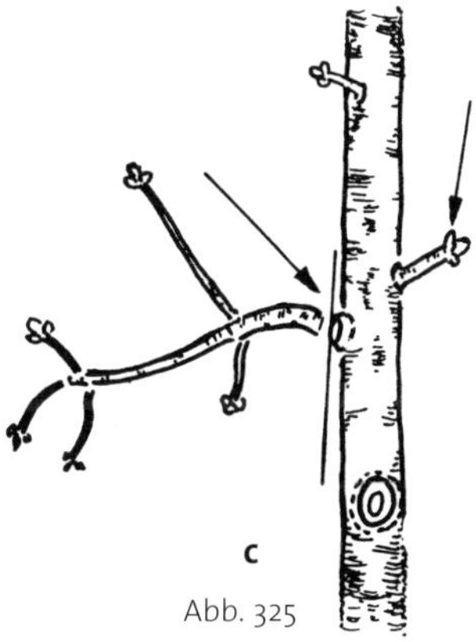

Abb. 325

In den letzten Jahren hat der Welkeerreger *Verticillium* zu erheblichen Problemen in den Baumschulen geführt. Daher sollten besonders auf älteren Baumschulflächen Untersuchungen auf diesen Erreger von autorisierten Fachleuten in Zusammenarbeit mit Bodenuntersuchungsinstituten durchgeführt werden. Besonders gefährdet ist die Gattung *Acer* in allen Altersgruppen! Böden, auf denen Schadbilder aufgetreten sind, sollten in jedem Fall für empfindliche Kulturen gemieden werden.

Düngung und Quartierpflege:
Sofern man über jungfräulichen Boden verfügen kann, kommt man mit geringeren Düngegaben aus. Grundsätzlich sollten neue Kulturflächen auf Kartoffelnematoden, pH-Wert sowie auf Humus und Nährstoffgehalt untersucht werden. Die Versorgung mit Nährstoffen sollte nur nach Empfehlung erfolgen. Einige Gehölze wie Platanen sind besonders anspruchslos. Übermäßige Stickstoffdüngung erzeugt mastige Triebe und fördert die Rotpustelkrankheit.

Bodenbearbeitung, Unkrautbekämpfung:
Während der Vegetationsperiode erfolgt die übliche Bodenpflege durch Grubbern in jungen Quartieren mit Heistern und 2× verpflanzten Bäumen.
Bei mindestens 3× verpflanzten Bäumen hat sich die Einsaat mit Gras zwischen den Reihen bewährt. Bei Bedarf wird regelmäßig mit einem Schlegelmäher das Gras kurz gehalten. Die Grasflächen zwischen den Reihen dienen als Tragschicht für Pflege- und Rodegeräte. Pflanzstreifen werden mit Zeilenräumgeräten oder Spritzung mit zugelassenen Herbiziden oder durch mechanische Bearbeitung z. B. mit Stockräumern sauber gehalten. In extraweiten Beständen wird gelegentlich Gründüngung (z. B. *Phacelia*, Gras u. Ä.) eingesät. Die Grünmasse hält das Unkraut zurück und fördert den Humusgehalt. Allerdings hindern die Gründüngungspflanzen oft bei Pflegemaßnahmen in den Quartieren. Die Selbstaussaat von reif gewordenen Samen im Folgejahr stört kaum. Schattengare des Bodens und reduzierte Bodenverdichtung ist ein erheblicher Vorteil.

Pflanzenschutz und Schutz vor Wildverbiss:
Optimale Kulturführung reduziert den Befall mit Schadorganismen erheblich. Allerdings sollten Quartiere ständig auf Befall kontrolliert werden. Rechtzeitiges Erkennen und Behandeln von Schadbildern reduziert den Einsatz von Pflanzenschutzmitteln. Mit Rotpusteln befallene Pflanzen werden rigoros entfernt und verbrannt!
Baumschulquartiere werden durch dichte Zäune vor Wildschäden geschützt. Hier ist eine regelmäßige Kontrolle im Winter zwingend notwendig! Einzelne Gattungen und Arten sind besonders vor Wildverbiss zu schützen.
Laburnum, *Malus* in Zier- und Fruchtsorten, *Syringa* und diverse andere Gehölze werden gern von Hasen, Kaninchen oder Rehwild angefressen. Diese Bereiche müssen durch zusätzliche Maschendrahtzäune gesichert werden. In längeren Schneeperioden fressen verschiedene Mäuse unterhalb der Schneedecke gern Pflanzen an, z. B. *Weigela*. Hier müssen rechtzeitig Köder in Röhren oder Köderstationen ausgelegt werden, damit andere Tiere nicht an diese gelangen können. Einzelne Pflanzen können durch Spiralen vor Verbiss geschützt werden. Diese können längere Zeit an der

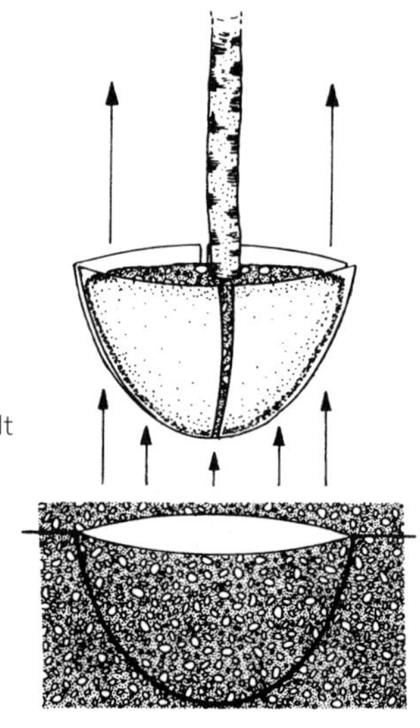

Arbeit der Ballenstechmaschine, schematisch dargestellt

Abb. 326

Pflanze verbleiben, da sie das Dickenwachstum nicht behindern.

Das Roden:

Gehölze sollten möglichst gut ausgereift sein, damit es später keine Lagerschäden oder Probleme auf der Baustelle gibt. Heister und dünne Hochstämme ohne Ballen können mit einem Reihenrüttelpflug im Seitenanbau gerodet werden. Solitärpflanzen und Alleebäume mit Ballen werden überwiegend mit Ballenschneidemaschinen oder Ballenstechern herausgenommen (s. Abb. 326).

Bei kleineren Mengen kommt durchaus der Rodespaten auch noch bei Solitären und Alleebäumen zum Einsatz. Die Arbeitsleistung bei Maschineneinsatz ist erheblich höher und für die Mitarbeiter schonender.

Da Ballenpflanzen meist nur bei Bedarf herausgenommen werden, werden sie meist in Jute eingebunden und darüber kommt der vorgeschriebene Draht bzw. Drahtkorb. Werden Ballenpflanzen für den Einschlag gerodet, wird in Konitex balliert.

Transport und Lagerung von Ballenpflanzen:

Pflanzen mit Ballen können durchaus einige Tage ohne größeren Schutz stehen, hier reicht das Abdecken mit Jutesäcken oder Planen. Dauert die Lagerung länger, so schlägt man die Ballen vorsorglich in Sägespäne, Erde oder Sand ein.

Quartiereinteilung:

Bei größeren Mengen von Alleebäumen und Solitärpflanzen wird meist Blockpflanzung durchgeführt. Zwischen den Quartieren verbleiben ausreichende Wege für Rodung, Pflege und Abtransport. Lange Wege sollten vermieden werden, Arbeitszeit und Arbeitswege sind teuer!

Besonderheiten:

Unten stehend Bilder einer Kugelkrone (z. B. *Acer platanoides* 'Globosum') und einer Dachkrone von *Platanus acerifolia* für Laubenpflanzungen und schattige Plätze. Daneben eine normal geschnittene Krone (s. Abb. 327 und 328).

Obstgehölz-Flachkrone. Foto: GartenAkademie.com

Abb. 328

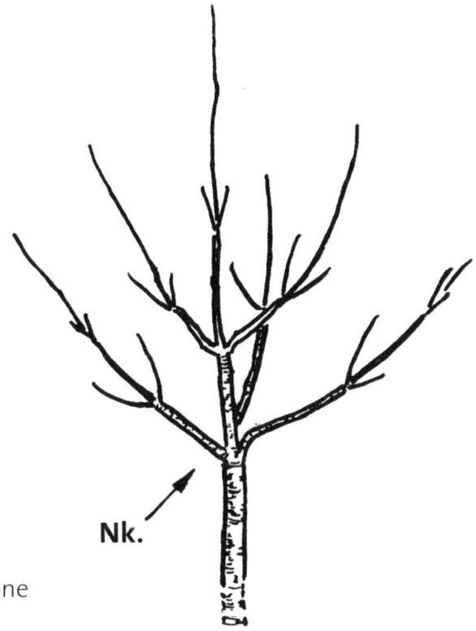

Normalkrone

Abb. 327

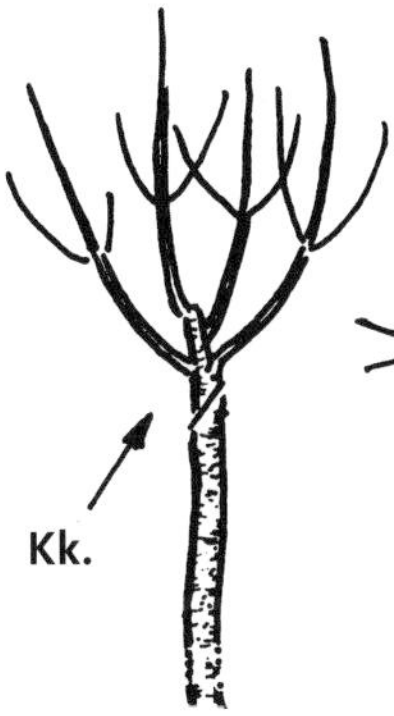

Kugelkrone

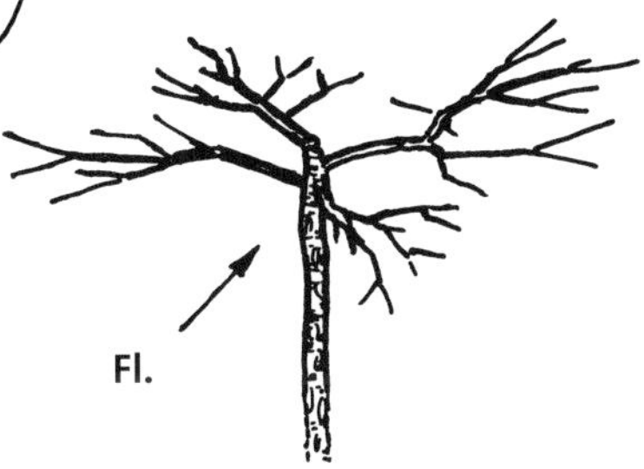

Flachkrone

Sortiment

In der Tabelle folgt eine Zusammenstellung einiger der häufigsten und wichtigsten Hochstämme und Alleebäume mit ihren Arten und Sorten unter Angabe der Vermehrungsart, der Unterlage sowie deren Ansprüche und Eignung für den späteren Standort.

Art, Unterart, Sorte	Vermehrung und Unterlage	Besonderheiten, Ansprüche, Eignung
Acer platanoides	Aussaat	Schnell wachsend
Acer platanoides 'Globosum' und andere Sorten	Veredlung auf *Acer platanoides*	Kleinkroniger Straßenbaum
Acer pseudoplatanus	Aussaat	Etwas rotpustelanfällig, sonst robust, schnell wachsend
Acer pseudoplatanus-Sorten	Veredlung auf *Acer pseudoplatanus*	Schnell wachsend
Betula pendula	Aussaat	Schnell wachsend, kurzlebig
Betula pendula 'Tristis'	Veredlung auf *Betula pendula*	Hohe Hängeform
Castanea sativa	Aussaat	Nur für warme Lagen
Catalpa bignonioides	Aussaat	Für geschützte Lagen
Corylus colurna	Aussaat	Robuste Art
Crataegus 'Carrierei'	Veredlung auf *Crataegus monogyna*	Robust, kleinkronig, wenig standfest
Crataegus laevigata 'Paul's Scarlet'	Veredlung auf *Crataegus monogyna*	Kleinkronig, Echter Rotdorn
Fagus sylvatica	Aussaat	Großkronig
Fagus sylvatica-Sorten	Veredlung auf *Fagus sylvatica*	Parkbäume
Fraxinus excelsior	Aussaat	Robust, auch für feuchte Lagen
Fraxinus excelsior-Sorten	Veredlung auf *Fraxinus excelsior*	
Liriodendron tulipifera	Aussaat	Herbstlaub, für tiefgründige Böden, Frühjahrspflanzung, kalkempfindlich
Platanus acerifolia	Steckholz	Für Stadtklima geeignet
Quercus-Sorten	Aussaat und Veredlung	Große, meist breite oder auch schlanke Bäume, vor Triebbeginn pflanzen, kalkempfindlich
Robinia pseudoacacia und ihre Sorten	Aussaat und Veredlung	Robust, anspruchslos, manche windbrüchig
Sophora japonica	Aussaat	Für Stadtklima geeignet; im August blühend, für tiefgründigen Boden
Sorbus aucuparia und Sorten sowie andere Arten	Aussaat und Veredlung	Mittelkronig, Früchte im Herbst, anspruchslos
Tilia-Arten und -Sorten	Aussaat und Veredlung	*T. cordata* gelegentlich anfällig für Spinnmilben, andere Sorten gut auch im Stadtbereich geeignet
Ulmus-Arten und -Sorten *U. hollandica* 'Commella' und 'Resista'	Aussaat und Veredlung	Teils resistent gegen Ulmenkrankheit

11.5 Stammformen von Ziergehölzen

Eine Vielzahl von Ziergehölzen wird auch als Zierstämme angeboten.
Ihre Anzucht kann durch unterschiedliches Triebwachstum sehr verschieden sein.

Höhenmasse:
Da sie mit Alleebäumen und Obstgehölzen wenig gemein haben, sind auch die Stammstärken und -höhen anders.
Sie werden je nach Gattung, Art und Sorte in folgenden Höhen angeboten:
- 40–60 cm
- 60–80 cm
- 80–100 cm
- 100–125 cm
- 125–150 cm
- 150–175 cm
- 175–200 cm

Kultur und Anzucht:
Wegen der Vielfalt der Gattungen, Arten und Sorten können die Anzuchtmethoden recht unterschiedlich sein. Einige Gattungen werden stammecht gezogen, z. B. *Laburnum* und *Syringa-Vulgaris*-Hybriden. Andere werden auf Wildstämme veredelt, z. B. *Corylus avellana* 'Contorta' und *Salix* in Sorten. Einige Sorten werden auf verwandte Stammbildner veredelt, weil sie aus eigener Kraft keine guten Stämme bilden, z. B. *Syringa* in Zwergsorten auf *Ligustrum ovalifolium*. Es kommt oft vor, dass man Unterlagen in engen Abständen auf Beeten ziehen muss, damit sie sich gegenseitig hochdrücken. Für *Salix*-Zierstämme werden fast ausschließlich unbewurzelte glatte Ruten genommen.

Anzucht auf Beeten oder in Containern:
Wenige Arten werden im Freiland auf Beeten herangezogen, z. B. Kronenveredlungen von *Fagus sylvatica*-Hängeformen oder *Betula pendula* 'Youngii'.
Fast alle anderen Zierstämme werden in Container getopft, sie können dann blühend oder mit attraktiver Blattfärbung verkauft werden.

Die üblichen Höhenmaße
der Zierstämme

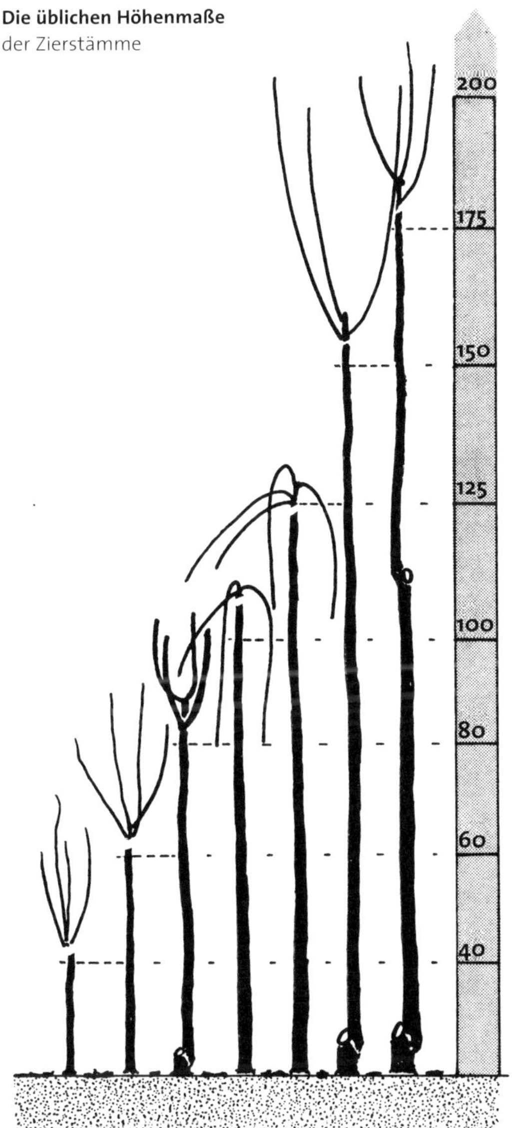

Abb. 329

Stammformen von Ziergehölzen:

Pflanzenart oder -sorte	Übliche Stammhöhe in cm	Auf Stammbildner	Veredlungsmethoden Bemerkungen
Corylus avellana 'Contorta'	80–100 100–125 125–150	*Corylus colurna*	Kopulieren in Kronenhöhe
Salix caprea 'Pendula'	80–100 100–125 125–150	*Salix viminalis*	Kopulieren und pfropfen in Kronenhöhe
Caragana arborescens 'Pendula' und 'Lorbergii'	100–125 125–150 150–175	*Caragana arborescens*	Pfropfen in Kronenhöhe
Robinia hispida 'Macrophylla'	100–125 125–150	*Robinia pseudoacacia*	Am Wurzelhals veredeln, dann stammecht hochziehen

Im Quartier herangezogene Zierformen:

Pflanzenart oder -sorte	Übliche Stammhöhe in cm	Auf Stammbildner	Veredlungsmethoden Bemerkungen
Laburnum anagyroides *Laburnum × watereri* 'Vossii'	100–125 125–150 150–175 175–200	Stammecht	Aus Sämlingen (*Laburnum* 'Vossii' durch Veredlung)
Malus – Ziersorten	125–150 150–175 175–200	Stammecht Stammbildner	Wurzelhalsokulationen und Kronenpfropfungen
Prunus – Zierkirschen	125–150 175–200	Vogelkirschen bis Kronenhöhe	Kronenpfropfungen Kronenokulationen
Prunus – Zierpflaumen	125–150 175–200	Stammecht	Wurzelhalsokulationen, seltener Pfropfung
Prunus triloba	60–80 80–100 100–125 125–150	'Brompton' u. a. Pflaumenunterlagen	Kronenokulationen Kronenpfropfungen
Syringa vulgaris-Sorten	60–80 80–100 100–125 125–150	Stammecht	Wurzelhalsokulationen

Weitere Sorten von Stammformen sind beim Thema „Veredlungsunterlagen für Laubgehölze“ zu finden. Die Stammanzucht und die Pflege unterscheiden sich sonst kaum von der Hochstammkultur.

11.6 Laubgehölz-Solitärpflanzen

Es gibt deutliche Unterschiede zwischen Standardqualität und Solitärpflanzen (s. Abb. 330 und 331):

1. Solitärpflanzen sind nochmals verpflanzte Ziersträucher, die bereits ihren ursprünglichen Habitus erkennen lassen. Sie sind älter, höher und breiter und benötigen für die Anzucht entsprechenden Platz. Bis zu einer gewissen Größe können sie auch im Container gezogen werden. Stärkere Exemplare (ab 4× verpflanzt) werden fast ausschließlich im Freiland kultiviert.
2. Sie entwickeln bereits den arten- oder sortentypischen Aufbau des Astwerks.
3. Sie werden immer im Container oder mit Ballen geliefert.
4. Sträucher werden beim Kunden an Wurzel und Trieb zurückgeschnitten und eingepflanzt, Solitärpflanzen bleiben meist ungeschnitten, sie erhalten eventuell einen leichten Pflanzschnitt.

Warum werden Solitärpflanzen häufig bevorzugt?

1. Wegen des Wurzelballens aus dem Freiland können sie oft unbedenklicher gepflanzt werden als wurzelnackte Pflanzen; im Herbst früher und im Frühjahr später.
2. Die Gärten und Baustellen machen sofort einen fertigen Eindruck.
3. Sicht-, Staub- und Lärmschutz werden schneller erreicht, Blütenschmuck erscheint früher und Hecken werden schneller dicht.
4. Größere Pflanzen stellen oft mehr dar.
5. Besonders ältere Kunden möchten nicht so lange warten, bis sich die Pflanzen zu prächtigen Exemplaren entwickelt haben.

Folgende Pflanzen werden häufig zu Solitären herangezogen:

Es folgen einige der wichtigsten Gehölze:

- *Acer*-Arten und -Sorten
- *Amelanchier*, alle Sorten
- *Cornus*-Arten, hochwertige Sorten
- *Cotinus* in Sorten
- *Cotoneaster* in hochwachsenden Sorten, auch immergrüne
- *Deutzia* in hochwachsenden Sorten
- *Euonymus* in hochwachsenden Sorten
- *Forsythia*, alle Sorten
- *Hamamelis*, alle Sorten
- *Hibiscus*, alle Sorten
- *Ilex*, alle Arten und Sorten
- *Kolkwitzia*, alle Sorten
- *Laburnum*, alle Sorten
- *Ligustrum* in hochwachsenden Sorten
- *Lonicera* in hochwachsenden Sorten
- *Magnolia*, alle Sorten

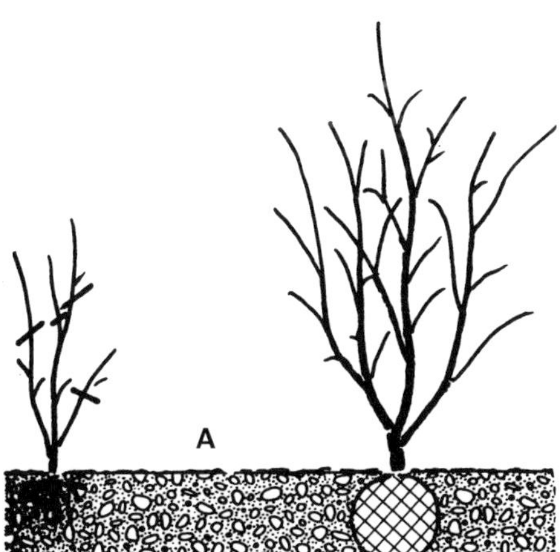

Amelanchier lamarckii
links: 2× verpflanzter Zierstrauch mit Pflanzschnitt
rechts: 3× verpflanzter Solitär
Abb. 330

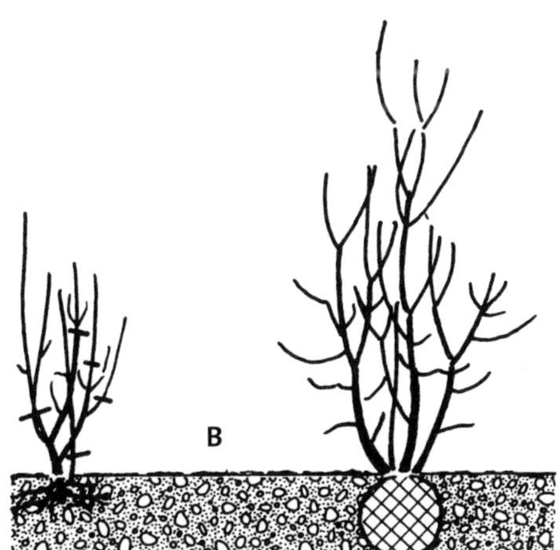

***Forsythia*-Sorte**
links: 2× verpflanzter Zierstrauch
rechts: 3× verpflanzter Solitär
Abb. 331

- *Malus*, Zierformen, alle Sorten
- *Nothofagus*
- *Philadelphus*, alle Sorten
- *Prunus*, alle Sorten
- *Prunus*, immergrüne Sorten
- *Rhododendron*, alle Sorten
- *Rhododendron*, Azaleenartige
- *Rhus* in Sorten
- *Spiraea* in hochwachsenden Sorten
- *Syringa*, alle Arten und Sorten
- *Ulmus carpinifolia* 'Wredei'
- *Viburnum*, alle Sorten
- *Weigela*, alle Sorten
- *Fargesia (Sinarundinaria)* in Sorten

> Heute werden von vielen Wildgehölzen Solitärpflanzen verlangt, sie wachsen in Extremstandorten sehr gut weiter. Daher hat sich für diese Gehölze zwischenzeitlich ein Markt entwickelt.

Ausgangsmaterial für die Solitärpflanzenanzucht:
Kräftige, verpflanzte Sträucher dienen als Ausgangsmaterial zur Aufschulung. Die erfolgte Vorkultur soll hier nicht mehr beschrieben werden, sie ist bereits bei der Sträucheranzucht beschrieben worden. Wichtig ist, nur besonders kräftige und gut bewurzelte Gehölze aufzuschulen. Das Wurzelwerk wird dem Habitus der Pflanze entsprechend eingekürzt. Die Triebe werden auf etwa die Hälfte zurückgeschnitten (s. Abb. 332). Im zeitigen Frühjahr wird in gut vorbereitete Böden gepflanzt. Die Reihenabstände sollten wenigstens 1,2 m, in der Reihe 1,5 m betragen. Bei der Wahl der Abstände sind die Pflanzenentwicklung der kommenden Jahre und der Besatz an Pflege- und Rodemaschinen zu berücksichtigen (s. Abb. 333).

Bodenpflege sollte möglichst maschinell oder mit einem Pferd erfolgen. Schnittmaßnahmen brauchen kaum ausgeführt zu werden, gegebenenfalls können kleine Korrekturen durchgeführt werden. Nach 2 Jahren können erste Pflanzen aus dem Quartier entnommen werden, nach 3 Jahren muss restlos geräumt werden.

11.7 Stammbüsche

Als Stammbüsche können überwiegend hoch werdende, eintriebige Laubgehölze, die natürliches Seitenholz aufweisen, gezogen werden.

Aufschulware für Solitärgehölze wird etwa auf die Hälfte zurückgeschnitten.

Abb. 332

Das Ausgangsmaterial stammt meist aus Heisterquartieren und muss von unten gut beastet sein. Der Mitteltrieb sollte relativ gerade sein. Allerdings schaden kleine Bögen nicht. Der Pflegeaufwand ist dadurch geringer. Da das Seitenholz zur Entwicklung viel Licht benötigt, muss der

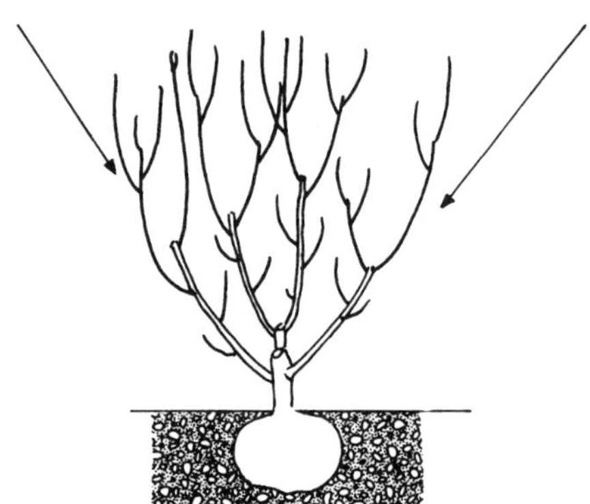

Abb. 333

Pflanzabstand groß genug sein. Nach 2 Jahren können erste Pflanzen aus dem Quartier verkauft werden, der Rest kann noch maximal weitere 2 Jahre stehen bleiben.

Bis 3× verpflanzte Exemplare werden nach Stammumfang verkauft, z. B.:

Acer platanoides Stbu 3×v. 14–16 mDB.

Es kann auch noch ein viertes und fünftes Mal verpflanzt werden. Allerdings werden dafür entsprechende Geräte benötigt.

Ab 4× verpflanzte Exemplare werden oft nach Stammumfang, Höhe und Breite verkauft, z. B.:

Acer platanoides Sol *Stbu* 4 × v. 20–25, h 400–500, br 150–200 mDB.

Zu Stammbüschen können gezogen werden:

- *Acer*, baumartig wachsend
- *Betula* in stark wachsenden Sorten
- *Carpinus betulus* und ihre Sorten
- *Platanus acerifolia*
- *Populus* in einigen Sorten
- *Quercus*, baumartig wachsend
- *Sorbus*, baumartig wachsend
- *Tilia cordata* und andere Sorten
- *Ulmus*, baumartig wachsend

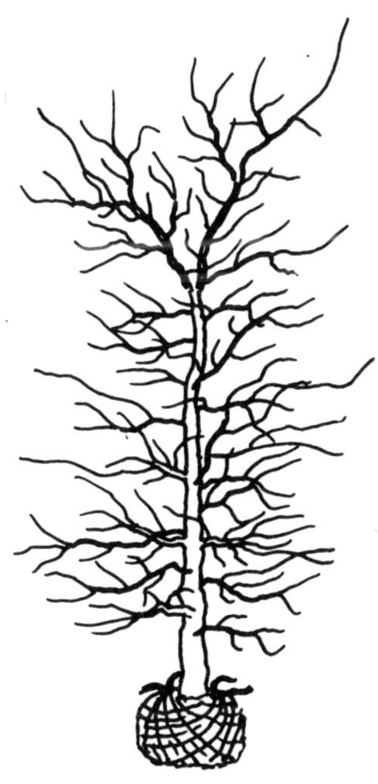

Abb. 334

Darüber hinaus können von vielen Gattungen, Arten und Sorten Stammbüsche gezogen werden; der Kreativität sind kaum Grenzen gesetzt, der Baumschuler muss sie nur nutzen (s. Abb. 334)!

11.8 Mehrstämmige Gehölze

Mehrstämmige Gehölze haben eine nicht zu unterschätzende Bedeutung in der Landschaftsgestaltung. Baumartig wachsende Gehölze eignen sich besonders für diese Kulturform. Einige neigen schon von ihrem Habitus zur Mehrstämmigkeit.

Nachfolgende Gehölze eignen sich besonders dafür:

- *Acer platanoides* und Sorten
- *Acer pseudoplatanus* und Sorten
- *Acer saccharinum* und Sorten
- *Betula pendula* und Sorten
- *Carpinus betulus*
- *Liquidambar styraciflua*
- *Quercus* in Sorten
- *Sorbus* in Sorten

Das Hauptmerkmal ist die Bildung der Grundstämme, die dicht über dem Erdboden beginnen sollen.

Es gibt verschiedene Möglichkeiten, mehrstämmige Pflanzen zu erzielen:

1. Vorkultur durch Rückschnitt im Jungpflanzenquartier.
2. Durch Rückschnitt junger Pflanzen im Anzuchtquartier.
3. Durch Zusammenpflanzen von mehreren Heistern.
4. Durch Rückschnitt älterer Pflanzen im Quartier.

Bei mehrtriebigen Pflanzen muss die Verzweigung bis zu einer Höhe von 50 cm oberhalb der Wurzel entstehen (s. Abb. 335).

Die Vorkultur durch Rückschnitt im Jungpflanzenquartier hat den Vorteil, dass die Pflanze aus einem Wurzelstock kommt.

Der Rückschnitt junger Pflanzen im Anzuchtquartier erfüllt den gleichen Zweck.

Das Zusammenpflanzen hat den Vorteil, dass sich die in ein Pflanzloch gesetzte Gruppe verhältnismäßig schnell zu einer vollen Fertigpflanze entwickelt. Allerdings müssen einige Dinge beachtet werden:

1. Man sollte keine straffen und geraden Exemplare nehmen, weil sie leicht eine steife und unschöne Gesamtpflanze ergeben.
2. Etwas unregelmäßig gewachsene Teilpflanzen eignen sich besser, man kann den Habitus kreativ gestalten.
3. Beim Zusammensetzen sollten die Wurzeln der einzelnen Teile dicht zusammengepflanzt werden.

Die Abb. 336–338 zeigen, wie die Pflanzen zusammengefügt werden.

Beim Roden ist besonders darauf zu achten, dass die mehrstämmigen Pflanzen sorgfältig zusammengebunden werden. Ebenfalls müssen die Ballen fest und sorgfältig aufbereitet werden. Die aus einzelnen Teilen gewonnenen Pflanzen können sonst beim Transport leicht auseinanderbrechen.

Der Rückschnitt junger Pflanzen während der Kulturzeit:

Starker Rückschnitt im März erzeugt kräftiges Wachstum der Jahrestriebe, das meist gewollt ist (s. Abb. 339). Sind die Trieblängen allerdings zu unterschiedlich, muss daher im Juni/Juli regulierend eingegriffen werden. Die längsten Triebe werden entspitzt (pinziert), dadurch erreichen alle bald eine einheitliche Höhe (s. Abb. 340).

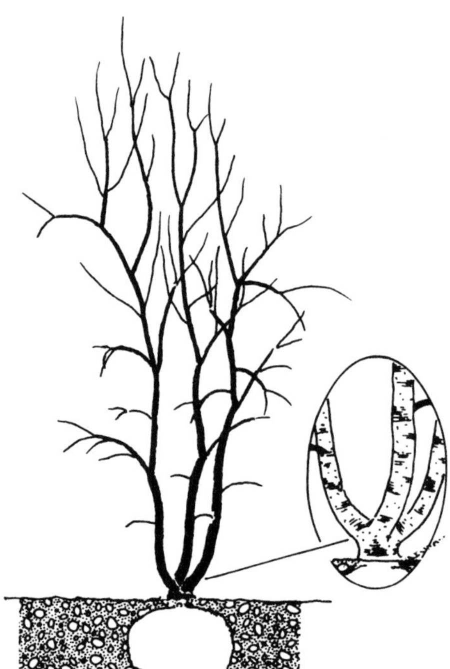

Dreistämmige *Betula pendula*
in diesem Fall dicht über dem Boden geteilt

Abb. 335

Rückschnitt im März
mit langem Trieb als Folge

Abb. 339

Rückschnitt im März
e = Ausgleich durch Entspitzen

Abb. 340

Zusammenpflanzung
gebogene Stämme
gut gruppiert
Abb. 336

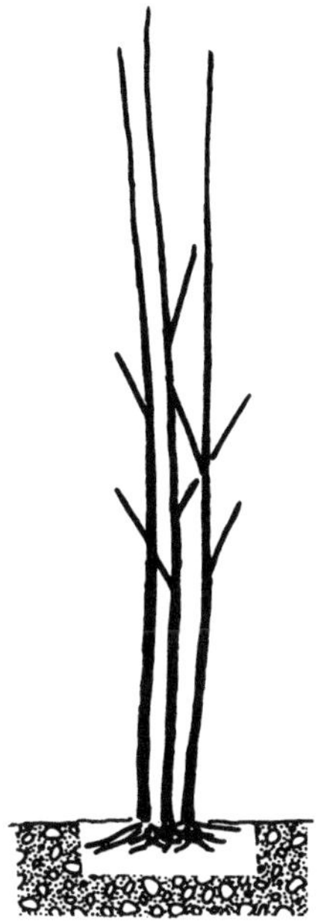

Zusammenpflanzung
gerade Stämme
langweilig gruppiert
Abb. 337

Zusammenpflanzung
falsche Zusammenstellung
Abb. 338

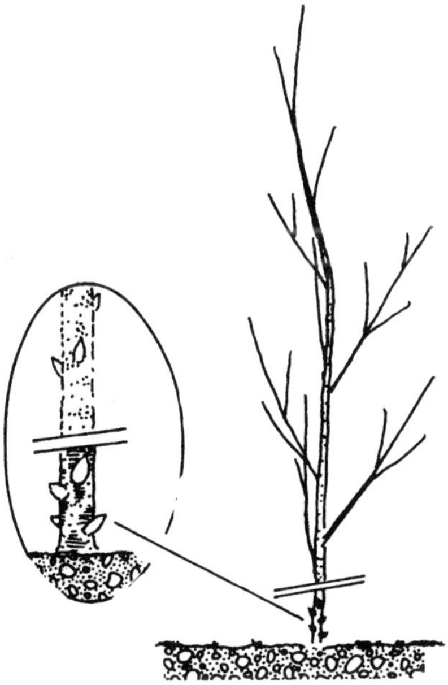

Rückschnitt im April
links vergrößert: der Knospenansatz
Abb. 341

Die Folgen des April-Rückschnitts:
mehrere verhältnismäßig ähnlich starke Grundstämme
Abb. 342

Der kräftige Rückschnitt junger Pflanzen im April: Es wird ebenfalls scharf zurückgeschnitten.
Durch den verzögerten Schnitt treiben mehr Knospen unterhalb der Schnittstelle aus. Auch wenn sich das Wachstum durch den späten Schnitt verringert, entstehen zusätzliche Triebe, die die Pflanzen auf natürliche Weise verstärken (s. Abb. 341 und 342).

Weitere Kulturmaßnahmen:
Um ein gleichmäßiges Längenwachstum der Grundstämme der einzelnen Pflanzen zu erreichen, muss man gelegentlich die kräftigeren Triebe einkürzen.

Angeboten werden mehrstämmige Gehölze in allen Altersstufen und Größen nach der Anzahl der Grundstämme.

Die Sortierungen lauten:
- 2 Grundstämme
- 3–4 Grundstämme
- 5–7 Grundstämme

Gemessen wird der Stammumfang in 1 m Höhe, sofern er überhaupt gemessen wird, und zwar als Gesamtstammumfang. Das bedeutet, dass die Maße der einzelnen Stämme zusammengerechnet werden. Im Übrigen gibt man die Höhe der Pflanze und bei stärkeren Exemplaren die Kronenbreite an.

11.9 Strauchartige Gehölze mit unterschiedlichen Grundtrieben

Die FLL-Gütebestimmungen für Baumschulpflanzen regeln die Sortiervorschriften für alle Baumschulgehölze.
Einige Gattungen und Arten werden grundsätzlich nach Triebzahl und Länge sortiert, dazu zählen:
- *Aralia elata*
- *Hydrangea paniculata* 'Grandiflora'
- *Laburnum* in Sorten
- *Ribes alpinum* in Sorten
- *Rhus typhina*
- *Rhus typhina* 'Dissecta'
- *Syringa vulgaris*-Hybriden in Sorten

Die Mehrtriebigkeit wird durch den Rückschnitt beim Aufschulen und während der Kulturdauer erzielt. *Aralia* und *Rhus* besitzen die Anlage, Grundtriebe aus der Wurzel (Adventivaugen) zu bilden. Wurzelstücke werden zur Vermehrung durch Wurzelschnittlinge genommen.

Alle Arten werden als Sträucher ohne und später als Solitärpflanzen mit Ballen kultiviert. Die Ausnahme ist die *Aralia*, die von Anfang an im Container oder mit Ballen angezogen wird (s. Abb. 343).

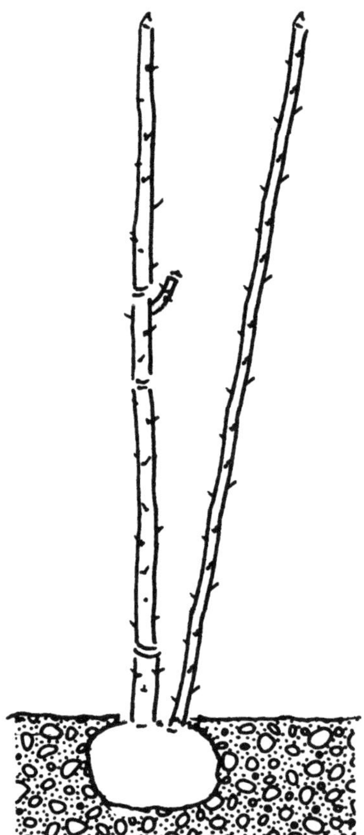

Pflanze mit 2 Grundtrieben und mit Ballen, z. B. *Aralia elata*
Abb. 343

Die Anzahl der Grundtriebe wird, wie bei den Grundstämmen, wie folgt sortiert:
- 2 Grundtriebe
- 3–4 Grundtriebe
- 5–7 Grundtriebe
- 8–11 Grundtriebe

Mehrtriebige Heckenpflanzen wie *Ligustrum* und *Ribes alpinum* s. auch bei „Heckenpflanzen".

11.10 Heckenpflanzen

Zu Heckenpflanzen eignen sich solche Pflanzenarten, die sehr schnittverträglich sind und sich teilweise gut aus dem alten Holz erneuern. Dieses trifft besonders für Laubgehölze zu.

a) Strauchartig gezogene Heckenpflanzen
Diese werden wie Ziersträucher kultiviert, nach Länge und Triebzahl sortiert und überwiegend ohne Ballen geliefert.

b) Als Heister gezogene Heckengehölze:
Diese werden in Reihenabständen von mindestens 75 cm aufgepflanzt, da der überwiegende Teil später mit Ballen gerodet wird; daher muss der Abstand in der Reihe mindestens 30 cm betragen. Dazu zählen:
- *Acer campestre*
- *Carpinus betulus*
- *Fagus sylvatica* in Sorten

Die Pflanzen bleiben bis zu 3 Jahre stehen, regelmäßiger Schnitt im Sommer und Winter fördert die Seitenverzweigung. Das Jungpflanzenstadium beginnt mit einer 2- oder 3-jährigen Pflanze. Es werden häufig unterschiedlich alte Jungpflanzen aufgeschult. Nach spätestens 3 Jahren ist das Quartier geräumt oder es muss verpflanzt werden. Es ergibt dann 3 × verpflanzte Heckenpflanzen aus extraweitem Stand. Nach weiteren 2–3 Jahren wird erneut verpflanzt, dann sind 2–3 Jahre später Solitärpflanzen mit Höhen- und Breitenangabe verfügbar.

c) Immergrüne Gehölze, die sich für Hecken eignen:
Viele immergrüne Gehölze aus den Bereichen Laub- und Nadelholz eignen sich sehr gut als Heckenpflanzen. Diese werden in Freilandquartieren oder Containern herangezogen. Es sind hier nur Gattungen, Arten und Sorten aufgeführt, die einen aufrechten Habitus besitzen oder besonders schnittverträglich sind.
Laubgehölze:
- *Berberis*, immergrüne, aufrechte Sorten
- *Buxus* in Sorten
- *Ilex* in aufrechten Sorten
- *Mahonia aquifolium*
- *Photinia* in Sorten
- *Prunus laurocerasus*- und *lusitanica*-Sorten
- *Rhododendron* INKARHO Dufthecke

Nadelgehölze:
- *Chamaecyparis lawsoniana*-Sorten
- *Cupressocyparis leylandii*-Sorten
- *Juniperus* in Sorten
- *Taxus baccata* in Sorten
- *Thuja occidentalis* in Sorten
- *Thuja plicata* in Sorten

Die hochwachsenden Heckenpflanzen müssen während der Kulturzeit des Öfteren geschnitten werden. Wie auf der Zeichnung zu sehen, muss der seitliche Schnitt wiederholt vorgenommen werden. Der Sommerschnitt muss um Johanni, etwa Mitte Juni, erfolgen. Er fördert die Entwicklung der Seitenverzweigung und das Längenwachstum der Pflanze. Bei Nadelgehölzen ist dieser Termin besonders wichtig. Laubgehölze können zusätzlich in den Wintermonaten geschnitten werden. Die Abb. 344 stellt die Anzucht von *Carpinus betulus* dar. Spätestens alle 3 Jahre muss verpflanzt werden; die Gehölze benötigen einen angemessenen Lebensraum. Ein feines und ausgeprägtes Wurzelwerk ist für gutes Weiterwachsen notwendig.

11.11 Nadelgehölze – Koniferen

Die Begriffe Koniferen oder Nadelgehölze sind fließend. Die botanischen Fachbegriffe sollen hier nicht näher definiert werden.

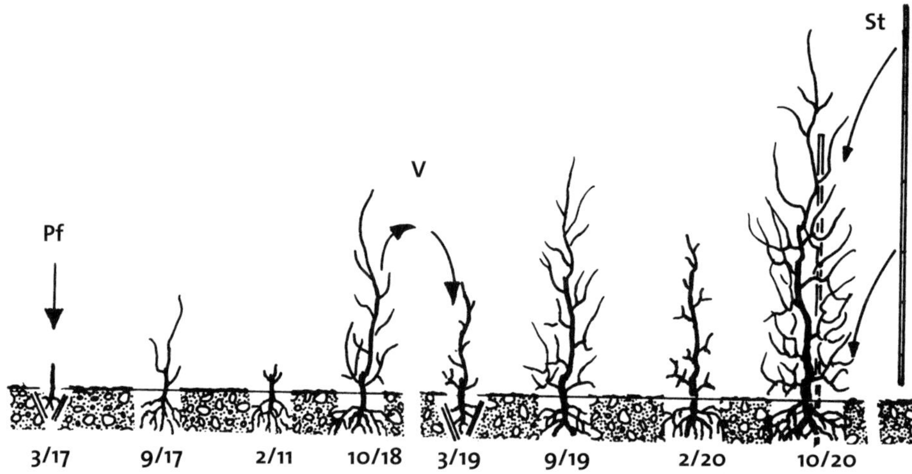

Abb. 344

Was unterscheidet die Kultur der Koniferen von der anderer Gehölze?

1. Zierkoniferen werden als kleinere Pflanzen heute fast ausschließlich als Containerpflanzen kultiviert, größere Exemplare und Heckenpflanzen aber auch als Ballenpflanzen. Das Anwachsrisiko größerer Ballenpflanzen, besonders wenn nicht regelmäßig verpflanzt wurde, ist erheblich größer.
2. Die sommerliche Bodenbearbeitung wird nur sehr flach durchgeführt, weil Koniferen Flachwurzler sind und das Anhäufeln, wie z. B. Ziersträucher oder Obstgehölze, nicht vertragen.
3. Da die meisten Koniferen für das Triebwachstum viel Licht benötigen, müssen die Pflanzabstände ausreichend sein (s. Abb. 345 und 346).
4. Der Schnitt unterscheidet sich von dem der Laubgehölze erheblich. Der günstigste Zeitraum ist um Johanni (24. Juni). Wird dieser Termin eingehalten, erfolgt noch ein guter Durchtrieb bis zum Herbst. Bei *Chamaecyparis, Juniperus* und *Thuja* darf nicht in das alte Holz geschnitten werden, ansonsten erfolgt kein neuer Austrieb.
   Taxus in Sorten vertragen aber einen Rückschnitt in das mehrjährige Holz.
5. Nadelgehölze haben (abgesehen von Taxus) meist keine Probleme mit Bodenmüdigkeit.

Die Vermehrungsmethoden für Nadelgehölze und deren Weiterkultur:

Aussaat: Dieser Bereich wurde ausführlich unter 2.2 behandelt.

Verschulung: Gattungen und Arten, die nicht getopft werden, kommen in ein Verschulbeet in das Freiland. Hier verbleiben sie 1 bis 2 Jahre, bis dem Habitus entsprechend in den weiten Stand gepflanzt werden kann. Dann können die ersten Fertigpflanzen verkauft oder nochmals für 2 bis 3 Jahre verpflanzt werden.

Veredlungen: Diese verbleiben 1 bis 2 Jahre im Anzuchttopf, bevor sie in größere Töpfe umgetopft oder auf Beete für 2 Jahre ins Freiland aufgepflanzt werden. Danach folgt ein 2-jähriger Verpflanzrhythmus.

Durch moderne Vermehrungsmethoden und Kultureinrichtungen lassen sich viele Gattungen, Arten und Sorten, die früher veredelt wurden, durch Stecklinge vermehren.

Um Nadelgehölze von hoher Qualität heranziehen zu können, sollten nachfolgende Kriterien beachtet werden:

1. Der Boden sollte humos oder lehmig, aber vor allem steinfrei sein, um einwandfrei Ballen stechen zu können. Humose und lockere Böden fördern die Wurzelbildung.
2. Gesunde und wüchsige Jungpflanzen sichern den Erfolg. Viele Nadelhölzer sind in Töpfen vor-

kultiviert, sie werden meist oberirdisch leicht zurückgeschnitten, außer Pflanzen mit Terminaltrieb wie *Abies, Picea* und aufrechte *Pinus*. Sind die Topfballen stark durchwurzelt, müssen sie aufgebrochen werden.

3. Die Aufschulung geschieht im Spätsommer (August–September) oder spät im Frühjahr (April–Mai). Bei Pflanzung im Spätsommer bilden die Koniferen noch neue Wurzeln, sie wachsen im Frühjahr zügig weiter. Allerdings müssen die Böden gut wasserdurchlässig sein. Bei extrem nassen Quartieren frieren die jungen Gehölze im Winter leicht hoch. Die Abstände müssen so gewählt sein, dass genügend Licht während der Kulturdauer (2–3 Jahre) bis unten an die Pflanzen gelangt.

Erforderliche Schnittmaßnahmen müssen bei allen Nadelgehölzen rechtzeitig durchgeführt werden, nur so werden Qualitätspflanzen erzielt. Zu enge Abstände erzeugen Pflanzen, die meist minderwertig sind. Leider werden solche Pflanzen häufig zu Dumpingpreisen von Discountern verkauft.

Eine qualitativ hochwertige Ware muss einen angemessenen Preis erzielen!

11.12 Rosen

11.12.1 Vegetative Anzucht und Weiterkultur von Beetrosen, Edelrosen, Strauch- und Kleinstrauchrosen, Bodendeckerrosen, Kletterrosen und Zwergrosen

Die Übergänge zwischen den einzelnen Rosengruppen sind oft fließend, eine klare Abgrenzung ist häufig schwierig.

Beetrosen (heutige Bezeichnung): Früher als Polyantha, Polyantha-Hybriden und Floribunda bezeichnet (s. Abb. 347–348). Die Blüten stehen in Dolden, die Sorten sind überwiegend mehrfach blühend. Sie sind für flächige Bepflanzung besonders geeignet.

Edelrosen: Früher Teehybriden genannt, edel geformte, meist einzelne Blüten. Besonders für Schnittzwecke verwendbar, oft duftend.

Strauchrosen und Kleinstrauchrosen: Einmal blühende bis öfter blühende Sorten für Einzelstellung oder Gruppen. Häufig einfache Blütenstände mit Wildrosencharakter. Diese sind ökologisch als Bienenweide besonders wertvoll.

Bodendeckerrosen: Flach wachsende bis kriechende Sorten, häufig bogenförmig wachsende

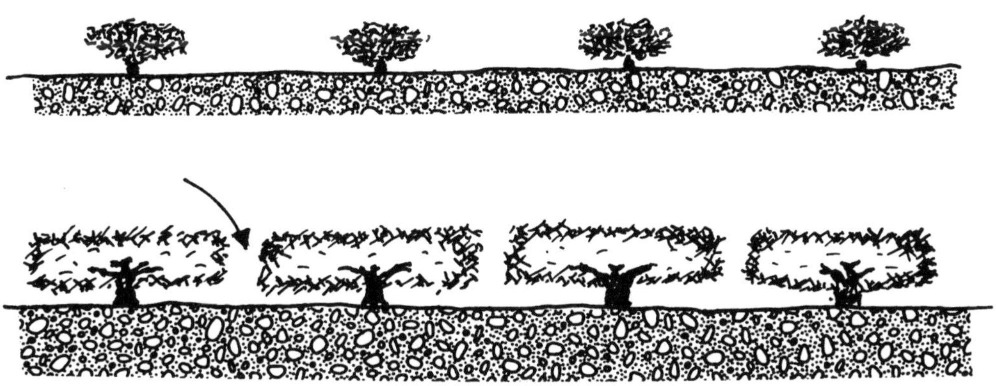

Picea abies 'Nidiformis'

Beispiel für das Aufpflanzen – aufgepflanzte Jungpflanzen obere Reihe
Abb. 345

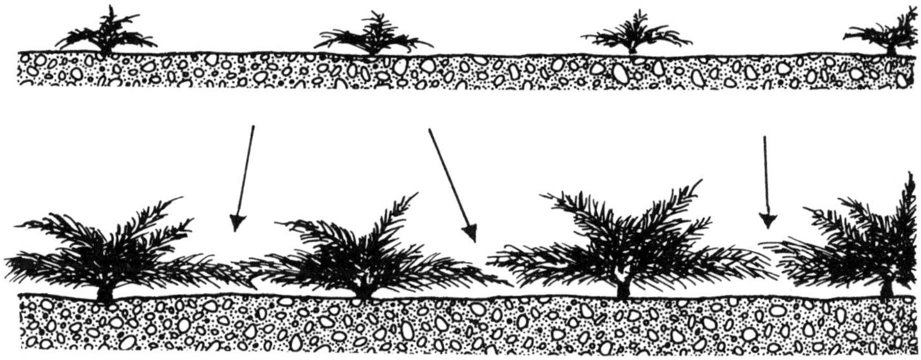

Microbiota decussata

Beispiel für das Aufpflanzen – aufgepflanzte Jungpflanzen obere Reihe
Abb. 346

Sorten. In Dolden blühend, schalenförmig bis gefüllt. Viele Sorten als Bienenweide wertvoll.

Kletterrosen: Einmal blühende und öfter blühende Sorten. Triebe müssen am Endstandort an Kletterhilfen gebunden werden.

Ramblerrosen: Besonders langtriebig (bis zu 6 m) und biegsam. Lassen sich gut in lichte Gehölze pflanzen. Viele Sorten sind nur einmal blühend.

Zwergrosen: Gedrungen und kompakt wachsend.

Unterlagen für die Rosenanzucht:
Rosenunterlagen werden fast ausschließlich in Spezialbetrieben herangezogen. Sie werden im Frühjahr in Reihen ausgesät und im Herbst als einjährige Sämlinge gerodet, versandt und beim Kunden im Kühlhaus gelagert.

Die angebotenen Sortierungen lauten:
Einjährige Sämlinge 1/0, der Durchmesser wird am Wurzelhals gemessen.

Stärke	Verwendung
3–4 mm	Auf neuen Böden für schwach wachsende Sorten
4–6 mm	Auf neuen Böden für alle Sorten
6–8 mm	Auf länger genutzten Baumschulböden
8–12 mm	Auf länger genutzten Baumschulböden oder für frühe Veredlung

Pol

Polyantha-Beetrose
Abb. 347

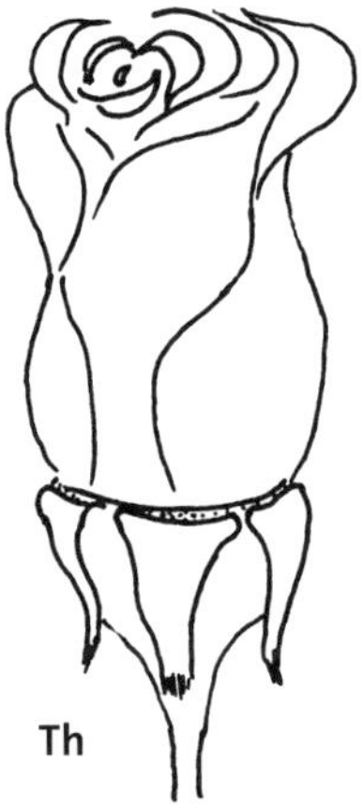

Th

Edelrose
Abb. 348

Die Unterlagen haben verschiedene Eigenschaften. Welche Sorten verwendet werden sollen, muss im Betrieb entschieden werden. Unter dem Teil „Veredlungsunterlagen – Rosen“ sind diese Eigenschaften nachzulesen.
Da Rosen stark auf Bodenmüdigkeit reagieren, dürfen keine Flächen gewählt werden, auf denen schon mehrfach Gattungen der Familie *Rosaceae* gestanden haben.

Die Kultur der Rosen aus Veredlung:
Im Winter werden die Unterlagen bundweise mit der Rosenschere, der Bandsäge oder mit einer

Bockschere geputzt. Die oberirdischen Triebe werden bis auf ca. 15 cm, die Wurzeln ebenfalls auf ca. 15 cm eingekürzt (s. Abb. 349).

Bis zur Pflanzung wird weiter im Kühlhaus gelagert. Hier können die Unterlagen bis Anfang Mai zwischengelagert werden. Ist kein Kühlraum vorhanden, kann auch an geschützter Stelle eingeschlagen werden. Hier treiben die Pflanzen meist schon etwas an, bilden auch schon neue Wurzeln. Bei der Pflanzung ist dann besondere Vorsicht vor Vertrocknung geboten.

Kühlhäuser:
Zur Lagerung von Pflanzen, Pflanzenteilen und Saaten werden vielfach Kühlhäuser genutzt. Es wird zwischen drei gebräuchlichen Kühlhaustypen unterschieden. Grundsätzlich muss jedes Kühlhaus nach außen gut isoliert sein. Es sollte keine Kälte nach außen dringen, Energie ist teuer.

- **Deckenkühlung:**

Ein Kühlaggregat erzeugt Kälte oberhalb der eigentlichen Kühlzelle. Durch Ventilatoren wird die Kaltluft im Raum oberhalb des Kühlraums gleichmäßig verteilt. In der Decke sind kleine Öffnungen vorhanden, durch die die kalte Luft nach unten geleitet wird. Da Kälte schwerer als Warmluft ist, fällt sie langsam nach unten. Nach längerer Betriebszeit kann sich sogar Eis an der Decke bilden, das aber den eingelagerten Pflanzen nicht schadet. Bei einer Deckenkühlung entsteht kaum Luftbewegung in der Kühlzelle. Dadurch ist die Gefahr der Austrocknung geringer.

- **Direktkühlung:**

Bei dieser Methode hängt das Kühlaggregat direkt im ebenfalls gut isolierten Kühlraum. Durch Ventilatoren wird die Kaltluft im Raum verteilt. Dabei entsteht Luftbewegung, die zu Austrocknungen an den Pflanzen führen kann. Daher sind ständige Kontrollen nötig, notfalls muss befeuchtet werden.

- **Mantelkühlung:**

Ältere Kühlräume sind überwiegend nach diesem System gebaut. Dieses System ist doppelwandig, hat den sogenannten „Mantel" um den gesamten Innenraum. Durch die aufwendige Bauart ist dieses System sehr teuer und wird kaum noch gebaut. Die vom Aggregat erzeugte Kälte wird durch diesen Mantel geblasen und erzeugt von außen her gleichmäßige Temperaturen. Da keine Luftbewegung in der Kühlzelle herrscht, kommt es auch nicht zu Austrocknungen.

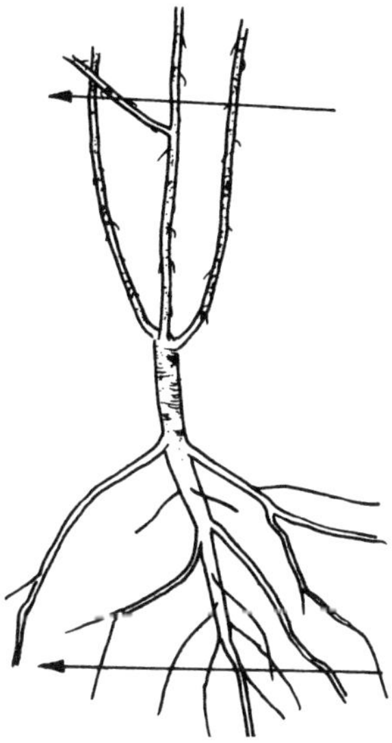

Pflanzenschnitt der Unterlagen
Abb. 349

Temperatur und Luftfeuchtigkeit in Kühlräumen:
Bei Pflanzenlagerung sollten die Temperaturen zwischen 0 und +1 °C liegen. Zur Saatlagerung darf die Temperatur bis –5 °C gehen. Hier soll die Keimung bei stratifizierter Saat unterbrochen werden. Für diesen Zweck stehen dann in den Betrieben meist kleinere Kühlzellen zur Verfügung.
Um Trockenschäden bei eingelagerten Pflanzen zu vermeiden, muss die Luftfeuchtigkeit ständig kontrolliert und aufgezeichnet werden. Sie sollte nicht unter 98 % liegen.
Kombinierte Geräte messen Temperatur und Luftfeuchtigkeit und zeichnen diese auf. Werden eingestellte Werte über- oder unterschritten, wird Alarm ausgelöst.

Die Pflanzung: Rosenunterlagen sollten möglichst früh (ab März) gepflanzt werden. Rechtzeitige Pflanzung ergibt gleichmäßige und kräftige Wildlinge. Je nach vorhandenem Maschinenbesatz wird der Reihenabstand gewählt. Üblich ist 75 × 13–20 cm. Häufig wird mit einer Pflanzmaschine mit zwei Pflanzaggregaten hinter einem Schlepper gepflanzt. Die Abstände in der Reihe sind immer gleich, auch die Pflanztiefe lässt sich gut steuern. Durch Rollen werden die Wildlinge fest angedrückt. Häufig sind Schare an der Maschine vorhanden, die die Unterlagen gleichmäßig anhäufeln.

Als Alternative wird eine mehrreihige Rillenscheibe hinter dem Schlepper genutzt (s. Abb. 350). Bei der letzteren Methode werden die Wildlinge von Hand in die Rillen eingesetzt. Dabei muss der Pflanzabstand sehr sorgfältig eingehalten werden. Der Wurzelhals muss aus der Erde herausragen, hier wird später das Auge eingesetzt. Danach wird fest angetreten und hoch angehäufelt (s. Abb. 351–353).

Durch den kleinen Erdwall, der beim Anhäufeln entsteht, wird das Austrocknen der Wurzelhälse vermieden.

Quartierpflege: Während des Sommers muss das Quartier von Unkräutern freigehalten werden. Das geschieht mit Anbaugeräten für den Schlepper. Gut gelockerter Boden fördert das Wachstum und reduziert Krankheiten. Gelegentlich kann es zum Befall mit Echtem Mehltau oder Rost kommen, dann muss rechtzeitig mit zugelassenen Fungiziden gespritzt werden. Dabei sollten möglichst Breitbandmittel eingesetzt werden. Starker Pilzbefall kann das Lösen der Unterlagen erschweren/verhindern.

Rillenscheibe. Foto: Möller

Abb. 350

Vorbereiten der Unterlagen zum Veredeln: Je nach Stärke der Unterlagen und Verfügbarkeit der Reiser kann ab Juni okuliert werden. Die Veredlungszeit geht bis Anfang September, das ist aber auch von

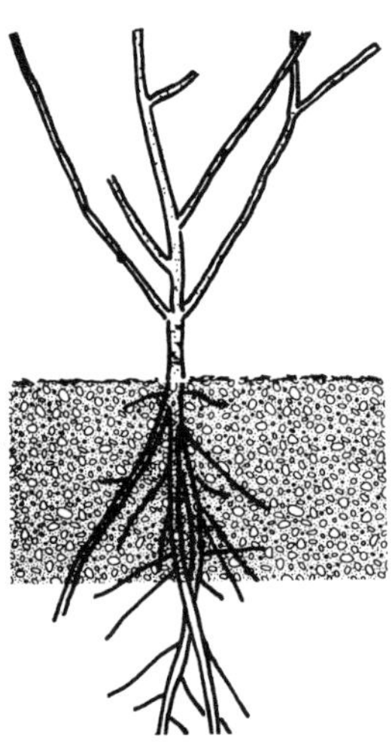

Richtig gepflanzt

Abb. 351

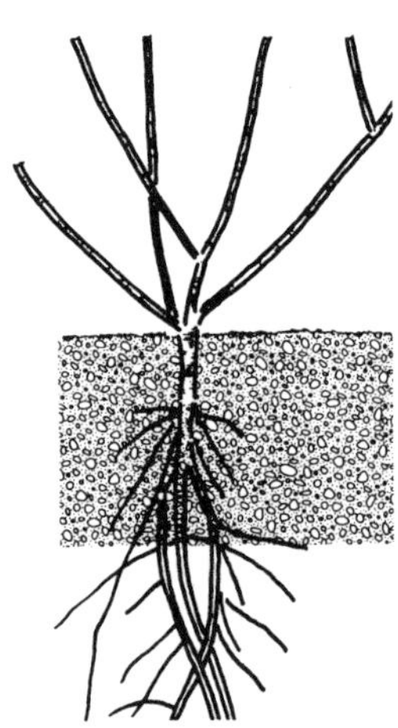

Zu **tief** gepflanzt

Abb. 352

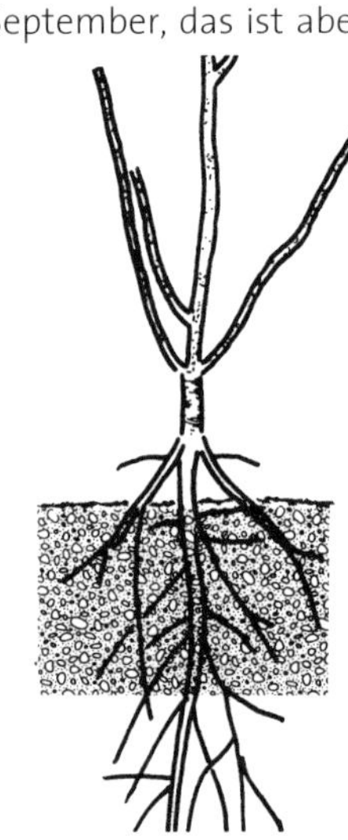

Zu **hoch** gepflanzt

Abb. 353

den Unterlagen abhängig (s. Veredlungsunterlagen Rosen). Zunächst wird der Wurzelhals frei gemacht, d.h. von Erde befreit. Diese Arbeit wird durch ein von einem Schlepper angetriebenes Zeilenräumgerät durchgeführt (s. Abb. 354).

Die Erde wird zwischen den Pflanzen herausgeblasen, die Wurzelhälse liegen dann frei. Diese Methode ist für die Pflanzen schonend und die Veredlungsstellen bleiben unversehrt. Diese Arbeit darf erst wenige Tage vor dem Veredeln erfolgen, sonst trocknen die Wurzelhälse leicht aus, sodass die Rinde schlecht löst und das Veredeln schwierig oder unmöglich wird.

Vorbereitende Arbeiten vor dem Veredeln:
Vor dem Veredeln sollte ein Plan über die zu vermehrenden Sorten und Mengen gemacht werden. Da heute fast alle Sorten durch Lizenzrechte der Züchter geschützt sind, müssen mit diesen Vermehrungsverträge abgeschlossen werden. Unerlaubter Nachbau geschützter Sorten wird rechtlich geahndet (Produktpiraterie). Sind diese Maßnahmen erfolgt, kann mit dem Veredeln begonnen werden. Zunächst werden die Reiser beschafft. Bei neuen Verträgen liefert der Lizenzgeber gegen Entgelt das Veredlungsmaterial mit. Bei bereits im Betrieb vorhandenen Sorten wird meist aus dem blühenden einjährigen Quartier geschnitten. Reif sind Reiser, wenn bei Edelrosen die Blüte am Verblühen ist, bei Beetrosen ist es die

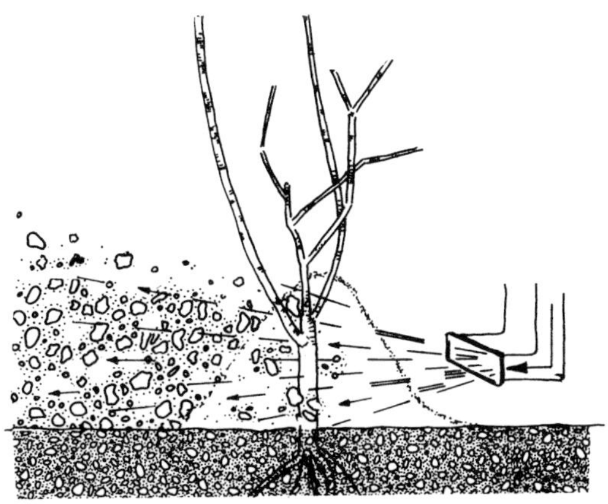

Zeilenräumgerät bläst Erddamm zwischen Pflanzen weg.
Abb. 354

Mittelblüte. Bei Kletter- und Strauchrosen prüft man die Reiser durch Biegen. Bricht das Reis, ist es reif; lässt es sich problemlos biegen, ist es noch zu weich. Bei Beet- und Edelrosen sind etwa 5 Augen je Reis vorhanden, bei Kletter- und Strauchrosen bis zu 10.

Beim Schneiden der Reiser aus dem Quartier ist immer darauf zu achten, dass die Verkaufsqualität der Pflanzen nicht gemindert wird (Triebzahl). In den Verkaufsquartieren sind die Reiser oft erst ab Mitte Juli verfügbar, vorher sind sie nicht genügend ausgereift. Einige Betriebe verfügen über sogenannte „Standrosen", das sind Pflanzen, die dem Blumenschnitt dienen. Hier können erheblich früher Augen geschnitten werden. Spezialbetriebe haben Mutterpflanzen häufig in Gewächshäusern stehen. In diesem Fall können Augen schon Anfang Juni gewonnen werden. Für die frühe Veredlung werden Unterlagen in der Wurzelhalsstärke 8–12 mm aufgepflanzt.
Nachdem die Reiser geschnitten sind, werden sie entblättert und entstachelt. Von den gefiederten Blättern bleibt nur ein kurzer Blattstiel zum Schutz des Auges stehen. Das Entstacheln, im allgemeinen gärtnerischen Sprachgebrauch Abdornen, erfolgt möglichst kurz vor dem Veredeln. Mit einem Lederhandschuh werden die Stacheln seitlich weggedrückt. Lassen sich die Stacheln nicht leicht wegdrücken, wird das Kambium beschädigt. Das ist ein untrügliches Zeichen für nicht ausgereifte Reiser. Die entstachelten Reiser werden gebündelt und kühl und feucht gelagert. Feuchte Tücher oder Zeitungspapier sind dafür geeignet.

Reihenfolge der Unterlagen bei der Okulation:
Die besonderen Eigenschaften der Unterlagen sind unter „Veredlungsunterlagen Rosen" nachzulesen. Begonnen wird meist mit *Rosa corymbifera* 'Laxa', diese Sorte löst später oft nicht mehr so gut. *Rosa canina* 'Inermis', *Rosa canina* 'Pfänders' und *Rosa multiflora* können noch sehr viel später veredelt werden, sie lösen lange.
Werden die zuletzt genannten Unterlagen zu früh veredelt, treiben die Augen häufig durch. Solche vorzeitig durchgetriebenen Augen können im nachfolgenden Winter leicht erfrieren.

Der Veredlungsvorgang:
Die Okulation wird unter der Thematik Okulation beschrieben. Eine Besonderheit muss hier noch erwähnt werden. Die Auszubildenden müssen die klassische Form der Okulation lernen und beherrschen, sie gehört zu den Grundfähigkeiten des Baumschulers! Rosen werden heute überwiegend im Akkord veredelt. Das bedeutet, die Veredlerin oder der Veredler wird pro Pflanze bezahlt. Zeit ist Geld! Daher müssen Arbeitsvorgänge gestrafft werden. Häufig sind es nur Kleinigkeiten, die Zeit sparen, aber die Menge macht es. Das Schild des Rosenauges wird sehr kurz unter und über dem Auge geschnitten. Ebenfalls wird es so dünn ausgeschnitten, dass kein Holz mehr ausgelöst werden muss. Die Anwachsergebnisse sind trotzdem sehr gut, die Arbeitsleistungen sind höher als beim üblichen langen Auge (s. Abb. 355).

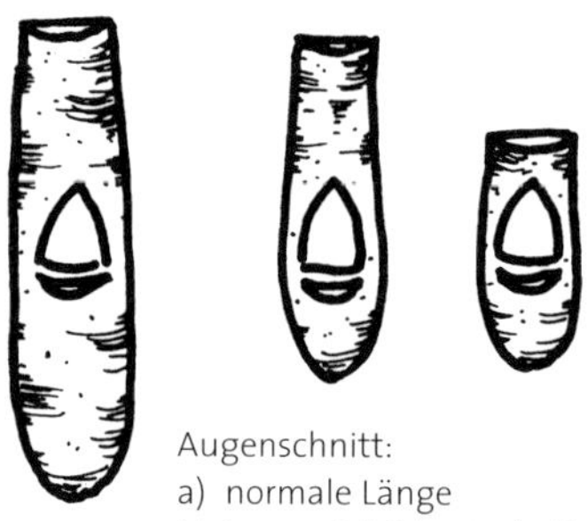

Abb. 355

Augenschnitt:
a) normale Länge
b) kurzes Schild unterhalb Auge
c) kurzes Schild über und unter Auge

Verbunden wird ausschließlich nur noch mit OS-Verschlüssen (Okulette).
Die Okuliermade hat heute keine Bedeutung mehr, daher wird nicht darauf eingegangen.

Pflegemaßnahmen nach der Okulation:
Unmittelbar nach dem Okulieren werden die Reihen mit den veredelten Sorten etikettiert und in ein Quartierbuch eingetragen. Dann folgt bei trockenem Boden ausreichende Bodenlockerung mit den im Betrieb vorhandenen Geräten. Etwa Mitte November werden die Okulate maschinell hoch angehäufelt. Diese Maßnahme hat zwei wichtige Gründe: Zum einen werden angewachsene Augen vor Frost geschützt, und zweitens werden vorhandene Unkräuter vernichtet. Bei befahrbaren Böden wird ab Anfang März maschinell abgehäufelt. Mit dem Zeilenräumgerät wird danach die restliche Erde zwischen den Pflanzen herausgeblasen, damit die Wurzelhälse freiliegen.

Absetzen, auch Abwerfen genannt:
Nach dem Freilegen der Veredlungsstellen wird das Wild abgesetzt. Die Pflanzen werden leicht zur Seite gedrückt, damit das Auge sicher zu erkennen ist. Etwa 1 cm über dem Auge wird die gut geschärfte Schere angesetzt (s. Abb. 356, 357, 358).

Abb. 356: Absetzen von Okulaten Ende März. Foto: Möller

Mit einem glatten Schnitt wird das Wild sauber abgesetzt. Es werden Rosenscheren oder bei größeren Mengen auch mit Druckluft betriebene Scheren eingesetzt. Druckluftscheren werden über einen vom Schlepper betriebenen Kompressor gespeist. Neuerdings sind auch leichte Akkuscheren mit hoher Schnittleitung verfügbar. Diese sind sehr entlastend für die Finger und Handgelenke. Die abgeschnittenen Wildtriebe werden abgeforkt und entfernt. Es sollte nicht zu spät abgesetzt werden, da Augen, die angetrieben sind, leicht ausbrechen.

Pflege und Kulturmaßnahmen während des Sommers:
Die Versorgung mit mineralischen Düngern im zeitigen Frühjahr nach Nährstoffanalyse und gleichzeitiger Bodenlockerung ist sehr wichtig.

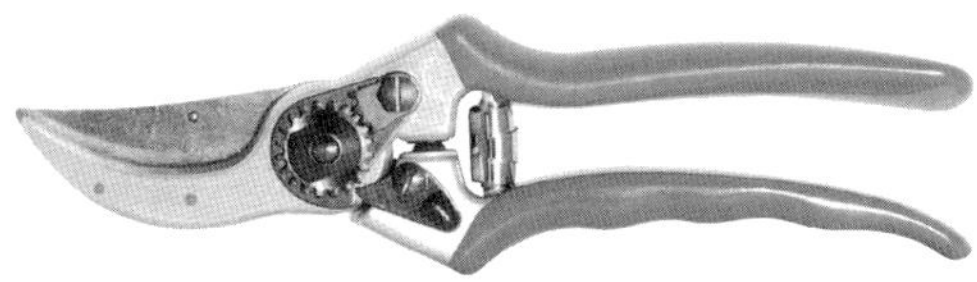

Abb. 357: Universal Bypass-Schere Felco 2. Foto: Meyer KG

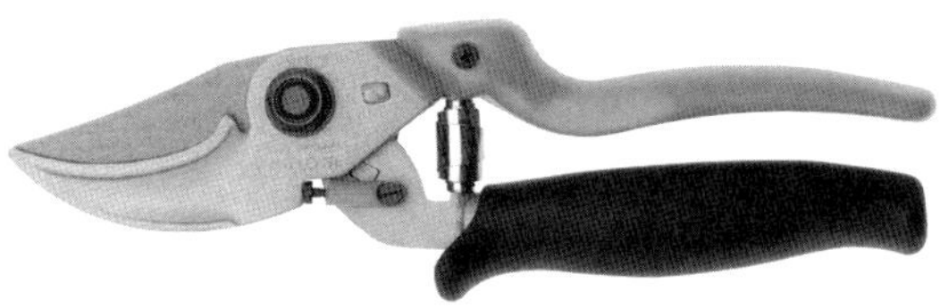

Abb. 358: Löwe Bypass-Schere mit Rollgriff, besonders schonend für die Handgelenke. Foto: Meyer KG

Ferner ist auf tierische Schädlinge (Läuse und ähnliche) zu achten. Ein besonderes Augenmerk gilt Pilzinfektionen der unterschiedlichsten Art. Maßnahmen müssen rechtzeitig mit zugelassenen Mitteln durchgeführt werden. Durch die Auswahl gesunder Sorten kann der Einsatz von Fungiziden stark reduziert werden.

Pinzieren:
Wenn ab Mitte Mai die diesjährigen Triebe über 5 Blätter lang sind, müssen sie pinziert (entspitzt) werden. Der noch weiche Trieb wird über dem 3. oder 4. Blatt mit dem Messer oder der Schere abgeschnitten oder auch abgebrochen.
Dadurch werden die Beiaugen des Edelauges für den Durchtrieb aktiviert. Dieser Arbeitsgang muss 1- bis 3-mal wiederholt werden, damit eine buschige und vieltriebige Qualität entsteht.

Abb. 359: Pinzieren auf drei Blätter Mitte Mai. Foto: Möller

Werden große Mengen an Rosen herangezogen, kann diese Arbeit aus Gründen der Wirtschaftlichkeit und der Zeitersparnis mit Maschinen ausgeführt werden. Auf die richtige Höhe eingestellte scharfe Messerbalken köpfen die jungen Triebe beim Überfahren. Junge Okulate brechen leicht aus, daher ist regelmäßiges Pinzieren wichtig. Durch Windbruch und unsachgemäße Bodenbearbeitung gehen wertvolle Pflanzen leicht verloren.
Wildtriebe müssen gründlich entfernt werden. Sie werden nach unten ausgebrochen oder tief herausgeschnitten, damit Adventivaugen mit entfernt werden. Kräftig wachsende Kletter- oder Strauchrosen müssen oft zusammengebunden werden, sie zerbrechen sonst leicht bei der Bearbeitung.
Beim Schnitt der Reiser werden häufig schwere Blütendolden geköpft – dadurch wird der Windbruch reduziert und der Durchtrieb gefördert. Ab August entwickeln sich die sogenannten Grundtriebe, diese entstehen überwiegend aus der Veredlungsstelle und verstärken die Qualität erheblich.

11.12.2 Roden, Lagern und Versand

Durch verändertes Marktgeschehen wird immer früher gerodet. Die Pflanzen sind oft noch nicht ausgereift und müssen besonders pfleglich behandelt werden. Da die Rosen meist noch voll im Laub stehen, müssen sie entblättert werden. Dieses geschieht überwiegend maschinell mit Entblätterungstrommeln, die mit Leder- oder Kunststoffstreifen bestückt sind und von einem Schlepper angetrieben werden. Entblättert wird meist auf dem Stand. Die Trommeln gibt es für ein- und zweireihigen Betrieb. Elektrobetriebene Entblätterungstrommeln werden in geschlossenen Räumen eingesetzt; hier müssen die Pflanzen von Hand an die Tommel gehalten werden. Bei dieser Arbeit ist darauf zu achten, dass möglichst wenige Schäden an den oft noch weichen Trieben entstehen. Im Kühlraum oder Einschlag sind sonst später Lagerschäden vorprogrammiert.
Mit unterschiedlichen Rodepflügen im Schlepperanbau werden die Pflanzen aufgepflügt. Überwiegend sind Beetrüttelpflüge für 2 Reihen, gelegentlich auch Seitenrüttelpflüge für eine Reihe im Einsatz. Die gerodeten Pflanzen werden unver-

züglich in Paletten gepackt, mit Planen abgedeckt und in die Halle zum Sortieren gebracht. Schutz vor Wind und Sonne haben höchste Priorität. Hier werden sie nach den FLL-Gütebestimmungen sortiert und gebündelt.

Alle veredelten Rosen, ob A- oder B-Qualität, werden zu 5 Stück gebündelt und je einmal über die Wurzel und einmal über die Triebe gebunden (s. Abb. 360 und 361). Jedes Bund wird mit einem Etikett versehen. B-Qualität ist entsprechend zu kennzeichnen. Pflanzen mit Sorten- oder Warenzeichenschutz müssen mit den von den Lizenzgebern gelieferten Etiketten versehen werden.
Die Triebe werden vor der Einlagerung in das Kühlhaus auf gleichmäßige Länge eingekürzt, dadurch wird Lagerplatz gespart. Im Kühlraum erfolgt die Lagerung in Paletten oder festen Regalen, auf Pilzbefall und Trockenschäden ist ständig zu achten. Kühlhauslagerung ist bis Mitte Mai möglich. Die Pflanzen leiden allerdings während dieser Zeit unter Feuchtigkeitsverlust. Der Kunde muss die Pflanzen etwa 24 Stunden in ein Wasserbad legen; hierauf muss bei Lieferung hingewiesen werden. Nicht verkaufte Rosen müssen vernichtet werden, sie dürfen nicht für einen Sommer aufgepflanzt und im Herbst verkauft werden. Zur Topfung in Container ist der Mai fast zu spät, die Kunden möchten im Mai/Juni schon blühende Pflanzen haben.

11.12.3 Rosenkultur mit „schlafendem Auge"

Zur Kultur der niedrigen Rosen bis nach der Okulation gibt es keinen Unterschied. Die Rodung jedoch erfolgt bereits ab Oktober (also rund 3 Monate nach der Okulation) bis zum Frostbeginn. Nach dem Herausnehmen werden die „schlafenden Augen" kontrolliert. Anschließend wird das Wild 1 cm über der Veredlungsstelle abgesetzt (s. Abb. 362). Rosen, bei denen das Auge nicht angewachsen ist, werden aussortiert und entsorgt.

Weiterverwendung finden die „schlafenden Augen" vorwiegend in der Treiberei und auch in der Containerkultur.

11.12.4 Anzucht von Stammrosen

Die Kultur von Stammrosen ist aufwendig und langwierig.

DIE VORKULTUR: Als Unterlage wird hauptsächlich *Rosa canina* 'Pfänders' verwendet, gelegentlich auch *Rosa canina* 'Pollmer' und *Rosa canina* 'P. Schreibers'. Es müssen Sorten sein, die schlanke und gerade Triebe bilden.

Bündeln

Abb. 360

Bündeln, transportgerecht und leicht zu verpacken

Abb. 361

Abb. 362

Verkaufsfähige „Okulation auf schlafendes Auge"

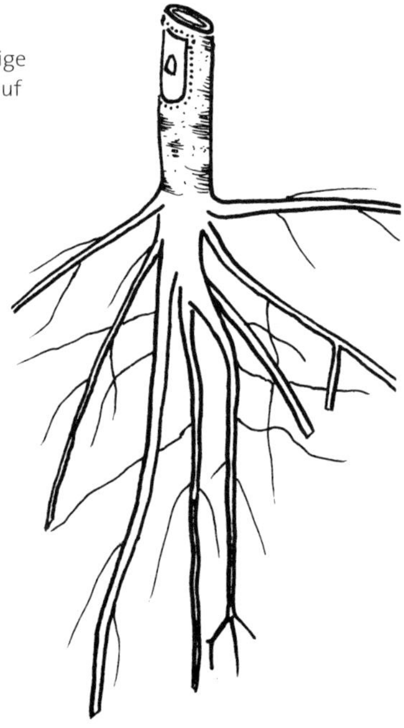

Die Vorkultur ist ähnlich wie bei Wildrosen. Dazu werden starke 1-jährige Wildlinge (8–12 mm Wurzelhalsdurchmesser) in Reihen aufgeschult. Die Reihenabstände dürfen nicht zu groß sein; die Pflanzen sollen sich gegenseitig hochdrücken. Die Kultur ist meist 2-jährig. Quartierpflege, Bodenbearbeitung, Unkrautbekämpfung, vorbeugende Schädlingskontrolle und gezielte Maßnahmen wie sonst bei Rosen. Sind die Stämme kräftig genug, kann bereits im ersten Herbst gerodet werden (Oktober–Dezember). In der Regel brauchen sie jedoch zwei Sommer, um lang genug zu werden. Das Quartier überwintert nach guter Bodenbearbeitung ohne Probleme. Während des nächsten Jahres bis zum Roden bedarf es nur Quartierpflege, Überwachung und Bekämpfung von Krankheiten und Schädlingen.

Das Roden sollte nicht vor November erfolgen, denn die Wildlinge müssen gut ausgereift sein. Da die Wildstämme oft bis zu 2 m hoch sind, werden sie meist mit einem Seitenrüttelpflug aufgepflügt. Das Freischneiden der Wildstämme ist reine Winterarbeit unter Dach im Arbeitsraum oder in der Halle. Der kräftigste und geradeste Trieb bleibt stehen. Alle anderen Triebe werden kurz an der Basis abgetrennt. Dabei sollten möglichst keine Augen an den Schnittstellen stehen bleiben, sie bilden immer wieder Wildtriebe (s. Abb. 363).

Dabei wird gleichzeitig nach Längen sortiert. Die Stämme müssen 1-jährig und gerade sein. Ein leichter Bogen im Wurzelbereich ist nicht zu vermeiden.

Sortiermaße:

- 40–60 cm
- 60–80 cm
- 80–100 cm
- 100–120 cm
- 120–140 cm
- 140–160 cm
- 160–200 cm

Nach dem Freischneiden der Unterlagen eventuell Lagerung im Kühlraum oder Einschlag. Als Alternative können Langstecklinge unter Fog bewurzelt und im selben oder folgenden Jahr okuliert werden.

Praxisübliche Verwendung der sortierten Stämme:

Für Fußstämme	Veredlungshöhe ca. 40 cm
Für Halbstämme	Veredlungshöhe ca. 60 cm
Für Hochstämme	Veredlungshöhe ca. 90 cm
Für Kaskadenstämme (= Trauerstämme)	Veredlungshöhe ca. 140 cm und höher

Weiterer Kulturablauf: Die Aufschulung auf gut vorbereitete Böden erfolgt im zeitigen Frühjahr (März/April). Die Abstände sollten mindestens 90 cm pro Reihe und 25 cm in der Reihe betragen.

Pflanzrichtung: Fast alle Unterlagen haben einen mehr oder weniger starken Bogen. Da im Herbst nach der Okulation die Pflanzen heruntergelegt werden müssen, wird ein gewisser Platz benötigt. Hier hilft eine kleine gärtnerische List. Die ersten 5 Pflanzen werden mit dem Bogen in die eine Richtung, die nächsten 5 mit dem Bogen in die andere Richtung gepflanzt. Dadurch entsteht Platz für den Winterschutz. Wie aus den Abb. 364–366 hervorgeht, befinden sich die Schnittstellen der

Abb. 363

entfernten Triebe immer auf einer Seite der Unterlage. Beim Niederlegen nach der Okulation muss diese Schnittstelle als Winterschutz für den folgenden Winter über diese hinweg abgebogen werden, damit es keinen Bruch gibt.

Nach der Pflanzung muss für ausreichende Feuchtigkeit gesorgt werden. Auf Schädlingsbefall muss ständig geachtet werden.

Okulieren: Bis zur Veredlungszeit müssen die jungen Stammtriebe bis zur festgelegten Veredlungsstelle ständig entfernt werden. Sind diese Austriebe noch jung, können sie leicht mit einem Handschuh abgestreift werden. Besonders im Bereich der Wurzeln können häufig starke Wildaustriebe entstehen, diese müssen sorgfältig entfernt werden. Sind die Austriebe schon verhärtet, müssen sie sauber mit der Schere abgeschnitten werden. Die Okulation muss zeitig (Juni–Juli) erfolgen, denn die Stämme schließen früh ab und lösen später oft nicht mehr. Pro Stamm werden bis zu drei Augen in unterschiedliche Richtung veredelt, jedoch fast immer in der Höhe leicht versetzt (s. Veredlungshöhen). Verbunden wird wie bei niedrigen Rosen mit OS-Verschlüssen.

Winterschutz: Ab November erfolgt das reihenweise Niederlegen der Stämme, dabei müssen die Augen mit Erde bedeckt sein. Da die Wildkronen noch an der Pflanze sind, lassen sich die Stämme gut fixieren. Häufig werden die Unterlagen auch heruntergebunden und mit Winterschutzfolien oder Vlies abgedeckt (s. Abb. 379). Die Ränder des Schutzmaterials müssen mit Erde beschwert werden, damit sie nicht vom Wind weggeweht werden. Sind im Frühjahr keine starken Frostgrade zu erwarten, werden die veredelten Stämme freigelegt und aufgerichtet. Dabei wird die Wildkrone etwa 5 cm über der Veredlung abgesetzt. Dieser kleine Zapfen dient zum Anbinden an die Spanndrähte. Nach dem Abwerfen werden Spanndrähte zum späteren Anbinden aufgestellt.

Pflege während des Sommers: Abwildern, sobald neue Wildtriebe austreiben.
Pinziert wird wie bei Buschrosen mehrfach, damit schöne Doppelkronen entstehen (Mai–Juni). A-Qualität muss mindestens 2 Doppelkronen mit jeweils drei Trieben haben. B-Qualität hat nur eine kräftige Krone (s. Abb. 368).

Die Kontrolle der Bindungen an den Spanndrähten ist wichtig. Brechen Kronen ab, ist das ein hoher finanzieller Schaden. Schädlingsbekämpfung erfolgt bei Bedarf mit zugelassenen Mitteln. Vor dem Roden werden Zapfen nicht zu dicht über den Augen abgeschnitten (ab September).

Nicht verkaufte Stämme können vor Ende der Verkaufssaison im Frühjahr in Container getopft werden.

Verkürzung der Kulturzeit bei Hochstammrosen: Die traditionelle Anzucht der Stammrosen ist langwierig und teuer, daher wird ständig nach preiswerteren Lösungen gesucht. Es laufen momentan erfolgreiche Versuche mit Kopulationen auf unbewurzelte Ruten. Auf diese wird im Winter oben ein gesundes, kräftiges Edelreis kopuliert.

Abb. 364

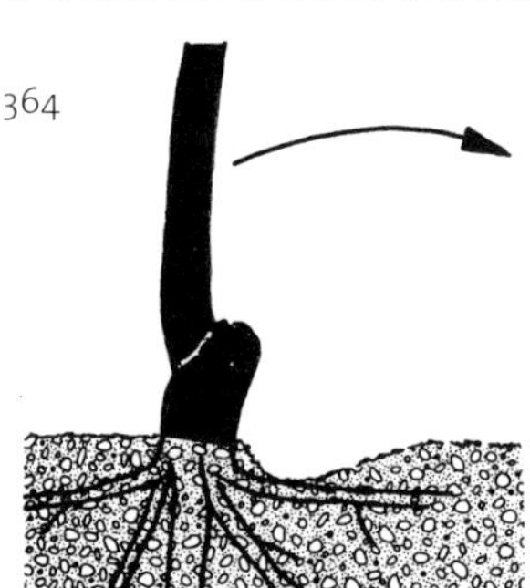

Noch **nicht** niedergelegter Stamm

Abb. 365

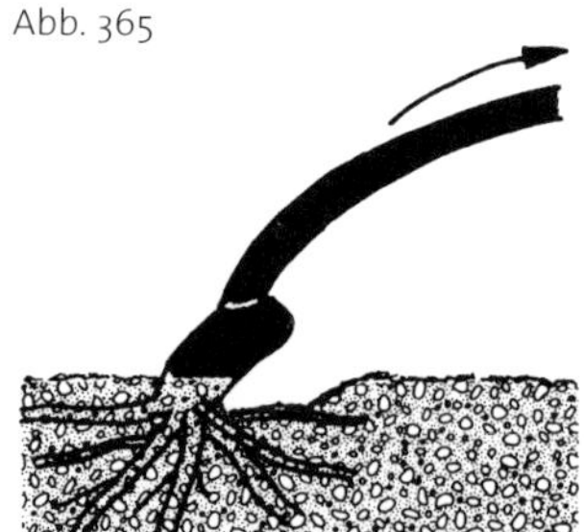

Richtig niedergelegter Stamm

Abb. 366

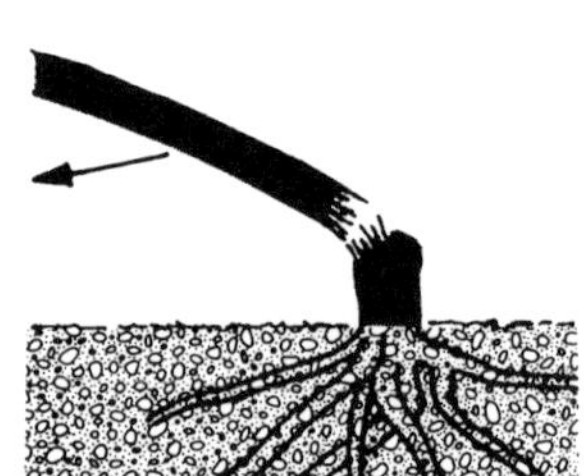

Falsch niedergelegter Stamm bricht leicht.

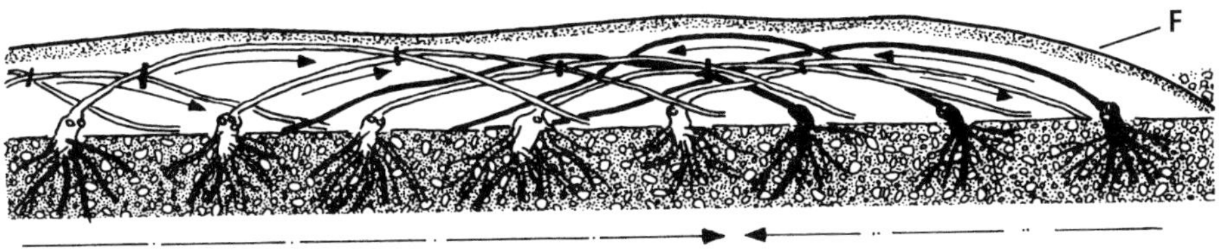

Mit Folie abgedeckte Reihe, rechts am Reihenende wird entgegengesetzt gepflanzt und niedergelegt.

Abb. 367

Danach werden die Ruten mit den Veredlungen in ein Gewächshaus bei ca. 15–20 °C in entsprechend große Töpfe gesteckt. Bei gespannter Luft bewurzeln die Ruten in einigen Wochen und die Edelreiser treiben aus. Danach wird abgehärtet und mehrfach pinziert. Im Spätsommer sind dann die ersten Stammrosen in Töpfen verkaufsfertig. Als Unterlagen dienen Ruten von *Rosa canina* 'Pfänder' und *Rosa canina* 'Pollmeriana Schreiber'.

11.12.5 Rosen auf eigener Wurzel

Diverse Sorten im Bereich der Beetrosen, Bodendecker, Kleinstrauch- und Strauchrosen werden heute bereits wurzelecht angeboten. Sie stammen aus Steckholz- oder Stecklingsvermehrung und aus Gewebekultur. Vorkultiviert werden die Jungpflanzen meist in Multitopfplatten oder ähnlichen Kulturgebinden. Im zeitigen Frühjahr wird in spezielle Rosentöpfe umgetopft. Diese Gefäße sind etwas höher als übliche Töpfe und kommen der Wurzelentwicklung der Rose entgegen. Für schwach wachsende Bodendeckerrosen reicht ein Topf mit 1 l Erdinhalt aus (Abb. 369).

Gefäßgrößen bei der Rosenkultur:
Für Beet- und Edel- sowie Kleinstrauchrosen sind 3,0 l, bei Kletter- und Strauchrosen 7,5 l Topfvolumen erforderlich. Die Pflanzen sollten möglichst bis zum Herbst verkauft sein. Gehen noch Bestände in das nächste Frühjahr, müssen diese kräftig zurückgeschnitten und zu Beginn des Wachstums mit Langzeitdünger etwa 2,0 g/l Erdinhalt nachgedüngt werden.

links: Güteklasse A
rechts: Güteklasse B

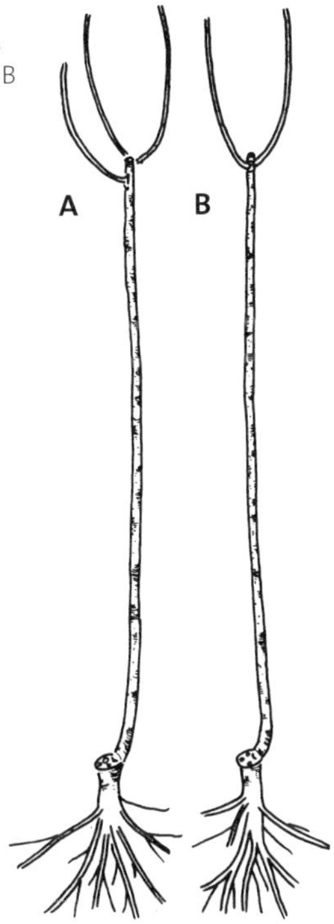

Abb. 368

Wurzelechte Beetrose im Topf. Foto: Möller

Abb. 369

11.13 Obstbäume, Kern- und Steinobst

Die Anzucht von Obstgehölzen in den unterschiedlichen Formen wie 1-jährige Veredlungen, Knipbäume, Büsche und Stämme sowie Formobst ist seit je in den Baumschulen stark verbreitet. Wie in übrigen Bereichen verlagert sich die Anzucht von Obstgehölzen überwiegend auf Spezialbetriebe. Daher werden hier nur die wichtigsten Methoden angesprochen.

11.13.1 Baumformen

Unterlagen: Wüchsige, gesunde, den Anforderungen der Anbaumaterialverordnung entsprechende Unterlagen sind eine der Voraussetzungen für die erfolgreiche Anzucht. Diese werden überwiegend in Spezial-Unterlagen-Baumschulen herangezogen.

Bei den vegetativ vermehrten Unterlagen werden nur 1-jährige Abrisse und 2-jährig verschulte als Unterlagen verwendet. Junge Pflanzen sind wüchsiger und erreichen einheitliche Quartiere. Die gebräuchlichen Sorten, Klone, Stärken und sonstige Sortierungen sind beim Thema „Obstunterlagen" aufgeführt.

Schnitt und Lagerung der Unterlagen
Im Spätherbst sind die Unterlagen ausgereift und werden gerodet. Das Putzen wird meist als Winterarbeit erledigt.

Der praxisübliche Schnitt:
1-jährige Abrisse sind etwa 25–35 cm lang, die Wurzeln sehr kurz, daher werden sie kaum geschnitten. Sorgfältige Lagerung ist notwendig, damit keine

1-jährige Veredlungen	Mindest-trieblänge	= 120 cm (schwach wachsende Unterlagen = 80 cm)
Knipbäume	Stammhöhe	= 60 cm
Formobst	Stammhöhe	= 45 cm
Spindelbüsche	Stammhöhe	= 40 cm
Büsche	Stammhöhe	= 60 cm
Niederstamm	Stammhöhe	= 100 cm
Halbstämme	Stammhöhe	= 120 cm
Hochstämme	Stammhöhe	= 180 cm

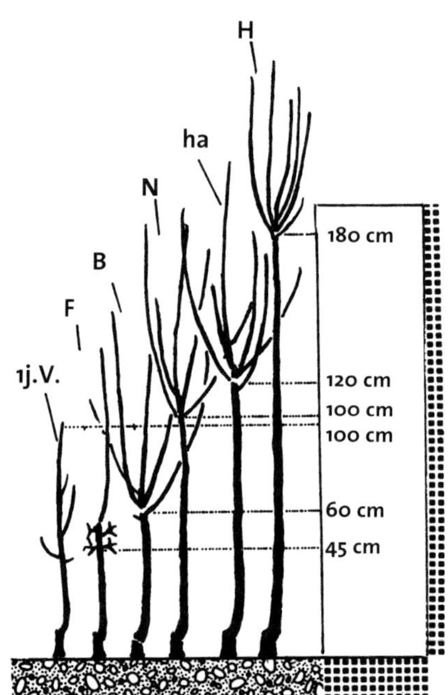

Abb. 370 **Stammlängen**

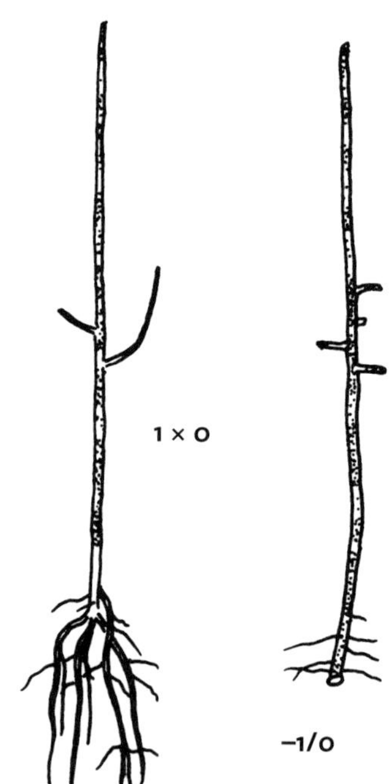

links: 1-j. krautartig pikierter Sämling
rechts: 1-j. Abriss (Ableger)
Abb. 371

Trockenschäden entstehen. Neue Wurzeln werden nach dem Auspflanzen fast ausschließlich aus der Basis der Unterlage heraus gebildet.

Bei 2-jährig verpflanzten Abrissen werden die vorjährigen oberen Triebe je nach Länge eingekürzt, die Seitentriebe werden ganz entfernt. Die gut entwickelten Wurzeln werden auf 5–10 cm gekürzt (s. Abb. 372).

Sämlinge werden entsprechend geputzt, von den Wurzeln bleiben etwa 10 cm stehen.
Wenn die Pflanzen gerade genug liegen, können sie bundweise geschnitten werden, sonst muss jede Pflanze einzeln geputzt werden.

Lagerung:
Nach dem Schneiden werden die Unterlagen bis zum Pflanzen im Kühlraum gelagert oder im Freien eingeschlagen. Kühlhauslagerung ist vorteilhaft, weil die Pflanzen im Austrieb gehemmt werden und damit später gepflanzt werden können.

Bodenvorbereitung:

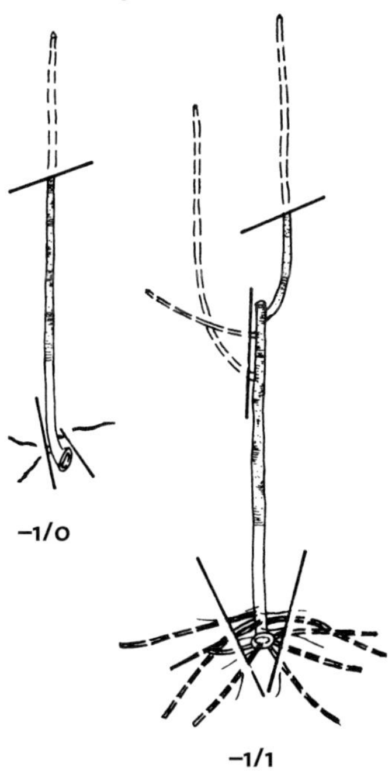

links: 1-jähriger Abriss, geschnitten
rechts: 2-jährig verpflanzter Abriss, geschnitten
Abb. 372

Wenn vorhanden, sollte gut abgelagerter Stalldung (dabei ist die Düngemittelverordnung zu beachten) ausgebracht werden. Je nach Bodenart wird im Herbst oder Frühjahr gepflügt, gespatet oder mit dem Tiefenlockerer gearbeitet. Bei Obstgehölzen ist besonders auf Bodenmüdigkeit zu achten. Jungfräuliche Böden sind von Vorteil. Wenn möglich, Flächen mit Landwirten tauschen. Allerdings sind auch hier Vorkulturen zu beachten, z. B. Kartoffeln und Mais.

DIE PFLANZUNG:
Gepflanzt wird mit der Pflanzmaschine, mithilfe der Rillenscheibe, einer Rillenfräse oder bei kleinen Mengen mit dem Spaten.
Gebräuchliche Pflanzweiten sind:
• 120 × 30 cm
• 100 × 35 cm
oder ähnliche Abstände. Diese richten sich vor allem nach den im Betrieb vorhandenen Geräten für die nachfolgenden Bodenlockerungsmaßnahmen zwischen den Reihen.
Im Anschluss an das Pflanzen wird gut festgetreten und gleichzeitig gerade gerichtet.
Bei Pflanzmaschinen wird kontrolliert, ob die Andrückrollen gut festgedrückt haben.

QUARTIERPFLEGE:
Bodenlockerung sowie An- und Abhäufeln der Reihen zur Unkrautbekämpfung sind die nächsten Arbeiten, Bodenlockerung reduziert die Verdunstung. Es ist sorgfältig zu prüfen, ob Herbizideinsätze erforderlich sind. Eventuell auftretende Schadorganismen werden sofort bekämpft.

OKULIEREN:
Der Veredlungsvorgang und die Vorbereitung dazu wurden bereits bei „Okulation“ beschrieben. Einige bei der Obstkultur wichtige Einzelheiten werden hier erwähnt. Auf die Anbaumaterialverordnung wurde bereits mehrfach hingewiesen. Die Reiser müssen ebenfalls den EU-Richtlinien entsprechen (zertifiziertes oder CAC-Material) und sollten aus geprüften Reisermuttergärten stammen. Die ersten Reiser sind etwa Ende Juli ausgereift, dann kann mit dem Okulieren begonnen werden. Die Unterlagen müssen lösen, aber

nicht mehr zu stark im Wachstum sein. Die nachfolgende Auflistung ist ein ungefährer Leitfaden für die Reihenfolge der einzelnen Okulationen:

Früh okulieren	M 9, A 2, M 4, Kirschen, vegetativ vermehrte Pflaumen
Mittel	M 26, Apfelsämlinge, Birnensämlinge
Spät	M 11 (auch früher möglich), *Prunus mahaleb*
Sehr spät	Pfirsichsämlinge

Alle anderen Unterlagen liegen dazwischen.
Durch Bodenverhältnisse und Witterung können sich die Termine durchaus um 1–2 Wochen verschieben. Daher müssen ständig die Zustände von Unterlagen und Reisern überprüft werden.
Sollten Unterlagen nicht mehr einwandfrei lösen, kann auf die Chipveredlung zurückgegriffen werden (wurde unter Veredlungen beschrieben).
Die Veredlungshöhe liegt zwischen 10 und 20 cm über dem Wurzelhals, s. FLL-Bestimmungen. Wo Stammbildner gewünscht oder erforderlich sind, werden diese 10 cm über dem Wurzelhals okuliert.
In folgenden Nachwintern (Februar–März) werden die Unterlagen abgeworfen.

Für die Weiterkultur gibt es zwei Möglichkeiten, beide sind unter „Gehölzschnitt" beschrieben.

a) Ohne Zapfen zieht man heute fast alle Sorten. Das Stäben und Heften geht wesentlich schneller als die Zapfenkultur.

b) Die Zapfenmethode ist sehr zeitaufwendig. Sie hat zwei große Nachteile. Sowohl beim Abwerfen als auch beim Zapfenschneiden ist der Zeitaufwand sehr hoch. Zeitraubendes Anheften und Entfernen der Wildtriebe kommt hinzu. In windgefährdeten Lagen und bei einigen Sorten wird diese Methode genutzt. Gelegentlich werden folgende Sorten noch mit Zapfen angezogen, z. B. Apfel 'Schöner aus Boskoop', 'Jakob Lebel'; Birne 'Alexander Lucas'; Pflaume 'Graf Althans Reneklode'; Edelquitten.

Im März kann auch durch Kopulation oder Geißfuß nachveredelt werden. Allerdings nur, wenn es beim Okulieren größere Ausfälle gegeben hat und sich der Mehraufwand lohnt (s. Abb. 373 und 374).

Schutz vor Wildverbiss: Grundsätzlich müssen fast alle Quartiere vor Wild geschützt werden. Große Quartiere mit gemischten Kulturen sollten grundsätzlich mit einem Zaun aus Wildgattergeflecht geschützt werden. Ein vor Rehen sicherer Zaun sollte mindestens 180 cm hoch sein. Auch wenn Rehe wenig verbeißen, fegen die männlichen Tiere besonders im Frühsommer ihr Gehörn. Dadurch werden häufig wertvolle Gehölze unverkäuflich.
Hasen und Kaninchen bereiten regional oft größere Probleme. Besonders Obstgehölze, aber auch viele Ziersträucher werden während der Schneelage gern angefressen und somit unverkäuflich. Hier müssen oft zusätzlich Zäune aus Kaninchendraht gezogen werden.
Ständige Kontrollen sind wichtig, denn angefressene Pflanzen sind unverkäuflich.
Einzelne Pflanzen lassen sich durch Wildschutzspiralen sichern.

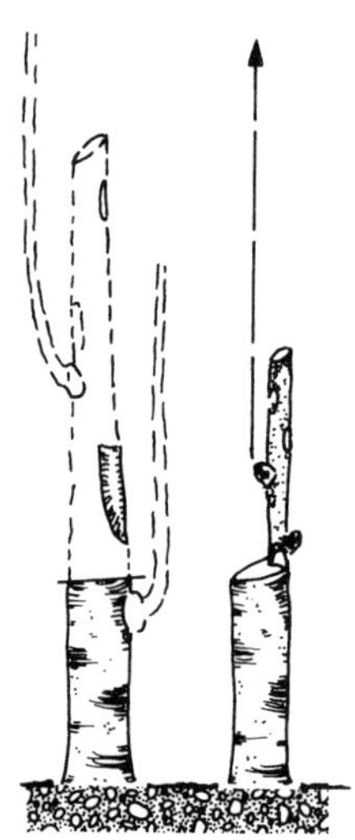

Nachveredeln einer nicht gewachsenen Okulation (mit Zapfen) Geißfußmethode
Abb. 373

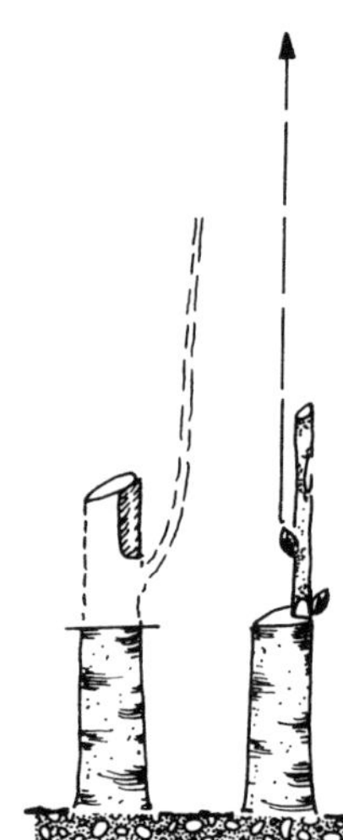

Nachveredeln einer nicht gewachsenen Okulation (zapfenlos) Geißfußmethode
Abb. 374

Quartierpflege: Während der gesamten Vegetationszeit werden die Quartiere wie üblich gepflegt. Bodenlockerung, Bekämpfung von Unkraut, Schädlingen und Krankheiten erfolgen nach Bedarf von März bis Oktober. Schnittabfälle werden umgehend aus den Quartieren entfernt, damit sie sich bei der Bodenlockerung nicht vor die Pflegegeräte setzen und Triebe abbrechen. Bis Anfang Mai sollten die Tonkinstäbe (Bambusstäbe) gesteckt sein, damit rechtzeitig mit dem Heften begonnen werden kann. Entsprechend der Wuchsstärke muss etwa alle 2 Wochen nachgeheftet werden. Dies geschieht meist mit der Bindezange. Gelegentlich wird auch eine dünne Hohlschnur eingesetzt. Um die Verzweigung zu fördern, können im Sommer die Blätter der Triebspitze zusammengefasst und abgekniffen werden, wobei die Terminalknospe selbst nicht beschädigt wird. Das nennt man „Toppen".

Bei der Zapfenmethode wird ab Mitte Mai erstmals geheftet und in den nächsten Wochen von Juni bis Anfang Juli bei Bedarf nachgeheftet. Im August muss dann der Zapfen gezogen werden.

Sorten mit guter Verzweigung	Sorten ohne seitliche Verzweigung
'Cox Orange'	'Freiherr von Berlepsch'
'Golden Delicious'	'Schöner aus Boskoop'
'Gravensteiner'	'Gloster'
'James Grieve'	'Klarapfel'
'Jonagold'	'Geheimrat Oldenburg'
'Jonathan'	

Die Arbeit ist zeitaufwendig und schwer.
Wildtriebe werden vom Beginn der Vegetation bis zu ihrem Abschluss regelmäßig entfernt.

Die Anzucht der 1-jährigen Veredlungen ist damit abgeschlossen. Viele sich gut verzweigende Sorten werden ab Mitte Oktober gerodet und im Container weiterkultiviert.
Auch der Erwerbsobstbau pflanzt von Kern- und Steinobst fast ausschließlich 1-jährige Veredlungen in die Obstplantagen.

Der Obstbau fordert außerdem waagrecht stehendes Seitenholz ab 50 cm Höhe bei möglichst allen Arten. Auch 1-jährige Veredlungen anderer Obstarten sind mit vorzeitigen Trieben besetzt. Die Zeichnung dokumentiert das.

Knipbäume: Diese spezielle Kulturform wird für den Erwerbsobstbau herangezogen. Der einjährige Baum wird im Sommer auf 60–80 cm zurückgeschnitten. Es müssen sich dann fünf gleichmäßig verteilte Triebe an der Pflanze entwickeln. Diese müssen eine Länge von mindestens 20 cm haben. Der Mitteltrieb muss über dem Rückschnitt mindestens 50 cm lang sein. Aus dem diesjährigen Trieb entstandene Neutriebe regen die Pflanze zu früherer Fruchtbarkeit an. Allerdings ist das bei den Sorten unterschiedlich.

Die Kontrolle auf Virusbefall erfolgt von Juni bis Juli.

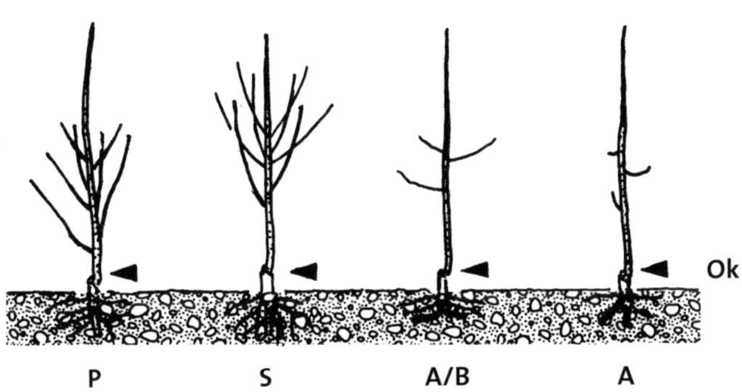

1-jährige Veredlung
(Pfeil = Veredlungsstelle)
von links:
P = einjähriger Pfirsich
S = einjährige Sauerkirsche
A/B = einjähriger Apfel/ einjährige Birne
A = einjährige Aprikose

Abb. 375

Die Weiterkultur der mehrjährigen Obstbäume: Hierzu zählen alle Formen wie Büsche, Spindelbüsche, Niederstämme, Halbstämme und Hochstämme. Sie werden aus der einjährigen Veredlung gezogen und besitzen alle eine auf einem Stämmchen oder Stamm sitzende Krone. Je nach Kulturform ist die Weiterkultur unterschiedlich.

Anschneiden der Kronenhöhen:
Das Anschneiden der Krone wird durch das Längenwachstum der einjährigen Veredlung vorgegeben. Diese Arbeit wird je nach Witterung von Januar bis März durchgeführt. Die Stammhöhen, auf die angeschnitten wird, sind zu Anfang erläutert und auf Abb. 376 dargestellt.
Über dieser erforderlichen Höhe müssen 5–7 Augen zusätzlich vorhanden sein, da jede Krone mindestens 4 gut entwickelte Triebe bis zum Verkauf haben muss. Es kann passieren, dass 1 oder 2 Augen stecken bleiben, d. h., sie treiben nicht aus.

Die Quartierpflege erfolgt bis zum Herbst in der gewohnten Weise.

Pinzieren:
Wo es der Pflanzenaufbau erfordert, muss pinziert werden. Gegebenenfalls müssen auch Konkurrenztriebe entfernt oder Triebe geheftet werden. Kronenveredlungen werden von Mai bis Juni pinziert und freigestellt.

Aufputzen:
Von Juli bis August werden die Stämme aufgeputzt und eventuelle Zapfen geschnitten. Wenn möglich, werden Konkurrenztriebe zum Mitteltrieb stark zurückgeschnitten oder ganz entfernt. Die Wunden verheilen bis zum Versand recht gut. Aus den Wurzeln kommende Wildtriebe werden tief herausgeschnitten. Sorgfältige und fachgerechte Etikettierung ist notwendig. Für den Endverkauf werden häufig Bildetiketten verlangt.

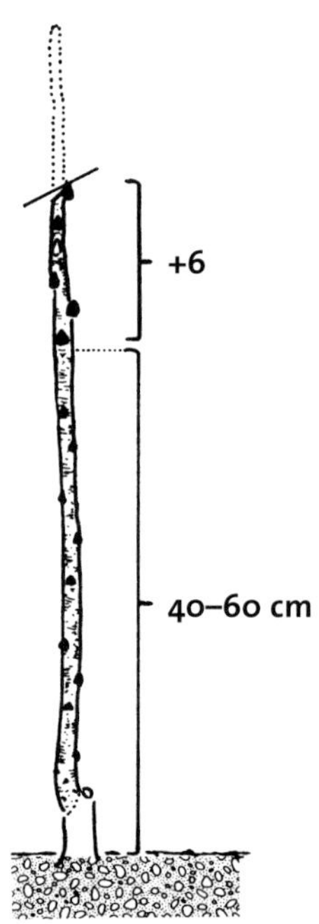

Abb. 376
Kronenschnitt
eines Busches, zapfenlos 40–60 cm Stammhöhe, **zusätzlich** 4–6 Augen für Kronentriebe

Rodung:
Ab Oktober wird mit der Rodung begonnen. Je nach Bedarf wird einzeln mit dem Spaten oder reihenweise mit Rodepflügen unterschiedlicher Bauart gerodet. Alle Obstgehölze müssen unbedingt entblättert werden, damit sie nicht durch übermäßige Verdunstung Schaden nehmen. Meist erfolgt diese Arbeit mit Entblätterungsmaschinen. Abschließend werden die Obstbäume nach den FLL-Gütebestimmungen sortiert, gebündelt und etikettiert. Möglichst sollten die Pflanzen gleich an die Kunden ausgeliefert werden, Einschlaglagerung ist aufwendig und teuer (s. Abb. 377).

Anzucht von Hochstämmen: Bäume, die als Hochstämme gezogen werden sollen, benötigen überwiegend ein zusätzliches, drittes Kulturjahr, um verkaufsfertig zu werden. Die Stämme müssen gerade sein und auch einen stabilen und festen Schaft ausbilden, der kräftig genug ist, die Krone zu tragen und starke Kronentriebe auszubilden. Diese Voraussetzungen erfüllen viele kräftig wachsende Sorten auf geeigneten Unterlagen. Hochstämme müssen durch die Terminale gezogen werden. Müssen Leittriebe im Stammbereich angeheftet werden, entsteht meist ein Bogen. Krumme Stämme sind nicht marktfähig. Für schwächer wachsende Sorten müssen Stammbildner eingeschaltet werden. Hier muss allerdings die Sortenverträglichkeit gewährleistet sein. Auf den gerade gewachsenen Stammbildner wird die gewünschte Sorte veredelt. Während des Sommers wird ein Teil der Verstärkungstriebe aufgeschnitten. Der Stamm sollte möglichst viel dicken, d. h., er muss an Umfang zunehmen. Die entstandenen Wunden müssen aber noch rechtzeitig bis zum Versand verheilen. Bis Juli/August sollen nur noch Triebe unter Bleistiftstärke stehen bleiben.

Abb. 377

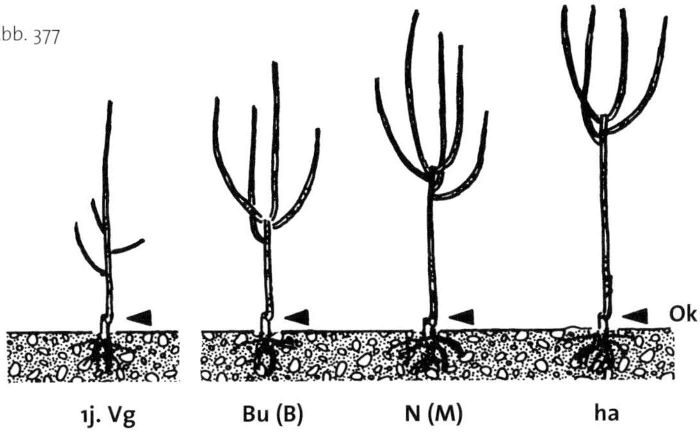

2-j. Veredlungen
(Pfeil = Veredlungsstelle)
1j. Vg = 1-j. Veredlung
Bu (B) = 2-j. Busch
N (M) = 2-j. Niederstamm (Meterstamm)
ha = 2-jähriger Halbstamm

Kronen freistellen:
Ab Mai wird mit dem Freistellen der Kronen begonnen, damit sich diese während des Sommers gut entwickeln können. In dieser frühen Phase können 3–5 weiche Triebe unterhalb des Kronenansatzes mit der Hand abgestreift werden, ohne große Wunden zu hinterlassen. Sind die Triebe schon zu hart, müssen sie später mit Messer oder Schere sauber auf Astring geschnitten werden (s. Abb. 378 und 379).

Pinzieren/Entspitzen:
Je nach Wachstumsstand der Pflanzen wird unterhalb der Krone im Mai bis Juni pinziert. Um im Herbst glatte und kräftige Stämme zu haben, wird in mehreren Arbeitsgängen bis August aufgeschnitten. Früher Schnitt bringt gut verheilte Wunden, später Schnitt fördert das Dickenwachstum des Stammes. Daher gilt es, den richtigen Zeitpunkt zu wählen. Glatte Stämme sind Voraussetzung für qualitativ hochwertige Bäume.

Kulturdauer:
Mindestens 3 Kulturjahre vom Aufschulen der Unterlage sind erforderlich, um einen guten Hochstamm zu produzieren.

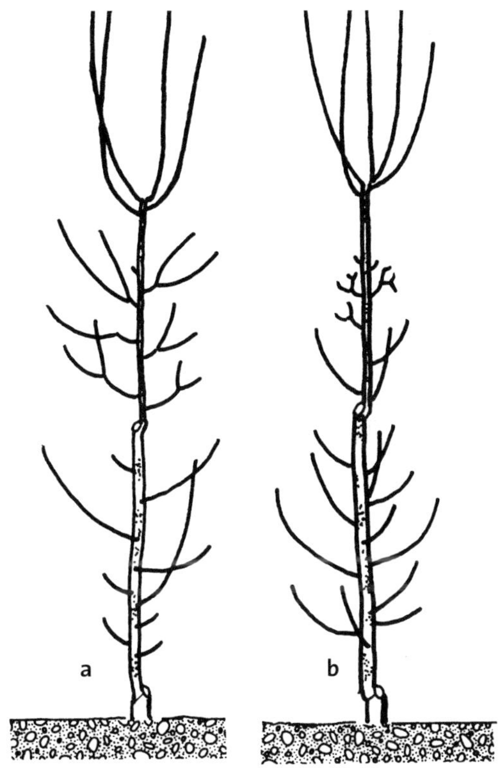

a) Krone **freigestellt,** darunter einmal **entspitzt**
b) Krone **freigestellt,** darunter zweimal **entspitzt**

Abb. 378 Abb. 379

Ähnliche Verfahren der Stammerziehung:
Stammbildner – Zwischenveredlung.
Wie bereits erwähnt, müssen bei einigen Arten und Sorten Zwischenveredlungen eingeschaltet werden. Lassen sich die Pflanzen „stammecht" ziehen, wird auf Zwischenveredlung verzichtet. Stammbildner können also für viele Baumformen vorteilhaft sein.
Das Thema Stammbildner wurde bereits an früherer Stelle ausführlich behandelt.

Auch Wildstämme von Kirschen, die für Kronenveredlungen vorgesehen sind, müssen durch die Terminale gezogen sein (Abb. 380).
Anzucht und Arbeiten an der Pflanze weichen bei der Zwischenveredlung nicht von den sonst üblichen Kulturarbeiten ab. Für das Hochziehen von Kirschen für Kronenveredlungen gilt eine Besonderheit. Nach dem Aufschulen im März/April werden die Unterlagen durch die Terminale zu einem geraden Stamm gezogen. Nach 2 Kulturjahren ist dieser hoch genug und kann zu Beginn des 3. Kulturjahrs im Spätwinter auf die gewünschte Höhe veredelt werden. Die Mehrzahl der Pflanzen ist im Herbst verkaufsfähig (s. Abb. 381).

Ausnahme:
Sauerkirschenbüsche werden sowohl am Wurzelhals als auch in 60 cm Höhe veredelt; man kann okulieren oder pfropfen. Die Pflanzen können bereits als 1-jährige Veredlungen verkauft werden. Häufig werden sie allerdings als Büsche mit 2-jähriger Krone gezogen. Dann werden im Winter die Kronentriebe scharf zurückgeschnitten. Es bleiben 2–3 Augen pro Trieb stehen. Steil stehende Konkurrenztriebe sollten dabei ganz entfernt werden; der Kronenaufbau wird dadurch gleichmäßiger (s. Abb. 383 und 384).

Handveredlungen:
In den Wintermonaten sind in einigen Spezialbetrieben weniger Kulturarbeiten in den Freilandquartieren erforderlich. Aus Gründen der Rationalisierung wird nach Änderungen in der Kulturführung gesucht. Daher werden viele Obstgehölze zwischenzeitlich durch Winterhandveredlungen vermehrt. Im Bereich der vegetativ vermehrten Unterlagen wird überwiegend auf zweijährig verschulte Abrisse kopuliert, da diese über ein besseres Wurzelwerk verfügen. Im zeitigen Frühjahr werden die einjährigen Handveredlungen (Abkürzung 1j. Hvg.) in das Freiland ausgepflanzt und entsprechend weiterkultiviert. Häufig werden diese Veredlungen auch für die Containerkultur genommen, vor allem für „Säulenobstbäume", die dann einjährig verkauft werden.

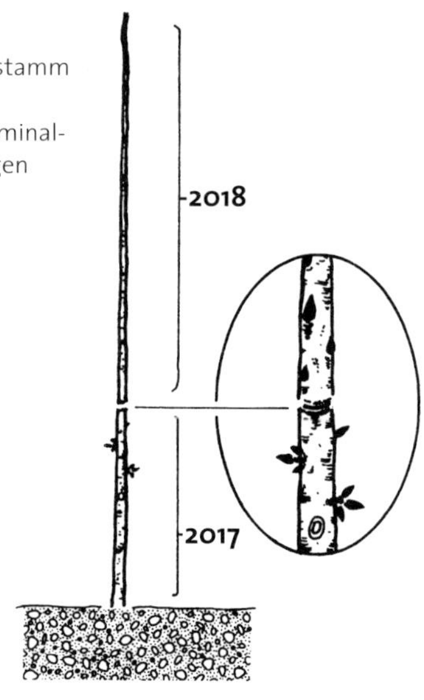

Abb. 381
Kirschenwildstamm 2. Kulturjahr, durch die Terminalknospe gezogen

Abb. 380

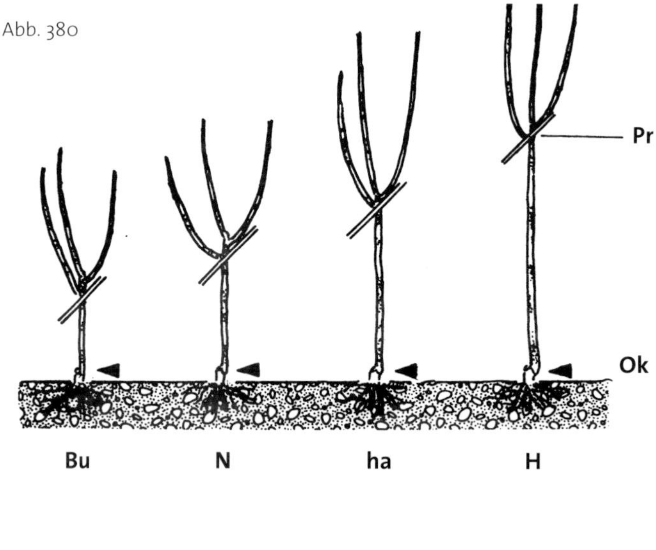

Zwischenveredlung als Stammbildner
Pfeil und Ok = Wurzelhalsveredlung
Doppelschrägstrich und
Pr = Kronenveredlung
Bu = Busch
N = Niederstamm
ha = Halbstamm
H = Hochstamm

11.13.2 Formobst

Die Anzucht und das Formieren: Mit Formobst bezeichnet man bestimmte Bauformen, die alle nur mit großem fachlichen Wissen und Können herangezogen werden können.
Die häufigsten Formen sind (s. Zeichnungen).
Diese Formen nehmen in unseren Obstkulturen einen nur kleinen Raum ein. Gerade in kleineren Gärten werden sie wegen des geringen Raumbedarfs jedoch gern gepflanzt. Für die Anzucht und spätere Pflege gelten besondere Regeln.

Sowohl der Winter- als auch der Sommerschnitt erfordern vom Baumschuler in der Anzucht besondere Kenntnisse und ausgeprägtes Fingerspitzengefühl. Gleiches gilt für den Endverbraucher, für diesen sind besondere Schnitt- und Pflegekurse vorteilhaft.

Grundvoraussetzungen für die Anzucht und Pflege von Formobst sind:

1. Geeignete, schwach wachsende Unterlagen.
2. Apfel- und Birnensorten, die am kurzen Fruchtholz tragen, sind besonders geeignet. Eine Liste für besonders geeignete Sorten folgt.
3. Für Obstgehölze geeignete und gut mit Nährstoffen versorgte Böden bringen wüchsige Pflanzen hervor, die besseres Blüten- und Fruchtholz bilden.

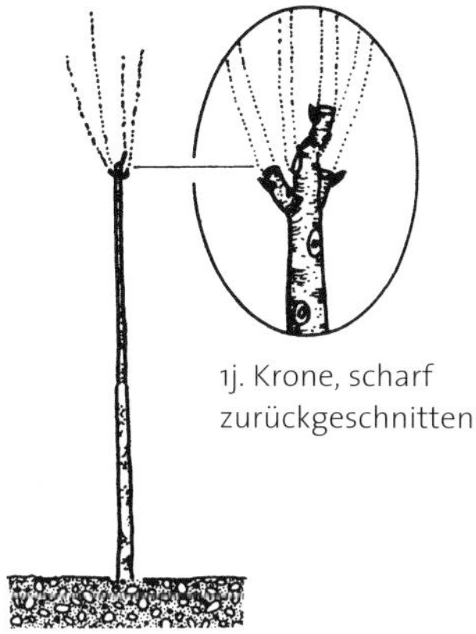

Abb. 384

H mit 1j. Krone

Abb. 383

4. Besondere Aufmerksamkeit und Zeit zum Formieren, Pinzieren und weitere fachliche Pflege sind vor allem von Mai bis August erforderlich.
5. Sorgfältiges Beobachten und Arbeiten an den Pflanzen ist zu fast jeder Jahreszeit nötig. Pinzieren im Sommer und Leiten noch junger Triebe sind wichtig, der Winterschnitt allein genügt nicht.

Geeignete Apfelsorten sind:

- 'Berlepsch'
- 'Boskoop'
- 'Cox Orange'
- 'Geheimrat Oldenburg'

Abb. 382

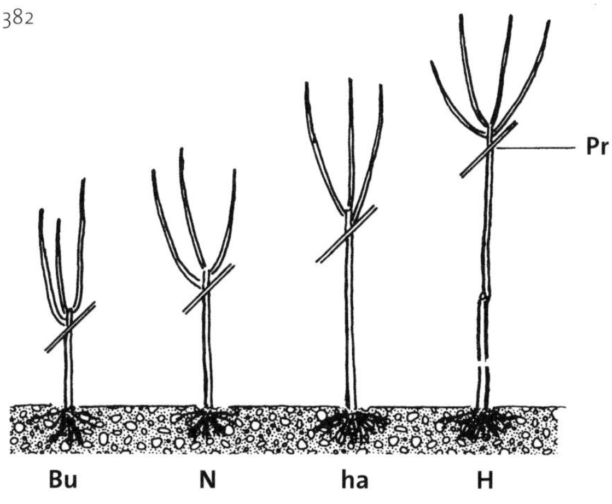

Kirschen aller Bauformen, von unten, mit **Wildstamm** hochgezogen
Pr = Pfropfstelle in der Krone
Bu – Busch
N = Niederstamm
ha = Halbstamm
H = Hochstamm

Abb. 385

U-Formen

Abb. 386

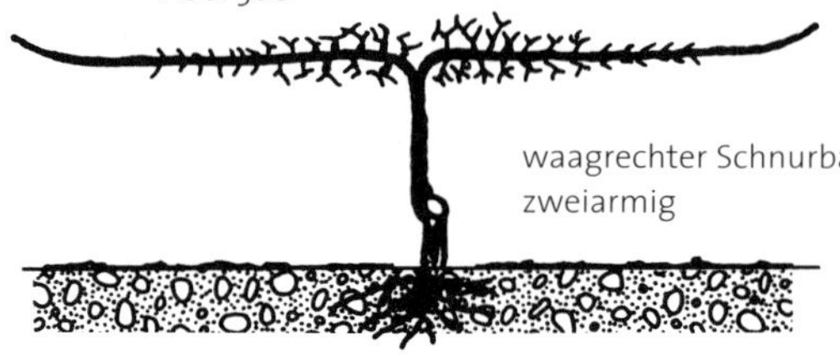

Palmetten, waagrechte oder schräge

Abb. 387

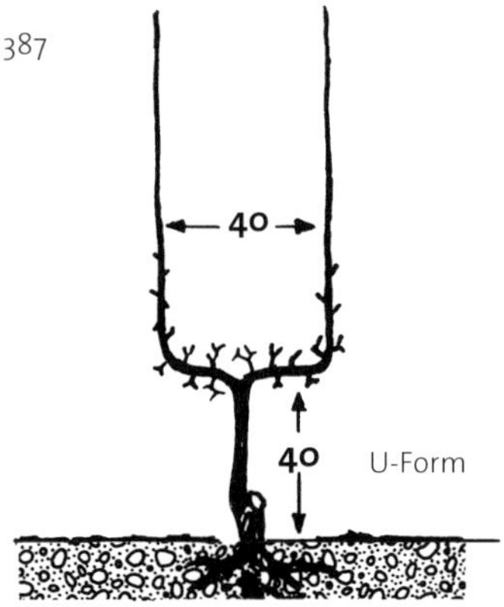

schräge Palmetten

Abb. 388

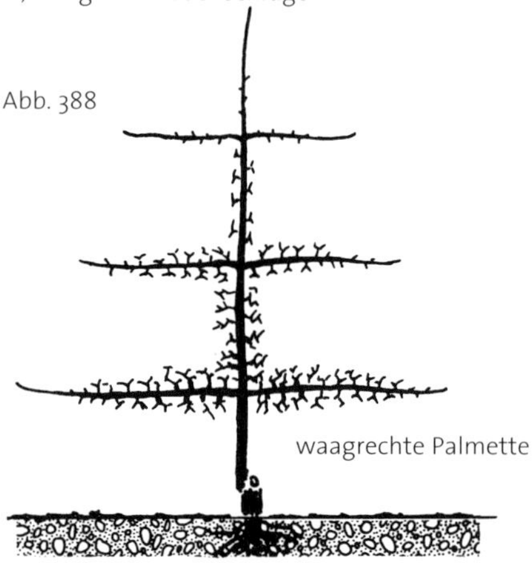

Verrierpalmetten

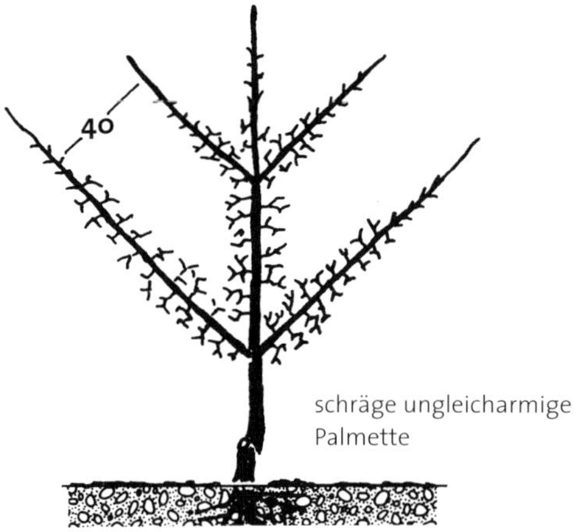

Abb. 389

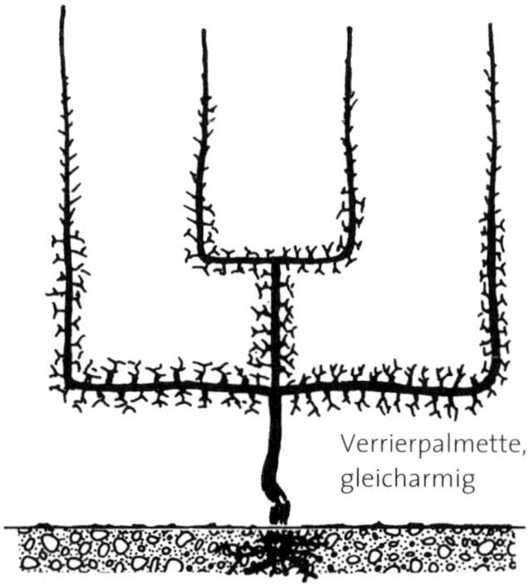

Abb. 390

- 'Golden Delicious'
- 'Goldparmäne'
- 'James Grieve'
- 'Ontarioapfel'
- 'Weißer Klarapfel'

und viele andere, auch ältere Sorten. Wichtig ist die Wüchsigkeit der Sorten und frühe Bildung von Blüten- und Fruchtholz.

Fast alle Birnensorten sind geeignet, sie müssen nur kurzes Fruchtholz tragen. Dieses kann aber durch entsprechende Schnittmaßnahmen erreicht werden.

Durchführung der Anzucht: Geeignete, schwach wachsende Unterlagen für Äpfel und Birnen (siehe Veredlungsunterlagen) müssen beschafft werden.

Die Vorbereitung und Lagerung ist wie bei anderen Obstgehölzen gleich. Auch die Bodenvorbereitung unterscheidet sich nicht. Allerdings dauert die Anzucht von Formobst einige Jahre länger als bei Obstbüschen. Das muss bei der Auswahl der Flächen bedacht werden.

Pflanzabstände: Beim Aufschulen der Unterlagen müssen weit größere Reihen- als auch Pflanzabstände eingeplant werden. Dabei sind auch die Pflegegeräte zu berücksichtigen.

Weitere Massnahmen: Im Sommer wird zu den üblichen Zeiten okuliert. Das Abwerfen der Unterlagen erfolgt ebenfalls im zeitigen Frühjahr. Notwendige Anbindevorrichtungen (Spaliere) werden danach aufgestellt. Es ist unerheblich, ob diese aus nicht scheuerndem Draht oder aus Rundstäben bestehen. Wichtig ist, dass diese Vorrichtungen vor Austrieb der Augen aufgestellt werden. Sonst könnten getriebene Augen leicht ausbrechen. Die Höhen der Anbindungen werden für die jeweils gewünschten Formen erstellt.

Die Abstände der waagrechten und senkrechten Anbindevorrichtungen untereinander betragen etwa 40 cm. Je nach gewünschter Form (U-Formen, schräge Palmetten usw.) müssen eventuell noch zusätzliche Tonkinstäbe eingesetzt werden.

Die Winkel der Stäbe betragen dann zueinander: 90° für Schnurbäume, U-Formen, waagrechte und Verrierpalmetten, 45° für schräge Palmetten und ähnliche Formen.

Die Höhen der Gerüste werden nach den gewünschten Formen und der voraussichtlichen Kulturdauer gewählt. Da diese zwischen 3 und 5 Jahre betragen kann, sollte die Höhe der Gerüste zwischen 120 und 160 cm liegen.

Das Biegen und Herunterbinden junger Triebe:
Der Zeitpunkt ist von größter Bedeutung. Bei jungen Okulaten ist das anfängliche Wachstum oft nicht gleichmäßig. Sorten entwickeln sich besonders anfangs unterschiedlich, z. B. Birnen treiben früher als Äpfel. Daher muss auf den entscheidenden Zeitpunkt der einzelnen Arbeiten besonders geachtet werden. Wenn die ersten Triebe ca. 10–20 cm über die unterste Bindevorrichtung gewachsen sind, können sie etwa ab Mitte Mai vorsichtig gebogen und daran befestigt werden. Diese Arbeiten müssen regelmäßig wiederholt werden.

1. Methode: Man dreht wie in Abb. 391 den Trieb an der Biegestelle (BS) leicht um sich selbst und bindet ihn an die horizontale Vorrichtung. Erst anschließend wird er unter der Biegung an den senkrechten Stab geheftet. Bindezangen, Hohlschnur oder Bast werden eingesetzt, das Material darf nicht einschnüren.

2. Methode: Sie ermöglicht einen noch schärferen Bogen. Einige Zentimeter unter der Kreuzung und auch neben der Kreuzung der Stäbe wird der Trieb, wie die Abb. 392 und 393 verdeutlicht, angebunden.
Wird ein noch kürzerer Winkel gewünscht, muss eine weitere Bindung, wie in Abb. 394 und 395 ersichtlich, erfolgen.

3. Methode: Falls beim Drehen oder Biegen einmal ein Trieb an der Biegung abbricht (Abb. 396), zieht man aus den schnell austreibenden Augen 2 Triebe in die jeweils gewünschten Richtungen.
Grundaufbau: Mit den beschriebenen 3 Methoden baut man schon im ersten Jahr die vorgesehene Form auf. Weitere Möglichkeiten für die spätere Formierung bleiben erhalten.

4. Methode: Wer die 1-jährigen Veredlungen noch nicht formieren möchte, beginnt im Folgejahr mit dem Rückschnitt auf Höhe der untersten Anbindevorrichtung. Hier entstehen junge und wüchsige Triebe, allerdings geht ein Kulturjahr verloren.

Pinzieren:
Alle aus Seitenknospen entspringenden Triebe werden auf ungefähr 3–4 Augen eingekürzt, damit sie die Ausbildung der späteren Arme nicht behindern. Durch 2- bis 3-maliges Pinzieren wird das spätere Fruchtholz gebildet (s. Abb. 397). Im Frühjahr werden dann die Seitentriebe, wenn nötig, auf 2–3 Knospen eingekürzt.

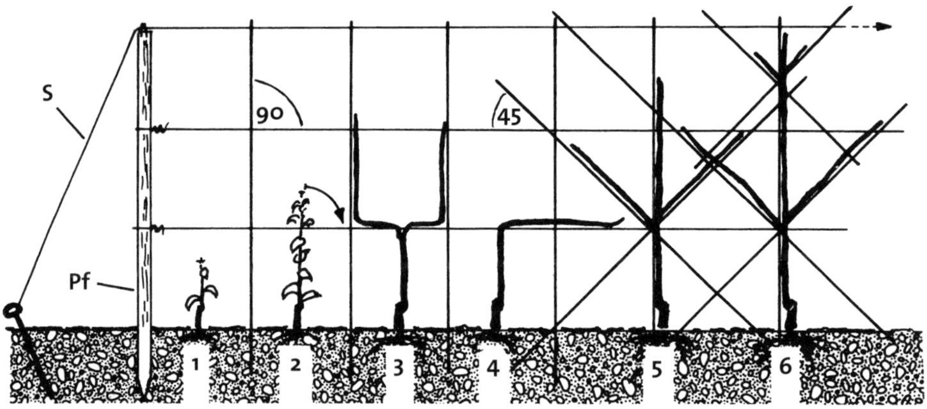

oben: Gerüst (schematisch)
1 – Okulat im Mai
2 – Okulat vor dem Biegen
3 – 6 Formen am Gerüst

S – Spanndraht
Pf – Pfahl

90 = Winkelgerade
45 = Winkelgerade

Abb. 391

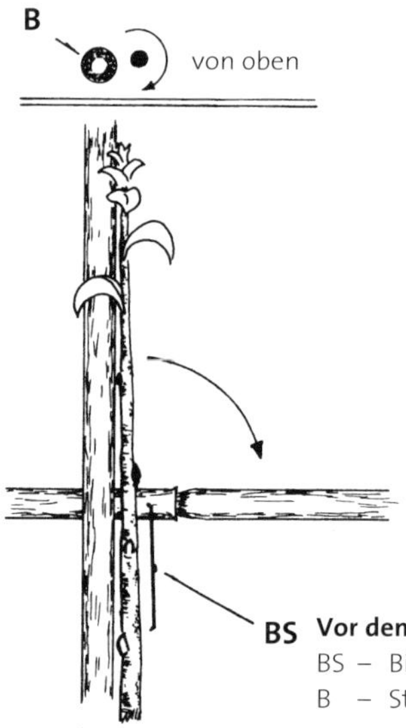

Abb. 392

Vor dem Abbiegen
BS – Biegestelle
B – Stab von oben gesehen

> **Bitte beachten:**
> Je weicher der Trieb ist, desto biegsamer ist er. Biegen ist also nur etwa 10–20 cm von der Spitze her möglich. Es kommen verschiedene Methoden zum Einsatz.

Die unteren 45 cm werden von allen Seitentrieben freigehalten. Das sommerliche Pinzieren ist auch am endgültigen Standort die wichtigste Arbeit, um reiches Fruchten zu gewährleisten und die Formen zu erhalten (s. Abb. 397).

Kulturdauer:
Je nach Form ist die Kulturdauer unterschiedlich. Während ein senkrechter Schnurbaum unter optimalen Bedingungen nach einem Jahr verkaufsfähig sein kann, brauchen aufwendige Formen bis zu 4 Jahre.

> **Regelmäßige Pflege von Formobst ist auch beim Endverbraucher notwendig. Daher müssen diese wichtigen Kunden darauf hingewiesen werden.**

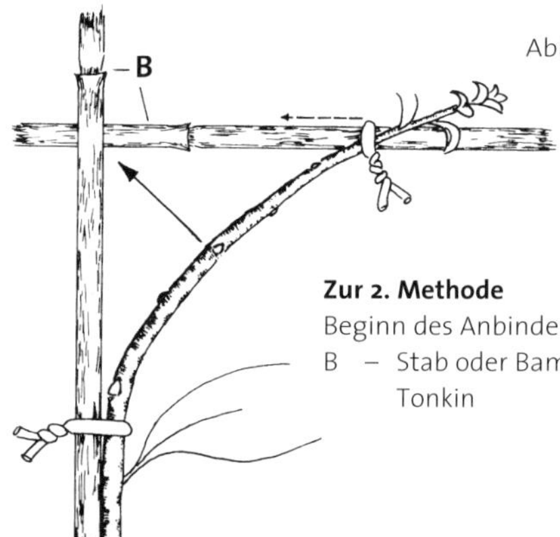

Abb. 393

Zur 2. Methode
Beginn des Anbindens
B – Stab oder Bambus/Tonkin

Abb. 394

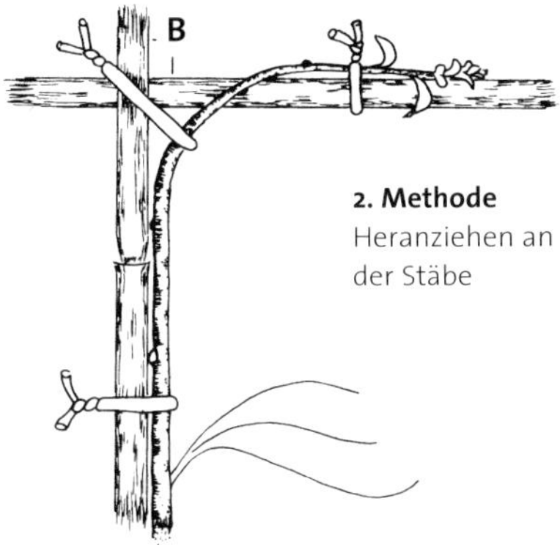

2. Methode
Heranziehen an die Kreuzung der Stäbe

Abb. 395

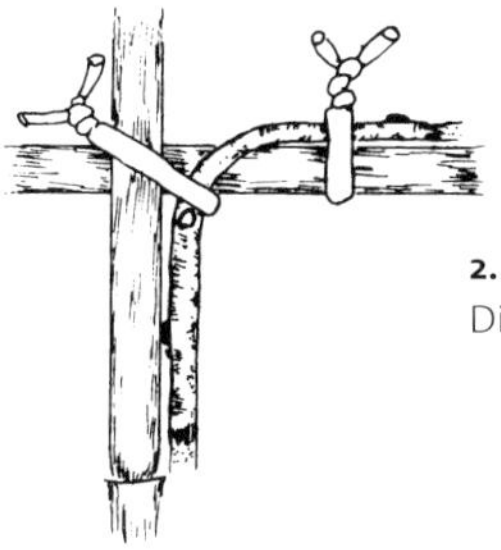

2. Methode
Die noch schärfere Biegung

Abb. 396

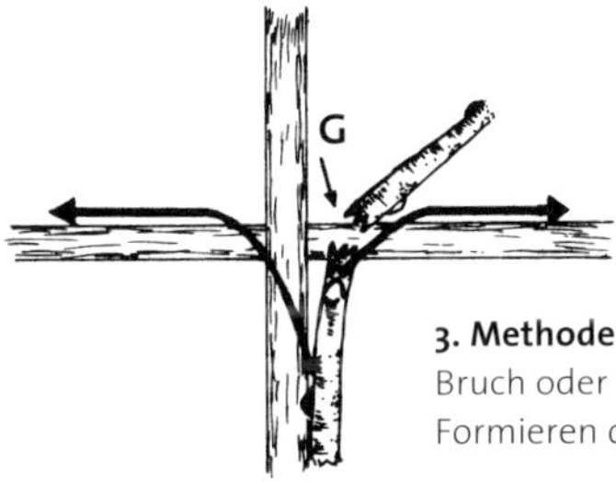

3. Methode
Bruch oder Schnitt bei G – und Formieren der neuen Austriebe

Abb. 397

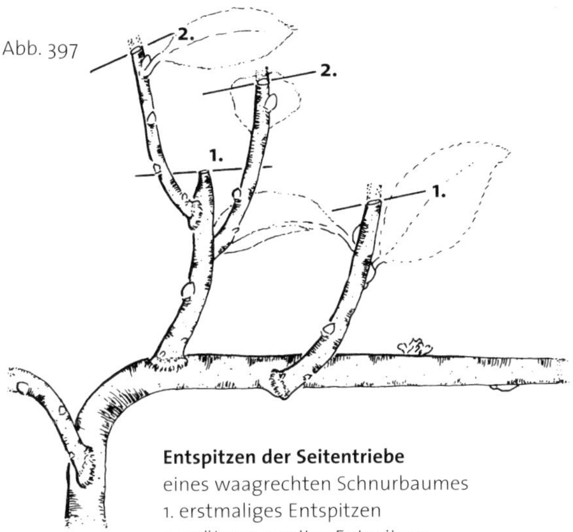

Entspitzen der Seitentriebe
eines waagrechten Schnurbaumes
1. erstmaliges Entspitzen
2. späteres zweites Entspitzen

11.13.3 Beerenobststämme

Vorkultur:
Von vorhandenen Mutterpflanzenbeeten werden jedes Jahr im November/Dezember die meist 1-jährigen Ruten abgenommen. Anschließend werden sie nach Länge sortiert (s. Abb. 398).
Aus den Köpfen der Mutterpflanzen treiben die jungen Ruten. Das Quartier wird gepflegt und die Mutterpflanze angehäufelt, damit sich diese unten am Fußende bewurzeln. In einigen Betrieben wird nicht angehäufelt, da sich die Ruten nach dem Veredeln und anschließenden Aufpflanzen leicht bewurzeln. Im Folgejahr wird gleichermaßen verfahren.

Kultur:

Vorarbeiten zum Veredeln:
Die sortierten Ruten werden so gelagert, dass sie im Winter verfügbar sind. Veredlungsreiser werden bereits ab Anfang Dezember von sortenechten, gesunden Mutterpflanzen oder aus dem Quartier geschnitten und ebenfalls frostfrei gelagert. Johannisbeerreiser sollen nicht zu stark sein, damit sie zu den Unterlagen passen. Bei Stachelbeerreisern werden die Stachelspitzen geköpft, damit sich die Verletzungsgefahr reduziert.

Das Veredeln:
In den Monaten Januar–März wird veredelt. Zuvor werden die Ruten von Seitentrieben befreit und auf die gewünschte Veredlungshöhe gekürzt. Diese beträgt bei Fußstämmen oberhalb der Erde 40–50 cm, bei Hochstämmen 80–90 cm. Dabei sollte eine Toleranz von 5 cm nach oben berücksichtigt werden (s. Abb. 399).
Die Reiser werden auf Längen von 5–6 Augen geschnitten.
Der Veredler sitzt am Tisch und schneidet mit Kopuliermesser oder der Kopulierhippe Edelreis

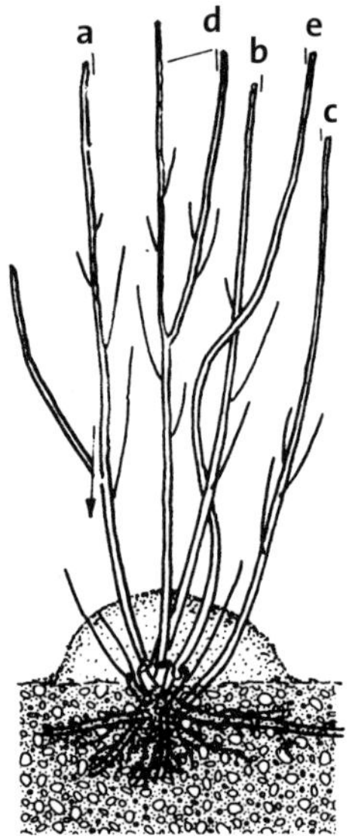

Mutterpflanze mit Ruten
a–c pflanzwürdig
a starker Stammtrieb bereits entfernt
d pflanzunwürdig, da vergabelt
e pflanzunwürdig, da verkrümmt
Abb. 398

und Unterlage an, s. auch bei Thema „Reiserveredlung". Reis und Unterlage sollten annähernd gleich stark sein. Der Kopulationsschnitt ist etwa 3 cm lang und sollte gut passen. Angeplattet wird, wenn die Unterlage erheblich stärker als das Reis ist. Dabei wird das Reis wie bei der Kopulation zugeschnitten, die Unterlage wird, wie die Zeichnung A zeigt, meist etwas schräg eingekürzt (s. Abb. 400–403). Beim Beerenobst nennt man das Anplatten auch Anschäften.

Verbunden wird mit Fleicoband wie bei sonstigen Kopulationen. Verstrichen wird mit warmflüssigem Wachs. Dabei darf die obere Schnittstelle am Reis – der Kopf – nicht vergessen werden. Auch völliges Tauchen der Reiser ist üblich. Eine Arbeitskraft verstreicht für mehrere Veredler. Je nach Fertigkeit schafft ein Veredler 60–100 Stück pro Stunde. Nach dem Verstreichen dürfen die Veredlungen nicht miteinander verkleben. Sie werden gezählt, etikettiert und sortenweise in Sägespäne oder Torf eingeschlagen. Im Einschlag beginnt bis zur Aufschulung bereits die Wurzelbildung.

Bitte beachten:
Mindestens auf einer Seite sollten die Schnitte von Reis und Unterlage mit den Kambiumschichten gut aufeinanderliegen.

Aufschulen:
Es sollte möglichst früh aufgeschult werden, damit die Ruten von der Grundfeuchtigkeit des Bodens profitieren. Die Pflanzung erfolgt auf gut vorbereitetes Land. Fast immer wird in eine Rille gepflanzt, die mit einer Rillenscheibe im Schlepperbetrieb gezogen wurde (s. Abb. 404).
Die Pflanztiefe beträgt ca. 15–20 cm.
Die Pflanzabstände werden so gewählt, dass die Quartiere maschinell gepflegt werden können. Daher sollte der Reihenabstand nicht unter 90 cm liegen, der Abstand in der Reihe mindestens 20 cm.

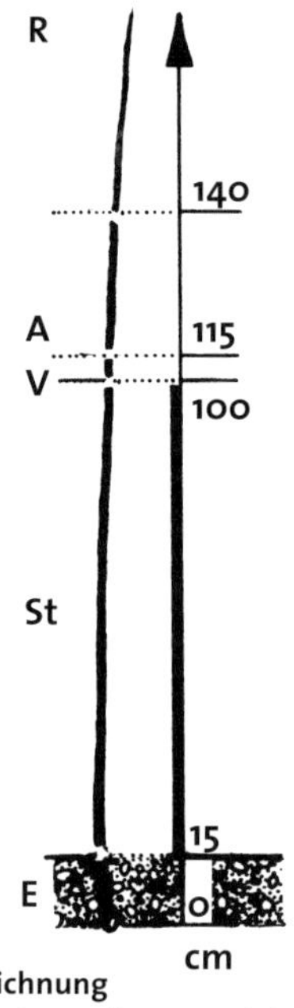

Erläuterung der Zeichnung
Sie stellt die Ribesrute vor dem Veredeln dar mit der für die Veredlungshöhe wichtigen Einteilung.
E – der beim Pflanzen in die Erde versenkte Teil
St – der spätere Stamm unter der Krone
V – Veredlungsstelle
A – Abfall über der Veredlungsstelle
R – die gelieferte Ribesrute mit dem Maß 140 cm und mehr
Abb. 399

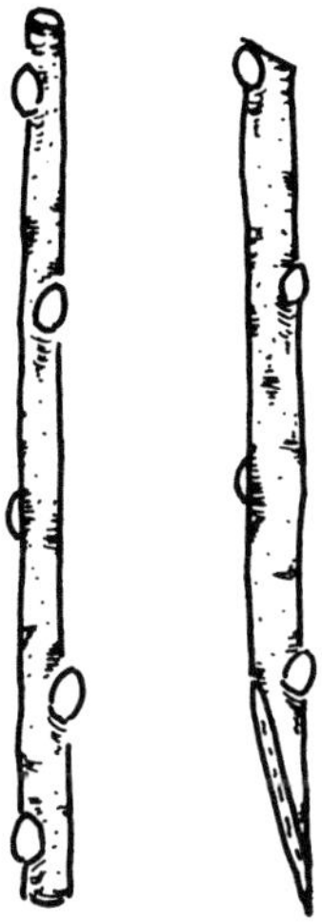

links: vorbereitetes Reis
rechts: Kopulierschnitt und oberes Ende fertig zugeschnitten
Abb. 400

Anbindevorrichtungen:
Unmittelbar nach der Pflanzung wird ein Gerüst aus Pfählen und Draht erstellt, an das die Stämme unterhalb der Kronen mit Klammern oder sonstigen Bindematerialien befestigt werden. Das Bindematerial darf nicht einschnüren. Durch das Anbinden werden die Kronen vor Windbruch geschützt. Die Reihen bleiben für alle Pflegemaßnahmen frei (s. Abb. 405).

Pflegemaßnahmen:
Aufputzen der Stämme, oft auch „Räubern" genannt, erfolgt während des ganzen Sommers. Das geschieht in zeitlichen Abständen. Je nach Ausreife der Triebe kann mit der Hand nach unten abgestreift werden. Sind die Wildtriebe schon zu stark verhärtet, müssen Messer oder Schere eingesetzt werden.

Sorgfältige Etikettierung (möglichst jede Pflanze) und Führung des Quartierbuchs sind selbstverständlich!

QUARTIERPFLEGE:
Düngung sollte grundsätzlich nur nach einer Bodenanalyse durchgeführt werden. Die Bodenlockerung sollte anschließend vorgenommen werden, damit der Boden nach dem Winter belüftet wird. Der Dünger muss eingearbeitet werden, damit er sich noch besser im Boden verteilt und durch die Bodenfeuchtigkeit aufgelöst wird.
Besonders sperrig wachsende Kronen sollten noch während des Wachstums locker aufgebunden werden, damit sie nicht auseinanderbrechen. Gebundene Kronen lassen sich später beim Versand besser verarbeiten.
Pflanzenschutz muss nach Bedarf mit zugelassenen Mitteln erfolgen.

RODUNG:
Stachel- und Johannisbeeren beenden früh ihr Wachstum, daher können sie schon ab September gerodet werden. Ein Entblättern ist nicht

Abb. 401

K – Unterlage mit Kopulierschnitt,
Augen blindgeschnitten

Abb. 402

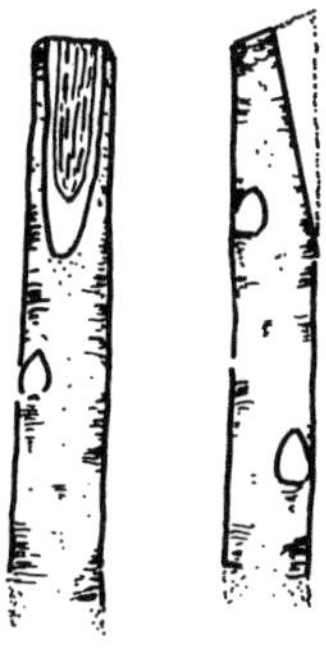

A – Unterlage, Anplatten
von vorn und der Seite

Abb. 403

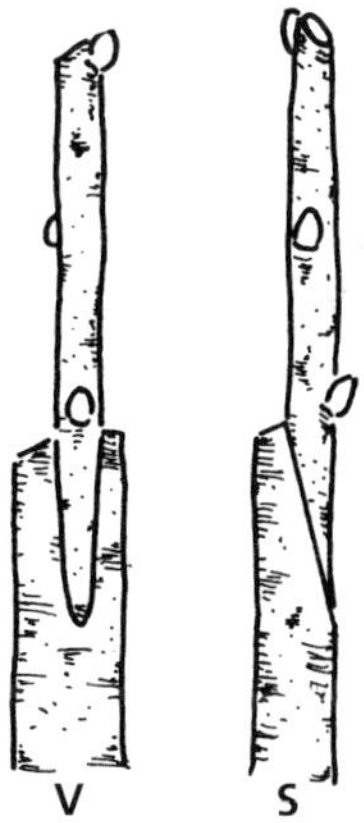

Fertig angeplattet
V = von vorn
S = von der Seite

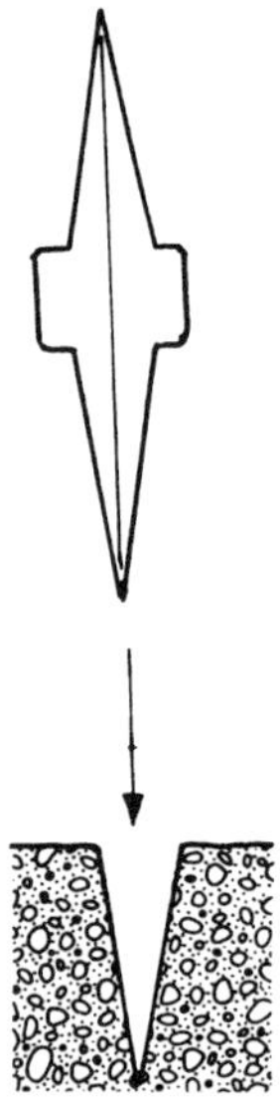

Rillenscheibe
und gezogene Rille
Abb. 404

notwendig. Ob ein Quartier ein- oder zweijährig gerodet wird, hängt von dessen Entwicklung ab. Nicht alle Pflanzen werden im ersten Jahr fertig, sie benötigen noch eine weitere Kulturperiode. Verkaufsfertige Pflanzen werden einzeln mit dem Spaten ausgestochen. Quartiere, die 2-jährig gezogen werden, erhalten im Februar bis März einen scharfen Rückschnitt. Die weitere Pflege erfolgt wie im vorigen Kulturjahr.

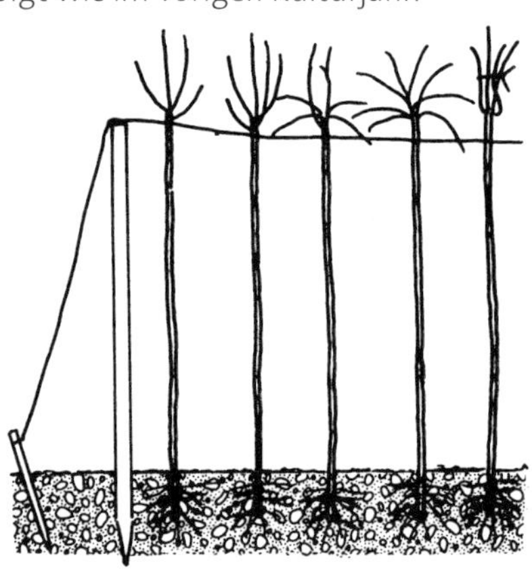

Angedrahtet:
a) Johannisbeer 3/4 Tr.
b) Johannisbeer über 5 Tr.
c) Stachelbeer 4/6 Tr.
d) Stachelbeer über 7 Tr.
e) Krone zusammengebunden
Abb. 405

Ab September werden die Quartiere aufgelöst. Die Reihen werden aufgepflügt, vorher werden die Anbindevorrichtungen abgebaut und sorgfältig bis zur nächsten Verwendung gelagert. Entsprechend den FLL-Gütebestimmungen wird sortiert und gebündelt (s. Abb. 407–408).

Stämme werden im Bereich der Wurzel, der Stämme und der Krone mehrfach gebunden. Ob mit einer Maschine oder von Hand, ist dabei unerheblich (s. Abb. 407).
Zur Verlängerung der Verkaufszeit werden Beerenobststämme überwiegend in Containern kultiviert (s. Abb 406).

11.13.4 Stachelbeerbüsche

VERMEHRUNG:
Stachelbeerbüsche lassen sich je nach Bewurzelungsfreudigkeit der Sorte durch Stecklinge, Abrisse, Steckholz und In-vitro-Kultur vermehren. Dass das Vermehrungsmaterial sortenrein, gesund und wüchsig ist, muss selbstverständlich sein.

VORKULTUR:
Mutterbeete von Abrissen werden im Lauf des Sommers mehrfach angehäufelt. Die Bewurzelung erfolgt bis zum Herbst. Die Abrisse werden dann abgenommen, geputzt und gelagert. Stecklinge werden im Sommer in Multiplatten gesteckt, Steckhölzer werden im Winter nach den bekannten Kriterien geschnitten und im Frühjahr in das Freiland auf Beete, aber häufig auch direkt in Jungpflanzentöpfe gesteckt. Jungpflanzen aus Ge-

Beerenobststämme im Container. Foto: Möller
Abb. 406

Abb. 407

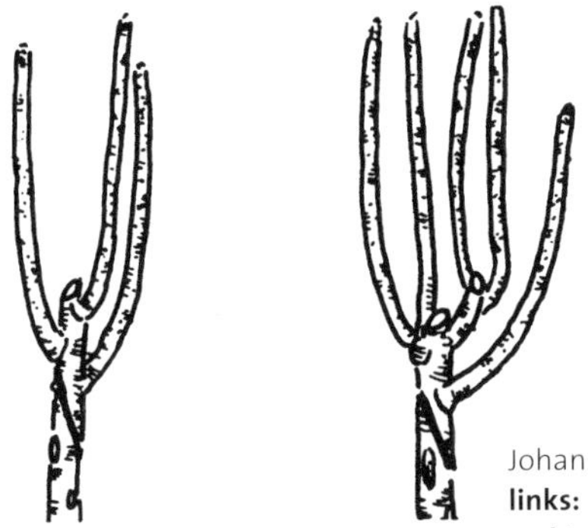

Johannisbeerkronen
links: mit 3/4 Trieben
rechts: mit 5/7 Trieben

Abb. 408

5 Stämme mit zusammengebundenen Kronen

webekultur werden meist in Töpfen vorkultiviert und dann ausgepflanzt oder in Container getopft (s. Abb. 410).

HAUPTKULTUR:
Die sortenechten Jungpflanzen werden im zeitigen Frühjahr im Abstand von etwa 75 × 20 cm in gut vorbereitete Böden ausgepflanzt. Während des Sommers erfolgt die übliche Quartierpflege. Im Folgejahr (Februar–April) erfolgt ein scharfer Rückschnitt bis auf 2–3 Augen pro Trieb. Düngung und Bodenpflege erfolgen wie im Vorjahr.

RODUNG:
Ab September werden die Quartiere geräumt. Die Pflanzen werden nach den FLL-Gütebestimmungen sortiert und aufbereitet.

11.13.5 Johannisbeerbüsche

Johannisbeerbüsche werden überwiegend durch Steckholz vermehrt, neuere Sorten auch durch Gewebevermehrung. Steckholzvermehrung ist recht einfach, s. unter „Steckholzvermehrung". Wie bei Stachelbeeren wird das Steckholz oft direkt in Jungpflanzentöpfe gesteckt.

KULTURABLAUF:
Bewurzeltes Steckholz wird wie bei Stachelbeeren für 2 Jahre im Abstand 75 × 20 cm aufgeschult. Die Quartierpflege ist gleich. Rückschnitt erfolgt wie bei Stachelbeerbüschen.

Nach dem 2. Kulturjahr wird das Quartier gerodet, die Pflanzen nach den Gütebestimmungen sortiert und aufbereitet.

Abb. 409

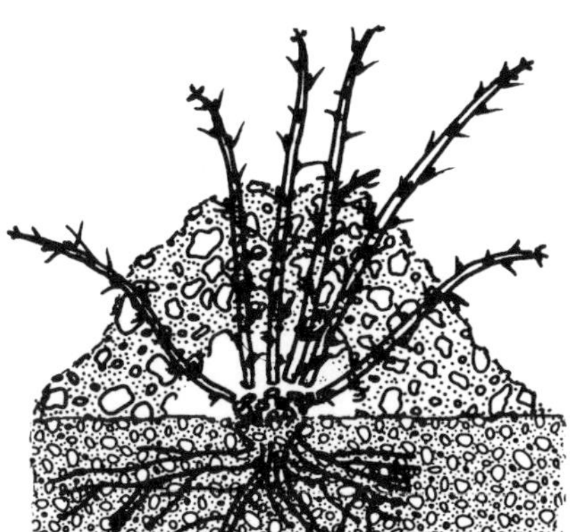

Kulturfolge
Vermehrung durch Abrisse

Stachelbeer-Jungpflanzen in Töpfen. Foto: Möller

Abb. 410

Eine weitere Methode kann die Kulturzeit um ein Jahr verkürzen. Kräftiges Steckholz wird bereits im Spätherbst direkt in das Freilandquartier im Abstand wie bei der Kultur von Büschen gesteckt. Nach dem ersten Kulturjahr wird im Spätwinter zurückgeschnitten. Ab dem folgenden September wird gerodet. Die Qualitäten sind wie bei den Pflanzen aus der Steckholzkultur. Der Vorteil ergibt sich aus der Einsparung eines Kulturjahrs.

11.13.6 Himbeeren

VERMEHRUNG UND WEITERKULTUR:
Himbeeren zählen zu den beliebtesten Beerenfrüchten und werden in großen Mengen produziert. Sie wurden früher überwiegend aus Wurzelschnittlingen herangezogen. Neuerdings werden Himbeeren auch in großer Zahl aus Gewebekultur und Stecklingsvermehrung angeboten.

Wurzelschnittlinge und Pflanzung:
Nach dem Roden im Quartier fallen reichlich Wurzelstücke an, die sich für die Vermehrung eignen. Diese Wurzeln werden sortenweise eingesammelt und im Kühlraum gelagert. Auch an den Verkaufspflanzen werden überflüssige Wurzeln abgenommen und bis zur Verarbeitung aufbewahrt.
In den Wintermonaten werden Wurzeln in ca. 5 cm lange Stücke zerschnitten. Bis zum Legen der Wurzelteile werden diese im Kühlraum gelagert. Ab März werden die Wurzelschnittlinge in ca. 5 cm tiefe Rillen im Abstand von 20 cm gelegt und mit Erde abgedeckt. Der Boden sollte locker sein und sein pH-Wert sich im Bereich um 5,0 (schwach sauer) bewegen.
Die Reihenabstände müssen dem Maschinenpark angepasst sein.

QUARTIERPFLEGE:
Danach muss das junge Quartier von Unkraut freigehalten werden. Ob Herbizide eingesetzt werden, muss jeder Betriebsinhaber für sich entscheiden. Durch Grubbern wird das Ausbreiten der Ausläufer in die Nachbarreihen weitestgehend verhindert. Später beschatten die Pflanzen den Boden und der Unkrautwuchs unterbleibt.

Abb. 411: Himbeeren im Container. Foto: Möller

Wüchsige Bestände können bereits nach einem Kulturjahr ab Oktober gerodet, nach den bestehenden Gütebestimmungen sortiert, gebündelt und verkauft werden (s. Abb. 412–414).
Beim Sortieren der Ruten muss auf vorhandene Wurzelknospen geachtet werden. Pflanzen ohne Knospen sind nicht verkaufsfähig.

Die Pflanzen werden zu 10 Stück gebündelt, die Bunde werden auf 80 cm eingekürzt.
Dabei werden überzählige Wurzelstücke für die spätere Vermehrung abgenommen und in das Kühlhaus eingelagert.

HIMBEEREN AUS MERISTEMVERMEHRUNG (Gewebevermehrung):
Gewebevermehrung erfolgt ausschließlich in speziellen Laboren. Oft werden die Jungpflanzen als Auftragsvermehrung produziert. Nach entsprechender Vorkultur werden die Jungpflanzen an die Produktionsbaumschulen in kleinen Töpfen ausgeliefert. Die Weiterkultur erfolgt überwiegend in Containern (Töpfen).

HIMBEEREN IN CONTAINERN (TÖPFEN):
Da Pflanzen mit nackten Wurzeln im Endverkauf leicht vertrocknen, werden heute viele Himbeeren in Containern verlangt und produziert. Die Kultur ist recht einfach. Das Pflanzgefäß muss mindestens 1,5 l Erdinhalt haben. Das Kultursubstrat sollte schwach sauer sein. Für eine erfolgreiche Anzucht gibt es mehrere Möglichkeiten.

a

Abb. 412

b

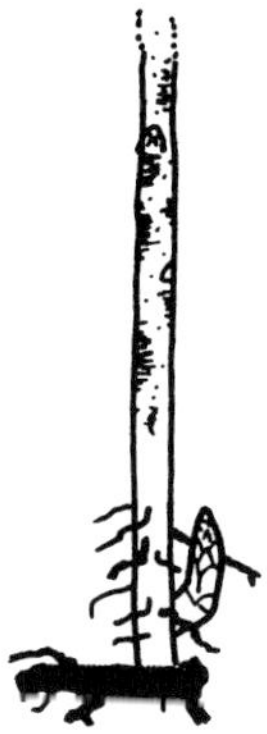

Abb. 413

c

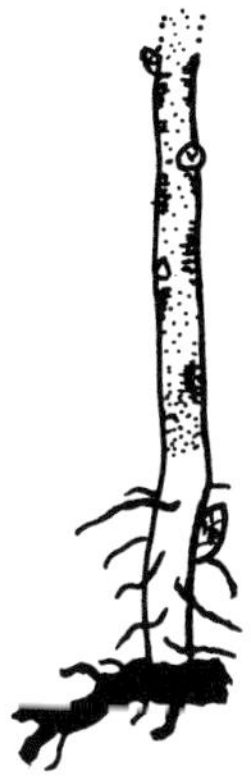

Abb. 414

Wurzelknospenbildung
a–c verkaufsfähig

Zu kurz gebliebene Pflanzen aus dem Versand werden ganz tief zurückgeschnitten. 1–2 Pflanzen kommen jeweils in einen Topf. Es können auch mehrere Wurzelschnittlinge in den Topf gelegt werden. Alternativ werden die Jungpflanzen aus Gewebevermehrung eingetopft (Abb. 411). All diese Methoden führen zum Erfolg. Ab Juli sind die Pflanzen verkaufsfertig und einige Sorten („Herbsthimbeeren") haben auch schon Früchte.

11.13.7 Brombeeren

Bei Brombeeren überwiegen heute die stachellosen Sorten. Diese werden ausnahmslos durch Stecklinge oder Gewebekultur vermehrt und in Containern weiterkultiviert. Es entstehen ständig neue Sorten, deshalb werden hier keine Sortenempfehlungen abgegeben. Hierfür die gültige Fachliteratur zurate ziehen.
Ältere Sorten wie 'Theodor Reimers' (viele Stacheln und stark rankend) und 'Wilsons's Frühe' (kaum Stacheln, wenig rankend) werden auch durch Wurzelschnittlinge oder Stecklinge vermehrt. Die Weiterkultur erfolgt fast ausnahmslos in Containern.

11.13.8 Gartenheidelbeeren

Die Vermehrung erfolgt durch krautartige Stecklinge im Sommer oder durch Kurzsteckholz, wobei 3–4 Hölzer im Spätwinter direkt in Jungpflanzentöpfe gesteckt werden. Nach der Vorkultur in Jungpflanzentöpfen wird in Container umgetopft. Dabei ist saures Substrat (pH-Wert ca. 4,5–5) notwendig.

11.13.9 Weinreben/Tafeltrauben

Weinreben werden durch Augenstecklinge oder Veredlung auf reblausfeste Unterlagen vermehrt. Die Vermehrung durch Augenstecklinge erfolgt im Winter im Gewächshaus bei Temperaturen um 20 °C bei gespannter Luft. Dieses Kleinklima entsteht durch zusätzliches Übertunneln im Gewächshaus. Veredlungen auf reblausfeste Unterlagen erfolgen ebenfalls im Winter. Diese Vermehrungsart wird meist in Spezialbetrieben maschinell ausgeführt. Die Weiterkultur erfolgt in Containern; im Sommer sind die Pflanzen verkaufsfertig, oft schon mit Früchten.

11.13.10 Haselnüsse

Die gewöhnliche Haselnuss *(Corylus avellana)* hat als Obstgehölz kaum Bedeutung. Für den Plantagenanbau haben großfrüchtige Sorten Bedeutung, die vegetativ vermehrt werden. Die Absenkervermehrung wurde bereits ausführlich beschrieben. Gut bewurzelte Absenker werden im Strächerquartier für 2 Jahre aufgepflanzt. Nach dem 1. Jahr wird wie bei strauchartigen Gehölzen im Winter zurückgeschnitten. Nach einem weiteren Kulturjahr können die Pflanzen gerodet und verkauft werden. Haselnüsse sind in Bezug auf die Bodenverhältnisse anspruchslos. Wegen der etwas schwierigen Befruchtungsverhältnisse sollten immer mehrere Sorten zusammen gepflanzt werden.

Als Befruchtersorten eignen sich besonders:
- 'Cosford'
- 'Daviana'
- 'Hallesche Riesen'
- Waldhasel *(Corylus avellana)*

11.13.11 Walnüsse

Juglans regia als Stammsorte wird durch Aussaat vermehrt. Aus Sämlingen gezogene Bäume fruchten oft erst nach 15–20 Jahren. Im Lauf vieler Jahrzehnte sind Klone ausgelesen worden, die durch Veredlung weitervermehrt werden.

Empfehlenswerte Haselnusssorten:

Sorten	Befruchtung	Ertrag	Fruchtmerkmale
'Cosford'	Teilweise selbstfruchtbar	Mittel	Hellbraun, groß
'Daviana' Wichtige Befruchtungssorte	Selbstunfruchtbar	Hoch	Hellbraun, groß, breitoval;
'Hallesche Riesennuss'	Selbstunfruchtbar	Mittel	Mittelbraun, groß, breit kegelförmig
'Rotblättrige Lambertnuss'	Selbstunfruchtbar	Hoch	Dunkelbraun, länglich
'Webbs Preis'	Selbstunfruchtbar	Hoch	Hellbraun, groß, lang eiförmig
'Wunder aus Bollweiler'	Selbstunfruchtbar	Hoch	Braun, sehr groß, kegelförmig

Veredelte Pflanzen tragen häufig schon nach 5 Jahren. Veredelt wird während des Winters als Kopulation im Gewächshaus. Im Juli besteht noch die Möglichkeit der Ringokulation. Dieses ist eine sehr spezielle Methode und bedarf einiger Übung.

11.14 Containerkultur

Die Anzucht von Baumschulgehölzen in Töpfen, Containern (Töpfen ab 2,0 l Inhalt), Kübeln und anderen Behältern wird als Containerkultur bezeichnet. Pflanzen aller Kulturgruppen werden aus der Kultur in Töpfen und Containern angeboten, von Bodendeckern über Ziersträucher und Rosen bis hin zu Obstbäumen, Solitärgehölzen und Forstpflanzen.

Hauptgründe für eine Containerkultur:

1. Containerpflanzen lassen sich fast ganzjährig verkaufen und pflanzen. Die Wurzeln verbleiben alle an der Pflanze. Viele Gattungen und Arten wachsen als Containerpflanzen besser weiter, z. B.: *Cytisus, Pyracantha* oder *Tamarix*.
2. Beim Transport trocknen die Wurzeln nicht so schnell aus wie bei wurzelnackten Gehölzen.
3. Gehölze können verkauft werden, wenn sie besonders gut aussehen, z. B. blühen oder fruchten.
4. Der Flächenertrag ist oft höher als im Freiland.
5. Topfarbeiten werden im Herbst, bei frostfreiem Wetter im Winter, im Frühjahr oder Sommer durchgeführt. Es sind vorgeleistete Arbeiten, die beim Versand wieder eingespart werden. Düngemaßnahmen lassen sich gut steuern (Flüssigdünger).
6. Der Versand von Containerpflanzen ist meist wenig von der Witterung abhängig und kann nach starken Frostperioden schneller beginnen, auch wenn der Boden noch gefroren ist. Es lassen sich schnell große Partien versandfertig aufbereiten.

Als Nachteile sind momentan anzusehen:

1. Oft hoher Investitionsbedarf für die Anlage der Kulturflächen.
2. Hoher Kostenaufwand für Töpfe, Substrate und Dünger sowie für die regelmäßige Bewässerung.
3. Hoher Aufwand bei der Überwinterung, da bei vielen Gehölzen die Ballen nicht durchfrieren sollen.

Da die Vorteile diese Nachteile häufig überwiegen, gewinnt die Anzucht in Containern immer mehr Bedeutung.

Vorbereitung der Kulturflächen:

Die Kultur von Pflanzen im Container unterscheidet sich erheblich von den Anzuchten im gewachsenen Boden. Während dort die Bodenqualitäten eine große Rolle spielen, beeinflussen diese das Wachstum der Pflanzen in Töpfen und Containern nicht. Lediglich beim Aufbau der Flächen und den damit verbundenen Investitionskosten spielt die Bodenqualität eine wichtige Rolle: Je schwerer und steiniger der Boden ist, desto aufwendiger und teurer wird die Anlage der Kulturflächen.

Kulturflächen

Containerpflanzen werden auf sehr unterschiedlichen Flächen kultiviert. Anders als im Zierpflanzenbau üblich, sollten die Kulturflächen nicht „Stellflächen“ genannt werden, weil dadurch bei Behörden und in der Öffentlichkeit der Eindruck entsteht, Pflanzen würden dort nur abgestellt und gelagert. Das kann Konsequenzen haben, wie z. B. eine Baugenehmigungspflicht.

Offener Boden

In seltenen Fällen werden Heidepflanzen oder andere Gehölze auf dem offenen Boden kultiviert. Dazu wird die Fläche, die sehr wasserdurchlässig sein muss, gelockert und in Waage planiert. Darauf werden die Pflanzen direkt aufgestellt, und davor und/oder danach wird die Kulturfläche mit einem Herbizid behandelt, damit die Unkrautkeimung verhindert oder zumindest stark eingeschränkt wird. Darin liegt auch ein Hauptproblem dieses Kultursystems, denn ein breit wirksames und gleichzeitig gut für die Kulturpflanzen verträgliches Herbizid ist eine Voraussetzung dafür. Weitere Nachteile sind, dass die Kulturpflanzen stark in den Boden einwurzeln können und die Töpfe durch hochspritzende Bodenpartikel erheblich verschmutzt werden.

Abb. 415: Containerkulturflächen mit unterschiedlichem Aufbau (Beltz jun.), von oben nach unten:
Offener Boden
Abdeckung mit Bändchengewebe
Abdeckung mit Folie und Bändchengewebe
Abdeckung mit Folie, Dränschicht und Bändchengewebe

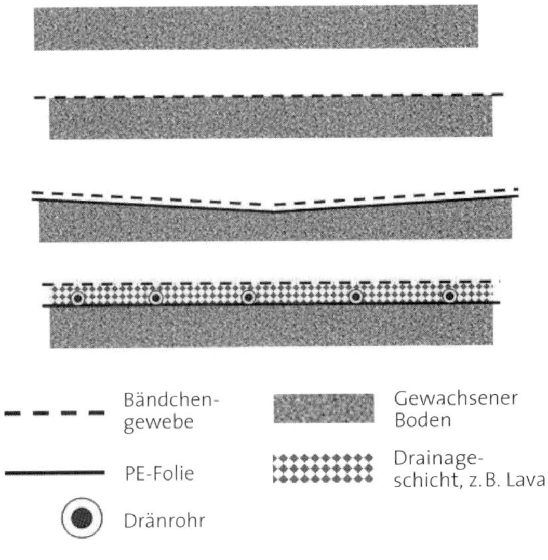

Abdeckung durch Bändchengewebe

Um die Unkrautkeimung zu verhindern, das Einwurzeln zu bremsen und die Verschmutzung der Töpfe stark zu verringern, können die Kulturflächen mit wasserdurchlässigem Bändchengewebe (z. B. „MyPex“) abgedeckt werden. Das ist relativ preisgünstig, und sofern der Boden Wasser gut versickern lässt, leiden die Wurzeln weniger unter starken Niederschlägen als auf Flächen, die mit Folie abgedeckt sind. Bei Bedarf kann eine Dränschicht z. B. aus Lava auf den Boden aufgeschüttet werden. Dieses System wird von manchen Naturschutzbehörden und Bauämtern gefordert, weil das Regen- und Beregnungswasser auf den Flächen versickern kann und nicht abgeführt wird. Das Wasserrecycling hingegen wird als „Versiegelung“ gesehen. Dabei wird allerdings nicht berücksichtigt, dass durch die Wasserrückführung die Grundwasserentnahme aus dem Brunnen stark reduziert werden kann, weil netto durch die Rückführung mehr Wasser gespart werden kann, als dem Grundwasserkörper durch die Versickerung zugeführt wird.
Kulturtechnisch hat dieses System den Nachteil, dass die Flächen mit der Zeit verschmutzen, Löcher bekommen und dadurch die Unterdrückung des Unkrauts deutlich nachlässt. Außerdem können Unebenheiten entstehen, in denen das Wasser nicht mehr gut abzieht und sich Pfützen bilden, sodass die Pflanzen unter Staunässe leiden. Wenn das Wasser nicht schnell genug abzieht, wird der Untergrund der Flächen weich, sodass diese sich nur schlecht betreten oder gar befahren lassen.

Abdeckung mit Folie und Bändchengewebe

Im Gegensatz zu dem vorher beschriebenen Flächenaufbau gelangt das Wasser aus Beregnung und Niederschlag von den Flächen, die mit Folie bedeckt sind, nicht in den Boden, sondern wird auf einer meist 0,15 mm dicken schwarzen PE-Folie über ein Gefälle von etwa 1,0–2,0 % quer zur Mitte hin und 0,2 % in Längsrichtung abgeleitet. Das hat viele Vorteile, denn der Boden unter der Folie bleibt relativ trocken und ist dadurch je nach Textur unter Umständen sogar gut befahrbar. Der Hauptvorteil ist aber, dass das Rücklaufwasser aufgefangen werden kann. Es besitzt eine

sehr gute Qualität, denn das aufgefangene Regenwasser ist sehr weich und fast frei von Kalk, Eisen, Natrium sowie Chlorid. Außerdem wird die Grundwasserentnahme aus dem Brunnen stark verringert und dabei auch Energie für die Pumpen gespart. Falls flüssig gedüngt wird oder sehr nährstoffhaltige Substrate eingesetzt werden, versickern die Nährstoffe, die die Töpfe nicht erreichen oder aus ihnen durch Regen ausgewaschen werden, nicht im Boden. Diese unmittelbaren Nährstoffverluste werden aufgefangen und stehen bei der nächsten Bewässerung den Pflanzen wieder zur Verfügung.
Allerdings hat dieses System kulturtechnisch den Nachteil, dass die Pflanzen in der Mitte des Beetes, wohin das überschüssige Wasser läuft, relativ feucht stehen und an den höher gelegenen seitlichen Beeträndern relativ trocken. Außerdem können sich durch Begehen oder Befahren der Fläche Unebenheiten und Pfützen bilden, in denen die Pflanzen zu nass stehen. Bei außergewöhnlich starken Niederschlägen (etwa 40 mm und mehr in kurzer Zeit) ist die Gefahr von Überschwemmungen der Flächen verstärkt, wenn die Abflüsse z. B. durch abgeschwemmte Pflanzen verstopfen oder überlastet sind. Darüber hinaus können Krankheitserreger (besonders *Phytophthora*-Fäuleerreger) über das Recyclingwasser im Pflanzenbestand verbreitet werden.
In der Regel wird auf die Folie, die die Fläche bedeckt, zusätzlich Bändchengewebe (z. B. „Mypex“) gelegt, damit sie trittfester ist und nicht so leicht beschädigt wird.

Einbau einer Dränschicht

Um die Wasserableitung und die Befahrbarkeit der Kulturflächen zu verbessern, kann auf die Folie (die zum Schutz evtl. mit Vlies abgedeckt ist) eine etwa 5–10 cm hohe Dränschicht z. B. aus Lava mit zusätzlichen Drainagerohren aufgebracht werden. Ganz oben liegt dann wieder ein Bändchengewebe. Solche „Lavaflächen“ sind durch die Lavaschicht relativ teuer, aber gut befahrbar und besonders gut geeignet für Gehölze, die leicht unter Staunässe leiden (*Taxus* und andere wertvolle Koniferen, *Rhododendron* und andere Heidepflanzen). Allerdings ist zu bedenken, dass die Lavaschicht temperaturisolierend wirkt und die Gefahr von Frostschäden im Winter erhöhen kann.

Wasserrecycling

Im Zierpflanzenbau werden Systeme, bei denen Wasser zurückgeführt wird, oft „geschlossene Systeme“ genannt. Das ist allerdings technisch nicht korrekt, denn anders als bei einem geschlossenen System, wie dem Kühlflüssigkeitskreislauf einer Klimaanlage, ist die Bewässerung immer von Verdunstung und im Freiland auch von Regenfällen beeinflusst (also „nach oben offen“). Im Winter müssen darüber hinaus überflüssige Niederschläge abgeführt werden. Das Abführen des überschüssigen Wassers im Winter ist übrigens unproblematisch, denn wie Untersuchungen der LWK Niedersachsen gezeigt haben, sind die Rückstände an Nährstoffen und Pflanzenschutzmittelwirkstoffen, die im Sommer kurzfristig erhöht sein können, ab Spätsommer/Herbst gering. Das liegt daran, dass zu dieser Zeit kaum noch Pflanzenschutzmittel oder Dünger eingesetzt werden und die Pflanzenbestände wie ein Filter wirken, der Nährstoffe und andere Substanzen aus dem Wasser auffängt.
Allgemein wird empfohlen, zum Auffangen des ablaufenden Wassers Becken mit etwa 1.000 m^3 Speicherkapazität pro Hektar Containerkulturfläche anzulegen. Bei einer Beregnungsmenge von etwa 100 m^3 pro Hektar (10 mm) an einem

Abb. 416: Containerkulturfläche mit Gefälle zur Mitte, bedeckt mit Folie und Bändchengewebe, Foto: Beltz jun.

heißen Tag und einem Rücklauf von rund 50% der Wassermenge kann solch ein Wasserspeicher eine Trockenperiode von rund 10–15 Tagen überbrücken, wenn das Becken zu rund 70% entleert werden kann. Zur Ergänzung wird Wasser aus Brunnen zugepumpt, das eine möglichst gute Qualität haben sollte (wenig Kalk, Eisen, Natrium und Chlorid).

Wasserreinigung

Im Recyclingwasser befinden sich wenige chemische Verunreinigungen, die Baumschulkulturen Probleme bereiten können. Gelegentlich kann der Gehalt an Natriumchlorid ansteigen, wenn wenig Regen fällt und das Brunnenwasser salzhaltig ist. Natriumchlorid lässt sich schwer und nur mit sehr hohem Aufwand aus dem Wasser entfernen (Umkehrosmose), sodass solche Methoden in der Praxis nicht verbreitet sind.
Wenn von Wasserreinigung in Baumschulen die Rede ist, geht es normalerweise um Verbreitungsorgane verschiedener Arten von *Phytophthora*, die unter anderem Blattflecken, Triebsterben, Wurzelhalsfäule und Wurzelfäule hervorrufen können. Es gibt verschiedene Methoden, diesen Erreger aus dem Gießwasser zu entfernen, am weitesten verbreitet sind wohl Langsamsandfilter. Wer Probleme mit solchen Erregern hat und über eine Wasserreinigung nachdenkt, wendet sich am besten an für ihn zuständige, unabhängige Fachleute (Pflanzenschutzamt, Beratungsring), denn die Anbieter solcher Reinigungssysteme beraten nicht immer fachgerecht.

Töpfe

Pflanzen, die auf solchen Containerkulturflächen kultiviert werden, stehen in Töpfen. Größere Töpfe ab einem Inhalt von 2,0 l werden in Baumschulen als Container (engl. Behälter) bezeichnet. Das hat historische Gründe, denn als sich diese Kulturweise in deutschen Baumschulen durchzusetzen begann, wollten sich die Betriebe mit ihren frostharten Gehölzen für den Garten von den Topfpflanzen abheben, die ja für die Sommerbepflanzung oder Innenräume gedacht waren.
Für viele Kulturen werden spezielle Töpfe hergestellt. Für Rosen z. B. sind höhere Töpfe erforderlich, da ihre Wurzeln recht lang sind. Diese werden zurzeit in Größen bis 7 l angeboten.
Den Größen der Pflanzgefäße sind kaum Grenzen gesetzt. Die Erdinhalte erstrecken sich von wenigen Millilitern (in Multiplatten) bis 1.500 l als serienmäßig verfügbare Behälter. Darüber hinaus werden auch noch Sondergrößen aus Holz angefertigt. Für besonders dekorative Pflanzen gibt es Pflanzgefäße im Terrakottalook aus Kunststoff. Großcontainer aus Bändchengewebe werden als preiswertere Alternative eingesetzt.

Rosentöpfe sind besonders lang, so passen die Wurzeln gut hinein. Foto: Meyer KG
Abb. 417

Abb. 418
Großcontainer werden bis 1.500 l Inhalt angeboten. Foto: Meyer KG

Faltcontainer aus Bändchengewebe sind preiswerte Alternativen. Foto: Meyer KG
Abb. 419

Biotöpfe

Die Töpfe oder Container, die in Baumschulen eingesetzt werden, sind meist aus Polystyrol (PS) oder Polypropylen (PP), größere manchmal auch aus Polyethylen (PE). Das sind bewährte, haltbare Kunststoffe aus fossilen Rohstoffen (Erdöl). In kleineren Größen (meist bis etwa 12 cm = 1,3 l) werden auch „Biotöpfe" aus unterschiedlichen biologisch abbaubaren Werkstoffen angeboten. Manche sind aus dem biologisch abbaubaren Kunststoff Polymilchsäure (PLA) und sehen aus wie herkömmliche „Plastiktöpfe". Manche, wie der „Pottburri", sind aus Mischungen (Blends) von biologisch abbaubaren Kunststoffen und Pflanzenmaterial, und manche, wie der Fertilpot (bis 3,0 l Volumen), sind aus Holzfasern bzw. Pappe. Vor allem Jungpflanzen und Gehölze für extreme Standorte in der freien Landschaft, aber auch Pflanzen für den GaLaBau oder Privatkunden, werden in solchen verrottbaren Pflanztöpfen aus unterschiedlichen Materialien angeboten, die nach der Pflanzung schnell in den Boden einwurzeln und sich dort völlig zersetzen. Insgesamt über alle Kulturen hinweg ist die Verbreitung biologisch abbaubarer Töpfe vor allem aus Kostengründen bisher allerdings noch gering.

Farbe

Was sich in den letzten Jahren deutlich geändert hat, ist die Farbe der Kunststofftöpfe. Waren sie früher aus Kostengründen in der Regel schwarz, sind sie mittlerweile meist grau oder farbig. Denn schwarze Töpfe haben den Nachteil, dass sie schlecht recycelbar sind, wenn sie aus dem Inhalt des „Gelben Sacks" oder der „Gelben Tonne" sortiert werden sollen. Für die Sortierung werden nämlich meist Geräte mit Nahinfrarot-Scannern eingesetzt, die bei schwarz gefärbten Töpfen normalerweise nicht funktionieren. Ziel der Kunststofftopfhersteller ist, dass die Pflanzenproduzenten graue Töpfe aus sogenanntem PCR-Kunststoff (PCR = Post Consumer Recycling, Recycling von Verpackungen aus den Privathaushalten) einsetzen und diese dann nach Gebrauch über die „Gelbe Tonne" gesammelt und wieder zu Töpfen verarbeitet werden. Das ist nach den Anforderungen des Kreislaufwirtschaftsgesetzes ein Verfahren, das dem Einsatz biologisch abbaubarer Töpfe, die im Boden oder Kompost verrotten, vorzuziehen ist.

Form

Kleinere Töpfe sind oft viereckig, größere fast immer rund. Wenn die Pflanzen dicht an dicht stehen, nutzen die viereckigen Töpfe die Fläche besser aus, aber wenn sie auf Abstand stehen, fällt dieser Vorteil weg. Dann sind runde Töpfe sinnvoller, die je nach Qualität etwas preisgünstiger und standfester sein können und zudem im Verkauf optisch ansprechender sind. Für die meisten Pflanzen werden runde Töpfe verwendet, in den viereckigen werden hauptsächlich Jungpflanzen, Bodendecker und Stauden angezogen.

KULTURSUBSTRATE

In die Töpfe oder Container werden Kultursubstrate gefüllt, in die die Gehölze einwurzeln und aus denen sie Wasser und Nährstoffe aufnehmen. Bisher dominiert in vielen Betrieben der Einsatz von Torf, denn er speichert ausreichend Wasser und gleichzeitig auch Luft, ist sauer und nährstoffarm. Durch Einmischung von kohlensaurem Kalk und Dünger kann Torfsubstrat gut an die Pflanzenbedürfnisse angepasst werden, was bei salz- und kalkhaltigen Substratausgangsstoffen nicht oder kaum möglich ist. Außerdem bestehen mit Torf jahrzehntelange Kulturerfahrungen, die mit vielen neueren Stoffen erst gesammelt werden müssen. Trotzdem werden die Baumschulen zukünftig den Einsatz von Torf stark reduzieren oder vielleicht sogar ganz auf ihn verzichten müssen. Denn ähnlich wie Kohle oder Erdöl beinhaltet Torf Kohlenstoff, der vor langer Zeit gebunden wurde. Wenn solche Materialien in Kraftwerken und Motoren verbrannt oder im Boden mineralisiert werden, wird der Kohlenstoff in Form von CO_2 in die Atmosphäre freigesetzt und fördert dort die Erderwärmung. Daher belastet der Einsatz von Torf unstrittig das Klima. Ein anderes Argument gegen den Torfeinsatz, nämlich die angebliche Zerstörung von Mooren, ist aber zweifelhaft, da zumindest in Deutschland und vermutlich auch im Ausland die noch bestehenden Moorflächen schon lange unter Naturschutz stehen und nicht zur Torfgewinnung genutzt werden dürfen.

Beispiele für das Volumen von Töpfen
(Das Volumen schwankt bei gleichem Durchmesser von Produkt zu Produkt!)
Quelle: Katalog Hermann Meyer 2022

Durchmesser (rund) bzw. Kantenlänge (eckig)	Volumen (Liter)
Ecktöpfe:	
7,0 cm	0,25
8,0 cm	0,35–0,40
9,0 cm	0,50–0,60
11,0 cm	1,00–1,10
12,0 cm	1,30
13,0 cm	1,50
11,3 cm Rosentopf	2,0
13,7 cm Rosentopf	3,0
15,7 cm Rosentopf	4,0
Rundtöpfe:	
9,0 cm	0,30–0,32
10,0 cm	0,43
10,5 cm	0,45
11,0 cm	0,57
12,0 cm	0,71–0,75
13,0 cm	0,90–0,95
14,0 cm	1,19
15,0 cm	1,50
16,7 cm	2,0
19,0 cm	3,0
20,0 cm	3,5
21,0 cm	4,0
22,5 cm	5,0
25,5 cm	7,5
28,4 cm	10,0
11,7 cm Rosentopf	1,0
14,9 cm Rosentopf	2,0
16,8 cm Rosentopf	3,0
18,8 cm Rosentopf	4,0
19,5 cm Rosentopf	5,5
22,0 cm Rosentopf	7,0

Auf jeden Fall wird von der Politik und der Gesellschaft (also den Kunden) gefordert, die Verwendung von Torf zu reduzieren und möglichst ganz zu beenden. Das ist allerdings nicht so einfach, wie es auf den ersten Blick scheint und manchmal auch dargestellt wird, denn einen dem Torf gleichartigen „Ersatz" gibt es nicht. Andere Substratausgangsstoffe, wie beispielsweise Holzfasern, Rindenhumus, Kokosmark oder Substratkompost, haben alle ihre speziellen Eigenschaften. Je nach Bedürfnissen der Pflanze müssen diese Ausgangsstoffe in unterschiedlichen Anteilen miteinander oder mit weiteren Substratausgangsstoffen gemischt werden, um daraus geeignete Substrate herzustellen. Hier ist eine enge und vertrauensvolle Zusammenarbeit der Baumschulen mit erfahrenen Substratherstellern und der Beratung dringend zu empfehlen, denn Pflanzenausfälle durch ungeeignete Substrate schaden der Umwelt und können das wirtschaftliche Überleben einer Baumschule gefährden.

pH-Werte und Salzgehalte der Substrate

Damit die Pflanzen gut wachsen und eine akzeptable Verkaufsqualität erreichen, müssen ihre Substrate unter anderem günstige pH-Werte und Salzgehalte besitzen. Bei den pH-Werten ist zu berücksichtigen, dass diese unterschiedlich gemessen werden: in Deutschland in Calciumchloridlösung und im Ausland oft in destilliertem Wasser. Das hat zur Folge, dass Empfehlungen zu pH-Werten aus den Niederlanden, den USA und vielen anderen Ländern deutlich höher sind als in Deutschland. In der Tabelle auf S. 192 sind günstige pH-Werte in Torfsubstraten angegeben. Für gewachsene Böden und torffreie Substrate können diese Angaben nicht direkt übernommen werden! Die Salzgehalte der Substrate werden teils durch die Düngung bestimmt, teils durch die Substrat-

Abb. 420: Substratausgangsstoffe haben sehr unterschiedliche Eigenschaften, Holzfasern z. B. können Pilzwachstum hervorrufen, durch das Stickstoff aus der Düngung gebunden wird. Foto: Beltz jun.

ausgangsstoffe sowie im Lauf der Kulturdauer auch durch das Gießwasser. Dabei können Salze eine Rolle spielen, die für die Gehölze gut verträglich sind (z. B. Sulfate), aber auch Ballastsalze wie Natrium und Chlorid, die sehr schädlich sind. Der nach den gängigen Laborverfahren gemessene Salzgehalt ist also nur ein Anhaltswert, der niemals als absolute Grenze gesehen werden darf. Auch hier sind die Erfahrungswerte aus den Torfsubstraten nicht immer auf Böden oder torffreie Substrate übertragbar.

Günstige pH-Werte und Salzgehalte in Torfsubstraten

Günstige pH-Werte
(gemessen in $CaCl_2$-Lösung)
Kalkempfindliche Gehölze: 4,0–4,5
z. B. Heide, *Vaccinium*, viele *Rhododendron*-Arten und andere *Ericaceen, Amelanchier, Chaenomeles, Cytisus, Genista, Ilex crenata, Potentilla* (besonders 'Nuuk'), *Ribes sanguineum*, einige *Rosa* (z. B. *R. rugosa*), *Vinca*, einige Gräser (z. B. *Fargesia, Imperata, Miscanthus, Phyllostachys*)
Unempfindliche Gehölze 4,5–5,5
Die meisten Laub- und Nadelgehölze
Kalkliebende Gehölze 5,0–6,0
z. B. *Taxus, Buxus, Mahonia*

Günstige Salzgehalte
(berechnet als KCl, g/l Substrat)
Vermehrungssubstrate 0,3–0,5 g/l
z. B. Stecklinge
Topfsubstrate für salzempfindliche Gehölze 0,5–1,0 g/l
z. B. *Hypericum, Rosa rugosa, Zwergrhododendron*
Topfsubstrate für ein Standardsortiment an Gehölze 0,5–1,5 g/l
Die meisten Laub- und Nadelgehölze
Topfsubstrate für salzverträgliche Gehölze 1,5–3,0 g/l
z. B. *Pyracantha*

Problem Substratvolumen

Ein sehr schwieriges Thema bei den Substraten ist ihr Volumen. Torf und viele andere Substratausgangsstoffe lassen sich stark verdichten, sodass die Bestimmung ihres Volumens nicht einfach ist. Da die Verdichtung mit der Ladehöhe eines Lkw steigt, wird in der Praxis nach Gewicht verladen, das aber maßgeblich vom Wassergehalt abhängt. Um die Bestimmung des Volumengewichts, mit der das Gewicht der Substratlieferung berechnet wird, zu standardisieren, wurde das Verfahren nach DIN EN 12580 entwickelt. Mit dessen Hilfe kann ein bestimmtes Volumen über eine Waage auf einen LKW geladen werden. Bei diesem Verfahren ist das Substrat allerdings sehr locker, sodass bei stark verdichtbaren Ausgangsstoffen wie Torf deutlich mehr des nach DIN EN 12580 gemessenen Volumens in die Töpfe gefüllt wird, als zu errechnen wäre. Für 1.000 1,0-Liter-Töpfe braucht man daher nicht wie zu erwarten 1.000 l Torfsubstrat, sondern je nach Einzelfall (und Größe des Jungpflanzenballens) oft etwa 1.200 l. Bei Holzfaser kann diese Verdichtung noch größer sein, aber bei Kompost, Rindenhumus und Kokosmark ist sie meist deutlich geringer. Manche Torf- oder Erdenlieferanten runden großzügig auf oder messen sogar nach dem Volumen der Radladerschaufel („Wassermaß"), was dazu führen kann, dass mit der gleichen bestellten Menge von Substrat nach einem Wechsel des Lieferanten oder einer Rezeptur plötzlich deutlich mehr oder deutlich weniger Töpfe gefüllt werden können als vorher. Auch bei

Abb. 421: Wurzelentwicklung von Lorbeerkirschen in Torfsubstraten mit verschiedenen pH-Werten, von links 3,4, 4,7 und 6,5. Foto: Beltz jun.

der Dosierung des Düngers kann es Unterschiede geben, denn manche Erdenwerke beziehen die Düngung (mithilfe eines Faktors) auf das erwartete Topfvolumen („Wassermaß") und andere auf das Volumen nach DIN EN 12580. Am besten bespricht man diese Fragen vor der Bestellung genau mit den Substratlieferanten, damit es nach der Lieferung keinen Streit gibt.

Düngung

Da Pflanzen in Töpfen bzw. Containern einen wesentlich kleineren Wurzelraum haben als im gewachsenen Boden, ist eine bedarfsgerechte Ernährung deutlich schwieriger als bei ausgepflanzten Exemplaren.
Torf und auch die anderen Substratausgangsstoffe enthalten meist wenig Spurenelemente, und ihr Humusanteil schränkt die Verfügbarkeit bestimmter Spurenelemente wie Kupfer sogar stark ein, daher ist eine bedarfsgerechte Spurenelementdüngung die Grundlage jedes Substrats. Der Bedarf der Gehölze ist sehr unterschiedlich und in vielen Fällen noch nicht einmal bekannt, aber es hat sich gezeigt, dass eine Grundversorgung mit einem Spurenelementdünger wie Radigen (10–200 g/m³ Substrat) oder Micromax Premium (300–500 g/m³ Substrat) die Kultursicherheit in den meisten Fällen stark erhöht.
Wenn die Pflanzen schnell Nährstoffe benötigen, z. B. bei Topfung im späten Frühjahr, kann eine Grunddüngung mit einem Nährsalz sinnvoll sein, aber in den meisten Fällen erübrigt sie sich, da die verabreichten Depotdünger schnell genug wirken.

Ummantelte Depotdünger

Auch wenn die Begriffe in der Praxis manchmal durcheinandergeworfen werden: Die Fachleute unterscheiden zwischen Depotdüngern, die kunststoffummantelt sind, und Langzeitdüngern, deren Stickstoff zumindest teilweise in Form von langkettigen Harnstoffverbindungen vorliegt.
Die Standarddüngung in Baumschulen erfolgt als Voll- oder Teilbevorratung mit ummantelten (umhüllten) Depotdüngern. Die haben einen Kern aus Nährsalz und eine Hülle aus Kunststoff, die die Abgabe der Nährsalze drosselt. Sobald Feuchtigkeit an die Dünger gelangt, beginnt die Freisetzung der Nährstoffe. Sie ist zeit- und temperaturabhängig, die Rolle der Temperatur sollte allerdings nicht überschätzt werden. Denn auch bei kaltem Wetter werden in der Regel ausreichend Nährstoffe freigesetzt, und andererseits ist bei Hitze kein Salzstress durch eine „explosionsartig" gesteigerte Freisetzung zu befürchten. Bei allen gängigen Produkten ist die Freisetzungsgeschwindigkeit von der Dicke der Hülle abhängig, die etwa 5–10 % des Gesamtgewichtes des Düngers ausmacht.
Je nachdem, wie schnell die Nährstoffe freigesetzt werden, sind die Depotdünger mit einer Kennung versehen, z. B. 5–6M für 5–6 Monate „Laufzeit". Ganz wörtlich dürfen diese Zahlen aber nicht genommen werden, sondern die Erfahrung lehrt, dass folgende Kennungen für diese Topfzeitpunkte empfehlenswert sind:

Geeignete Depotdünger für verschiedene Topfzeitpunkte

Topfzeitraum	Kennung („Laufzeit")
Januar–Februar	12M, 12–14M
März–April	8M, 8–9M, 9M
April–Mai	5–6M, 6M
Mai–Juni	3–4M, 4M

Die Depotdünger, die aktuell auf dem Markt sind, haben fast alle Hüllen aus Kunststoff (Polyurethan, Sojaharz, Polyolefine und andere Kunststoffe), die wegen ihrer Größe unter 5 mm zum Mikroplastik zählen und nicht biologisch abgebaut werden. Lediglich der Hersteller von Grow-Cote Plus weist die biologischen Abbaubarkeit der Hülle seines Düngers nach. Wegen ihrer Hüllen aus Mikroplastik werden die Depotdünger in Hinsicht auf ihre Umweltverträglichkeit kritisch gesehen. Die EU-Düngeprodukte Verordnung von 2019 schreibt daher vor, dass ab Mitte 2026 auf EU-Ebene nur noch Depotdünger mit Hüllen zugelassen werden dürfen, deren Hüllen nach Prüfung mit einem Verfahren, das noch konzipiert wird, ausreichend schnell abgebaut werden. Entsprechende Depotdünger werden zurzeit entwickelt und sollen rechtzeitig auf den Markt kommen. Die „alten" Produkte mit den aktuellen Hüllen dürfen allerdings nach momentaner Rechtslage mit einer nationalen Zulassung auch nach 2026 weiter verkauft werden.

Dünger für Containerpflanzen (Beispiele ohne Anspruch auf Vollständigkeit) Organische Dünger

Nährsalze (0,5–1,0 kg/m³ einmischen oder mit 10–20 g/m² pro Woche bzw. mehrmals 0,5–2,0 g pro Liter Gießwasser flüssig düngen):
Peters Professional, Hakaphos, Flory, Ferty, Kalksalpeter, Ammoniumsulfat, Harnstoff (als Blatt- oder Flüssigdünger)

Langzeitdünger (2,0 g/l auflegen)
Osmoform NXT, Triabon, Plantosan

Depotdünger
(2,0–6,0 g/l auflegen oder einmischen)
Osmocote, Multicote, Grow-Cote, Mannacote, Plantacote, Nutricote

Organische Dünger
(6,0–12,0 g/l auflegen oder einmischen)
Hornmehl, -grieß, -späne, Schafwollpellets, Mischdünger wie Orgerano, DCM ECOR, Provita, Biorga

Zurzeit beginnen Erdenhersteller damit, statt Depotdünger langsam wirkende organische Dünger wie Hornspäne oder Schafwollpellets einzumischen. Das sind beides reine Stickstoffdünger, daher wird rund 10 % Grünkompost ins Substrat gemischt, um die Phosphor- und Kaliumversorgung sicherzustellen. Die ersten Erfahrungen in Praxisbetrieben mit solchen Düngern sind sehr gut. Alternativ können auch andere organische Stickstoffdünger oder organische NPK-Dünger eingesetzt werden, die allerdings schneller wirken als Hornspäne oder Schafwolle und sich daher nicht als Vollbevorratung eignen, sondern nachgelegt werden müssen.

Organische Dünger haben den Vorteil, dass sie auch von Betrieben eingesetzt werden können, die nach den Richtlinien des biologischen Anbaus produzieren.

Langzeitdünger

Eine weitere Gruppe von Düngern, die häufig in Containerkulturen eingesetzt werden, sind die Langzeitdünger mit langkettigen Harnstoffverbindungen (Methylenharnstoff, Isodurharnstoff, Crotodurharnstoff). Diese Produkte wirken etwa zwei Monate lang und werden oft zur Nachdüngung im Sommer eingesetzt. Es gibt auch Mischprodukte wie Osmotop, Osmocote Topdress oder Plantacote Mix aus Langzeitdünger und ummanteltem Depotdünger, bei denen ein Teil des enthaltenen Stickstoffs für eine längere Wirkung ummantelt ist.
Bei kleinen Pflanzenpartien werden solche Dünger von Hand mit Messlöffeln auf die Substratoberfläche gestreut, bei größeren mit rückentragbaren Dosiergeräten wie dem GreenElf, dem Fertil Dispenser oder dem Fertil Five aufgestreut.

Abb. 422: Mit Streugeräten wie dem „GreenElf" (Foto) können Dünger auf die Substratoberfläche aufgelegt werden. Foto: Beltz jun.

Flüssigdüngung

Eine Düngungsmethode, die im Zierpflanzenbau dominiert, aber in Baumschulen eine untergeordnete Rolle spielt, ist die Flüssigdüngung. Dabei werden dem Gießwasser lösliche Nährsalze zugeführt, die sehr schnell wirken, bei Regenfällen aber auch leicht wieder ausgewaschen werden können. Bei Wasserrückführung ist diese Auswaschung aus den Töpfen für die Umwelt kein Problem, aber bei Kultursystemen, bei denen das Gießwasser samt Nährstoffen im Boden versickert, sollte nur wenig oder besser gar nicht flüssig gedüngt werden.

Flüssigdüngung hat den Vorteil, dass sie sehr schnell wirkt, allerdings lässt die Wirkung auch sehr schnell nach. Das macht sich besonders dadurch bemerkbar, dass immergrüne Pflanzen, die ausschließlich flüssig gedüngt wurden, am Verkaufsort innerhalb einiger Wochen oder weniger Monate aufhellen können, das nennt man ein kurzes „Shelf Life".

Um die Vorteile beider Methoden zu verbinden, wird in der Praxis oft eine Grunddüngung mit Depotdünger verabreicht und im Sommer bei Bedarf flüssig nachgedüngt (oder Langzeitdünger aufgelegt).

BEWÄSSERUNG:

Eine gleichmäßige Bewässerung der Quartiere ist wichtig. Je nach Kulturen können die Systeme sehr unterschiedlich sein. Bewässerungen sind grundsätzlich möglichst individuell nach dem Pflanzenbedarf zu steuern. Ob Magnetventile über Zeitschaltuhren, Bewässerungscomputer oder Feuchtesensoren eingeschaltet werden oder stattdessen Ventile von Hand nach Praxiserfahrungen geöffnet werden, ist eine Entscheidung des jeweiligen Betriebs.

1. Kreisregner

Kreis- oder Schwinghebelregner werden über den Wasserdruck der Pumpe angetrieben und überlappen in gewissen Bereichen. Windabdrift und ungleichmäßige Ausbringung machen die Wasserverteilung entsprechend unregelmäßig. Die Wurfweite variiert je nach Produkt und Wasserdruck, oft liegt sie um 10–20 Meter (bei 3–4 bar Druck). Der Umkreis, der beregnet wird, ist doppelt so groß, aber durch die gewünschte Überlappung der Regner ist der Abstand nur wenig größer als die Wurfweite. Die Regner werden meist an einem Strang in der Mitte einer Kulturfläche mit etwa 20 m Breite aufgestellt.

Der größte Vorteil der Kreisregner ist, dass sie relativ kostengünstig und universell einsetzbar sind, d. h., dass die Höhe der Kulturpflanzen keine große Rolle spielt. In vielen Fällen stehen sowieso verschiedene Gattungen, Arten und Sorten mit unterschiedlichem Wasserbedarf unter derselben Gießeinheit, sodass die meisten etwas überversorgt werden müssen, um Trockenstress bei den anderen zu vermeiden und die gleichmäßige Wasserausbringung keine so große Rolle mehr spielt.

Ein weiterer wichtiger Vorteil der Kreisregner ist, dass sie zur Frostschutzberegnung eingesetzt werden können. So werden auf manchen Kulturflächen, die mit Gießwagen bewässert werden, an den Rändern zusätzliche Kreisregner installiert, um eine Frostschutzberegnung zu ermöglichen. Geeignete Regner sind mit einer Kappe bedeckt, die ein Vereisen verhindert.

2. Gießwagen

Der Gießwagen ist ein durch einen Elektromotor angetriebenes Gerät, das auf einer Führungsschiene läuft. Fahrgeschwindigkeit und Wassermengen sind regelbar, hierfür stehen unterschiedliche Düsen zur Verfügung. Dünger und Pflanzenschutzmittel können ebenfalls über den Gießwagen ausgebracht werden. Die Ausleger sind variabel in der Breite und müssen eventuell

Abb. 423: Kreisregner auf einer Containerkulturfläche. Foto: Beltz jun.

Abb. 424: Gießwagen im Beerenobstquartier. Foto: Möller

durch Stützräder stabilisiert werden. Häufig liegt die Breite der Gießwagen bei 24 m, d. h., jeder der beiden Ausleger ist etwa 12 m lang. Da die Gießwagen einen Schlauch und ein Kabel mit sich ziehen müssen, ist die Lauflänge begrenzt. Meist sind beide in der Mitte des Beets installiert und der Gießwagen hat in jede Richtung 100 m Lauflänge, die Beete sind also 200 m lang.

An Gießwagen können auch Förderbänder installiert werden, die zum Aufstellen der Pflanzen zu Beginn der Kultur und zum Abräumen beim Versand genutzt werden.

Mit Gießwagen kann das Wasser über Gießtüllen (kleine Röhrchen) oder Düsen relativ gleichmäßig verteilt werden. Dieser Vorteil kann besonders gut ausgenutzt werden, wenn sehr gleichmäßig wachsende Kulturen unter einem Gießwagen stehen. Bei Heide ist er eine Standardmethode. Zu große Pflanzen (je nach Gießwagen mehr als 100–150 cm Höhe) können nicht unter Gießwagen kultiviert werden, da sie sonst umgeworfen würden.

3. Kapillarbewässerung

Bei dieser Bewässerungsmethode steigt das Wasser von unten durch den Topfboden in das Substrat auf. Durch Feuchtigkeitsfühler kann die Bewässerung automatisiert werden. Zum System der Kapillarbewässerung zählen das Anstauverfahren, die Sandbeetbewässerung und die Mattenbewässerung. Im Zierpflanzenbau unter Glas ist die Anstaubewässerung auf Kulturtischen ein Standardverfahren, aber aus verschiedenen Gründen (Kosten, Gefahr der Staunässe) hat die Kapillarbewässerung in Baumschulen keine große Verbreitung gefunden.

4. Einzeltopfbewässerung

Bei großen Pflanzen, die in Containern ab etwa 10 l Inhalt in weiten Abständen stehen, kommt häufig die Einzeltopfbewässerung mit Tropfern zum Einsatz, denn das Wässern mit Kreisregnern über Kopf bringt zu große Wasserverluste. Je nach Containergröße und Wasserbedarf der Pflanzenart werden ein oder mehrere Tropfer an 5 mm dicken Schläuchen („Spaghettis“) mit Haltern in ein Gefäß gesteckt. Dabei sollten Pflanzen mit dem gleichen Wasserbedarf an einem Bewässerungsstrang stehen.

Stattdessen können auch Tropfleitungen mit fest angebrachten Tropfern eingesetzt werden, die Töpfe müssen dann jeweils unter einem Tropfer stehen. Da die 5 mm dicken „Spaghetti“-Schläuche und die Halter entfallen, ist dieses System preiswerter und weniger störanfällig als das zuerst beschriebene, aber andererseits wegen der festen Abstände der Tropfstellen auch weniger flexibel.

Bei der Tröpfchenbewässerung muss regelmäßig darauf geachtet werden, dass die Tropfer nicht verstopfen, sondern immer offen sind. Durch eisen- oder kalkhaltiges Wasser sowie durch Nährsalzdünger schlechter Qualität können sie verstopfen. Die vielen Schläuche im Quartier stören leicht bei Pflege- und Versandarbeiten und können z. B. von Hasen abgebissen werden.

Abb. 425: Containerkultur mit Tropfbewässerung über „Spaghetti“-Schläuche. Foto: Ina van Hateren/Fotolia.com

Abb. 426: Einzeltopfbewässerung mit Tropfern direkt in der Tropfleitung. Foto: Beltz jun.

Düsenrohre

Für kleine Quartiere oder Gewächshäuser werden häufig Rohre aus Metall oder Kunststoff (PVC) verwendet, die mit Düsen oder sehr kleinen Sprinklern versehen sind, über die das Gießwasser ausgebracht wird. Die nötigen Rohre und ihre Befestigungen machen diese Methode relativ aufwendig und können bei Arbeiten stören, sodass sie auf großen Flächen im Freiland nicht eingesetzt werden.

TOPFUNG UND AUFSTELLEN:

Das Topfen erfolgt fast ausschließlich mit Maschinen. Die Ausstattung der Topfmaschinen kann sehr unterschiedlich sein und wird meist auf die Bedürfnisse der Betriebe abgestimmt. So können diese mit unterschiedlichen Topfmagazinen, Düngerdosierern und Förderbändern für die getopften Pflanzen versehen werden. Große Vorratsbehälter für Erden sind Standard, denn häufiges Nachfüllen kostet Zeit. Die Topfgrößen und der Arbeitstakt können individuell eingestellt werden. Das Eintopfen der Pflanzen erfolgt meist von Hand, aber in manchen Betrieben auch schon vollautomatisch mit Pikierrobotern.

Abb. 427: Bewässerung mit Düsenrohren. Foto: Beltz jun.

Abb. 428: Transport von Gehölzen in Töpfen mit einer Gabel. Foto: Beltz jun.

Abb. 429: Ausstellen mit dem GPS-gesteuerten Roboter Terra Spacer von Degramec. Foto: Beltz jun.

In vielen Fällen stehen die Topfmaschinen in Hallen, und die getopften Pflanzen werden mit großen Gabeln, die an Fahrzeuge montiert sind, oder auf Anhängern zu den Kulturflächen transportiert. Dort werden sie meist von Hand mit kleineren Gabeln auf Abstand gestellt. In den ersten Betrieben erledigen das Rücken schon Roboter wie der HV-100 oder der Terra Spacer von Degramec.

In manchen Baumschulen erfolgt das Topfen auch direkt an den Kulturflächen. Dafür werden die Topfmaschinen auf Anhänger montiert, die mit einem Dach und mit Seitenwänden zum Schutz vor Regen und Wind versehen sind. Mit diesem System entfällt der Pflanzentransport zu den Kulturflächen, allerdings müssen Substrat, Töpfe und Jungpflanzen zum Teil über weite Strecken zur Topfmaschine transportiert werden.

Beispiele für übliche Topfgrößen und Pflanzenabstände (z. T. gerundet, ohne Anspruch auf Allgemeingültigkeit) bei Containerkulturen. Quelle: KTBL Datensammlung „Container- und Freilandbaumschule" 2022 sowie Angaben von Praxisbetrieben

Kultur, Zielgröße	Getopfte Jungpflanze	Topfgröße	Abstand cm	Pflanzen pro m² Nettofläche	Pflanzen pro ha Bruttokulturfläche (mit etwa 25 % Wegeanteil)
STRÄUCHER					
Verschiedene Laubgehölze	P9 oder wurzelnackt	5,0 l	55 × 60	3	30.000
Forsythia intermedia C3 40–60	bew Sth 0/1	3,0 l	33 × 33	10	75.000
Forsythia intermedia Sol C20 125–150	1/1 C5	20 l	100 × 100	1	7.500
Malus 'Evereste' C7,5 80–100	1j. Vg x/1/0 P0,5	7,5 l	40 × 40	6	45.000
Salix-Stämmchen	unbew. Handvg	2,0 l	42 × 43	5,3	53.000
Salix-Stämmchen	unbew. Handvg	7,0 l	33 × 100	3,3	33.000
HECKENPFLANZEN					
Carpinus betulus C5 80–100	2j. S 1/1 50-80	5,0 l	33 × 33	9	67.500
BODENDECKER					
Cotoneaster dammeri 20–30	1j bew. S 1/0	0,5 l	9 × 9	123	922.500
ALLEEBÄUME					
Tilia cordata 'Greenspire' C65 14–16, 16–18, 18–20 cm	H 3xv	65 l	32 × 100	0,32	2.400
HEIDE					
Heide	unbew. St	QP 35	7 × 7	205	2.050.000
Calluna vulgaris i.S.	1j. bew. St 1/0	0,5 l	20 × 20	25	187.500
Heide	1j. bew. St 1/0	1,3 l	24 × 24	17	166.500
Heide	Jungpflanze P9	2,0 l	33 × 33	9	89.680
ROSEN					
Rosa i.S C2	1j. bew. St 1/0	2,0 l	20 × 20	25	187.500
Rosa i.S C7,5	1 jg Vg x/1/0	7,5 l	33 × 33	9	67.500
OBSTBÄUME					
Malus Fruchtsorten C10	1 jg Vg x/1/0	10 l	50 × 50	4	30.000
RHODODENDRON					
Rhododendron Großbl. Hybr. in Sorten20–25, 25–30, 30–40	Jungpflanzen P13 15–20, 3–5 Triebe	3,0 l	35 × 35	8	60.000
Rhododendron Großbl. Hybr. in Sorten, 25–30, 30–40, 40–50	Jungpflanzen C2	5,0 l	38 × 38	7	52.500
Rhododendron	30–40 C5	15,0 l	55 × 60	3	29.200

Kultur, Zielgröße	Getopfte Jungpflanze	Topfgröße	Abstand cm	Pflanzen pro m² Nettofläche	Pflanzen pro ha Bruttokulturfläche (mit etwa 25 % Wegeanteil)
KONIFEREN					
Diverse Koniferen	1j. bew. St 1/0	0,5 l	12 × 13	64	640.000
Diverse Koniferen	St 1/1 10–15 P9	1,0 l	19 × 19	27	267.000
Diverse Koniferen	St 1/1 15–20 P9	2,0 l	29 × 29	12	118.400
Diverse Koniferen	St 1/1 20–30 P9	3,0 l	33 × 33	9	91.356
Diverse Koniferen	St 1/1 20–30 P9	5,0 l	42 × 42	5,6	56.060
Juniperus scopulorum 'Blue Arrow' C3	St 1/1 20–30 P9 St	3,0 l	29 × 29	12	90.000
Thuja 60–80	1/1 20–25–30 P9	3,0 l	30 × 30	11	82.500

PFLANZENABSTÄNDE:
Die Abstände zwischen den Pflanzen müssen deren jährlicher Wuchsleistung entsprechen. Zu geringe Distanzen zwischen den Pflanzen führen zu Kahlstellen an den Gehölzen. Bodendecker und manche Sträucher dürfen leicht ineinanderwachsen, die Qualität bleibt trotzdem erhalten.
Häufig wird bei Wintertopfung zunächst dicht an dicht gestellt. Diese Töpfe müssen dann später auf entsprechenden Abstand auseinandergerückt werden.
Besonders bei Gehölzen mit 2-jähriger Kulturdauer müssen ausreichende Abstände eingeplant werden (s. Abb. 430).

Damit Containerpflanzen durch Wind nicht umkippen, werden sie befestigt. Dafür werden Klammern oder Topfhalter aus Kunststoff oder Metallgitter eingesetzt. Das Durchstechen der Container mit Eisenstangen („Nägeln") ist auch möglich, allerdings beschädigt man damit die Abdeckung der Kulturflächen.
Höhere Pflanzen werden an Spalieren befestigt.

DAS WACHSTUM UND DIE ENTWICKLUNG DER PFLANZEN:
Die Größe der Töpfe sollte dem normalen Wachstum der Pflanzen angepasst sein. So entwickelt sich ein Blütenstrauch im 5-l-Container bei ausreichendem Abstand besser als im 3-l-Container.

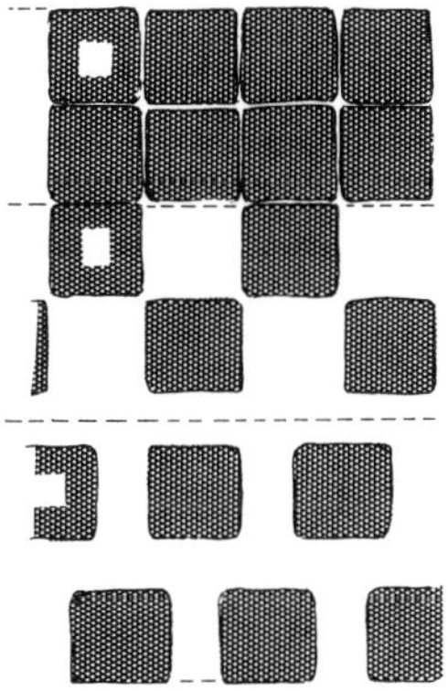

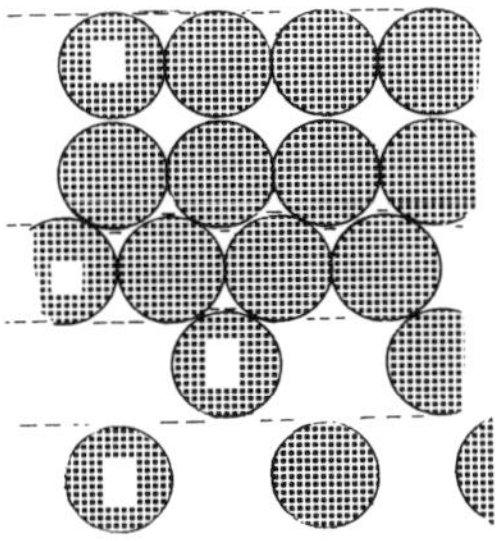

Abb. 430:
Einige Möglichkeiten, Töpfe, Container oder Kübel aufzustellen.

Abb. 431: Maschinelles Stutzen von *Calluna*. Foto: Beltz jun.

Sommerliche Pflege:
Sie ist aufwendiger als im Freiland. Bewässerung, Düngung, Schnittmaßnahmen, Stäben und Heften sind die überwiegenden Arbeiten im Sommer. Fortlaufende Kontrollen auf Schädlingsbefall und Nährstoffanalysen sind erforderlich. Ist für ausreichende Bewässerung gesorgt, auch in Randbereichen? All diese Dinge müssen regelmäßig überprüft werden.
Geschnitten werden die Pflanzen gegenwärtig oft maschinell. Rückschnitt erfolgt meist beetweise, indem die Pflanzen mit Maschinen überfahren und dabei geschnitten werden. Für den Formschnitt, z. B. zu Kugeln, werden die Pflanzen oft vom Beet zur Schnittmaschine und nach dem Schnitt wieder zurücktransportiert.

Kulturabläufe in der Anzucht:
Jungpflanzen werden mit und ohne Topfballen in entsprechende Containergrößen getopft und sind je nach Gattung und Art nach einigen Monaten, einem Jahr oder spätestens nach zwei Jahren verkaufsfertig. Nach höchstens zwei Jahren im selben Topf muss in entsprechend größere Gefäße umgetopft werden.
Gelegentlich werden auch im Freiland vorkultivierte Pflanzen mit Ballen getopft. Diese sind bis zum Versand gut durchwurzelt.

Qualitätsanforderungen:
Diese werden teilweise bei den FLL-Gütebestimmungen beschrieben, sonst sind sie den Bestimmungen für Gehölzanzucht gleich.

Versand:
Vor dem Versand, besonders im belaubten Zustand, müssen die Pflanzen ausreichend mit Wasser versorgt sein. Sperrige Pflanzen werden aufgebunden und, soweit möglich, schonend in Paletten oder andere Transportbehältnisse verpackt. Für Containerpflanzen überwiegen die CC-Container („Dänenkarren"), die sehr flexibel einsetzbar, fahrbar und dabei noch ausreichend robust sind. Um den Ferntransport mit Lkw kostengünstig und umweltfreundlich zu gestalten, werden möglichst viele Pflanzen auf jeden Container gepackt. In der Tabelle einige Faustzahlen, wie viele Containerpflanzen auf eine Lage (ein Brett) passen. Wie viele Lagen (Bretter) auf einen Container passen, hängt maßgeblich von der Höhe der Pflanzen ab. Daher werden manche Pflanzen während der Kultur und vor dem Versand durch Schnitt kurz gehalten.

Tabelle: Töpfe pro Lage auf dem CC-Container
(Quelle: Katalog Hermann Meyer)

Topfvolumen (Liter)	Topfdurchmesser (cm)	Anzahl pro Brett
1,3	14,4	36
1,5	15,1	32
2,0	16,7	30
2,5	17,9	23
3,0	19,0	21
3,5	20,0	20
4,0	21,1	18
5,0	22,5	17
7,5	25,9	12
10,0	28,4	10

Die CC-Container mieten die Baumschulen von der Firma Container Centralen (CC) in Dänemark; sie ersetzt beim Tausch beschädigte Bretter und andere Teile kostenlos. Leider sind viele Fälschungen von CC-Containern in minderer Qualität im Umlauf. Daher ist es wichtig, beim Tausch zu kontrollieren, ob die „Schlösser" (vor allem deren Farbe) am Boden der Wagen noch gültig sind.
Vor dem Versand werden die CC-Container meist mit Schrumpffolie oder Netzen umwickelt, damit keine Pflanzen herunterfallen können. Folie verringert außerdem die Verdunstung erheblich.

Winterschutz:
Dieser Bereich wurde schon an anderer Stelle behandelt (s. Kapitel 10.6).

Wurzelschnitt:
Werden Containerpflanzen umgetopft oder verpflanzt, müssen eventuelle Ringelwurzeln im Ballen mit einem Messer aufgetrennt werden, dadurch können sie neues Wurzelwerk entwickeln. Das Umtopfen und Aufbrechen des alten Ballen muss rechtzeitig erfolgen, da sonst nicht zu be-

Abb. 432: Durch zu spätes Umtopfen – hier bei Bäumen – entstehen Ringwurzeln, die später nicht mehr zu beheben sind. Darunter leidet auch die Standfestigkeit. Foto: Möller

hebende Ringelwurzeln entstehen (s. Abb. 432). Die FLL-Gütebestimmungen (2020) schreiben vor: „Drehwurzeln mit einem Durchmesser ≥ 1 cm und Würgewurzeln sind unzulässig."

Abschliessende Beurteilung bei der Anzucht von Pflanzen in Containern:

Die Anzucht von Pflanzen in Containern macht heute einen großen Marktanteil aus. Wurden anfangs nur Ziergehölze in Gefäßen produziert, wird heute fast die gesamte Produktpalette abgedeckt. So ist der fast ganzjährige Absatz möglich, auch außerhalb der „klassischen" Pflanzzeiten können Gartenanlagen fertiggestellt werden. Attraktive Containerpflanzen wie blühende Rosen, buntlaubige und blühende Ziergehölze oder klein bleibende Obstgehölze werden heute oft anstelle eines Blumenstraußes oder einer Topfpflanze als Geschenk gemacht. Den Baumschulen werden dadurch zusätzliche Absatzmöglichkeiten geboten, die sie gern nutzen.

11.15 Integrierter Pflanzenschutz

Um Pflanzenschutzmaßnahmen zu reduzieren, sollten möglichst gesunde und widerstandsfähige Gattungen, Arten und Sorten kultiviert werden. Im Rahmen des Integrierten Pflanzenschutzes, den das Pflanzenschutzgesetz als Standard vorschreibt, werden zunächst pflanzenbauliche Maßnahmen genutzt, bevor zu chemischen Pflanzenschutzmitteln gegriffen wird. Das ist im Grundsatz nichts anderes als das, was jeder Landwirt oder Gärtner im Eigeninteresse ohnehin tun sollte.

Müssen letztlich Pflanzenschutzmittel eingesetzt werden, ist auf geeignete Produkte, richtige Dosierung und sachgerechte Ausbringung zu achten. Eine unsachgemäße Anwendung birgt Risiken für Menschen, Natur und Umwelt. Die Anwendungsbestimmungen müssen selbstverständlich streng befolgt werden. Sie regeln unter anderem den Bienenschutz, den Abstand von Gewässern sowie nötige Schutzbekleidung bei der Anwendung und gegebenenfalls auch bei späteren Arbeiten in den behandelten Pflanzenbeständen.

Quarantäneschaderreger

Der Pflanzenschutz ist von der EU umfassend geregelt und wird in Deutschland im Pflanzenschutzgesetz umgesetzt. Gerade in den vergangenen Jahrzehnten haben sich in dem Bereich Pflanzengesundheit und Pflanzenschutz gravierende Veränderungen ergeben. Besonders durch den verstärkten globalen Handel mit Pflanzen, Holz und anderen Produkten treten erhebliche Probleme mit neuartigen Schaderregern für hiesige Produktions- und Handelsbetriebe auf. So sind in jüngerer Zeit die verschiedenen Bockkäferarten aus Asien nach Europa eingeschleppt worden, die zu den Quarantäneschädlingen zählen. Sie sind meldepflichtig und bei festgestelltem Befall werden Schutzzonen eingerichtet, die für die betroffenen Betriebe existenzbedrohend sein können. Zu beachten ist, dass Schaderreger nicht nur über den Pflanzenhandel, sondern auch über Verpackungsholz oder durch verbotene Pflanzensouvenirs von heimkehrenden Urlaubern eingeschleppt werden können.

Bekämpfungslücken

Durch Wegfall bewährter Wirkstoffe, Einschränkung für den Einsatz verfügbarer Produkte und fehlende Neuzulassungen treten verstärkt gravierende Lücken bei der Bekämpfung vieler Schaderreger auf.

Da sich die Zulassungssituation ständig verändert, ist regelmäßiger Kontakt zu den Pflanzenschutzämtern und den Beratungsringen anzuraten, damit die Betriebe stets aktuell über die zur Verfügung stehenden Pflanzenschutzmittel und auch über die alternativen Maßnahmen im Rahmen des Integrierten Pflanzenschutzes informiert sind.

Sachkunde

Mit der bestandenen Prüfung zum Gärtner bzw. zur Gärtnerin („Gesellen-", „Gehilfen-", „Facharbeiterprüfung") wird die Sachkunde im Pflanzenschutz erworben.

Um diese z. B. beim Einkauf von Pflanzenschutzmitteln oder bei Kontrollen nachweisen zu können, ist es notwendig, den Sachkundenachweis (Scheckkartenformat) beim zuständigen Pflanzenschutzdienst des Bundeslandes zu beantragen (online: www.pflanzenschutz-skn.de).

Der Sachkundenachweis berechtigt zum Erwerb und zur Ausbringung von Pflanzenschutzmitteln, zur Beratung über Pflanzenschutz sowie zur Anleitung und Beaufsichtigung von Auszubildenden bei der Anwendung von Pflanzenschutzmitteln.

Die Sachkunde gilt lebenslang, jedoch muss jede sachkundige Person im Abstand von drei Jahren an anerkannten Fortbildungsveranstaltungen teilnehmen.

Ausbringung von Pflanzenschutzmitteln

Zur Ausbringung von Pflanzenschutzmitteln werden spezielle Pflanzenschutzgeräte verwendet. Die kleinsten sind die **Hand- und Rückenspritzen** mit Füllmengen von etwa 5–18 l. Da ihr Einsatz mühsam und zeitaufwendig ist, eignen sie sich nur für Kleinflächen. Die nächstgrößeren Geräte sind Karrenspritzen mit Tanks für etwa 50–300 (bis 1.000) l Brühe, die manchmal in Gewächshäusern und anderen beengten Räumen eingesetzt werden. All diese Geräte sind normalerweise mit Spritzlanzen oder **Spritzpistolen** ausgestattet, die auch für Feldspritzen benutzt werden können. Der Vorteil von Spritzpistolen ist, dass sie universell einsetzbar sind und auch die Blattunterseiten relativ gut benetzen können Der Nachteil von Spritzpistolen ist aber, dass die Verteilung der Spritzbrühe relativ ungleichmäßig ist und die ausgebrachte Menge leicht unterschätzt wird. Sie liegt oft bei 2.000 l/ha und mehr, während sie mit Spritzgestänge von Feldspritzen oft zwischen 600 und 1.000 l/ha liegt. Wegen der ungleichmäßigen Verteilung der Pflanzenschutzmittel und der großen Abdrift sollten mit Spritzpistolen niemals Herbizide ausgebracht werden.

Abb. 433: Pflanzenschutzmittelausbringung mit einer Spritzpistole. Foto: Beltz jun.

Deutlich gleichmäßiger ist die Verteilung der Spritzbrühe mit **Feldspritzen** über ein Spritzgestänge mit Düsen, die nach unten spritzen, zum Teil etwas schräg versetzt. Die Ausleger, die oft zwölf Meter breit sind, aber auch breiter sein können, sind nicht für kleine Flächen oder Flächen mit Hindernissen (z. B. Regner) geeignet. Durch die Einstellung der Fahrgeschwindigkeit des Schleppers und des Pumpendrucks sowie die Wahl der Düsen kann sehr genau vorherbestimmt werden, wie viel Brühe auf einer Fläche ausge-

Abb. 434: Pflanzenschutzmittelausbringung mit einer Feldspritze. Foto: Beltz jun.

Abb. 435: Pflanzenschutzmittelausbringung mit einem Gebläsesprühgerät. Foto: Beltz jun.

bracht wird. Mittlerweile sind hier auch Bordrechner und GPS hilfreich. Mit ähnlichen Düsengestängen können Pflanzenschutzmittel auch über Gießwagen ausgebracht werden.
Raumkulturen (Obstbau, Alleebäume) würden die Brühe aus den Gestängen der Feldspritzen nicht ausreichend tief durchdringen, deswegen werden dort **Gebläsesprühgeräte** eingesetzt, die die Brühe seitlich nach links und rechts versprühen und über einen Luftstrom aus einem starken Gebläse in der Umgebung des Geräts verteilen. Sprühgeräte arbeiten mit weniger Brühe als Feldspritzen, werden aber ebenfalls über Fahrgeschwindigkeit, Druck und Düsengröße relativ genau gesteuert. Die Spritzbrühe wird ähnlich gleichmäßig verteilt, allerdings ist die Abdriftgefahr deutlich höher als bei Feldspritzen.

Kontrolle von Pflanzenschutzgeräten: Feldspritzen, Gebläsesprühgeräte, Karrenspritzen sowie Spritzgestänge an Gießwagen müssen alle drei Jahre einer Prüfung in einem dafür zertifizierten Betrieb zugeführt werden („Spritzen-TÜV"). Die erfolgte Prüfung wird durch Plaketten dokumentiert. Nur Pflanzenschutzgeräte, die von einer Person auf Schulter oder Rücken getragen und bedient werden können, sind von der Prüfung befreit. Es ist stets darauf zu achten, dass bei allen Pflanzenschutzgeräten die Düsen sauber sind und exakt arbeiten, Schläuche und Armaturen nicht nachtropfen, die in den Anwendungsbestimmungen vorgeschriebene Schutzbekleidung vorhanden ist und eingesetzt wird.

Aufzeichnungspflicht: Nach dem geltenden Pflanzenschutzgesetz besteht unabhängig von der Betriebsgröße eine Aufzeichnungspflicht für alle durchgeführten Pflanzenschutzmittelanwendungen. Hierfür sind der Betriebsinhaber oder der Betriebsleiter verantwortlich. Diese Aufzeichnungen können elektronisch oder handschriftlich erfolgen. Dafür eignen sich das BdB-Quartierbuch, das EDV-Programm „QuartierManager" des Baumschul-Beratungsrings Weser-Ems oder geeignete Formblätter.
Folgende Angaben müssen darin enthalten sein: Anwender, Anwendungsfläche, Ausbringungstermin, verwendetes Pflanzenschutzmittel, Aufwandmenge und behandelte Kultur. Die Benennung des Schaderregers ist eine sinnvolle Ergänzung.

Entsorgung und Reinigung

Nicht mehr zugelassene Pflanzenschutzmittel müssen über einen zugelassenen Fachbetrieb entsorgt werden. Restmengen in den Tanks werden verdünnt über den Kulturen ausgebracht. Nach der Behandlung werden die Geräte gereinigt und die Tanks gespült. Das erfolgt nicht auf versiegelten Flächen, von denen die Reinigungsflüssigkeit in die Kanalisation gelangen würde, sondern auf bewachsenem Boden (z. B. einer Fläche mit Grasbewuchs). Hier kann die Reinigungsflüssigkeit im belebten Boden langsam versickern, und die Pflanzenschutzmittelreste werden von den Mikroorganismen abgebaut, bevor sie ins Grundwasser gelangen können. Leere, sauber gespülte Pflanzenschutzmittelbehälter werden über das Rücknahmesystem „PAMIRA" entsorgt.

Dosierung von Pflanzenschutzmitteln

Während die Anwendungsbestimmungen vieler Pflanzenschutzmittel früher die Konzentrationen vorgaben (in „Promille", also g bzw. ml/l Spritzbrühe), beziehen sich die Angaben heute meist auf die Fläche (pro ha bzw. 100 m²) oder bei Raumkulturen auch auf die Höhe (pro ha und m Kronenhöhe). Bei der Berechnung von Brühe und Pflanzenschutzmittelaufwand für eine vorgesehene Fläche muss also bekannt sein, wie groß die betreffende Fläche ist, bei Raumkultu-

Berechnung der nötigen Menge an Brühe und Pflanzenschutzmittel:
Formel: Fläche mal zugelassene Menge Pflanzenschutzmittel bzw. zu erwartende ausgebrachte Brühemenge

Beispiel: Ein Insektizid soll mit 0,5 kg pro ha eingesetzt werden, die erwartete Brühemenge beträgt 800 l pro ha, und die zu behandelnde Fläche ist 0,6 ha (6.000 m²) groß:
Nach der Formel 0,6 ha Fläche × 0,5 kg/ha Insektizid in 800 l/ha Brühe müssen 480 l Brühe mit 0,3 kg des Insektizids angemischt werden.

ren, wie hoch die Pflanzen sind, wie viel Brühe mit dem jeweiligen Gerät ausgebracht wird und welche Produktmenge die Anwendungsbestimmungen vorsehen. Die Abschätzung der nötigen Brühemenge ist in vielen Fällen nicht einfach. Daher sollte die ausgebrachte Brühemenge regelmäßig kontrolliert und zurückgerechnet werden, damit Erfahrungen vorliegen, wie viel wirklich ausgebracht wird. Bei Anbaugeräten am Schlepper (z. B. Feldspritzen) gibt es Tabellen dafür, mit welchem Düsentyp bei welcher Fahrtgeschwindigkeit und welchem Druck wie viel Brühe ausgebracht wird, aber bei Handgeräten benötigt man Erfahrungswerte. Grober Anhaltspunkte ist ein Aufwand von etwa 300–600 l Brühe pro Hektar je nach Pflanzengröße, wenn wenig ausgebracht wird („taufeucht"). Wenn viel ausgebracht wird („tropfnass"), liegt der Brüheaufwand bei etwa 1.000–2.000 l pro Hektar. Aber das sind natürlich nur Faustzahlen, die unter den einzelbetrieblichen Bedingungen (Kulturen, Technik) unbedingt überprüft werden müssen.

Erkennen von Schadursachen und Wahl der Gegenmaßnahmen: Häufig sind das Erkennen von Schadursachen und die Auswahl der Gegenmaßnahmen nicht einfach. Da sind gute Kenntnisse der Betriebsleiter und der erfahrenen Mitarbeiter gefragt. Im Zweifelsfall sollte kompetente Beratung der Pflanzenschutzdienste/-ämter oder der Beratungsringe eingeholt werden.
Unterstützend sind das BdB-Handbuch „Schadbilder an Gehölzen" von Dr. Heinrich Lösing sowie der „Pflanzenschutz-Ratgeber Baumschule" von der LK Schleswig-Holstein und der LWK Niedersachsen zu empfehlen. Aktuelle Hinweise zum Pflanzenschutz bieten außerdem die Rundbriefe der Beratungsringe und Pflanzenschutzdienste.
Bei der Informationssuche im Internet muss man vorsichtig sein, denn dort sind leider viele sehr zweifelhafte Quellen mit falschen oder irreführenden Empfehlungen zu finden. Rühmliche Ausnahmen, die zuverlässige Informationen bieten, sind die Diagnosedatenbank Arbofux (https://www.arbofux.de/), das Onlinelexikon Hortipendium (https://www.hortipendium.de), die Onlinedatenbank der zugelassenen Pflanzenschutzmittel des BVL (https://shorturl.at/kEJU4) sowie das Informationsportal PS-Info (https://shorturl.at/biG14).

Unkrautregulierung

Maßnahmen gegen tierische und pilzliche Schaderreger sowie zur Wachstumsregelung und auch der Einsatz von Herbiziden sind zu komplex, um sie detailliert in diesem Buch zu erläutern, daher muss auf die erwähnte Spezialliteratur verwiesen werden. An dieser Stelle seien aber kurz ein paar Hinweise zur integrierten Kontrolle von Unkräutern gegeben, da sie in engem Zusammenhang mit den Kulturmaßnahmen stehen.
Zunächst zum Begriff Unkräuter: Unkräuter sind Pflanzen, die in gärtnerischen oder landwirtschaftlichen Flächen wachsen, mit den Nutzpflanzen in Konkurrenz treten und gegen deren Ausbreitung daher Maßnahmen ergriffen werden müssen. Eine Pflanze ist also nicht per se ein Unkraut, sondern nur dort, wo sie auf landwirtschaftlich oder gärtnerisch genutzten Flächen stört. Solche Pflanzen als Wildkräuter zu bezeichnen (was sie auf anderen Flächen ja durchaus sind), ist unglücklich, da Wildkräuter im Gegensatz zu Unkräutern nicht bekämpft werden sollten.

Hygiene

Im Rahmen des Integrierten Pflanzenschutzes muss zunächst vorgebeugt werden (Hygiene). D. h., die Kulturflächen (bei Containerkulturen auch die Substrate und Töpfe) sollten frei von relevanten Unkräutern sein. Bei Quartieren, auf denen im offenen Boden kultiviert wird, betrifft das hauptsächlich schwer zu bekämpfende Wurzelunkräuter wie Ackerschachtelhalm. Diese sind in den Baumschulquartieren kaum unter Kontrolle zu halten, da weder mechanische Verfahren noch Herbizide ausreichend wirken. Solche Flächen sollten also nicht für Baumschulkulturen verwendet werden.

Abb. 437: Ein Portalschlepper der Marke Rath Highlander bei der mechanischen Unkrautbekämpfung mit Grubbern und Stockräumern. Foto: Beltz jun.

Mulchen

Besonders bei Containerkulturen besitzt das Mulchen eine wichtige Bedeutung. Die Kulturflächen werden fast immer mit einer Mulchfolie abgedeckt (PE-Folie und/oder Bändchengewebe) und die Substrate der Containerpflanzen werden mittlerweile in den meisten Baumschulen mit einer 1–3 cm dicken Schicht aus Holzchips, Sägespänen, Pinienrinde und Ähnlichem abgestreut oder mit Mulchscheiben aus Kokos (AW-Disk, Kokos-Disk) oder Kunststoffvlies (WeCult Mulchscheibe) abgedeckt. Die Scheiben sind relativ teuer und müssen von Hand aufgelegt werden, während das streubare Material meist mit einer Maschine direkt nach dem Topfen aufgestreut wird. Solche Mulchverfahren können etwa 80–90 % der Unkrautkeimung verhindern, beim Lebermoos ist die Wirkung sogar noch besser. Bei ausgepflanzten Kulturen spielt das Aufbringen von Mulchmaterial dagegen wegen der großen nötigen Mengen keine bedeutende Rolle. Hier werden die Gassen von Alleebaum- und Solitärpflanzenquartieren oft mit Grasmischungen eingesät und regelmäßig gemäht (gemulcht), auch wegen der besseren Befahrbarkeit.

Abb. 436: Mulchstreuer von WBM/Mayer im Anschluss an die Topfmaschine. Foto: Beltz jun.

Mechanische und thermische Bekämpfung

In ausgepflanzten Quartieren im Freiland spielt die Unkrautbekämpfung durch Bodenbearbeitung eine wichtige Rolle. Zwischen den Pflanzreihen können verschiedene Arten von Zinken und Grubbern eingesetzt werden, die bei passendem Wetter das Unkraut durch die Bodenlockerung sehr wirksam bekämpfen können. Schwieriger sind Maßnahmen zwischen den Pflanzen innerhalb der Reihe. Bei ausreichendem Pflanzabstand können Stockräumer eingesetzt werden, die allerdings durch Tropfleitungen gestört werden können. Auch Fingerhacken werden zwischen den Pflanzen innerhalb der Reihen eingesetzt.

Seit einigen Jahren werden Geräte zur thermischen Unkrautbekämpfung mit direkter Flamme, heißer Luft oder heißem Wasser bzw. Schaum angeboten. Solche Maßnahmen sind energie- und arbeitsaufwendig, daher werden, wenn möglich, mechanische Maßnahmen bevorzugt. Ein Bereich, in dem diese thermische Unkrautbekämpfung eine gewisse Praxisbedeutung erlangt hat, sind die geschotterten oder gepflasterten Wege zwischen Containerkulturflächen. Hier ist eine mechanische Bearbeitung nicht möglich und ein Herbizideinsatz nicht erlaubt. Die Wege selbst sind am einfachsten mit Abflammgeräten unkrautfrei zu halten, aber an den Rändern eignen sich wegen der hitzeempfindlichen Folien heißes Wasser oder Heißschaum besser. Ganz neu sind Geräte, die Unkraut mit Strom bekämpfen; wegen ihres hohen Preises und des schwierigen Einsatzes haben sie in Baumschulen aber bislang noch keine Bedeutung erlangt.

Abb. 438: Unkrautbekämpfung mit Heißwasser ist sehr energie- und arbeitsaufwendig. Foto: Beltz jun.

Abb. 439: Unkrautbekämpfung mit Strom ist energiesparend, bringt aber hohe Investitionskosten mit sich. Foto: Beltz jun.

Literaturverzeichnis:

Nachfolgende weiterführende Literatur und Broschüren wurden beim Verfassen dieses Ausbildungsbuchs genutzt:

Fachbücher, Broschüren und Kataloge:

Bärtels, Andreas (Hg.): Der Baumschulbetrieb. Ulmer Verlag Stuttgart 1990
Bärtels, Andreas: Gehölzvermehrung. Ulmer Verlag Stuttgart 2008
Baumschulbedarf: Hermann Meyer KG Rellingen, RHG Bad Zwischenahn
Baumschulen: Lorenz von Ehren, Bruns Pflanzen. Wilhelm Ley GmbH
BdB (Hg.): Erkennen Sie Qualität. online unter https://www.gruen-ist-leben.de/themen-produkte/erkennen-sie-qualitaet/
FLL (Hg.) TL-Baumschulpflanzen – Technische Lieferbedingungen für Baumschulpflanzen (Gütebestimmungen). Bonn 2020
Hermann Meyer KG (Hg.): Aktuelles Baumschulwissen 2019. Rellingen 2019
Hoffmann, M. H. A.: Europäische Namensliste Gehölze 2016–2020. Die Online-Suche ist möglich unter: www.internationalplantnames.com
Kordes Jungpflanzen, W. Kordes Söhne, Rosen Tantau. Stahl Baumschulen
KTBL (2021): Container- und Freilandbaumschulen. Produktionsverfahren planen und kalkulieren. Darmstadt, Kuratorium für Technik und Bauwesen e.V. (KTBL)
Krüssmann, Gerd; Heinz E. Thon; Georg Wennemuth: Die Baumschule. Parey Verlag Berlin 1997
Lösing, Heinrich: Schadbilder an Gehölzen. Cadmos Verlag (av BUCH), Schwarzenbek 2016
LWK Niedersachsen und LK Schleswig-Holstein (Hg.): Pflanzenschutz-Ratgeber Baumschule. Rendsburg und Oldenburg 2018
MacCarthaigh, Donnchadh; Spethmann, Wolfgang: Krüssmanns Gehölzvermehrung. Ulmer Verlag Stuttgart 2000

Beratungsbriefe:

Baumschulberatung der Landwirtschaftskammer Nordrhein-Westfalen: Informationsdienst Gartenbau – Baumschule
Baumschul-Beratungsring Weser-Ems, 26655 Westerstede
Beratungsdienst Gartenbau e.V., 73037 Göppingen (Baumschulen in Baden-Württemberg)
Erzeugerring Baumschulen Bayern, 83233 Bernau am Chiemsee
Landwirtschaftskammer Schleswig-Holstein, Abteilung Pflanzenbau, Pflanzenschutz, Umwelt, 25373 Ellerhoop: Pflanzenschutz-Warndienst für die Baumschulen.
Pflanzenschutzdienst der Landwirtschaftskammer Nordrhein-Westfalen, 50765 Köln-Auweiler: Pflanzenschutz – Spezial Baumschule und Weihnachtsbaumkulturen
Versuchs- und Beratungsring e. V. (VuB) Schleswig-Holstein, 25373 Ellerhoop

Ein besonderer Dank für die fachliche Begleitung gilt:
Alves, Lars und Jürgen, 25494 Borstel – Hohenraden
Arntjen, Alke, 26160 Bad Zwischenahn, als Vorsitzende des Ausbildungsausschusses seit 2017
Schurig, Arnd, 25355 Barmstedt, als Vorsitzender des Ausbildungsausschusses bis 2017
Thies, Claus Hinrich, Kai Wilhelm Thies und Walter Thies, 25436 Tornesch-Ahrenlohe

Haftungsausschluss

Impressum

avBUCH im CADMOS Verlag

Überarbeitete Neuauflage 2024
Umschlag: Ravenstein R2, Verden (Aller)
Satz: Hantsch PrePress Services OG
Projektleitung und Lektorat: Ing. Barbara P. Meister MA, FachLektor.at
Korrektorat: Gertrud Döffinger, MA
Coverfoto: Heinrich Beltz Jun. – Baumschulen Klaus Eilers e.K.
Illustrationen im Inhalt: (wenn nicht am Bild vermerkt) Heinrich Beltz sen.
Druck: www.graspo.com
Deutsche Nationalbibliothek – CIP-Einheitsaufnahme
Die Deutsche Nationalbibliothek verzeichnet diese Publikation in der Deutschen Nationalbibliografie; detaillierte bibliografische Daten sind im Internet über http://dnb.ddb.de abrufbar.

Printed in EU
ISBN: 978-3-8404-8207-6

Bildquellennachweis

Die meisten Zeichnungen in diesem Ausbildungsbuch wurden – sofern sie noch dem heutigen Ausbildungsstand entsprechen – dem BdB-Ausbildungsbuch „System Beltz" der vorhergehenden Auflagen entnommen.

Nachfolgende Firmen haben freundlicherweise Bildmaterial zur Aktualisierung des Ausbildungsbuchs zur Verfügung gestellt:

Dröppelmann Agrartechnik, 47608 Geldern, diverse Maschinen für die Baumschule: Abb. 1, 2, 65, 164, 269, 278
Meyer KG, 25454 Rellingen, diverser Baumschulbedarf: Abb. 30, 87, 89, 138, 155, 156, 181–186, 243, 244, 279, 280, 320, 357, 358, 417–419
H. Nitsch & Sohn, 57223 Kreuztal-Eichen, Folienhäuser: Abb. 297
GartenAkademie.com: Abb. 152, 328
Metabowerke GmbH, 72622 Nürtingen; www.Metabo.de, Pressefotoservice: Abb. 163
Fotolia.de: Abb. 49 (awfoto), Abb. 425 (Ina van Hateren)
iStockphoto.com: Abb. 157 (AlesVeluscek), Abb. 160 (Cebas), Abb. 253 (Sieboldianus)
Wikimedia Commons: Abb. 239 (Kobako), Abb. 240 (Farrand)
Piccoplant: Abb. 6, 149, 150
DAMCON B.V., www.damcon.nl: Abb. 265